国际海事公约概论

（第三版）

主　编　鲍君忠
副主编　王艳华　李　燕　穆振迪
主　审　刘正江

大连海事大学出版社

© 鲍君忠 2021

图书在版编目(CIP)数据

国际海事公约概论 / 鲍君忠主编. — 3版. — 大连:
大连海事大学出版社, 2021.2(2025.8 重印)
ISBN 978-7-5632-4150-7

Ⅰ. ①国… Ⅱ. ①鲍… Ⅲ. ①海事处理—国际公约—
概论 Ⅳ. ①D993.5

中国版本图书馆 CIP 数据核字(2021)第 033309 号

大连海事大学出版社出版

地址:大连市黄浦路523号 邮编:116026 电话:0411-84729665(营销部) 84729480(总编室)
http://press.dlmu.edu.cn E-mail:dmupress@dlmu.edu.cn

大连永盛印业有限公司印装 大连海事大学出版社发行

2007 年 5 月第 1 版 2021 年 2 月第 3 版 2025 年 8 月第 2 次印刷
幅面尺寸:184 mm×260 mm 印张:13.75
字数:340 千 印数:3001~4000 册

出版人:余锡荣

责任编辑:王桂云 责任校对:刘长影
封面设计:张爱妮 版式设计:解瑶瑶

ISBN 978-7-5632-4150-7 定价:32.00 元

第三版前言

《国际海事公约概论》自第二版出版发行以来,在我国海事系统各类知识更新培训及高等航海院校本科教学中广泛应用,现已售罄。本书第二版自出版至今已4年有余,其间国际海事公约历经众多变更:《2007年内罗毕国际船舶残骸清除公约》已于2015年生效;《2004年国际船舶压载水和沉积物控制与管理公约》已于2017年生效;《1974年国际海上人命安全公约》《1995年渔船船员培训、发证和值班标准国际公约》《经1978年议定书修订的1973年国际防止船舶造成污染公约》等均经过了较大修订。这些公约的生效或修订对我国航运业有着深远的影响。另外,有关专家学者和第二版使用者就该书内容的优化提出了诸多宝贵建议,编者对此逐一收集和整理,并结合当前国际海事公约最新内容对第二版进行了修订,以充分反映国际海事公约的生效和修订情况,及履约的相关基本要求,供航运界从业人员参考。

国际海事公约和规则影响国际航运业的各个方面,满足公约和规则的要求是保障船舶顺利从事国际航运的基本条件。我国既是造船大国,也是主要的船东国,更是关键的船员输出国,深入掌握公约和规则的精髓,对于保持我国在国际航运业的竞争力,保护船舶、船员的权益至关重要。希冀新版能有助于我国航运界人士对国际海事公约的准确了解和掌握,同时对推动公约的实施也能起到积极的促进作用。

在第二版各章结构的基础上,第三版丰富并优化了各章内容。第一、二章保留了对国际海事组织和国际劳工组织及1982年《联合国海洋法公约》相关知识的介绍。为反映国际海事相关公约和规则的最新发展情况,对第三章第一节"1974年国际海上人命安全公约"进行了重新编写,增加了船舶载运工业人员的安全规则、目标型船舶建造标准、海上自主水面船舶规则等相关内容介绍,第三章第三节对《2006年海事劳工公约》修订情况进行了梳理,对第三章第十二节"1995年渔船船员培训、发证和值班标准国际公约"进行了重新编写。增加了第三章第十四节关于《2003年海员身份证件公约》的介绍。第四章第一节对《国际防止船舶造成污染公约》附则中的防止船舶垃圾污染规则、防止船舶造成大气污染规则与船舶能效规则进行了重新编写。为便于读者更好地理解公约精神以及实际操作要求,本书还补充了具有代表性的相关案例。第三版收录国际海事组织管理的公约和议定书共计50部,以及国际劳工组织管理的《2006年海事劳工公约》和《2003年海员身份证件公约》。

本书第三版适合作为高等院校航海类、海事管理、海商法、国际航运管理、国际法等相关专业的教材,也可作为国家生态环境、自然资源、海洋与渔业、海事等相关执法部门工作人员的参考用书,亦可作为航运企业岸基管理和船舶一线工作人员的参考用书。

本书第三版由大连海事大学鲍君忠担任主编,大连海事大学王艳华、李燕和东方海外货柜航运有限公司穆振迪船长担任副主编。全书由大连海事大学刘正江教授担任主审。

本书第三版的出版得益于大连海事大学出版社的鼎力支持,在此表示由衷的感谢。同时,也特别感谢大连海事大学刘正江教授、青岛远洋船员职业学院张铎教授百忙之中审校书稿。

由于编者水平有限,书中难免存在不足之处,欢迎各界同仁批评指正,以期日后完善。

编　者

庚子岁末于海大校园

第二版前言

《国际海事公约概论》自第一版出版发行以来，在我国海事系统知识更新培训及高等航海院校本科教学中得到了广泛的应用，现该书已售罄。在出版至今的8年多里，国际海事公约发生了较大的变化，诸如《1978年海员培训、发证和值班标准国际公约》(马尼拉修正案)于2012年生效，《2006年海事劳工公约》于2013年生效，它们对海员职业影响深远。《1974年国际海上人命安全公约》《经1978年议定书修订的1973年国际防止船舶造成污染公约》等也历经多次修正，公约的内容发生了一定的变化。另外，编者得到了部分读者关于本书内容调整等方面的宝贵意见和建议。在此背景下，有必要对该书第一版内容进行修订，出版第二版。

国际海事公约和规则的影响已经深入到国际航运业的各个角落，满足公约和规则的要求是保障船舶顺利从事国际航行的基本条件。我国作为主要的船东国家，既是航运大国，也是船员大国，深入把握这些公约和规则的精髓，对于保护我国船舶、船员的权益至关重要。第二版的出版将有助于国内航运界人士对国际海事公约的了解和掌握，对推动公约的实施也将起到积极的促进作用。

在结构方面，第二版保留并丰富了第一版前三章的内容，对第四至十二章的内容进行了重新撰写，形成了新的第四至六章。

在内容方面，第一章只保留了对国际海事组织和国际劳工组织的介绍，并对相关内容进行了更新；第二章只保留与1982年《联合国海洋法公约》相关的介绍性知识，并对其进行了精炼；新撰写的第三至六章分别为安全和职业保障类公约介绍、海洋环境保护类公约介绍、责任与赔偿类公约介绍及其他类公约介绍。第二版收录了国际海事组织管理或保存的全部公约和议定书(共49部，介绍中对有些公约或议定书进行了合并)以及国际劳工组织管理的《2006年海事劳工公约》。为方便阅读，本书对所有公约均按照产生背景、主要内容的顺序进行介绍。

本书第二版由大连海事大学鲍君忠担任主编，王艳华、韩佳霖担任副主编，大连海事大学姚曼华、王西召、严领萍、张照亿，广州航海学院刘传润，以及南通航运职业技术学院余璇参与了本书的编写工作，其中张照亿负责第四章第一节《国际防止船舶造成污染公约》附则V的具体编写工作。全书由大连海事大学刘正江教授担任主审。

本书第二版适合作为高等院校航海类、海事管理、海商法、航运管理等专业的教材，也可作为国家海洋、海事执法部门的参考用书，还可作为航运企业工作人员的工具书。

本书第二版的出版得益于大连海事大学特色教材出版资助和大连海事大学出版社的大力支持，在此表示由衷的感谢。同时也特别感谢大连海事大学刘正江教授、青岛远洋船员职业学院张铎教授百忙中审校书稿。第二版在编写过程中参考了国内外众多专家的相关文献，在此也对他们的贡献表示感谢。

由于编者水平有限，书中难免存在不足之处，欢迎各界同仁批评指正，以期日后完善。

编　者

于大连海事大学

2015年9月1日

第一版前言

近几年来发生的大型油船油污事故、客滚船失事事故使海上安全、海洋环境保护成为公众关注的全球性热点问题。为了有效地减少事故的发生,国际海事组织(IMO)一方面敦促缔约国提高海事公约的履约效力,另一方面致力于加大对缔约国履约的监督力度。为此,IMO强调要落实公约标准实施的三重责任,即IMO负责制定标准,船旗国负责实施标准,港口国负责标准实施的监督检查。

近些年,IMO下属的各委员会加大了标准、规范的出台力度,特别是海上安全委员会(MSC)和海上环境保护委员会(MEPC)。目前MSC和MEPC每两年召开三次会议,每次会议都承载着标准、规范的若干个决议、通函出台。在IMO海事公约设定的生效机制下,决议所承载的标准、规范一般两年内会生效,这使得包括中国在内的各缔约国面临着较重的履约压力。

中国正处在从海运大国向海运强国转变的过程中,加大对海事公约的研究力度,充分理解海事公约的履约机制,促进海事公约在中国充分、有效地履行,将有利于中国籍船舶顺利通过缔约国的港口国监督;也有利于中国的海事管理机构能够充分、有效地行使海事公约赋予的权利,有效地实施港口国监督,促使在中国管辖水域航行的外国籍船舶在海上安全、保安和海洋环境保护方面满足公约的要求。本书正是在此背景下编写的。

全书共分十二章,重点介绍了IMO的组织机构和工作机制;海事公约产生及发展历程,特别介绍了国际海上人命安全公约(SOLAS)的发展历程;1982年《联合国海洋法公约》及其与IMO海事公约的关系;海事公约原理、海事公约的实施、港口国监督机制;欧盟海上安全管理机制等内容。

本书作者针对海事公约在中国的履行情况进行了研究,并提出了提高履约效果的建议。同时,本书作者也研究了现存的国际油污损害赔偿机制,论证了《2001年国际燃油污染损害民事责任公约》在中国实施的可行性,对中国将来加入该公约提出了有价值的建议。

本书可作为普通高等院校航海类、交通运输管理、海事安全管理、国际(海事)法等专业高年级本科生、研究生的专业课教材,也适合有关机构中从事海事安全管理的人员阅读。

本书由大连海事大学鲍君忠、王艳华、李桢、张晓慧,大连海事局谷学华、王连金、周炜,辽宁海事局韩俊松、李玉衡,山东海事局周尊山,交通部救捞局王超,镇江海事局燃油公约研究组共同编写,由刘正江教授主审。

本书在编写过程中得到了大连海事大学国际海事公约研究中心同仁、大连海事大学出版社有关领导的大力支持,在此表示衷心的感谢。

编　者

于大连海事大学

2006年岁末

目 录

第一章 国际海事公约基本知识

第一节 基本概念

一、条约

条约(Treaty)在狭义上是指具体名称定为条约的国际法律文书,往往是国家间议定的政治性的、重要的、规定根本关系的文书,其缔结和生效的形式及程序比较正式,一般需经批准和交换或交存批准书,签字人级别比较高,有效期比较长。《1969 年维也纳条约法公约》中“条约”一词定义为国家间所缔结而以国际法为准之国际书面协定,不论其载于一项单独文书或两项以上相互有关之文书内,亦不论其特定名称如何。条约有多边条约和双边条约之分。

二、公约

公约(Convention)是指国际有关政治、经济、文化、技术等方面的多边条约。公约通常为开放性的,非缔约国可以在公约生效前或生效后的任何时候加入。[①] 涉及专业技术方面的公约一般在专门的国际组织召开的外交大会上讨论通过,如有关船舶安全与防止船舶污染海洋环境的 SOLAS 1974 和 MARPOL 73/78 均由国际海事组织(IMO)召开的外交大会通过。

三、议定书

议定书(Protocol)是指缔约国对条约或协定的解释、补充、修改或有效期的延长以及关于某些技术性问题所缔结的国际法律文书。议定书通常指辅助性的法律文书,所规定的事项比公约更具体一些。议定书可以分为独立的议定书和附属的议定书两种。

议定书的具体作用一般可概括为:

(1)解释、修改公约条文

有的议定书是一个条约的附属文书,用以补充、说明、解释或修订条约正文的规定,例如 MARPOL 1973 产生时就附带两个议定书,即议定书Ⅰ(关于涉及有害物质事故报告的规定)、议定书Ⅱ(仲裁),它们分别构成了对公约正文第 8 条、第 10 条的解释。而该公约的 1978 年议定书却独立存在,需单独批准或加入,其作用是修改 MARPOL 1973 的生效条件。

---

① 条约的生效(Entry into Force)是指条约对缔约国开始发生拘束力。生效方式和日期取决于条约的规定或缔约各方的协议。

议定书对公约的修改功能在公约通过后到生效前的这一段时期特别有效。一般一部新公约的生效需要相当长的一段时间(可能长达数年,例如 SOLAS 1974 于 1980 年才生效),而在这段时间内,技术在航海方面的应用及从海事事故中获取的经验和教训等因素可能导致公约在没有生效前就面临修改的问题。在此情况下,有的国家已经加入了公约,有的国家正在准备加入公约,而有的国家可能在观望,这时议定书是更改公约正文或技术条款的有效途径。未加入原公约的国家可以选择加入原公约,或者加入经议定书修订的公约,这种可选择的加入方式对原公约的缔约国影响最小。

(2)增加公约附则

一些综合性的海事公约附有附则(主要由技术操作规范等条款构成),SOLAS 1974 附有 1 个附则,而 MARPOL 1973 通过时附有 5 个附则。自 20 世纪 90 年代初开始,防止船舶污染大气议题逐渐成为海洋环境保护委员会(MEPC)讨论的重点。经细致讨论,MEPC 认为防止船舶污染大气规则应成为 MARPOL 73/78 的一个附则,即附则Ⅵ——防止船舶污染大气规则。IMO 于 1997 年召开了 MARPOL 73/78 缔约国大会,以议定书的形式通过了 MARPOL 73/78 附则Ⅵ。该议定书需 MARPOL 73/78 缔约国单独加入,其于 2004 年 5 月 19 日达到了生效条件,并于一年后生效。① 这是议定书的又一作用。

(3)替代母公约

有的议定书产生的目的是替代母公约,例如,《1972 年伦敦公约/1996 年议定书》源于《伦敦公约》而替代了该公约。《1996 年议定书》的产生,既受 1992 年联合国环境与发展大会的影响,又是对《伦敦公约》的继承、发展、补充和完善,它是公约实践与发展的结果。但《1972 年伦敦公约》和《1996 年议定书》作为两个独立的法律文书,在内容、法律程序和组织管理方面既有相同之处又有不同之处:

(a) 在内容方面,《伦敦公约》经过 20 多年的实践,其原始的相关条文已进行了若干修改并正式纳入公约;而议定书则是在经修订的《伦敦公约》基础上的调整和补充。

(b) 在议定书的批准和接受方面,所有原《伦敦公约》缔约国有权选择接受或不接受议定书。对于批准和接受议定书的《伦敦公约》缔约国来说,《伦敦公约》对其效力自动终止。不接受议定书的《伦敦公约》缔约国还将继续执行《伦敦公约》,但所执行的是经修订的《伦敦公约》。

(c) 在组织管理方面,公约与议定书的工作紧密相连,公约的责任机构和议定书的责任机构同为国际海事组织。公约与议定书秘书处的职责及缔约国协商会议的召开等程序性内容大体一致。

四、协定

协定(Agreement)是条约性文书中最常用的一种形式。协定是国际法主体之间在政治、经济、科学技术、文教卫生、法律等某个领域内缔结的,规定缔约各方权利与义务关系的文书。通常以政府名义缔结,有时也以国家名义或政府部门名义缔结。

五、谅解备忘录

谅解备忘录(Memorandum of Understanding, MOU)多数情况下具有条约性质。作为条约

① 我国于 2006 年 5 月 23 日向 IMO 秘书长递交批准书,MARPOL 73/78 附则Ⅵ于同年 8 月 23 日起对我国生效。

性文书的备忘录是两个或两个以上国家的政府或政府部门签订的,记载缔约各方在谈判中所持立场及已达成一致的、规定彼此在某一具体问题上权利和义务关系的文书,通常称为谅解备忘录或协议备忘录,并由双方签字。备忘录既可以独立使用,也可以作为其他条约性文书的附件使用。

目前,旨在协调区域港口国安全监督的"备忘录"被广泛采用,例如巴黎备忘录、东京备忘录等,此类"备忘录"一般认为具有公约的性质,但不以公约的形式体现,其优点是容易快速生效并发挥作用,而公约必须遵守特定的通过和生效条件。当初在起草巴黎备忘录时,专家们考虑到公约生效程序复杂的特点,为了能够尽快协调实施港口国安全监督,最后还是以"备忘录"形式通过了该协定。实践证明"备忘录"途径是有效的,但不能否认"备忘录"的公约性质,其明显的公约性质表现为其是开放加入,具有约束力,并能产生明显的履约效果。

六、最后文书

一般国际组织召开的外交大会应有一份最后文书产生。① 例如,1995 年召开的 STCW 1978 缔约国大会就产生了"最后文书",用于记录大会的活动及对公约的修改等事实。最后文书(Final Act)通常不是条约,而是用于叙述或概括国际会议的进程,列举会议上所通过的条约或公约等,有时还用于表示建议和愿望。签署这样的最后文书不等于签署它所列举的条约或公约,这些条约或公约还须单独签署。②

七、修正案

修正案(Amendment)主要用于修改公约附则中的技术/操作规范。国际海事组织下属的海上安全委员会等机构一般以决议(Resolution)的方式通过对某一公约技术性附则的修正案。例如,以 MSC. 202(81)决议的形式通过的 SOLAS 公约第 V 章修正案将船舶远程识别与跟踪(LRIT)系统引入第 V 章第 19-1 条,使之成为船舶强制性的配备要求。修正案对于保证公约的适时性至关重要。第五版 SOLAS(1974 年)的通过至今没有重新改版,而一直以修正案的方式进行修订,使之保持适时性。

八、决议

决议(Resolution)是 IMO 有关会议通过文书的载体。IMO 会议决议一般可分为两种:一种是大会决议(Assembly Resolution);另一种是委员会决议(Committee Resolution)。大会决议用于承载 IMO 大会通过的公约性、战略性、纲领性、规范性等性质的文书,例如,A. 787(19)号决议承载的是 1995 年 IMO 第 19 届大会通过的《港口国监督程序》,而 A. 910(22)号决议承载的是 2001 年 IMO 第 22 届大会通过的《1972 年国际海上避碰规则》修正案。委员会决议用于承载 IMO 各委员会通过的标准、指南、程序、建议等文书,例如,MSC. 215(82)所有船舶专用压载水舱和散货船双舷侧处所保护涂层性能标准,MSC. 217(82)通过关于《国际消防安全系统规则》的修正案,MSC. 234(82)关于开敞式集装箱吨位丈量的建议案等。值得注意的是,不是所有委员会决议承载的文书都是强制性的,一般修改有关公约和强制性规则的文书为强制性

① 外交大会产生的"最后文书"具有"会议纪要"的功能。

② 王铁崖. 国际法. 北京:法律出版社,2002:404.

的,而建议案等文书为非强制性的。

九、通函

通函(Circulars)是国际海事组织向缔约国发布信息类文书的载体,这些文书通常只起到提请注意、建议考虑及自愿实施等作用。通函的权威性更低一些,因为其所承载的信息可能具有不成熟性、局部性和时效性特点,或是为了试行或急于应付某些需要而做出的暂时性决定和指导性意见。[①] 待这些建议性要求成熟后,IMO 会再以决议、规则以及公约修正案的形式使其成为强制性规定。

十、条约的签署、批准、接受、核准、加入和保留

1. 条约的签署

条约的签署(Signature)是表示缔约国同意接受条约约束的一种仪式,通常在缔约谈判或制定条约的会议结束时举行。有的条约(特别是国际公约)会规定在制定条约的会议结束后一定的时间和地点,由条约所列的各国签字。条约的签字者,除国家元首、政府首脑、外长外,必须持有证明或国家政府授权的全权证书。如条约规定自签字之日起生效,则在条约上签字就表明各签字国同意接受条约约束;如条约规定需经批准、核准或其他为使条约生效的法律手续后方能生效,条约的签字则使签字国取得随后重新审查条约并决定是否予以批准的资格,并构成对条约约文的认证。

2. 批准、接受、核准和加入

"批准(Ratification)""接受(Acceptance)""核准(Approval)"及"加入(Accession)",各依本义指一国据以在国际上确定其同意受条约拘束之国际行为。条约的加入是成为缔约国[②]的方式之一,指未在多边条约开放签字期内签字的国家可在条约开放签字期结束后,以提交加入通知书的形式成为该条约的缔约国,通常适用于开放性条约。加入的程序:由加入国以书面形式通知条约保存国(机构)(例如加入联合国倡议签订的条约时,通知书交存联合国秘书长),由保存国(机构)转告其他缔约国。[③] 条约对加入国开始生效的时间取决于条约本身的规定:有的规定自交存加入书之日起生效;有的规定在加入书交存后的一定期限后生效。非开放性条约只有在全体缔约国同意的情况下才能加入。

3. 保留

保留(Reservations)是指一国于签署、批准、接受、核准或加入条约时所做之书面声明,不论措辞或名称如何,其目的在于排除或更改条约中若干规定对该国适用时之法律效果。例如2006年8月25日我国依据1982年《联合国海洋法公约》第298条规定提交了排除性声明:对于公约第298条第1款(a)(b)和(c)项所述的任何争端(即涉及海洋划界、领土和军事活动等争端),中国政府不接受公约第15部分第2节规定的任何国际司法或仲裁管辖。

---

① MSC. 81/circ. 1187(设有海景露台舱的客船船舶操作建议)即为2006年年初"Star Princess"豪华邮轮发生火灾后,经过对事故的不完全调查发现在豪华邮轮中操作普遍存在安全方面的缺陷,因而形成的加强安全操作的建议案,该建议案在MSC第81届会议上以通函的形式获得通过。

② 《1969年维也纳条约法公约》中定义:条约中"缔约国"(Contracting State)是指不管条约是否生效,同意受条约拘束的国家。

③ 对于IMO通过的海事公约,公约的保存机构为IMO秘书处,因此通知书应交存IMO秘书长。

第二节 制定国际海事公约的主要机构

一、国际海事组织

总部位于英国伦敦的国际海事组织（International Maritime Organization，IMO）是负责组织制定和管理国际海事公约的一个政府间国际性组织。IMO 负责组织召开成员国会议，制定国际海事公约，同时也承担着公约签署、批准、生效、修订等程序性工作及公约等文书的编辑、更新等管理性工作。

（一）产生背景

随着国际社会在航运方面合作的日益增多，在国际社会上已经形成了一些惯例，例如船舶在恶劣天气时可以在外国港口避难；船舶有责任救助处于危难中的其他船舶而不论该船的国籍如何。但一直到 19 世纪，人们才普遍意识到有必要通过制定条约，使类似的古老的航运业习俗成为以文字形式记载的规则。

到 19 世纪末，作为最古老的国际性行业，航运业逐渐凸显了其作为各国交流合作纽带的重要地位，因此建立一个管理全球航运的国际性组织，以规范各国航运贸易的必要性就显现出来。1899 年，在美国首都华盛顿召开的国际海事会议上提出了关于建立一个永久性国际海事组织的建议，但该建议并未得到会议认可。该建议被否决的原因是航运业不愿意接受任何控制其活动和企图限制其商业自由的条件。

1945 年，情况发生了变化，第二次世界大战结束后，为了确保不会再发生第三次世界大战，国际社会建立了联合国。尽管当时国际社会大部分注意力都集中在联合国大会上，但是创立联合国的理想主义者们并没有停步，他们认为联合国应该是由一系列国际组织组成的机构。每一个组织应负责处理一些不同的主题，例如有的组织负责人道事务，而有的组织则负责技术性事务等。

IMO 的前身是政府间海事协商组织（IMCO）。IMCO 成立之前，在其他领域已有国际性组织纷纷成立，例如 1865 年成立的国际电报联盟（即现在的国际电信联盟）、1873 年成立的国际气象组织（即现在的世界气象组织）和 1944 年成立的国际航空组织等。这些国际性组织都是隶属于联合国的专门机构，它们的先后成立为政府间海事协商组织的成立提供了丰富的经验，也促使国际社会试图通过一系列努力来建立一个类似的航运性组织。1948 年 2 月 9 日，联合国在日内瓦召开海事大会，该会议于 3 月 6 日通过了关于成立政府间海事协商组织的公约，即《政府间海事协商组织公约》，公约于 1958 年 3 月 17 日起生效。1959 年 1 月 6 日，政府间海事协商组织在第一届大会期间正式成立。

如果一个国际组织只是协商性组织，则不能享有立法权，因此 1975 年 11 月第Ⅸ届大会通过了该组织公约的修正案，修正案从 1982 年 5 月 22 日生效之日起，政府间海事协商组织更名为国际海事组织（IMO）。

（二）组织职责

国际海事组织具有如下 3 个主要特点：

(1)政府间的团体；

(2)联合国的专业技术机构；

(3)法律制定机构。

IMO 是政府间的团体，因此参加 IMO 会议的代表，不管是参加大会、外交谈判或工作小组，还是参与投票表决，都必须代表出席会议的缔约国政府。

IMO 是隶属于联合国的专业技术机构。IMO 是专业机构，因为它具有专业特性，并不是所有联合国机构都是专业机构，如联合国贸发大会(UNCTAD)就只是一个协会。IMO 是专业机构并有独立的地位，它在很多方面享有高度的自治权。首先，它拥有按照海洋法公约精神制定涉及船舶安全和海洋环境保护方面标准的权力，即制定国际海事公约的权力；其次，国际海事组织的预算独立于联合国预算。

对国际海事组织的授权最初来源于联合国下属的经济和社会理事会(ECOSOC)的章程。国际海事组织与联合国的联系正体现在 IMO 是经济和社会理事会(ECOSOC)下属的专业技术机构。

IMO 作为专业技术机构的另一特点是，就其承担的责任和义务而言，秘书处的官员是独立的。IMO 的秘书长并非由联合国秘书长指定，而是由国际海事组织成员国选举产生的。但是就行政隶属关系而言，他们又不是完全独立的，IMO 秘书长应定期向联合国秘书长汇报工作。

国际海事组织是立法机构，享有独立的立法权，即制定和保存公约的权力。国际海事组织制定的标准可以转换成公约、议定书一类具有约束力的法律文书。

从另一个角度来讲，可以将国际海事组织视为管理机构，虽然它的立法权通过制定公约和其他文书的形式得以体现和实现，但是从管理的角度来说，它可以制定标准，但却基本上没有执行其制定的公约的能力，也就是说公约的执行要依赖公约的缔约国，这就是 IMO 在国际海事安全管理事务中所扮演的特殊角色。

（三）组织机构

国际海事组织由大会(Assembly)、理事会(Council)和 5 个主要委员会组成，即海上安全委员会、海上环境保护委员会、法律委员会、技术合作委员会和便利委员会。此外，还有主要技术委员会的一些分委会。

大会是该组织的最高决策机构。它由所有成员国组成，每两年举行一次会议，但在必要时可以召开特别会议。大会负责批准工作计划、审议财务预算和决定组织的财务安排。大会还选举理事会。

理事会由大会选举的 40 个成员国组成，每两年改选一次。理事会于每届大会结束后开始工作。《国际海事组织公约》规定大会选举理事会成员应遵循下列标准：

(1)在国际航运方面，10 个有最大利害关系的国家；

(2)在国际海上贸易方面，10 个有最大利害关系的国家；

(3)不是根据上述(1)或(2)标准选出的，但在海上运输或航行方面有特殊利害关系的 20 个国家，它们的入选将会保证世界上主要地理地区有代表参与 IMO 事务。

理事会是国际海事组织的执行机构，在大会的领导下负责管理该组织的工作。在两届大会之间，理事会履行大会的几乎所有职能[但按照国际海事组织公约第 15(j)条向各国政府提出有关海上安全和防止污染建议的职能仍由大会行使]。理事会的职能有：

(1)协调该组织内各机构的活动；

(2)审议该组织的工作计划草案和财务预算,并提交大会;

(3)受理委员会和其他机构提交的报告与建议,提出意见和建议后一并提交大会和各成员国;

(4)任命秘书长并报大会批准;

(5)就国际海事组织与其他组织的关系达成协议或做出安排,报大会批准。

海上安全委员会(MSC)是国际海事组织的最高技术机构,由所有成员国组成,主要职能是在国际海事组织的职权范围内研究有关助航设备、船舶结构和设备、安全配员、避碰规则、危险货物操作、海上安全程序和要求、航道信息、航海日志和航行记录、海难事故调查、救助和打捞以及其他直接影响海上安全的事宜。

海上环境保护委员会(MEPC)由所有成员国组成,负责审议职权范围内有关防止和控制船舶造成污染的任何事宜,特别是有关公约和其他规则的通过与修正及保证其有效实施的措施。

海上安全委员会和海上环境保护委员会还下设若干对所有成员国开放的分委会,协助其开展相关技术性工作。目前有 7 个分委会,即:

(1)人的因素、培训和值班分委会(HTW);

(2)IMO 文书实施分委会(III);

(3)航行通信和搜救分委会(NCSR);

(4)防污和应急分委会(PPR);

(5)船舶设计和建造分委会(SDC);

(6)船舶系统和设备分委会(SSE);

(7)货物和集装箱运输分委会(CCC)。

法律委员会(Legal Committee)由所有成员国组成,负责处理国际海事组织职权范围内的法律事宜,还被授权履行在其职权范围内由其他国际公约(法规)所赋予并由国际海事组织所承担的任何职责。

技术合作委员会(Technical Cooperation Committee)由所有成员国组成,负责审议职权范围内由国际海事组织实施或与其他国际组织合作实施的技术合作项目,以及国际海事组织在技术合作领域内的其他活动。

便利委员会(Facilitation Committee) 由所有成员国组成,负责消除国际航运中不必要的手续和繁文缛节等工作。近年来,该机构也致力于平衡海上保安和贸易便利化方面的工作。

IMO 的秘书处(Secretariat)设在伦敦,由秘书长和近 300 名工作人员组成。国际海事组织的现任秘书长为巴拿马籍的阿尔塞尼奥 · 多明格斯(Arsenio Dominguez)先生,其任期为 2024 年 1 月 1 日至 2027 年 12 月 31 日。

二、国际劳工组织

国际劳工组织(International Labor Organization,ILO)也是联合国家族中负责处理海事事务的专业机构之一,主要制定船员在海上的工作和生活条件等方面的标准,其历史比 IMO 久远。

(一)产生背景

第一次世界大战结束后,国际社会于 1919 年在巴黎召开了和平大会,大会通过了《国际劳工组织章程》,成立了国际劳工组织,总部设在瑞士日内瓦。1946 年 12 月 14 日,ILO 成为联合国的一个专门机构。

国际劳工组织的设立首先是出于人道主义的目的。20 世纪初，欧洲经济开始复苏，工业快速发展，产业工人数量迅速增多，但工作条件却日益恶化，大量工人遭受剥削。因此《国际劳工组织章程》在序言中提出“现有的劳动条件使大量的工人遭受不公正、苦难和贫困”，反映出人们对人道主义的关注。

其次是出于政治目的。随着工业化进程的发展，如果不改善工人的工作条件，有关国家政府担心可能因此造成社会不安定，甚至再次发生革命。

最后是出于公平竞争的目的。《国际劳工组织章程》序言同时指出：“任何一国不采用合乎人道的劳动条件，会成为其他国家愿意改善本国状况者的障碍。”

第二次世界大战中期，来自 41 个国家的政府、雇主和工人代表出席了在美国费城召开的国际劳工大会。大会通过了《费城宣言》，它作为《国际劳工组织章程》的附件，至今仍然是关于国际劳工组织宗旨和目标的宪章。

（二）组织职责

国际劳工组织的宗旨是促进充分就业和提高生活水平；促进劳资双方合作；完善社会保障体系；保护个人生活与健康；主张通过劳工立法来改善劳工状况，进而获得世界持久和平，建立社会正义。组织的核心，即促进个人体面工作。

国际劳工组织以公约和建议书的形式制定国际劳工标准，确定基本劳工权益的最低标准。它倡导独立的个人和雇主组织的发展，并向这些组织提供培训和咨询服务。

（三）组织机构

作为联合国家族中的政府间专业组织，其独特之处在于它由三方组成（A Tripartite Body），即政府、雇主和劳工在缔约国代表团中都有成员，这三方都参与 ILO 标准的制定过程。

自 1946 年 12 月 14 日起，国际劳工组织主要通过三方机制开展一系列工作，该组织实行“圆桌会议（三方代表）”原则，即成员国代表团由政府 2 人，劳工、雇主代表各 1 人组成，三方都参加各类会议并独立表决。每名政府、雇主或工人代表都有投票权，因此政府、工人、雇主代表的表决权为 2∶1∶1，大会 2/3 以上的表决权投支持票时，一项国际劳工标准才能获得通过。

组织的主要行政机构由国际劳工大会、理事会、国际劳工局（相当于 IMO 的秘书处）构成。联合海事委员会（Joint Maritime Commission）由船东和船员代表构成，它是 ILO 的一个咨询机构。ILO 规范性文件的执行不仅需要通过缔约国的国内立法实现，在适当的情况下还需要通过将其纳入劳工与雇主达成的集体协议（Collective Agreement）来实现。因此，海事劳工法律属于一种具有国际公法和国际私法性质的混合法（Law of a Hybrid Type）。作为社会公共经济政策的一个重要组成部分，海事劳工法律包括规范性法律因素，又因为具有契约性质，它同时也包含私法因素。

国际劳工大会是国际劳工组织的最高权力机构，成员国于每年 6 月在日内瓦举行国际劳工大会。每个成员国派两名政府代表、一名雇主代表和一名劳工代表参加。闭会期间由理事会指导该组织工作。国际劳工大会起着非常重要的作用，它的主要活动包括从事国际劳工立法，制定公约和建议书以及开展技术援助和技术合作，并作为一个论坛讨论全球重要的劳工和社会问题。大会还负责审议本组织的预算和选举理事会成员。

理事会是国际劳工组织的执行机构,每年在日内瓦召开三次会议,讨论决定国际劳工组织的政策。理事会由28位政府理事、14位雇主理事和14位劳工理事组成。理事会制订计划和预算,再提交国际劳工大会讨论通过。理事会还选举国际劳工局局长,雇主和劳工分别选举自己的代表。

国际劳工局是国际劳工组织的秘书处和所有活动的联络处,它受理事会的监督并接受局长的领导,每届局长的任期为5年,可以连选连任。

第三节 国际海事组织文书

一、国际海事组织文书的形式及效力

国际海事组织通过的文书(除该组织行政事务性质的文书外)大体上以公约、议定书、协定、决议、规则、建议案、通函以及附属的指南等形式出现。国际海事组织采纳/通过的有关船舶安全与防止船舶污染海洋环境的规范性文书一般可分为"强制性文书"和"非强制性文书"两种。

1. 强制性文书

强制性文书主要包括公约和议定书及其附属规则。公约和议定书的层次最高,通常其效力要优于国内法。[①] 公约和议定书一般通过政府间会议(外交大会)审议公约或议定书的草案,达成一致(或多数通过)时获得通过。

IMO通过了许多以规则(Code)命名的文书,如海事调查规则等。值得注意的是,这些规则并不都是强制性的,例如,ISM规则在最初产生时就是非强制性的。一些原来非强制性的规则通常借助于SOLAS 1974修正案等载体成为强制性的文书,有的规则也通过IMO大会决议的形式成为强制性文书,例如A.739(18)——向代表主管机关的组织授权导则,在该文书中以明确的条文规定该规则应被视为强制性的文书。为了便于区分哪些规则是强制性的,IMO特别通过了大会决议A.973(24)——实施IMO强制性文书的规则(Code for the Implementation of Mandatory IMO Instruments),该规则阐述了如何识别IMO通过的强制性规则。IMO通过的强制性规则具有如下特点(以SOLAS 1974为例):

(1)在SOLAS 1974附则中对特定的规则下了定义,通常援引特定规则的全称;

(2)在SOLAS 1974附则中明确该规则未来的修改将按照公约正文中第Ⅷ条的修改程序进行修改;

(3)在SOLAS 1974附则中明确该规则是强制性的。

上述三点在识别强制性规则方面比较实用,有助于不熟悉强制性文书的人识别IMO通过的众多强制性与非强制性规则。

例如,SOLAS 1974附则第Ⅺ-2章第1.1.12款对ISPS规则定义为:国际船舶和港口设施保安(ISPS)规则系指SOLAS 1974缔约国政府会议于2002年12月12日以第2号决议通过的

① 2000年4月生效的《中华人民共和国海洋环境保护法》第97条规定:中华人民共和国缔结或参加的与海洋环境保护有关的国际条约与本法有不同规定的,适用国际条约的规定;但是,中华人民共和国声明保留的条款除外。

《国际船舶保安和港口设施规则》,由 A 部分(其规定应视为具有强制性)和 B 部分(其规定应视为建议性)组成。该规则可能经本组织修正,但:

a. 该规则 A 部分的修正案应按照本公约第Ⅷ条有关的除第Ⅰ章外适用的附则修正程序的规定予以通过、生效和实施;

b. 该规则 B 部分的修正案应由海上安全委员会按照其议事规则通过。

又如,SOLAS 1974 附则第Ⅸ章第 1. 1 款对 ISM 规则的定义为:国际安全管理规则(ISM 规则)系指本组织第 A. 741(18)号决议通过的,或由本组织修正的《国际船舶安全营运和防污染管理规则》,但这类修正案应按照本公约第Ⅷ条有关的除第Ⅰ章外适用的附则修正程序的规定予以通过、生效和实施。而 SOLAS 1974 附则第Ⅸ章第 3 条第Ⅰ款规定:公司和船舶应符合《国际安全管理规则》的要求。就本条而言,ISM 规则的要求应视作强制性要求。

一般而言,如果某一个文书是以规则命名的,IMO 的动议是希望该规则运行一段时间后,在总结经验并修改后通过适当的方式使其成为强制性的文书。

2. 非强制性文书

非强制性文书,包括国际海事组织通过的导则、指南、建议案、性能标准、示范课程、规则的统一解释等。

虽说非强制性文书没有公约那样的法律地位,但并不意味着其不重要。例如,《1972 年国际海上避碰规则》的某些条款在没有修改之前曾以 MSC 通函做统一解释,故而,有些缔约国政府还把这些建议内容纳入国内法来执行。一些非强制性文书也通过某种形式与公约附属规则相连接。公约本身不可能把很多技术细节要求写进去,对于具体的技术标准或操作要求,往往以脚注的形式出现。① 脚注有两种情况:一种是公约附则条文本身注明应不低于某决议案、建议案或通函的要求;另一种是"参见"某决议案、建议案或通函的要求。

二、公约的制定

IMO 主要有 6 个机构参与公约的制定工作:大会是主要机构,还包括海上安全委员会、海上环境保护委员会、法律委员会等 5 个委员会。在这些机构里缔约国讨论船舶和相关工业的发展状况,任何一个机构都可以提出修改现行公约的建议或提议制定新的公约。

在通常的情况下,一个委员会提出建议,如有必要,则需将建议提交给理事会,必要时,还要送交大会。

在某些情况下,如果大会或理事会赋予其权利,相关的委员会就可以继续开展工作,起草公约草稿或公约修正案草稿。有些情况下,一些草稿的技术/操作程序细节部分还要由特殊的技术小组来审议。

委员会和分委会的某些工作是由缔约国代表完成的,与这些工作有关系的政府以及国际非政府组织的一些观点和建议会得到认真的讨论,乃至于被采纳。

如果提交的是新公约草案,就需报告给理事会和大会,并建议召开一次外交大会,以考虑正式通过这一草案。另外,隶属于联合国的组织和与 IMO 有正式关系的组织也应邀派观察员参加会议,各国政府代表提供专家建议。

在大会召开以前,公约草案在将要出席大会的政府和组织间传阅与讨论。公约草案和评

① IMO. 2002. Resolution A. 911(22)—Uniform Wording for Referencing IMO Instruments. London.

论一起被详细地审核并做出必要的修改，形成能被全部或大多数与会国接受的草案。公约通过之后，秘书长会将公约副本交给各国政府，同时公约开始对各国开放以供签字，开放签署期一般是 12 个月。

三、公约的批准与生效

IMO 公约从起草、通过、批准到生效、修正是一个连续的过程。公约、议定书、修正案的批准和生效都有严格的条件。缔约国需以“明示接受”方式加入公约或议定书。“明示接受”是指各缔约国向国际海事组织正式递交文书表示同意接受公约的约束。

（一）公约生效条件

公约生效是指公约对缔约国开始产生约束力，公约必须满足一定的条件，才能生效。

公约的生效条件一般包括两个要件：N 个国家接受本公约和船舶合计总吨位超过一定数量的百分比。例如 MARPOL 1973 规定的生效条件：应在不少于 15 个国家，且其商船合计总吨位不少于世界商船总吨位 50%，接受本公约之日起 12 个月后生效。

（二）议定书生效条件

议定书的生效条件也包括两个要件：N 个国家接受本议定书和船舶合计总吨位超过一定数量的百分比。生效条件还可分为两种情况：一种是以加入母公约为前提条件，例如加入《1966 年国际载重线公约 1988 年议定书》需加入《1966 年国际载重线公约》；另一种是不以加入母公约为前提条件，如加入《1972 年倾废公约 1996 年议定书》则不需要加入《1972 年倾废公约》（简称《伦敦公约》）。

不同的议定书在修改内容上存在不同，生效条件却基本相同。MARPOL 1973 的 1978 年议定书主要修改了原公约附则的生效时间，目的是使该公约附则 I 能够尽快得到执行，并（由于技术困难）允许推迟执行附则 Ⅱ。SOLAS 1974 的 1988 年议定书主要对公约附则的各条款进行修正。而比较特殊的是《伦敦公约》1996 年议定书，如其第 23 条所述“本议定书与本公约的关系：在亦属本公约当事国的本议定书缔约当事国间，本议定书将取代本公约。”即，1996 年议定书完全取代了原公约（母公约）。然而这三种不同内容的议定书生效条款却类似，而且与公约的生效条件也基本一致。一般包括：N 个国家接受本议定书、船舶合计总吨位超过一定数量的百分比、满足前面两个条件后的一定时间之后生效。其中特殊的是 SOLAS 1974 的 1988 年议定书和《1966 年国际载重线公约》的 1988 年议定书，当两议定书同时满足生效条件时，两议定书才各自生效。

四、公约的修正

（一）国际海事公约的修正程序

国际海事公约的修正程序基本相同，公约可按下列方式进行修正。[①]

1. 本组织内审议修正

（1）缔约国政府提议的任何修正案应提交给本组织的秘书长，随后由其将该修正案在组织审议前至少 6 个月分发给组织的所有成员和缔约国政府。

---

① 参见 SOLAS 1974 正文第Ⅷ条。

(2) 按上述所提议和分发的任何修正案，应交付海上安全委员会审议。

(3) 缔约国政府不论是否是本组织的成员，均有权参加海上安全委员会对修正案进行审议和通过的会议。

(4) 修正案应在按照前述(3)所规定的扩大的海上安全委员会(以下称海上安全委员会扩大会议)上，经到会并投票的2/3缔约国政府多数通过，且在表决时至少1/3的缔约国政府出席。

(5)经按照前述(4)通过的修正案，应由本组织的秘书长通知所有缔约国政府，以供接受。

2. 大会修正

(1) 应缔约国政府的请求，并经至少1/3缔约国政府的同意，本组织应召开缔约国政府会议，审议对公约的修正案。

(2) 经此种会议由到会并投票的2/3缔约国政府多数通过的每一项修正案，应由本组织秘书长通知所有缔约国政府，以供接受。

（二）修正案的生效

修正案一般用于对公约附则的技术性条款进行修正，修正案主要通过如下方式生效：

1. 明示接受

SOLAS 1974 第Ⅷ条第(b)-(vi)-(1)款规定，SOLAS 1974 附则Ⅰ的修正案应通过明示接受方法生效。这是一种通过明示接受使修正案生效的方法。如前述明示接受对特定修正案的生效也同样适用。

2. 默认接受

SOLAS 1974 正文第Ⅷ条引进了默认接受程序，该条第(b)-(vi)-(2)款规定：

“对附则的修正案，除第Ⅰ章外，在下列情况下，应认为已被接受：

(a) 从通知缔约国政府供其接受之日起的两年期限届满时；或

(b) 在海上安全委员会扩大会议上，由到会并投票的缔约国政府的2/3多数通过时所确定的不少于1年的期限届满时。

但如果在上述期间内，1/3以上的缔约国政府或商船合计总吨位不少于世界商船总吨位50%的缔约国政府通知本组织秘书长反对该修正案，那么应认为该修正案未被接受。”

3. 生效时间

SOLAS 1974 生效条款中对生效时间规定如下：

(1) 对公约正文或附则第Ⅰ章的修正案，就那些业已接受该修正案的缔约国政府而言，应在其视为接受之日起6个月后生效；就该修正案在该接受日期之后接受的各个缔约国政府而言，应在其接受之日起6个月后对其生效。

(2) 对附则的修正案，除第Ⅰ章外，就所有缔约国政府而言，应在其视为接受之日起6个月后生效。

修正案的生效时间形式上基本相同，都是修正案在通过后一段时间内自动生效。

第四节 国际劳工组织公约与建议书

一、国际劳工标准概要

国际劳工标准载明于国际劳工组织的法律文书之中。这些法律文书包括国际劳工公约（包括修订公约的议定书）[①]和国际劳工建议书[②]两种形式，由国际劳工组织协调下的政府、雇主和工人三方共同制定，规定了关于工作和工作场所的原则、权利和最低标准。[③] 公约对批准其成员国具有法律约束力。建议书（Recommendations）不具有强制实施的效力，也无须成员国批准，其作用是供成员国在相关领域制定国内政策和法律、法规时参考。截至 2015 年 12 月底，国际劳工组织共发布了 204 项建议书。[④] 在实践中，国际劳工组织多采用在制定一项公约的同时制定一项同样名称但内容更为详尽具体的配套建议书的办法。例如，《2006 年促进职业安全与卫生框架》建议书（R197）是履行《2006 年促进职业安全与卫生框架公约》的具体导则，从国家政策、国家体系、国家计划等方面，对成员国履约给出了指导性的意见与建议或标准。但《2006 年海事劳工公约》则采用了国际海事组织 STCW 公约的编排方式，将公约与建议书合二为一，把建议性的规定直接编排在强制性要求之后，不再另行发布配套的建议书。

二、国际劳工标准的制定

国际劳工标准的产生通常源于国际社会密切关注并认为应急需采取措施来解决的一些特殊社会问题，如为女性工作者提供生育保障，或者保障农业工作者的工作条件等。国际劳工组织采用一项独特的立法程序制定国际劳工标准，即由政府（G）、工人（W）及雇主（E）三方代表共同制定国际劳工标准。国际劳工标准的制定可以概括分为提议与大会讨论两个阶段。首先，制定标准的需要通常来自直接从事生产活动的群体，关于制定标准的提议可以通过理事会成员、出席大会的三方代表、某些国际性组织向理事会提出。理事会将决定是否将该议题列入国际劳工大会议程。其次，如果议题被列入大会议程，国际劳工局需组织法律专家、技术专家等就该议题撰写第一份报告，分析成员国就这一重要问题的立法及实践。三方代表将在国际劳工大会上审议第一份报告。此后，国际劳工局需根据审议情况再撰写第二份报告，该报告实际上是新劳工标准的草案。该草案将在下一届大会上再次审议，修改完善并最终通过，“两次讨论”程序是为了能够给大会参与者足够的评议时间。

国际劳工标准需经国际劳工大会审议表决通过，其程序如图 1-1 所示。

---

① 国际劳工公约可分为基本（核心）劳工公约、优先劳工公约和一般劳工公约三大类。基本国际劳工公约（也为核心公约）的内容以保护劳动者在劳动过程中的基本劳动权为主。优先劳工公约是指其内容对于各国劳动制度与政策的形成具有重要影响的，各成员国应当加以特别注意的公约。一般劳工公约是指除了核心公约和优先公约以外的公约。（资料来源：刘瑞复. 北京大学法学百科全书：经济法学. 北京：北京大学出版社，2007.）

② 国际海事组织也发布非强制性的文书——建议案，类似的建议案多以通函的形式发布。

③ http://www.ilo.org/beijing/areas-of-work/international-labour-standards/lang--zh/index.htm.

④ 国际劳工组织官网内容：http://www.ilo.org/dyn/normlex/en/f?p=NORMLEXPUB:12010:0::NO:::

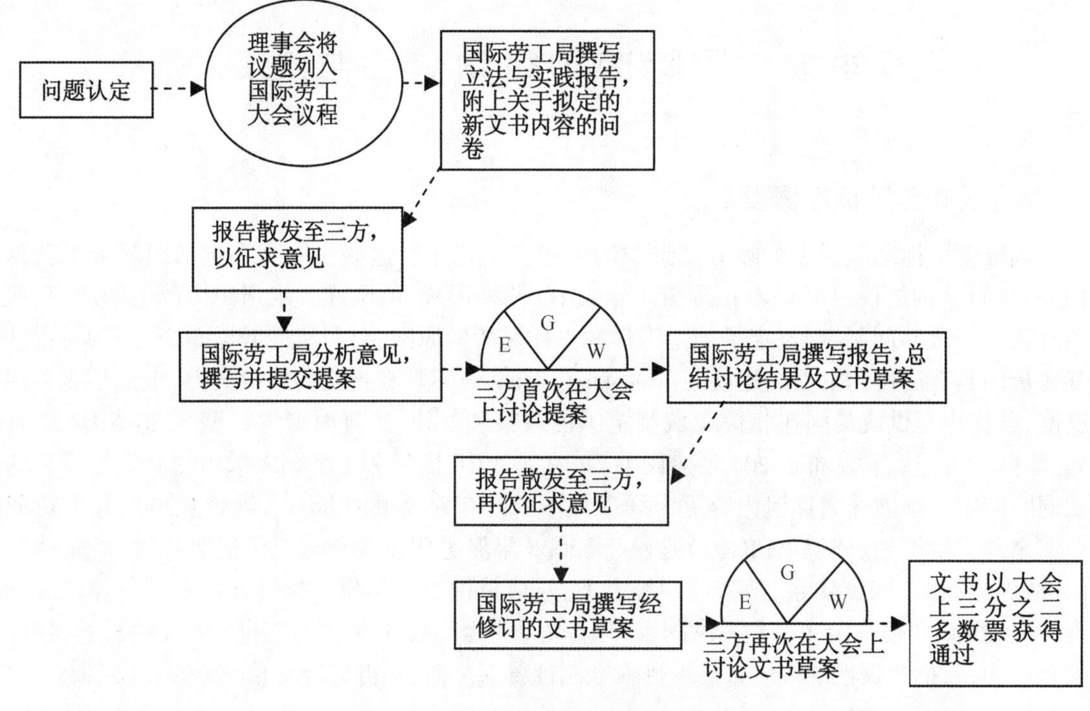

图 1-1　国际劳工组织文书通过程序

三、公约的批准与生效

相比于国际海事组织管理的公约，国际劳工组织公约生效的条件要求比较低。多数国际劳工组织公约只需两个成员国批准即满足生效条件，因此在一项公约生效的初期批准公约的成员国数量较少，实施公约的影响力也非常有限。国际劳工公约通常在两个成员国予以批准后的 12 个月后得以生效，ILO 理事会负责监督国际劳工公约的实施效果。一旦批准某项公约，该成员国就有责任确保公约得以有效实施并遵从国际劳工组织的定期履约报告制度。批准了基本公约（核心公约）的国家，应当每两年向国际劳工局报告一次，并提交详细报告；批准了一般公约的国家，每 5 年提交一份简要报告。[①]

四、公约的修正

国际劳工标准的沿革可以追溯到 1919 年 ILO 成立之初。随着时间推移，一些标准已不再适应国际社会发展，需要予以更新。ILO 主要以三种方式更新国际劳工标准：

一是以新公约替代旧公约的方式对公约所涉及的领域进行全面修订。例如，国际劳工组织大会于 2003 年 6 月通过的《2003 年海员身份证件公约》（第 185 号公约）替代了《1958 年海员身份证件公约》。《2006 年海事劳工公约》产生本身就是对涉及海员船上工作和就业条件的 37 项公约和 29 项建议书[②]的一次综合修订和替换。

二是以议定书的形式对公约的某一方面进行重大修订，剔除公约中的过时内容。如国际

① 刘瑞复. 北京大学法学百科全书：经济法学. 北京：北京大学出版社，2007.
② 黄杨婷. 国际海事公约研究[D]. 厦门：厦门大学，2013：1-5.

劳工组织大会于 2014 年 6 月通过了《1930 年强迫劳动公约 2014 年议定书》(第 29 号公约 2014 年议定书),使"用以解决公约实施中差距的某些建议"成为具有强制力的法律条文,并使之成为《1930 年强迫劳动公约》的补充。

三是以修正案的方式对公约中的个别内容进行修订。例如,《2006 年海事劳工公约》2014 年修正案对被遗弃海员的遣返及海员契约索赔的船东责任等进行了修订和补充。

国际海事组织(IMO)管理的一些公约中引入了默认生效机制,该机制对于促进公约修正案的适时生效发挥了重要作用。鉴于 IMO 公约修正案默认生效机制的成功经验,国际劳工组织在起草《2006 年海事劳工公约》(MLC 2006)时也引入了默认生效机制,但该机制只针对守则部分的修正案。① 而针对公约的修正案,要求成员国以明示接受的方式表示接受一项公约修正案的约束。②

五、国际劳工标准的普遍性和灵活性

国际劳工标准是国际劳工组织三方代表以三分之二多数票获得通过的,因此这些标准是国际公认的规则,具有普遍适用性。③ 同时,这些标准反映了不同国家多元的文化、历史背景、法律体系及经济发展水平。考虑到各方面的差异,大多数标准在制定过程中都保证其可以灵活地转换到各国的国内立法及实践中。例如,最低工资标准不要求成员国设立一个特定的数额,而是建立一套体系和机制,根据各国的经济发展状况确定最低工资比率。一些标准中都有所谓的"灵活性条款",允许各国以低于通常规定的要求来制定临时标准,排除公约对某些类别工人的适用,或仅将部分规定适用于这些类别的工人。如果批准的成员国选择适用灵活性条款,通常都要向国际劳工组织总干事报告,并且要与相关的社会团体进行协商适用这些条款。④

练习题

1. 简述海事公约的内涵。
2. 试分析海事公约在国际航运和海洋治理中发挥的作用。
3. 如何理解国际海事组织的性质与职能?
4. 国际海事组织秘书长在组织中扮演着怎样的角色?
5. 试述国际劳工组织的主要职能。

① 参见《2006 年海事劳工公约》第 15 条。
② 参见《2006 年海事劳工公约》第 14 条。
③ 佘云霞,王祎. 国家劳工标准[M]. 北京:中国劳动社会保障出版社,2007.
④ ILO. 2014. Rules of the game: A brief introduction to International Labour Standards (Revised Edition 2014). Genève: The Author.

第二章 基础类海洋法公约

国际海洋法(International Law of the Sea)是当今国际社会处理纷繁复杂的海洋问题和事务的首要法律依据。[①] 国际海洋法的内容涵盖领海和毗连区、用于国际航行的海峡、群岛国、专属经济区、大陆架、公海、岛屿制度、闭海或半闭海、内陆国出入海洋的权利和过境自由、国际海底区域以及环境保护、科学研究和争端解决等。[②]

国际海洋法大致历经了古代海洋法、近代海洋法和现代海洋法等不同的发展阶段。古代海洋法起源于古罗马,古罗马法中的《优士丁尼法典》首次以法律的形式明确了海洋的法律地位,即海洋是“大家公有之物”,所有人都可以自由利用海洋。[③] 近代海洋法逐渐产生了领海和毗连区的概念,但各国宣称的领海和毗连区界限和宽度并不统一,部分欧美国家如美国、英国、德国等以 3 n mile 作为领海的宽度,地中海地区的一些国家采用 6 n mile 作为领海的宽度,[④]因此国际社会亟待统一领海宽度和毗连区界限的标准。

现代海洋法的发展始于 20 世纪,在此时期,国际社会出现了混用的海洋法术语,诸如“领海”和“领水”的混用,而且不断涌现出新的海洋法概念,诸如“大陆架”的法律概念。为解决上述问题,特别是领海宽度和毗连区界限标准不统一的问题,1930 年国际联盟在海牙召开国际法编纂会议,由于与会各国对领海宽度存在较大争议,因此该届会议并没有取得实质性进展。第二次世界大战后,各国开始争夺海洋利益,不断采取单边行动,如 1945 年墨西哥宣布对邻接其海岸线的大陆架及其一切资源享有权利。国际社会关于编纂海洋法的呼声高涨,因此 1958 年 2 月 24 日至 4 月 27 日第一次联合国海洋法会议(简称 UNCLOS Ⅰ)于日内瓦召开,会议最终于 1958 年 4 月 29 日通过了日内瓦海洋法公约,包括四部公约:《领海与毗连区公约》《公海公约》《捕鱼与养护生物资源公约》和《大陆架公约》。UNCLOS Ⅰ 虽然成果显著,但仍未确定领海宽度等关键性问题。为解决 UNCLOS Ⅰ 遗留的领海及毗连区等问题,1960 年 3 月 17 日至 4 月 26 日,联合国在日内瓦召开 UNCLOS Ⅱ,然而并未在领海宽度问题上达成一致,会议无果而终。

1973—1982 年,UNCLOS Ⅲ 召开,该届会议是联合国史上召开时间最长、规模最大的国际会议。会议解决了内水和领海、毗连区、专属经济区、公海等各方面的法律制度问题,最后通过了 1982 年《联合国海洋法公约》,该公约的产生标志着现代国际海洋法的最终形成。从法律效力上看,对于缔约国来说,1982 年《联合国海洋法公约》应优于日内瓦海洋法公约[⑤],因此对于既加入 1982 年《联合国海洋法公约》,又加入日内瓦海洋法公约的国家,应执行 1982 年《联

① 陈德恭. 现代国际海洋法. 北京:海洋出版社,2009:20-22.
② 吴少杰. 联合国三次海洋法会议与美国关于海洋法问题的政策[D]. 东北师范大学,2013.
③ [古罗马]优士丁尼. 法学阶梯. 北京:中国政法大学出版社,1999:111-112.
④ 焦传凯. 论公海制度的演进及趋势[D]. 中国海洋大学,2007.
⑤ 参见 1982 年《联合国海洋法公约》第 31 条。

合国海洋法公约》的相关规定。本章第一节介绍《领海及毗连区公约》,第二节介绍《公海公约》,第三节介绍1982年《联合国海洋法公约》。[①]

第一节 领海及毗连区公约

一、领海及毗连区的起源

(一)领海的起源

传统意义上,人们认为领海是指沿海国与陆地领土及内水相连接的一带海域,是沿岸国领土的组成部分,国家对领海上空及海底和底土行使主权。[②] 1604—1605年间荷兰法学家格劳秀斯在所著的《捕获法》中引用《查士丁尼法典》中关于海洋是"人类共有"的自然权利原则,指出"海洋是共有的,无论是从航行方面还是渔业方面看,都适用于人类共同使用"。而英国法学家Welwood随即引用罗马另两位著名法学家Ulpian和Martian的言论说"罗马皇帝有权使用和控制海洋"[③],以批评"公海自由论"。英国作家塞尔登(John Selden)也于1635年发表著作《海洋控制论》,认为海洋应该为国家所使用,提出英国有权占有其周围的海洋,反对格劳秀斯的"公海自由论"。塞尔登试图证明海洋在许多地方已经不再是共有的了,而是可以为且已经为人们所占有和使用。但塞尔登认为无害航行不会给人们占有海洋造成不利的影响,他力图使英国对海洋的特殊要求与航行自由的普遍要求相协调。[④] 17世纪中期英国称霸海上后,放弃了海上控制论,倾向于划定沿海国主权范围及公海海域,由此产生了领海和公海的概念。1930年于海牙召开的国际法典编纂会议同意将"领海"定义为位于国家内水和公海之间的一带海域。[⑤] 在此之前,国际上并未对"领海"和"领水"进行明显区分,如英国曾颁布了"领水管辖权法"。该会议认为,"领水"在广义上可能包括内水和领海,故认为用"领海"是比较正确的。1958年和1960年召开的UNCLOS Ⅰ和UNCLOS Ⅱ也曾对领海宽度问题进行深入讨论,但都未达成共识,领海宽度问题留给了下一次国际海洋法编纂会议。[⑥]

(二)毗连区的起源

国际上普遍认为毗连区在地理位置上处于沿海国领海之外并与领海连接,不属于领海的一部分,而且在法律地位上也不同于领海[⑦],是沿海国在毗连其领海以外的一定范围内为实施关于海关、卫生、财政、移民等事项的管辖而设立的特别海洋区域[⑧]。一般认为,毗连区开始作为一种完整的海洋制度载入国际法是在20世纪二三十年代。而实际上,毗连区制度至今已有

---

① 限于篇幅和读者群情况,本书主要介绍《公海公约》和《领海及毗连区公约》。《捕鱼与养护生物资源公约》和《大陆架公约》请参见 https://treaties.un.org/Pages/Treaties.aspx? id=21&subid=0&clang=_en

② 杨志. 领海宽度是如何规定的[J]. 海洋世界,1997(02):3.

③ 即"海上控制论"。

④ 肖韬. 格劳秀斯与《海洋自由论》——一场关于海洋属性的历史论证[D]. 济南:山东大学,2012.

⑤ 源于法国国际法学家日德尔对领海下的一个简单定义:"领海是位于国家内水和公海之间的一带海域。"见《国际术语法》,1960:389。

⑥ 直到1982年通过的《联合国海洋法公约》规定:"每一国家有权确定其领海宽度,直至按本公约确定的基线量起不超过12 n mile的界限为止。"此规定不仅解决了数百年来对于领海宽度问题的争议,还满足了许多中小海洋国家在国防安全、自然资源、经济利益方面的需要。

⑦ 王欢. 毗连区中的管制权问题研究[D]. 中国社会科学院研究生院,2014.

⑧ 丁良培. 谈谈我国设置毗连区的必要性[J]. 法学杂志,1988,01:42.

两百多年的历史，该制度始于18世纪30年代，最早采用这种制度的是英国。1736年英国《游弋法》规定没收在离其海岸6 n mile海域内的船舶上装载的禁运品，1763年又规定上述海域内连船舶本身亦可没收。1876年英国废除《游弋法》，颁布《统一海关法》和《领水管辖权法》，规定了可对走私嫌疑船舶行使临检权。随后，美国效仿英国采取了相似的立法，于1799年宣布12 n mile宽的一带海域为"海关监管区"，对开往美国港口的所有船舶有权强行登船检查，以制止和惩罚违反关税制度的行为。1922年美国根据其禁酒法制定了旨在取缔酒类走私的海关法规，规定对凡离海岸航程在1小时之内（约12 n mile）的所有船舶拥有登临和检查的权利。1935年美国颁布了《取缔走私法》，授权总统设立10 n mile限度的"海关执行区"。各国逐渐建立了关于毗连区制度的单边法律条文。

此外，各国在建立本国毗连区制度的过程中，除了制定国内法律，还通过与他国签订双边条约的方式，相互承认毗连区的管制权。如美国和英国于1924年签订的《关于执行美国禁酒法条约》；墨西哥与德国、瑞典、英国、中国签订协定建立3里格（League）[①]的关税区，与法国、荷兰、厄瓜多尔、意大利签订协定建立20 km关税区；除此之外，国际上还出现缔约国之间相互承认毗连区法律效力的多边条约，如1984年国际卫生公约在波斯湾和红海沿岸规定了检疫区。[②] 1958年UNCLOS Ⅰ将国际上关于毗连区的管理实践编纂成国际海洋法。

（三）领海及毗连区公约的产生

自领海概念产生后，数百年来沿海国家对于领海的宽度一直没有形成统一的标准，主张3 n mile、12 n mile或200 n mile的皆有。在1958年和1960年联合国召开的两次海洋法会议中，均对领海宽度问题进行专题讨论，都没有任何结果，直到第三次联合国海洋法会议结束，各国才达成一致意见。

鉴于各国以国内法的形式规定各自的毗连区，制度极为不一，矛盾重重，在1930年海牙国际法编纂会议上，与会国第一次在国际层面上对毗连区制度进行了讨论，提出了毗连区的概念、性质和地位，但由于与会国之间的分歧，未能对毗连区的宽度和地位进行统一。1958年，第一次海洋法会议在日内瓦召开[③]，为行使各国对领海的主权和对毗连区的管制权、维护各国安全和海洋权益，此次会议以1930年海牙会议草案中的毗连区条款为基础，经过讨论、修改，最后制定并通过了《领海及毗连区公约》，正式对毗连区的概念、性质和法律地位做出了明确规定，但只定义了领海的概念，即并无明确领海的宽度及划定领海宽度的方法。[④] 公约中毗连区的宽度为12 n mile，沿海国的管制事项为"防止外国船舶在12 n mile范围内对其海关、卫生和安全的蓄意侵犯"，其性质仍属于公海。1960年联合国第二次海洋法会议也由于各国之间主张的不一致，使得领海法律制度的内容尽管得到了一定程度的丰富，但总的来说进展不大。而1982年第三次联合国海洋法会议通过的《联合国海洋法公约》在继承和修改1958年《领海及毗连区公约》的基础上，才真正建立了现代海洋法体系下的毗连区制度。

《领海及毗连区公约》于1958年4月29日开放供签署，于1964年9月10日生效。截至2016年3月，该公约共有52个缔约国，其中包括美国、英国、澳大利亚等主要海洋国家。我国

① 里格（League）是一种长度单位，它是陆地及海洋的古老的测量单位，相当于4 Roman miles.

② 王欢. 毗连区中的管制权问题研究［D］. 中国社会科学院研究生院，2014.

③ 1958年的会议政治色彩浓厚，除老问题外，又产生了一些新因素，情况更为复杂，如大陆架问题，人口的压力，进步的技术，海洋环境污染的严重性，海洋资源对贫穷国家的利益，联合国力量的相对增大，参加会议的国家大大增多，美国和苏联两个超级大国的竞争逐鹿，等等。所有这些情况力量对比开始发生变化，第三世界国家的呼声增高了。

④ 李杰. 海洋法知识漫谈之三：浅谈领海及毗连区制度［J］. 现代军事，1996，08：53-54.

未加入该公约。

二、主要内容

1. 关于领海制度

公约规定,国家主权扩展于其陆地领土及内水以外邻接其海岸的一带海域,称为领海,沿岸国的主权扩及于领海上空及其海床和底土。除公约另有规定外,计算领海宽度的正常基线应为沿海国官方承认的大比例尺海图所标明的低潮线。凡海岸极为曲折或有一系列岛屿紧接海岸,在计算领海宽度画定基线时得采用以直线连接各适当点的直基线方法划定。一国不得采用直基线制度将另一国的领海同公海隔断。对于岛屿(四面围水、涨潮时仍露出水面的天然形成的陆地)领海的测定适用该公约的相关规定。而对于低潮高地(低潮时四面围水但露出水面而高潮时淹没的天然形成的陆地),当低潮高地的全部或者一部分位于距大陆或岛屿不超过领海宽度的地方,其低潮线作为测算领海宽度的基线;但当低潮高地全部位于距大陆或岛屿超过领海宽度的地方,其本身没有领海。

2. 关于无害通过

一切外国船舶(包括军舰)在沿海国领海享有无害通过权,并规定,凡不损害沿海国的和平、良好秩序或安全者视为无害通过。潜艇行使无害通过权时须在海面航行并展示旗帜。所谓在领海中通过,包括经过领海、未进入内水或为自内水域驶往公海;存在不可抗力或遇灾难时,“通过”也包括停船及下锚;不妨害沿海国之和平、良好秩序或安全即视为无害通过。外国渔船在通过时如不遵守沿海国为防止此等船舶在领海内捕鱼而制定公布的法律规章,不应视为无害通过。

沿海国不得阻碍领海中无害通过,并须将其所知之领海内航行危险以适当方式通告周知。沿海国得在其领海内采取必要措施,以防止非无害通过;关于驶往内水域船舶,沿海国亦有权采取必要措施,以防止违反准其驶入此项水域的条件;沿海国确有必要保障本国安全时,可以在其领海特定区域内暂时停止外国船舶无害通过,但在外国船舶间不得有差别待遇。此项停止须在发布公告后,才能发生效力;在供国际航行的海峡中,不得停止外国船舶无害通过。[①]外国船舶行使无害通过权时应遵守沿海国依本条款及国际法其他规则所制定的法律规章,尤应遵守有关运输及航行相关的法律规章。[②]

3. 关于毗连区制度

《领海及毗连区公约》规定毗连区自测算领海宽度的基线量起不得超过 12 n mile,沿海国的管制事项为“防止外国船舶在其领土或领海内有违犯其海关、财政、移民或卫生规章的行为”,其性质仍属于公海。

根据《领海及毗连区公约》第 24 条规定,沿海国可以在毗连区内行使管制权,但享有的管制权是有限的,仅适用于有关国内立法明文规定的某些特定事项。管制权也称为警察权,是一种行政权力,是由行政管理和执法部门行使的行政执法权,执法的主要方式和手段是实行紧追、登临、扣留和惩处,沿海国正是通过对管制权的实施,得以保障毗连区内本国的权益。[③]

---

① 《1958 年领海及毗连区公约》第 16 条第 4 款。

② 《1958 年领海及毗连区公约》第 17 条。

③ 王欢. 毗连区中的管制权问题研究[D]. 中国社会科学院研究生院,2014.

4. 商船享有的权利

公约规定,外国船舶仅在领海通过者,沿海国主管机关不得向其征收任何费用,征收费用应仅以船舶受有特定服务须为偿付之情形为限,且征收此项费用不得有差别待遇,如使用沿岸国提供的引航服务,雇用引航员引航;[①]短暂停泊,加装船舶补给等。[②]

5. 沿海国的权利和义务

沿海国不得因外国船舶通过领海时船上发生犯罪行为而对其行使刑事管辖权、逮捕任何人或从事调查,除非犯罪后果及于沿海国,犯罪行为扰乱国家和平或领海良好秩序,经船长或船旗国领事请求地方当局予以协助,或为取缔非法贩运麻醉药品。但是,沿海国有权依本国法律对驶离内水域通过领海的外国船舶实行调查或在船上施行逮捕。

沿海国对于通过领海之外国船舶不得因对船上人员行使民事管辖权而令船停驶或变更船舶航向;其次,除船舶本身在沿海国水域航行过程中或为此种航行目的所承担或所发生债务诉讼外,不得因任何民事诉讼而对船舶执行裁决或实行逮捕。但是,沿海国有权为任何民事诉讼依本国法律对在其领海内停泊或驶离内水通过领海的外国船舶实行逮捕或执行裁决。

第二节　公海公约

一、公海的起源

人类从事海洋活动的历史十分久远,古罗马法中的《优士丁尼法典》首次以法律的形式明确了海洋的法律地位,即海洋是“大家公有之物”,所有人都可以自由利用海洋。这一历史时期没有明确的“公海”概念,换句话说整个海洋都是“公海”。但随着海上贸易的发展,从事贸易的国家如希腊和意大利,开始重视海上通行权,并形成了割据和垄断的局面。到16世纪,进入资本主义时期的西欧国家开始试图打破这种格局。荷兰法学家格劳秀斯于1609年发表了《海上自由论》,首先提出“海洋不能成为任何国家的财产”的主张,该主张虽遭到攻击和反对,但航海自由是资本主义兴起的必然产物,尤其英国在18世纪初取得海上霸权以后,开始倾向于把海洋划分为属于沿海国主权范围的领海与不属于任何国家的公海。至此,公海的观念开始被普遍接受。[③]

从古罗马的“公有之物”,到中世纪各个国家对海洋的割据,再到近代“海洋自由论”,最后到现在的海洋被沿海国以各种名义行使管辖权、导致公海面积大大缩小,可以看出,公海经历了一个曲折的历史演进过程。直到UNCLOS Ⅰ制定了《公海公约》,确定了公海的定义、性质、各国在公海上的权利和义务等内容,公海制度最终确立。《公海公约》于1962年9月30日生效。截至2016年3月,该公约共有63个缔约国,其中包括美国、英国、澳大利亚、日本等主要的海洋国家,中国未加入该公约。

---

① 船舶经由特定的海域(处于某国领海范围内)时,需要按照相关国际法要求,使用沿岸国提供的引航服务,雇用引航员,诸如往来波罗的海沿岸国家港口的一定吨位及以上的船舶在经由丹麦和瑞典之间的松德海峡特定航段时,需要按照IMO建议案(IMO Recommendation SN. 1/Circ. 263 of 23 October 2007, Annex 1.9 og 1.14. See 7.4)雇用引航员引航。

② 诸如往来波斯湾国家港口的船舶通常在阿联酋的富加拉港外锚地抛锚停泊,加装船舶燃油和其他补给等。

③ 焦传凯. 论公海制度的演进及趋势[D]. 中国海洋大学,2007.

二、主要内容

（一）公海的概念

《公海公约》第1条规定，“公海”一词系指不包括在一国领海或内水的全部海域。按照该规定，领海外围线以外的海域即为公海，该海域不属于任何国家，并受公海法律制度的管辖。但由于当时国际社会未明确领海的最大宽度界限，各国宣称的领海宽度也不一，使公海制度的实施遇到了困难。

（二）公海的性质

《公海公约》第2条规定了公海的性质，即“公海对所有国家开放，任何国家不得有效地主张将公海的任何部分置于其主权之下”，该项规定的内容原本属于国际惯例，但《公海公约》将这一惯例纳入法典化程序，使其成为现代国际海洋法的基石之一。①

（三）公海自由原则

1. 公海自由的基本含义

公海自由原则是公海活动的基本原则，是公海制度的核心和基础，也是根据长期的管理所形成的一项国际法原则。依据《公海公约》第2条的规定，公海自由的基本含义是：公海对所有国家开放，不论是沿海国或内陆国；公海自由不是绝对和没有任何限制的，所有国家行使这些自由以及国际法的一般原则承认的其他自由时，都应适当顾及其他国家行使公海自由的利益。

2. 公海自由的主要内容

《公海公约》第2条列明了公海自由的四项内容，分别是：航行自由、捕鱼自由、铺设海底电缆和管道的自由、飞越自由。公约所包括的公海自由并非限制性的规定，而是就其主要的4项特别加以列举，对国际法一般原则所承认的其他自由并未明确，而有待于国际社会通过实践予以确认。

航行自由是指每个国家，不论沿海国或内陆国，均有权在公海上行驶悬挂旗帜的船舶，包括商船、军舰和用于非商业目的的政府船舶，其他国家不得加以干预和妨碍。在公海上航行的船舶仅能悬挂一国的旗帜，受船籍国专属管辖。②

捕鱼自由是最早的公海自由之一，意指所有国家都有其国民不受妨碍地在公海上捕鱼的权利。第一次联合国海洋法会议在通过《公海公约》肯定捕鱼自由的同时，又通过了《捕鱼与养护公海生物资源公约》，要求所有国家的任其国民在公海上行使捕鱼自由权利时，必须尊重沿海国的利益和权利，尊重公约关于养护公海生物资源的各项规定。③

铺设海底电缆和管道的自由是指，所有国家均有权在公海海底铺设海底电缆和管道。在铺设电缆和管道时，各国应适当顾及已经铺设的电缆和管道，不对其造成妨害。故意或重大疏忽造成海底电缆和管道损坏的行为，构成国际法上的犯罪行为，应受到惩罚，各国应制定必要的法规对该罪行做出规定。

飞越自由是指所有国家的航空器都有飞越公海上空的自由。在公海上空飞行的航空器受

---

① 张晏瑲. 国际海洋法[M]. 北京：清华大学出版社，2015：230-231.

② 见《公海公约》第3条至第9条。

③ 邵津. 国际法（第五版）[M]. 北京：北京大学，2014：150.

其登记国的管辖,其他国家不得加以干预和妨碍。

（四）公海上的管辖权

1. 船旗国专属管辖

船旗国管辖是指各国对在其领土内登记并取得该国国籍的船舶、船舶上的人和物以及发生的事所享有管辖权的权利。①

1952年的《统一船舶碰撞或其他航行事故中刑事管辖权方面若干规定的国际公约》(亦称《布鲁塞尔公约》)首次承认了碰撞船负责人所在船舶的船旗国管辖权。《公海公约》进一步确认和贯彻了这一原则,即船旗国专属管辖权原则。该公约第6条第1款规定,船舶应只悬挂一国的旗帜航行,而且除国际条约或本公约各条明确规定的例外情形外,在公海上应受该国的专属管辖。原则上,船籍国对其公海上的船舶享有专属的立法及执法的管辖权。船籍的专属管辖权适用于海上发生碰撞事故时国际法对司法管辖权的分配。海上船舶碰撞事故可能涉及两个国家,每个国家都会在本国司法框架下考虑碰撞事故及相关责任。②

正因为船旗国有权对悬挂其旗帜的船舶享有专属的管辖权,才使得有关海上安全和救助遇难船舶的国际义务得以履行。船旗国对于其在公海上航行的船舶的管辖是多方面的,但主要是适用船旗国的法律。根据各国的法律和实践,一般是委托船长代为行使,船长有权维持船上纪律、保护船上人员和财产的安全以及对被控制在船上的罪犯加以监禁。

2. 普遍管辖

为了维护公海航行安全和公海的正常法律秩序,各国对于在公海上发生的违反人类利益的国际罪行以及某些违反国际法的行为行使管辖权,即普遍管辖。公海上的普遍管辖可以说是船旗国管辖的一种例外和补充,两者是相辅相成的。

依据《公海公约》规定,属于公海上普遍管辖的对象主要是:海盗行为和贩卖奴隶行为等。普遍管辖的主要行使方式包括查明权、登临权和紧追权。然而,军舰和政府船舶享有普遍管辖权的豁免。《公海公约》还明确了紧追权的行使条件与行使方式,终止条件等内容。③

（五）制止海盗行为

《公海公约》还对“海盗行为”做出了明确的界定。④ 所有国家都应尽最大努力进行合作,以制止在公海上或在任何国家管辖范围以外的任何其他地方的海盗行为。⑤ 各国采取行动打击海盗是船籍国专属管辖的一项例外,是一项历史悠久的权利,也是一种责任和义务。

（六）商船的权利与义务

根据《公海公约》,商船的权利主要有以下几方面:一是为了与沿海国平等享受公海自由,各无海岸国均应有权自由进入海洋。为此,位于海洋与某一无海岸国之间的国家,应通过与后者的共同协议并根据现行的国际公约,在互惠基础上,允许该无海岸国自由过境;并且在进出海港和使用海港方面,以对本国船舶或任何其他国家船舶的同等待遇,对待悬挂该无海岸国旗帜的船舶。任何国家,不论是否是沿海国,悬挂其旗帜的船舶均有权在公海上行驶。二是船舶具有被授权悬挂其旗帜的国家的国籍。国家和船舶之间必须具有真正的联系,特别是,一国必

---

① 焦传凯. 论公海制度的演进及趋势[D]. 中国海洋大学,2007.

② 张晏瑲. 国际海洋法[M]. 北京:清华大学出版社,2015:234.

③ 详见《公海公约》第23条。

④ 关于海盗行为及其普遍管辖权的内涵详见《公海公约》第14-21条。

⑤ 详见《公海公约》第14条。

须对悬挂其国旗的船舶有效地行使行政、技术和社会问题上的管辖和控制。同时,每个国家应向给予悬挂本国旗帜权利的船舶颁发相应的文件。三是在无正当理由行驶紧追权的情况下,在公海上被命令停驶或被逮捕的船舶,对于可能因此遭受的任何灭失或损害应获得赔偿。

关于商船的义务,在《公海公约》中主要体现在:船舶应只悬挂一国旗帜航行,而且除国际条约或本公约各条明确规定的例外情形外,在公海上应受该国的专属管辖。除非所有权确实转移或登记变更的情况外,船舶在航行或挂靠港期间,不得变更旗帜。船舶在公海上发生碰撞或任何其他航行事故,涉及船长或任何其他为船舶服务的人员的刑事或纪律责任时,针对该类人员的任何刑事诉讼或纪律处罚程序,只能向船旗国或该类人员所属国的司法行政当局提出。每个国家应责成悬挂该国国旗航行的船舶的船长,在不严重危及其船舶、船员或旅客安全的情况下,救助在海上发现的任何有生命危险的人;如果获悉有遇难者需要救助,在可以采取救助行动时,尽从速前往救助;在碰撞后,对他船、其船员和旅客进行救助,并在可能情况下,将自己船舶的名称、船籍港和将停靠的最近港口通知他船。同时,在一国管辖范围内被逮捕并被押解到该国某一港口以便主管当局审讯的船舶,不得仅以在航行中由于情况需要曾被押解通过公海的一部分为理由而要求释放。

第三节 联合国海洋法公约

一、产生背景简介

1958 年日内瓦海洋法公约由于制定国较少以及公约存在缺陷,导致 4 部公约未能发挥预期作用。1960 年,联合国在日内瓦举行第二次海洋法会议,专门研究领海宽度问题,但没有达成任何协议。1973 年 12 月,第三次海洋法会议在纽约开幕,该次会议历时 9 年,在充分协商的基础上,经反复修订,终于于 1982 年在牙买加会议上通过了《联合国海洋法公约》。《联合国海洋法公约》(以下简称 UNCLOS 1982),于 1994 年 11 月 16 日起正式生效。截至 2020 年 9 月,该公约共有 168 个缔约国,我国于 1996 年 5 月 15 日批准加入 UNCLOS 1982,此外,澳大利亚、英国、日本等国家也加入了该公约,但美国未加入该公约,因此美国不受该公约的约束。

二、公约内容概要

UNCLOS 1982 共 17 部分 320 条,还有 9 个附件和 1 个最后文件,是一部规模宏大的海洋法典。UNCLOS 1982 的内容涉及海洋法的各个主要方面,包括内水和领海、毗连区、用于国际航行的海峡、群岛国、专属经济区、大陆架、公海、岛屿制度、闭海或半闭海、内陆国出入海洋的权利和过境自由、国际海底、海洋环境保护和安全、海洋科学研究、海洋技术的发展和转让、争端的解决等各项法律制度。下面主要介绍内水、领海、毗连区、专属经济区、大陆架、公海等几个重要的海洋区域及其法律制度。

(一)内水

UNCLOS 1982 规定除在群岛国情形下另有规定外,领海基线向陆一面的水域构成国家内水的一部分。对于处在海洋上的这部分内水,沿岸国家享有完全的排他性主权。一般情况下,一切外国船舶非经沿海国许可不得在该内水航行。遭遇海难的外国船舶在紧急情况下可以进入该内水,但必须遵守沿海国的规章制度。这部分内水包括沿岸的港口、某些海湾和海峡等。

（二）领海

1.领海的定义及无害通过制度

UNCLOS 1982 将领海定义为:沿海国主权所及的在陆地领土及内水以外邻接的一带海域,在群岛国的情形下则是群岛水域以外邻接的一带海域。领海的法律地位较为特殊,沿岸国对领海享有主权,该项主权也及于领海的上空及其海床和底土,但是该"领海主权"受外国船舶无害通过权的限制。外国船舶在领海上享有无害通过权是领海区别于内水的根本不同之处,也是领海法律地位的一大特点。所谓无害通过是指外国船舶在不损害沿海国的和平、良好秩序或安全的情况下,为穿过领海但不进入内水,或为了驶入、驶出内水而继续不停且迅速通过一国领海的航行,1958 年《领海及毗连区公约》规定无害通过适用于所有船舶,包括非军用船舶和军用船舶。UNCLOS 1982 沿用了《领海及毗连区公约》的规定,未排除军用船舶对无害通过的适用。但在实践中,包括我国在内的大多数国家都认为只有非军用船舶享有无害通过权,军用船舶不能适用无害通过。如我国的《领海及毗连区法》(1992 年 2 月 25 日由 55 号主席令公布并施行)规定:外国军用船舶进入中华人民共和国领海,须经中华人民共和国政府批准。我国于 1996 年 6 月 7 日加入该公约时宣称"《联合国海洋法公约》中关于外国军舰无害通过的条款不能损害沿海国基于本国相关制度和法律所提出的请求,即外国军舰通过沿海国领海时需要事先申请或得到事先同意"。[①]

2.领海的宽度及界限

UNCLOS 1982 规定:每一国家的领海宽度不应超过 12 n mile。《中华人民共和国领海及毗连区法》(以下简称《领海及毗连区法》)规定:我国的领海宽度从领海基线量起为 12 n mile。

领海的界限包括基线和外部界限两个方面。领海基线是陆地及内水与领海的分界线,它是划定领海、毗连区、专属经济区和大陆架等区域的基准线。UNCLOS 1982 规定基线有两种:一种是正常基线,另一种是直线基线。正常基线就是沿岸的低潮线,在平缓又无近海岛屿的海岸适于划定正常基线。直线基线是连接沿岸各适当点而形成的一条基线,在岸线较为复杂的情况下,划定直线基线较为适合。为了避免划定直线基线时的随意性,UNCLOS 1982 规定了划定直线基线应遵循的一些基本原则。UNCLOS 1982 还规定了两种确定基线的方法可以交替使用。[②] 我国的《领海及毗连区法》第 3 条规定:我国领海基线采用直线基线划定,由各相邻基点之间的直线连接组成。

（三）毗连区

毗连区是领海以外又毗连领海的一带海域,由沿海国依需要设立。毗连区的设立不影响其所在的公海或专属经济区的法律地位。UNCLOS 1982 规定毗连区从领海基线量起,不得超过 24 n mile。我国在《领海及毗连区法》中确立了我国的领海及毗连区法律制度。

相比之下,沿海国在毗连区的权利与在领海的权利有明显的不同。如上所述,领海是国家领土的组成部分之一,受国家主权的支配和管辖。而在毗连区内[③] UNCLOS 1982 赋予国家的

---

① 褚艳阳.外国军舰在领海的无害通过权[J].法制与社会,2012(01):140.

② 基线一旦划定,领海的外部界限就容易确定。领海的外部界限是一条其上每一点与基线最近点的距离等于领海宽度的线。

③ 在领海外缘线至毗连区外缘线之间的一带海域内。

权利仅限于为“防止”在其“领土或领海”内违反“海关、财政、移民或卫生”①的法律和规章，行使必要的“管制”，并对违反上述法律和规章的行为进行惩治。可见，这种权利是基于维护和行使主权、维护领土(包括领海)完整而派生的一种(强制)管理权，其目的只是为了预防并惩治在其领土或领海内的某些违章行为，而并非在毗连区内行使海关权、财政权等。它与主权及其管辖权、支配权从性质和程度上均不相同。因此，不得“将国内法的适用范围像对待领海那样扩大到毗连区”。

毗连区是为保护沿海国某些利益而设置的特殊区域。同时还要注意，毗连区也不同于专属经济区。沿海国在专属经济区内享有 UNCLOS 1982 规定的一系列资源与经济方面的主权权利和对科学研究、环境保护及人工岛屿等建造和使用的管辖权。专属经济区也是领海以外邻接领海的一带海域，其一段水域与毗连区相重叠。因此，在毗连区与专属经济区重叠的海域内，沿海国实质上是应行使 UNCLOS 1982 规定的专属经济区的权利并叠加毗连区的权利。

（四）专属经济区

专属经济区是领海以外邻接领海的一带海域，UNCLOS 1982 第一次确立了专属经济区及其法律制度。UNCLOS 1982 规定：专属经济区从领海基线量起，不应超过 200 n mile。专属经济区已超出了国家领土的范围，沿海国对该海域不享有完全的主权，沿海国主要是对其自然资源享有主权，如对专属经济区内水域和海底自然资源享有勘探、开发、养护和管理的管辖权。在专属经济区内，所有国家均享有航行、飞越、铺设海底电缆和管道的权利。但它们在行使这些权利时，应适当顾及沿海国的利益，并遵守沿海国的相关法律和规章。UNCLOS 1982 将专属经济区从公海中切割出来，并为其制定了专门的法律制度。然而，专属经济区制度也存在瑕疵，诸如剩余权利制度处于空白状态。②

（五）大陆架③

1. 地理学意义上的大陆架

在地理学意义上，大陆架指从海岸起在海水下向外延伸的一个地势平缓的海底地区的海床及底土，在大陆架范围内海水深度一般不超出 200 m，海床的坡度很小，一般不超过 0. 1°。在大陆架外是大陆坡，在这里海床坡度突然增大，往往达 3°~6°甚至更大，水深一般在 200~1 500 m 之间。从大陆坡脚起海床又趋平缓，称大陆隆起或大陆基，一般坡度只有 1°左右，水深可逐渐加深至 4 000~5 000 m。大陆隆起之外是深海海底。大陆架、大陆坡和大陆隆起合称大陆边或大陆边缘，图 2-1 所示为大陆架示意图。

2. 海洋法中的大陆架

由于大陆架上有富饶的资源，对大陆架的主权划分就成为国际上十分重视且颇有争议的问题。首先对大陆架提出管辖权主张的是美国。1945 年美国总统 H. S. 杜鲁门第 2668 号总统公告宣称：“处于公海下面但毗连美国海岸的大陆架底土和海床的自然资源属于美国，受美国的管辖和控制。”随后不少国家发表了类似的关于大陆架的声明。

《1958 年大陆架公约》定义的大陆架为：“邻接海岸但在领海范围以外之海底区域之海床及底土，其上海水深度不逾 200 m，或虽逾此限度，而其上海水深度仍使该区域天然资源有开

---

① 包括我国在内的一些国家还增设了“安全”事项，见我国《领海及毗连区法》第十三条。

② 周忠海. 论海洋法中的剩余权利. 中国政法大学学报：政法论谈，2004，Vol. 22(05)：174-186.

③ 资料来源：http://www.wiki.cn/wiki/%E5%A4%A7%E9%99%86%E6%9E%B6。

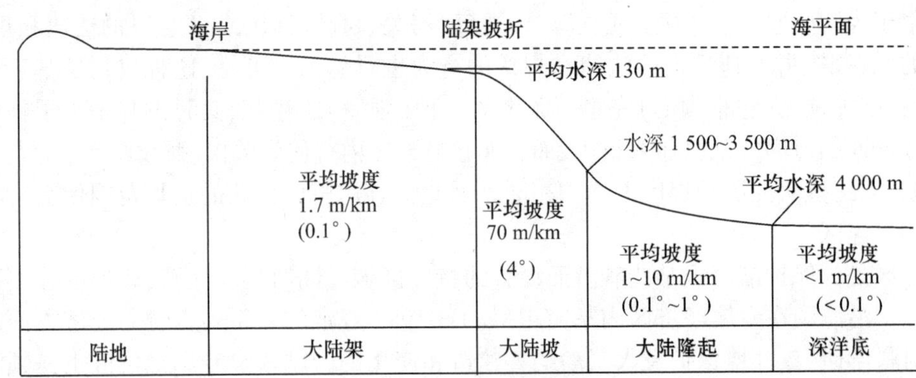

图 2-1 大陆架示意图

发之可能者。”据此，200 m 海水深度是国际法上确定大陆架的一个标准，技术上能够开发也是一个标准。大陆架是一国陆地领土在海水下的自然延伸，这是沿海国对大陆架享有某些主权权利的理论根据。因此，沿岸国有权为勘探和开发自然资源的目的对其大陆架行使主权权利。图 2-2 为海洋区域划分示意图。

在从 1973 年起召开的第三次联合国海洋法会议上，大陆架的概念被扩展了，不仅包括地理学上的大陆架，而且也包括大陆坡和大陆隆起。UNCLOS 1982（第 76 条第 1 款）规定：“沿海国的大陆架包括其领海以外依其陆地领土的全部自然延伸，扩展到大陆边外缘的海底区域的海床和底土，如果从测算领海宽度的基线量起，到大陆边的外缘的距离不到 200 n mile，则扩展到 200 n mile 的距离。”从这一规定上看，实际大陆边①以外海床上的区域，如果落入距沿岸 200 n mile 以内范围，则也包括在海洋法意义上的大陆架内。

（六）公海

按照传统国际法，公海指不包括国家领海或内水的全部海域，1958 年《公海公约》即做了上述规定。而 UNCLOS 1982（第 86 条）则规定，公海是不包括在国家的专属经济区、领海或内水或群岛国的群岛水域以内的全部海域。可见传统意义上的公海范围更广，现代经常提及的国际水域也根源于此，就航行或飞越而言，12 n mile 以外的水域仍被认为是国际水域。②

公海的法律制度主要包括以下几个方面：

1. 公海自由

UNCLOS 1982（第 87 条）规定了对沿海国和内陆国一律适用的 6 种自由：①航行自由；②飞越自由；③铺设海底电缆和管道自由，但受关于大陆架制度的限制；④建造国际法所容许的人工岛屿和其他设施的自由，但受关于大陆架制度的限制；⑤捕鱼自由，但受公海生物资源养护和管理规定的限制；⑥科学研究自由，但须遵守公约中关于大陆架和海洋科学研究两部分的规定。

2. 船舶的国籍、地位及船旗国的职责

每一国家，不论其为沿海国或内陆国，均有权在公海上行驶悬挂其国旗的船舶。船舶在公海上只服从国际法和船旗国的法律，即船旗国对在公海上有权悬挂其旗帜航行的船舶有专属

---

① UNCLOS 第 76 条第 3 款：大陆边包括沿海国陆块没入水中的延伸部分，由陆架、陆坡和陆基的海床和底土构成，它不包括深洋洋底及其洋脊，也不包括其底土。

② 资料来源：http://www.wiki.cn/wiki/%E5%85%AC%E6%B5%B7.

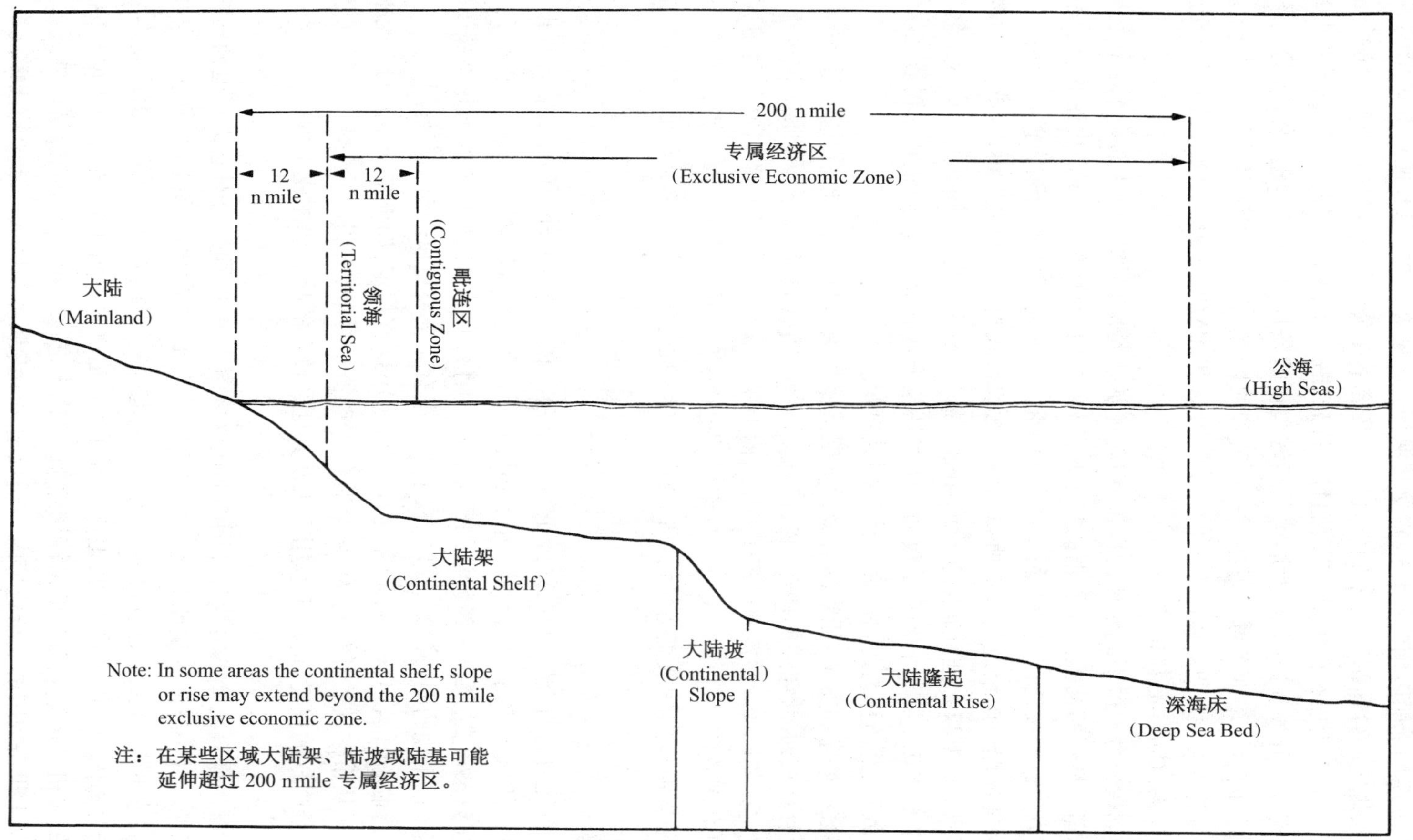

图 2-2　海洋区域划分示意图[①]

① Churchill, R.R. & Lowe, A.V. (1999).The Law of Sea. Manchester, UK: Manchester University Press.

管辖权，公海上的船舶受船旗国法律管辖并受其保护。船舶在一国登记、取得其国籍的条件，由该国的国内法规定。各国都有义务颁发证明文书给予在公海上有权悬挂其国旗航行的船舶，以备核查。在公海上航行的船舶，必须而且只许悬挂一个国家的国旗。有些国家为获取大量船舶登记费实施了开放登记制度，对取得其船舶国籍的条件，船舶的构造、装备、适航条件，船员的劳动条件和教育、培训等方面适用了一些特殊的规定，借以吸引许多外国船舶登记。为了对这种开放登记制度(方便船旗制度)给予一定的约束，UNCLOS 1982 要求“国家和船舶之间必须有真正联系(Genuine Link)”。

无国籍船舶在公海上得不到法律的保护，但是船员还是应得到人道待遇。军舰在公海上享有不受船旗国以外任何其他国家管辖的完全豁免权，专用于政府非商业性用途的船舶亦同。船舶在公海上发生碰撞或任何其他航行事故，涉及船长或任何其他为船舶服务人员的刑事或行政责任时，只能向船旗国或此类人员所属国的司法或行政当局提起刑事诉讼或行政制裁。

每一国家应责成有权悬挂其旗帜航行船舶的船长，在不严重危及其船舶、船员或乘客的情况下，对遇难船舶及其船员和乘客给予救助。各国还应采取有效措施，防止和惩罚悬挂该国旗帜的船舶贩运奴隶，并防止为此目的而非法使用其旗帜。

为了维持公海秩序和安全，船旗国有责任根据习惯和条约制定有关的规则，对船舶及其船长和船员行使管辖权，并就船舶的构造、装备和适航条件、船员的劳动条件和训练，以及信号的使用等做出规定。英国于 1857 年制定了《万国商船信号谱》，为当时海洋国家所普遍采用。20 世纪前半叶各国签订了许多有关海上安全的多边条约，其中有《国际海上人命安全公约》《国际海上避碰规则》《国际载重线公约》等，这些条约在促进海上人命安全方面起到了一定的作用。

3. 登临权

一国军舰行使战时的交战权利，或经条约特别授权，在对公海上外国船舶有合理根据认为有以下嫌疑时，可以登临该船进行检查，并于必要时予以缉拿逮捕。可以怀疑的情况有：从事海盗行为，从事奴隶贩卖，从事未经许可的广播，没有国籍，或虽悬挂外国国旗或拒不展示其旗帜但事实上属于该军舰的同一国籍。登临权不得对享有完全豁免权的船舶实行。[①]

为了防止登临权被滥用，《公海公约》和 UNCLOS 1982 都规定，如果嫌疑经证明为无根据，而且该船舶并未从事涉嫌的任何行为，被登临的船舶所遭受的任何损失或损害应得到赔偿。关于军舰实行登临权的规定，适用于军用飞机及其他经授权的政府船舶或飞机。

4. 紧追权

沿海国主管当局有充分理由认为外国船舶违反该国法律规章时，有对它进行追捕的权力。追逐须外国船舶或其小艇或附属船艇之一在追逐国的内水、群岛水域、领海或毗连区内开始，而且未曾中断，才可在领海或毗连区外，即在公海上进行。另外，外国船舶在领海或毗连区内，在视听所及的距离内接到停驶命令时，追逐才可开始。追逐只可由军舰、军用飞机或其他经授权的政府船舶、飞机及由它们召唤的沿海国船舶、飞机来进行。对于在专属经济区内或大陆架上，包括大陆架上设备周围的安全地带内，[②]违反适用于专属经济区或大陆架的法律规章的行为，应比照适用紧追权。如果外国船舶在沿海国的专属渔区内非法捕鱼，紧追权也可以在专属

① 详见 UNCLOS 1982 第 95 条、第 96 条。
② 指距离建立在大陆架上设施 500 m 范围内的水域。

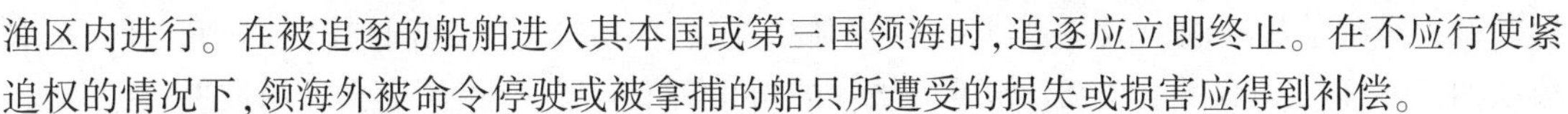

渔区内进行。在被追逐的船舶进入其本国或第三国领海时,追逐应立即终止。在不应行使紧追权的情况下,领海外被命令停驶或被拿捕的船只所遭受的损失或损害应得到补偿。

5. 处置油污事故的措施

历史上发生了若干巨型油船在领海或毗连区范围外漏油,对沿海国造成危害的事件。例如1967年在利比里亚登记的"Torrey Conyon"油船在英国海岸外触礁,溢出了大量石油,英国政府在救助失败后,为了缩小污染范围,下令炸掉失事船只。沿海国在公海上对外国船舶采取这种紧急避险的措施,被认为是合理的。1969年在布鲁塞尔签署了一项《国际干预公海油污事故公约》,承认沿海国对公海上外国船舶发生的油污事故进行干涉是合法的。

6. 公海捕鱼与生物资源养护制度

公海捕鱼自由并非毫无限制,应照顾到各个国家的利益和全世界的共同利益。1972年加勒比海国家的《圣多明各宣言》认为,公海捕鱼应当用适当的国际条例加以规定。1973年非洲统一组织的《关于海洋法问题的宣言》亦主张,公海内捕鱼必须加以管理,并建议建立国际海洋渔业制度和管理机构。1958年联合国第一次海洋法会议制定了《捕鱼及养护公海生物资源公约》,规定公海捕鱼自由受该公约关于养护的各项规定的限制,并须尊重沿海国权益。该公约指出,所谓"养护"是使公海生物资源能保持最适当的持久产量,以保证食物及其他海产的供应。所有国家,特别是沿海国和有国民在某区域捕鱼的国家,必须与其他国家合作实施养护措施。[①] 该公约特别提出,养护和管理也适用于海洋哺乳动物。由于专属经济区和专属渔区的建立,捕鱼和生物资源的养护基本上成为沿海国的内部问题。但由于鱼类的游动性,以及某些国家提出的"传统利益",沿海国在某种情况下也不得不与有关国家和国际组织进行协商与合作,规定共同遵守的渔业管理办法。

7. 公海科学研究自由

UNCLOS 1982规定,海洋科学研究只能为和平目的,不得干扰沿海国依照本公约对海洋的其他正当权利,必须遵守关于海洋环境保护的规章,不得构成对海洋任何部分或其资源的任何权利主张的法律根据。在一国领海、专属经济区、大陆架上进行海洋科学研究,须得到沿海国的同意,沿海国有权派人参加,有权分享获得的成果和资料。对于违反规定条件的科研活动,沿海国有权予以停止。但UNCLOS 1982也规定了在某些情况下,沿海国如未明示拒绝外国或国际组织提出的科研计划,可以认为已默示同意。

由国际海底管理局管理下的公海"区域"内的科学研究,由管理局进行;各个国家也可以在管理局协调之下进行科学研究,并在科学研究方面进行国际合作。

8. 海洋环境的保护和保全

UNCLOS 1982肯定各国有保护和保全海洋环境的义务,为履行这一义务,各国应采取一切必要措施,以防止、减少和控制任何来源的海洋环境污染,在适当情形下可以与别国联合,并尽力协调彼此的政策。各国必须采取措施,以确保在其管辖或控制下的活动不致使其他国家及其环境遭受污染的损害;同时,在采取防止污染的措施时,不应干扰其他国家依照本公约行使其权利和履行其义务。各国在为保护海洋环境而拟订国际规则、标准、建议的办法及程序时,应在全球性或区域性基础上,直接或通过主管国际组织进行合作。各国应合作以促进关于防止污染的科学研究,交换情报和资料,订立科学准则,以及拟订防止污染的规则。总之,在各

① UNCLOS 1982也有类似规定。

国管辖或控制下的活动中，各国自行拟订规则和办法，但应尽量与别国和国际组织合作，采取公认的国际标准。不属于国家管辖的海域中的防止污染问题，则由国际管理局负责。

9. 国际海底资源的开发

在国家管辖范围以外海床与洋底及其底土自然资源的开发问题，是第三次联合国海洋法会议中的一个关键问题。虽然 UNCLOS 1982 基本建立了国际海底资源开发制度，但在实施这个制度时仍面临十分复杂的情况。

（七）用于国际航行的海峡

1. 用于国际航行海峡的概念

为研究海峡的船舶通航制度，首先要求明确海峡在国际法上的法律地位，即通常需要根据海峡的地理位置或连接海域的性质及船舶通航状况明确属于哪一类海峡，并进行针对性的研究。按通航价值区分，海峡可分为可通航的海峡和不可通航的海峡。按海峡水域的法律地位区分，海峡可分为处于领海基线以内的海峡（内海海峡，如我国琼州海峡）、处于沿海国领海范围内的海峡（领海海峡，也称领峡）及海峡宽度超过两岸领海宽度且在海峡中间留有供船舶自由航行水域的海峡（非领海海峡，也称非领峡，如非洲莫桑比克海峡）。按海峡两端连接的海域来区分，有在公海或专属经济区的一个部分和公海或专属经济区的另一部分之间的海峡，也有在公海或专属经济区的一个部分和外国领海之间的海峡。在上述类型的海峡中，有的用于国际航行，有的为一国的内海，因而适用内海管理制度，限制外国船只的通航。用于国际航行的海峡法律地位不一，其适用的航行制度也不一。

UNCLOS 1982 未对用于国际航行的海峡直接下定义，而是罗列了几种用于国际航行海峡所各自适用的航行制度。在公约第三部分列出了下列几种用于国际航行的海峡的地理特征，即"在公海或专属经济区的一个部分和公海或专属经济区的另一部分之间的用于国际航行的海峡""在公海或专属经济区的一个部分和外国领海之间的海峡"以及"穿过某一用于国际航行的海峡有在航行和水文特征方面同样方便的一条穿过公海或专属经济区的航道"。因此有学者认为对于"用于国际航行的海峡"的概念应从广义上理解①，不应将"用于国际航行的海峡"理解为局限于"在公海或专属经济区的一部分和公海或专属经济区的另一部分之间的用于国际航行的海峡"。

2. 用于国际航行海峡的通行制度

按照 UNCLOS 1982 第三部分列明的规定，用于国际航行的海峡法律地位不同，适用的制度也不同，具体包括内水制度、无害通过制度、过境通行制度、自由航行制度及特定国际公约所规定的通行制度。② 各通行制度所适用的海峡的地理特征如下所述：

(1) 自由通行制度

根据 UNCLOS 1982 第 36 条的规定，如果穿过某一用于国际航行的海峡有在航行和水文特征方面同样方便的一条穿过公海或专属经济区的航道③，则适用自由航行制度，如古巴与墨西哥之间的尤卡坦海峡、马达加斯加与坦桑尼亚之间的莫桑比克海峡等。

---

① 胡城军. 用于国际航行海峡的通行制度. 法制与社会，2009. 9（上）：50-51.

② 同脚注①。

③ 如果在海峡中另有位于公海或专属经济区上的航道供船舶使用（即不必经过海峡沿岸国领海内的航道），如船舶使用了这样的航道，则适用关于该区域航行和飞越自由的规定。

(2)过境通行制度

根据 UNCLOS 1982 第 37、38 条的规定,在公海或专属经济区的一部分和公海或专属经济区的另一部分之间的用于国际航行的海峡实行过境通行制度。

①过境通行制度的效力

过境通行制度不影响海峡水域本身的法律地位,或者说不影响海峡沿岸国对这种水域及其上空、海床和底土行使主权或管辖权。

②实行过境通行制度的海峡

海峡两岸为一国所有,宽度不超过 24 n mile 的海峡,如沿岸同属菲律宾连接太平洋和棉兰老海的苏里高海峡,其最窄处约为 10 n mile;沿岸同属印度尼西亚连接爪哇海和印度洋的其他海峡,其最窄处约为 12 n mile。

两岸分属两个或几个国家,海峡宽度不超过 24 n mile。这类海峡较多,如沿岸分属英国和法国连接北海和大西洋的多佛尔海峡(又名加来海峡),其最窄处约为 17.5 n mile;沿岸分属于美国和俄罗斯连接北冰洋的楚科奇海和太平洋的白令海峡,其最窄处约为 18.9 n mile。

③行使过境通行权的对象

在适用过境通行制度的海峡中,所有船舶和飞机均享有过境通行的权利,过境通行不应受阻碍。行使过境通行权的对象为一切船舶和飞机,即包括军用船舶、商船等。无害通过制度对潜艇的航行权做出了严格的限定,如需上浮并展示国旗,但过境通行制度没有做出类似的限制。

④行使过境通行权的条件

船舶和飞机在行使过境通行权时应承担下列义务:毫不迟延地通过或飞越海峡;不得对沿海国的主权、领土完整或政治独立进行任何武力威胁或使用武力,或者以任何其他违反《联合国宪章》所体现的国际法原则的方式进行武力威胁或使用武力;除不可抗力或遇难而有必要外,不从事其继续不停和迅速过境的通常方式所附带发生的活动以外的任何活动;遵守其他有关规定。

船舶还应承担下列义务:遵守普遍接受的关于海上安全的国际规章、程序和惯例,包括《1972 年国际海上避碰规则》;遵守普遍接受的关于防止、减少和控制来自船舶污染的国际规章、程序和惯例,包括 MARPOL 公约。外国船舶非经准许,不得进行任何研究或测量活动。

⑤海峡沿岸国和海峡利用国的义务

海峡沿岸国不应妨碍过境通行,并应公布其所知的海峡内或海峡上空对航行或飞越有危险的任何情况。过境通行不应予以停止。①

根据 UNCLOS 1982 第 43 条规定,海峡利用国和海峡沿岸国应对下列各项通过协议进行合作:(a)在海峡内建立并维持必要的助航和安全设备或帮助国际航行的其他改进办法;(b)防止、减少和控制来自船只的污染。

该(a)款所谓"助航和安全设备或帮助国际航行的其他改进办法",例如对于海峡中测量海图及潮汐表之发行,海峡航道标志之设置,维持管理及技术指导,沉船之清除,分道航行方式之设定等。2012 年在马六甲和新加坡海峡正式实施了"海上电子高速路 IT 系统"即是海峡使

① 参见 1982 年《联合国海洋法公约》第 44 条,案例详见 2012 年伊朗试图关闭霍尔木兹海峡事件。

用国和沿岸国之合作的典范[①]。而(b)款则包括专门处理溢出油污回收船之提供,处理油污基金之设置等项目[②]。

⑥判断适用过境通行制度海峡的准则

实践操作中判断适用过境通行制度的用于国际航行的海峡有两个准则[③],即地理要素和事实要素,亦即在地理上"连接公海或专属经济区的一个部分和公海或专属经济区的另一部分之间的狭长水域",在事实上"可用于国际航行"。但海峡的船舶通航量或与其他海峡的通航重要性差异则不是判断适用过境通行制度的"用于国际航行的海峡"的考虑因素。

(3)无害通过制度

在用于国际航行的海峡中适用无害通过制度的情况归纳起来有两种:

①根据 UNCLOS 1982 第 38、45 条的规定,如海峡由海峡沿岸国的一个岛屿和该国大陆所构成,而且该岛向海一面有在航行和水文特征方面同样方便的一条穿过公海,或穿过专属经济区的航道(如位于意大利大陆和西西里岛之间,连接第勒尼安海和爱奥尼亚海的墨西拿海峡和位于奔巴岛屿和坦桑尼亚大陆之间的奔巴海峡),过境通行就不应适用,而应适用无害通过制度。[④]

②在公海或专属经济区的一个部分和外国领海之间的海峡(如两岸分属于沙特阿拉伯和埃及的朗蒂海峡),适用无害通过制度。

(4)由专门条约所规定的海峡

UNCLOS 1982 第三部分第 35 条第 3 款建立了一个过境通行的例外情形,即"这种海峡的通行已全部或部分地规定在长期存在、现行有效的专门的国际公约中"。这些公约中并没有列出符合这种例外的具体海峡,但短语"长期存在"暗示着只有那些被长时期认可的公约制度才会被国际社会所接受。这些海峡包括土耳其海峡、丹麦海峡、麦哲伦海峡和奥兰海峡等。

①土耳其海峡的通行制度

1453 年土耳其兼并君士坦丁堡,这使黑海变成了土耳其的内海。从地中海通向黑海的土耳其海峡(博斯普鲁斯海峡和达达尼尔海峡)两岸以及黑海周围都是土耳其的领土。那时,除受特别条约限制外,土耳其可以拒绝外国船舶驶入土耳其海峡。1774 年签订的《库楚克—开纳琪条约》承认了俄国是黑海的一个沿岸,导致黑海不再完全是一国的内海。此后土耳其同一些国家缔结了一系列条约,准许外国商船自由通过该海峡,但始终坚持不许外国军舰驶入海峡。1829 年土耳其和俄国签订的《亚得里亚堡条约》宣布海峡向一切同土耳其保持和平的国家的商船开放。1841 年 7 月,土耳其、英国、奥地利、法国、普鲁士和俄国订立了《伦敦公约》,公约规定平时以及在土耳其处于和平状态的时候,海峡应对包括俄国军舰在内的外国军舰一律关闭,对于一切外国商船,海峡则仍然开放。1856 年《巴黎和约》再次确认了该制度,并一直延续到第一次世界大战期间。1923 年订立的《洛桑条约》,对战败国土耳其及原有海峡的管辖权加以更广泛的限制,其中包括禁止在海峡地区设防,制定了国际委员会监督管理制度,取消了对于非黑海沿岸国不利的大多数限制,并规定无论平时还是战时,一切国家的商船及军舰都可在海峡享有航行自由权等。1936 年缔结的《蒙特利尔公约》,废除了《洛桑条约》有损土耳

① http://www.imo.org/medicacentre/press/briefings/pages/29-MEH,aspx.
② 日本海运振兴会国际海运问题研究会编,成山堂书店(1993 年),78 页。
③ 魏静芬.海洋法.台北:五南图书出版股份有限公司,2008.
④ 指海峡在领海内的情况。

其主权的关于海峡不设防和国际委员会监督管理两项制度，确认了在平时和战时各国商船有通过和航行的自由，对于黑海沿岸国和非黑海沿岸国的军舰通过海峡的条件做了不同的规定，并对平时和战时的通过加以区别。①

②丹麦海峡的通行制度

位于丹麦和挪威之间、丹麦和瑞典之间以及丹麦境内的松德海峡、大小贝尔特海峡统称波罗的海诸海峡或丹麦海峡，它是从波罗的海通往北海和大西洋必经的海上通道，也是波罗的海沿岸六个国家经常使用的一条海上要道。松德海峡，又名厄勒海峡，位于丹麦西兰岛和瑞典南部之间，长约 110 km，宽 3.7 至 28 km；大贝尔特海峡位于丹麦日德兰半岛东侧的菲英岛和西兰岛之间，长约 115 km，最窄处约 16 km；小贝尔特海峡位于丹麦日德兰半岛东岸和菲英岛之间，长约 125 km，最窄处仅 0.6 km。早前，丹麦就领有这三个海峡的海岸，宣称享有批准外国船舶通过海峡的权利，外国军用船舶通过海峡必须得到它的准许。外国商船通过海峡时，丹麦则对它们征收特别的捐税——松德海峡通行费，但海洋航行自由原则被西方各国普遍承认后，这种通行费被认为是非法的。1857 年 3 月，由丹麦与欧洲一些海洋国家缔结《哥本哈根条约》，该条约宣布了波罗的海诸海峡内商业航行自由的原则，取消了松德海峡通行费，取而代之由缔约各国交付一笔补偿金（300 万英镑）给丹麦。同年 4 月，美国和丹麦也订立了《华盛顿公约》，约定美国船舶有自由通过权，但美国需要交付一笔补偿金，作为丹麦承担维持并修复必要的海峡航行服务，如设立浮标、挖掘沙泥、维护灯塔、引航等费用的代价。《哥本哈根条约》对于缔约国军舰通过海峡问题没有明文规定，但为丹麦长期所默认，甚至在战时，丹麦也允许交战国军舰通过海峡。苏联政府曾提出对非波罗的海国家军舰关闭松德海峡和大小贝尔特海峡的建议，但未被西方国家所采纳。

（八）国际水域

1. 起源

国际水域（International Waters）术语最早出现于 1933 年《美洲国家关于国际河流的工农业利用的宣言》，但该宣言并未对其进行明确定义。根据宣言条文，国际水域是指界河和多国河流。国际水域的概念有狭义和广义之分，狭义的国际水域是指处于两个或多个国家领土之上或管辖权之下的内陆淡水资源，包括国际河流（如澜沧江—湄公河下游水域、莱茵河流域）、湖泊（如北美洲的安大略湖、中国东北部的兴凯湖）、运河和地下水系统、湿地等，以国际河流和湖泊为主；广义的国际水域不仅包括内陆淡水资源，还包括海洋、大海洋生态系统、封闭的或半封闭的海口、河口等。②

国际河流制度主要通过沿岸国协定建立，涉及沿岸国的航行权、水资源保护和使用权等。海上的国际水域制度主要通过国际法或国际惯例建立，主要强调船舶（包括军舰）的航行自由、捕鱼权利、资源开发、保安和污染预防责任等。国际水域制度在国际纠纷的处理中扮演着重要角色，随着纠纷的解决，国际水域制度也随之发展。

2. 国际水域制度的发展

（1）领海外缘线以外水域有发展成为国际水域的趋势

公海是典型的国际水域。1958 年《领海及毗连区公约》并未对领海的宽度予以明确的界

---

① 有关平时或战时的不同规定细节，见胡城军. 用于国际航行海峡的通行制度. 法制与社会，2009. 9（上）：50-51.

② 何艳梅. 从基本概念的演变看现代国际水法的特点. 法治论丛，2004. 09.

定，而 UNCLOS 1982 规定每一国家有权确定其领海的宽度，距领海基线不超过 12 n mile 的界限为止。1958 年《公海公约》规定公海是不包括在一国领海或内海内的全部海域，而 UNCLOS 1982 规定公海是不包括在国家的专属经济区、领海或内水或群岛国的群岛水域以内的全部海域。由于上述公约对公海定义存在差异，加入不同公约的国家对公海的范围和公海（国际水域）军舰的航行自由权利的理解和管理实践也存在差异。国际水域不是 1958 年《日内瓦海洋法公约》和 1982 年《联合国海洋法公约》中的专业术语，它在现实社会解决国际纠纷中经常出现。[①] 目前距领海基线 12 n mile 以外水域已逐步被国际社会接受为国际水域，军舰享有自由航行权利。随着国际水域制度的发展，其在解决当今国际纠纷中也起着越来越重要的作用。[②③]

（2）共同协定渔区渔业资源保护制度

根据 UNCLOS 1982 的规定，海域相向或相邻的国家可通过协议设立共同协定渔区（共同渔区），在共同渔区之内由双方设立机构共同管辖。[④] 例如中越两国就在北部湾的划界和渔业合作问题上，于 2000 年 12 月 25 日签订了《北部湾划界协定》和《中越渔业协定》（2004 年 6 月 30 日生效）。《中越渔业协定》设立了实施不同管理制度的三类水域，即共同渔区、过渡性安排水域和小型渔船缓冲区。同时双方根据《中越渔业协定》的规定，共同成立北部湾渔业联合委员会负责对该协定的具体实施。[⑤] 共同渔区的建立发展了以渔业捕捞和资源养护为主要目的的涉渔国际水域制度。

（3）用于国际航行的海峡军舰自由航行制度

用于国际航行的海峡制度的发展与军舰的自由航行权利密切关联，军舰在用于国际航行的海峡上自由航行的权利逐步被国际社会所接受。例如在 2012 年 1 月霍尔木兹海峡危机事件中，就军舰是否可以在霍尔木兹海峡享有自由航行权利问题，国际社会普遍认为霍尔木兹海峡属于用于国际航行的海峡，军舰可以在霍尔木兹海峡自由航行。[⑥] 这一事件为军舰在其他用于国际航行的海峡自由航行奠定了基础。

（九）岛屿及岩礁的法律地位

1. 岛屿制度的发展

岛屿的法律地位问题最早是在 1930 年国际法编纂会议上提出的，当时对岛屿的定义为“一定范围的土地，四面环水，并永久地在高潮以上”。在领海范围内低潮时突出水面的高地在划定领海时予以考虑。国际法委员会在 1956 年的《海洋法》条款草案中，指出“每一个岛屿有自己的领海，岛屿是一个陆地区域，四面环水，在正常情况下永久地在高潮以上。”1958 年《领海与毗连区公约》的第 10 条对划定岛屿的领海问题做出规定，确定了岛屿可以拥有自己的领海。1975 年以后，对于岛屿制度的讨论主要集中在岛屿定义及其享有的海洋权力（管辖区域）方面。经过多年的讨论，关于岛屿法律地位的案文最终纳入了 1982 年公约的第八部分

① http://news.dayoo.com/guangzhou/201601/14/143408_46136307.htm

② http://www.bbc.com/news/world-middle-east-35300299

③ http://news.sohu.com/20160113/n434430089.shtml

④ 1982 年《联合国海洋法公约》第 63 条第 1 款。

⑤ 黄瑶，黄明明. 中韩与中越渔业协定及其实施的比较分析——兼论中韩渔业冲突解决之道[J]. 主题研讨——比较法与国际视野下的海洋法，2013(02):57-59.

⑥ http://news.xinhuanet.com/mrdx/2012-01/06/c_131345877.htm

中。①

2. 岛屿的法律地位

《联合国海洋法公约》第 121 条(关于“岛屿制度”)规定:“(1)岛屿是四面环水并在高潮时高于水面的自然形成的陆地区域。(2)除第 3 款另有规定外,岛屿的领海、毗连区、专属经济区和大陆架应按照本公约适用于其他陆地领土的规定加以确定。(3)不能维持人类居住或其本身的经济生活的岩礁,不应有专属经济区或大陆架。”从公约规定的条件上看,只有满足特定条件的岛屿才能产生“管辖水域”。公约意义上的岛屿强调其自然属性,岩礁是岛屿,社会属性是岩礁区分于岛屿的一个特殊属性。公约意义上的岛屿能够产生专属经济区和大陆架,但是“不能维持人类居住或其本身的经济生活的岩礁,不应有专属经济区或大陆架”。人工岛屿不属于公约意义上的岛屿,不能产生“管辖水域”。

按照《联合国海洋法公约》第 13 条(关于低潮高地②的规定)和 121 条的规定,高潮时高于水面的岛礁至少可以产生 12 n mile 的领海,而高潮时没入水中的岛礁(低潮高地)不能产生任何海洋权利。对应高潮时高于水面的岛礁是否能够取得除领海以外的“海洋权利”,这应取决于该岛礁在自然状态下,维持一个稳定的人类社群或者不依赖于外来资源或纯采掘业的经济活动的客观承载力③④。这项规定与创设专属经济区之后沿海国管辖权的延伸密切相关,立法者的意图在于防止微不足道的岛礁产生大面积的海洋权利,进而侵犯了有人定居的领土的权利或者侵犯公海以及作为人类的共同继承财产保留的海床的区域。

三、UNCLOS 1982 与 IMO 公约的关系⑤

(一) UNCLOS 1982 条文中有关“主管国际组织”的指代

虽然《联合国海洋法公约》条款中只有一处明确提及了 IMO(附件Ⅷ第 2 条),但是该公约的多项条款提及了制定海上安全、航行效率、防止和控制船舶倾倒引起的海上污染事项方面的航运规章和标准的“主管国际组织”。鉴于 IMO 职责全球性的特点,公约提及“主管国际组织”时均专指 IMO。

(二) UNCLOS 1982 与 IMO 公约之间的关系

UNCLOS 1982 被公认是一项“总公约”,因为其大多数条款是笼统性的,需要根据其他国际协议的、具体的、具有操作性的规定来执行。

这一特征在 UNCLOS 1982 的一些条款中具体表现为要求缔约国“考虑”“符合”或“实施”由“主管国际组织”(IMO)制定的有关国际规则和标准。这些国际规则和标准在该公约中被表述为“适用的国际规定和标准”“国际上认可的规则、标准和建议的做法和程序”“国际上广泛接受的规则和标准”“国际上广泛接受的规则”“适用的国际文书”或“国际上广泛接受的规则、程序和做法”。

① 杜成亭. 论岛屿在海洋划界中的地位和作用[J],法学研究,2012(5):72-73.

② 低潮高地是在低潮时四面环水并高于水面,但在高潮时没入水中的自然形成的陆地。

③ 岛礁的权利主张取决于该岛礁的客观承载力;(a)在自然状态下,是否能够维持(b)一个稳定的人类社群或者(c)不依赖外来资源或纯采掘业的经济活动。

④ 孙传香. 岩礁的法律地位与划界效力析论[J]. 湖南人文科学技术学院学报,2016,Vol. 33(02):58-61.

⑤ 唐国梅. 联合国海洋公约与国际海事组织工作的关系. 大连:大连海事大学出版社,2004.

练习题

1. 简述商船在领海、专属经济区上的航行权利与义务。
2. 有人认为公海是“法外之地”，请辨析此观点。
3. 简述1982年《联合国海洋法公约》在人类开发和利用海洋过程中的规制作用。
4. 简述当代海洋治理面临的挑战。
5. 简述“用于国际航行的海峡”制度。
6. 列举我国颁布的涉海法律，简述其建立的核心制度。

第三章 安全与职业保障类公约

第一节 国际海上人命安全公约

一、产生背景

《国际海上人命安全公约》(SOLAS 公约)是世界上最早的海上安全公约之一,其制定与1912 年发生的“泰坦尼克”号事故有着密不可分的关系,该事故促使了 SOLAS 公约的诞生。第一版 SOLAS 公约是 1914 年于伦敦以外交大会形式通过的,用法文和英文两种文字书写,目前存放在大英图书馆(British Library)中。自那时起,另有 4 个版本的 SOLAS 公约先后获得通过:第二版于 1929 年通过,1933 年起生效;第三版于 1948 年通过,1952 年起生效;第四版在 IMCO 主持下于 1960 年通过,1965 年起生效;现行版本于 1974 年通过,并于 1980 年起生效。

为了适应现代技术在船舶上的应用并在吸取了海事事故中的经验和教训之后,目前有效的 1974 年 SOLAS 公约历经了若干次修改,并与原始版的 SOLAS 公约有了较大的不同。但关于“北大西洋冰区巡逻服务”的条款[①]一直还保留在 1974 年 SOLAS 公约中,使人们还能够联想到原始版的 SOLAS 公约(1914 年版)与“泰坦尼克”号灾难的渊源。在 IMCO 成立之前,1914 年 SOLAS 公约经历了两次修改,即 1929 年版和 1948 年版。IMCO 成立之后,主要的修改体现在 1960 年版的 SOLAS 公约中,该版系对以前三版的合并。1974 年又经历了一次重大的修改,即形成了目前有效的 1974 年 SOLAS 公约。SOLAS 1974 公约的生效进程缓慢,该公约通过后的几年,由于科学技术的进步和重大海难的发生,IMCO 开始意识到应该对该公约的技术规则进行修改。但当时 SOLAS 1974 公约还没有生效,不能以修正案的形式对 SOLAS 1974 公约的技术规则进行修改,因此,在 1978 年[②]召开的油船安全与防污染国际会议(TSPP)上,大会通过了 SOLAS 1974 公约 1978 年议定书,该议定书修改了公约附则中的技术条款。这是 SOLAS 1974 公约通过后的一次重大修改。此后,IMCO 又对 SOLAS 1974 公约进行了若干次修改,例如 1994 年增加了第Ⅸ章 ISM 规则等。截至 2020 年 9 月,1974 年 SOLAS 公约有 166 个缔约国,占全球总登记吨位的 98.98%;1974 年 SOLAS 公约 1978 年议定书有 121 个缔约国,占全球总登记吨位的 97.82%;1974 年 SOLAS 公约 1988 年议定书有 122 个缔约国,占全球总登记吨位的 97.86%。航运界对 1974 年 SOLAS 公约的认可程度及其影响从缔约国数量和占全

① 指《1974 年国际海上人命安全公约》第Ⅴ章(航行安全)第 6 条——冰区巡逻服务。

② 当时(1978)年 SOLAS 1974 公约还没有生效。

球商船总吨位的百分比就可见一斑。

（一）SOLAS 1914

从19世纪开始，帆船逐渐被机动船所代替，船员和旅客比以往有了相对安全的海上航行环境。[①] 19世纪末20世纪初是海上客运黄金时代，当时还没有飞机，而从欧洲到美洲和世界其他地区的移民活动仍在大规模进行，因此当时船舶是普遍的远途交通工具。在大西洋航线上，随着班轮航班的增多，事故发生率升高，相应地旅客伤亡数量也增加了。当时的权威统计数字显示，自1840年[②]后的20年间，总计有13条船舶沉没，2 200人遇难。在19世纪末到20世纪初这一时期，仅英国籍船上的年均遇难人数就达700~800人。当时，各国关于船舶安全的标准差距甚远，船舶配备的救生设备数量、质量和性能等方面差异很大。在这一段时间，国际社会曾经在统一海上安全标准方面做了大量的工作，并取得了较大的进展，1857年产生了《国际信号规则》，1863年产生了《国际海上避碰规则》。

1912年发生了举世震惊的"泰坦尼克"号悲剧后，航运界对当时的船舶安全标准提出质疑。这一事件促使国际社会加快了制定统一的船舶安全标准的步伐。1914年以英国政府为首的13个国家代表在伦敦召开国际会议，缔结了《1914年国际海上人命安全公约》，即1914年SOLAS公约。航运界从"泰坦尼克"号的沉没事件中吸取了众多教训并将预防措施写入了该公约。1914年版SOLAS公约包括航行安全、构造、无线电报、救生装置、消防等章节。该公约对商船安全航行提出了新的国际要求，规定客船舱壁应水密并耐火，客船应配备救生设备和防火、灭火设备。另外还要求50名乘员以上的客船必须配备无线电报设备；[③]会议还决定成立北大西洋冰区巡逻队。[④] 该公约原定1915年7月起生效，届时欧洲战争爆发，公约没能如期生效，但许多条款还是被一些国家在制定与修改船舶安全标准时采用。1914年SOLAS公约的重要性在于它是第一个被国际社会普遍接受的海上安全标准。

1. 1914年SOLAS公约结构

1914年公约主要涉及人命安全等问题。1914年SOLAS公约共包括8章：

第Ⅰ章：海上人命安全——第1条缔约国履行公约的义务；

第Ⅱ章：公约适用的船舶——第2~4条（第2条除另有明文规定外），本公约适用于载有多于12名旅客的国际航行的机动船舶；

第Ⅲ章：航行安全——第5~15条（建立北大西洋冰况巡视制度）；

第Ⅳ章：构造——第16~30条（关于水密横舱壁的要求）；

第Ⅴ章：无线电报——第31~38条（航行中在特定无线电频率上值守的规定）；

第Ⅵ章：救生设施与防火——第39~56条（救生设施安全及操作要求、防火灭火要求）；

第Ⅶ章：安全证书——第57~63条（船舶安全证书的要求）；

第Ⅷ章：总则——第64~74条（公约的生效、其他国家的加入及公约的修改）。

1914年SOLAS公约的主要技术条款以规则的形式呈现，整套规则分4个部分共为52条。4个部分包括：

（a）航行安全规则——第1~4条；

---

① 根据IMO Focus on IMO-Surviving disaster-life-saving at sea编辑整理。

② 从这一年开始，Samuel Cunard在大西洋上开始了定期班轮业务。

③ 如果"泰坦尼克"号的遇险信号没有被其他船舶接收到，可能会有更多人员丧生。

④ IMO，（Oct. 1998），SOLAS：the International Convention for the Safety of Life at Sea，1974，Focus on IMO.

(b)船舶构造规则——第 5~26 条;

(c)救生设备和防火要求——第 27~51 条;

(d)船舶安全证书——第 52 条。

与目前有效的 1974 年 SOLAS 公约正文相比,[①]1914 年 SOLAS 公约的正文中既包括公约效力、生效、加入等条款,也包括船舶安全的技术性规范,从总体上看,其规范性不如 1974 年 SOLAS 公约。1914 年 SOLAS 公约正文中能够明显地看出 1914 年版 SOLAS 公约与"泰坦尼克"号的沉没事件的渊源,特别是第Ⅱ章、第Ⅲ章中的关于公约适用的规定、冰况巡视方面的规定、水密横舱壁的要求及航行中在特定无线电频率上值守的规定。

2. 救生设备要求

1914 年 SOLAS 公约第Ⅵ章着手解决"泰坦尼克"号灾难暴露出的救生艇数量不足的问题,主要体现在以下条款:

(1)第 40 条规定了基本原则"航行途中任何时候船上乘客总数不能超过救生艇或浮动救生艇(Pontoon Lifeboats)乘员配额数";

(2)第 44 条对登乘救生艇(Embarkation)做出规定;

(3)第 47 条对救生艇和救生筏的存放做出规定;

(4)第 51 条要求船舶为包括儿童在内的每一位乘客准备救生衣;

(5)第 53 条要求船舶配备应急电源,第 54 条要求船舶配备持证的救生艇操作人员;

(6)第 56 条为应变部署与演习(Muster Roll and Drills),要求为每一位船员分配在紧急事件发生时的特殊职责。

该公约的诸多规则中涵盖救生艇、浮动救生艇、吊艇柱(Davits)、救生衣和救生圈(Lifebuoys)技术规范。[②]

(二)SOLAS 1929 和 SOLAS 1948

虽然 1914 年 SOLAS 公约的许多条款被一些国家在制定/修改船舶安全标准时采用,但第一次世界大战的爆发导致该公约没有在 1915 年如期生效。继而,18 个国家于 1929 年又在伦敦召开了一次国际会议,并通过了一个新的 SOLAS 公约,即 1929 年 SOLAS 公约。1929 年 SOLAS 公约采用了与 1914 年 SOLAS 公约基本相同的格式,但制定了几项新的规则,并于 1933 年起生效。该版公约两个附则之一是对《1863 年国际海上避碰规则》的修改。

第二次世界大战期间,军舰和商船上使用的技术得到了快速的发展。到 1948 年,应用于船上的技术快速发展使得 1929 年公约的一些条款,特别是相关技术条款不再适用,于是英国再次主持召开国际会议,通过了第三版 SOLAS 公约,即 1948 年 SOLAS 公约。新公约遵循既定的模式,但适用的船舶范围更广,内容更详尽。在诸如客船水密分舱、稳性标准、必要的应急设备的维护、防火结构(包括如阻燃和主通道的围壁等三种分隔方法)等问题上引入了新规则,规定 500 GT 及以上货船需持有"国际设备安全证书",这表明国际航运界在重视客船安全的同时也越来越重视货船的安全性。

1948 年 SOLAS 公约获得通过的同时,《1863 年国际海上避碰规则》也被修改,主要是更新了有关航行安全、气象、冰区巡逻的条款。该规则还新增了一章关于谷物、危险品(包括易爆

---

① 1974 年 SOLAS 公约的公约条文格式符合《1969 年国际条约法公约》的要求。

② IMO,(Jan. 2000),Surviving Disaster—Life Saving at Sea,Focus on IMO.

物品）运输规则的规定。1929 年以来无线电技术飞跃发展，1948 年 SOLAS 公约将这些因素考虑了进去，有关章节的标题特别提到无线电话以及无线电报。

（三）SOLAS 1960

1959 年国际海事组织（当时称政府间海事协商组织，IMCO）正式成立之后，1948 年 SOLAS 公约被移交 IMCO 秘书处“保存”。尽管 1948 年版 SOLAS 公约通过仅 12 年，但由于第二次世界大战结束、经济复苏等因素促进了海运业的发展，特别是现代科学技术在船上的应用，航运界认识到 1948 年版 SOLAS 公约进行修正的必要性。因此，IMCO 一成立就面临修改当时有效的 1948 年 SOLAS 公约的任务。1960 年在 IMCO 的主持下于伦敦召开了 SOLAS 缔约国外交会议。55 个国家代表团（比 1948 年多了 21 个）参加了会议，表明 SOLAS 公约的影响进一步扩大。会上又一个新版的 SOLAS 公约被通过，即 1960 年 SOLAS 公约。

1960 年 SOLAS 公约有诸多的特点，例如规定将原来只适用于客船的许多条款扩大适用于货船；许多一度仅适用于客船的安全措施的条款也扩大适用于货船，尤其是涉及船舶应急电源、应急照明、消防等方面的安全规范；针对无线电的要求再次被修改；在有关救生设备的一章里还加入了配备救生筏的要求，因为当时在某些情况下救生筏已经起到部分替代救生艇的作用；船舶结构和消防条款以及谷物和危险品运输条款都进行了修改；最后一章规定了核动力船的基本要求，因为从当时来看，未来核动力船将变得越来越重要。

1960 年 SOLAS 公约还对船舶携带救生艇的数量做出了更详细的规定，规定国际航线客船两侧配置的救生艇应各能承载船上人员的一半，从而保证全船救生艇配员定额是 100%，有些救生艇可用救生筏替代。公约还要求船舶额外配备 25%配员定额的救生艇及 3%配员定额的浮动救生设施。

与 1929 年 SOLAS 公约和 1948 年 SOLAS 公约一样，修订后的《国际海上避碰规则》仍被列为 SOLAS 1960 的附件。

随着技术的进步和海运业的发展，在 IMCO 的主持下，缔约国对 1960 年 SOLAS 公约进行了不断地修订。例如 1960 年 SOLAS 公约的 1967 年、1969 年及 1973 年修正案都包含对浮动救生设施和救生衣条款的修正内容，还包含对油船和货船救生设施特殊要求的修正内容，其中许多修正条款是为了弥补特定海难暴露出的安全缺陷并更好地适应航海科技的发展。

不幸的是，随着时间推移，人们越来越意识到，从重大海难中吸取教训、保持 IMCO 及时反映航海科学技术发展状况的种种努力注定要失败——这是由 1960 年会议通过的修正程序的性质所决定的。那时的修正程序为明示接受程序，规定修正案只有在 2/3 缔约国接受之日起 12 个月后才能生效。因为当时的国际公约只需相对较少的国家批准就能生效，这个明示接受程序尚令人满意。但到了 20 世纪 60 年代联合国和 IMCO 这样的国际组织成员国数量迅速增加，越来越多的国家获得独立，并开始迅速建立各自的商船船队。SOLAS 公约缔约国数量增加很快，这意味着满足 2/3 生效目标所需成员国的数量也增加了，很显然修正案生效需要很长时间，有的修正案往往还没生效就过时了。IMCO 面临着需在公约中引入能够使公约修正案快速生效机制的压力。

（四）SOLAS 1974

《1960 年国际海上人命安全公约》在 1965 年生效后，先后于 1966 年、1967 年、1968 年、1969 年、1971 年和 1973 年经历了 6 次修正。由于公约修正案生效程序的原因，其中的几个修正案一直没有满足生效的条件。考虑到《1960 年国际海上人命安全公约》缔结以来海上安全的发展情况,缔约国认识到需重新缔结一个公约以替代《1960 年国际海上人命安全公约》。因此,IMCO 决定制定一个新的公约,该新公约将包含 1960 年公约的全部修正案内容及一项能使修正案在一段合理的时间内生效的新程序。

1974 年 SOLAS 公约缔约国外交会议于 10 月 21 日至 11 月 1 日在伦敦召开,有 71 个国家参加了会议。本届会议上通过的公约,即 1974 年 SOLAS 公约是目前仍有效的公约版本,而且由于公约正文第Ⅷ条引入了默认接受程序,使一些公约修正案能够在适当时间内生效,从而使 1974 年 SOLAS 公约能够及时修正以适应技术发展的要求。

(五)SOLAS 公约 1978 年议定书

SOLAS 1974 的生效条件是拥有世界商船总吨位至少 50%的 25 个国家接受,该公约最终于 1980 年 5 月 25 日起生效。在公约通过到生效期间发生了一系列海上事故,尤其是 1976 年至 1977 年冬季发生的油船事故,迫使国际社会采取进一步行动防止船舶污染。IMCO 于 1978 年 2 月 6 日至 2 月 17 日在伦敦召开国际油船安全和防污染会议,会议对 SOLAS 1974 和《1973 年国际防止船舶造成污染公约》做了一些重要修改,通过了《1978 年国际油船安全和防污染会议最终议定书》(含 3 个附件),其附件一即是"关于《1974 年国际海上人命安全公约》的 1978 年议定书"。该议定书将在拥有世界商船总吨位至少 50%的 15 个国家批准后 6 个月生效(但不得早于 SOLAS 1974 的生效时间),议定书于 1981 年 5 月 1 日起生效。

(六)SOLAS 公约 1988 年议定书

1988 年议定书对公约做出的修改包括两个方面——引入了全球海上遇险与安全系统(GMDSS)和检验与发证协调系统(HSSC)。后者是根据 1978 年油船安全和防止污染外交大会的建议制定的,主要是为了解决 SOLAS 1974、《1966 年国际载重线公约》(简称《载重线公约》)和《经 1978 年议定书修订的 1973 年国际防止船舶造成污染公约》(简称 MARPOL 73/78)所要求的检验和发证带来的问题。

这三个公约均要求颁发证明船舶符合要求的证书,颁发证书前必须进行检验,而这种检验会造成船舶数天停运,并且各种检验的日期和间隔不尽一致。结果是一艘船舶按某个公约要求必须进行检验,稍后不久又必须按照另一公约的要求进行同样的过程。1988 年外交大会要求国际海事组织制定协调系统以使检验能在同一时间内进行。

检验和发证协调系统规定的货船所有证书的有效期最长为 5 年,客船安全证书的有效期为 12 个月,该系统要求对货船必须进行年度检验,取消了不定期检验,对检验间隔和要求也做了调整。

二、SOLAS 1974 主要内容

SOLAS 1974 的主要目的是规定与安全相关的船舶构造、设备及操作的最低标准,由船旗国负责确保悬挂其国旗的船舶达到这一要求;还规定船舶须持有公约规定的证书,作为该船舶已达到公约标准的证明。

现行有效的《1974 年国际海上人命安全公约》是政府间海事协商组织(IMCO)于 1974 年 11 月 1 日在国际海上人命安全会议上讨论通过并于 1980 年 5 月 25 日起生效的。该公约经两次议定书修正后,又按 SOLAS 1974 第Ⅷ条的规定,以海上安全委员会扩大会议的形式,或以

SOLAS 1974 缔约国政府间会议的形式，做了多次修正。下面将 SOLAS 1974 及最近修正案的主要内容简要介绍如下。

（一）公约正文

该公约正文由 13 个条款组成。各缔约国有义务实施该公约及其附则的各项规定，公约规定附则是公约的组成部分，凡提及该公约时，同时提及其附则。为保障人命安全，各缔约国有义务颁布一切必要的法律、法令、命令和规则，并采取一切必要的其他措施，使该公约充分和完全有效，以保证船舶适合其预定的用途。该公约适用于有权悬挂缔约国国旗的船舶，但在开航时不受该公约规定约束的船舶，并不因为天气恶劣或任何其他不可抗力的原因偏离原航线而受本公约规定的约束；由于不可抗力或因船长负有搭载失事船舶人员或其他人员义务而登上船的人员，在确定公约的任何规定适用该船舶时，都不应计算在内。

为了在发生暴乱时避免对人命安全造成威胁而撤离人员，缔约国政府可批准悬挂其国旗的船舶载运多于该公约规定所允许的人数，但上述许可不剥夺其他缔约国政府根据该公约享有的对到达港的这种船舶的任何监督权。各缔约国政府有义务将其授权以代表缔约国政府管理海上人命安全措施的非政府机构的被认可组织（R. O.）名单和根据该公约规定所颁发证书的足够数量的样本送交国际海事组织保存，并由 IMCO 秘书长通报各缔约国；就该公约范围内各种事项所颁布的法律、法规、命令和规则的文本也应送 IMCO 保存。所有或某些缔约国政府之间，通过协议而按照该公约订立特殊规则时，应将这种规则通知 IMCO，以便分发给所有缔约国。在缔约国政府之间，SOLAS 1974 代替并废除 SOLAS 1960。缔约国政府以前订立的条约、公约或协定与 SOLAS 1974 的规定有抵触时，应以 1974 年公约为准，但该公约未予明文规定的一切事项，则仍受缔约国政府的法律管辖。各国政府可按下列方式之一参加该公约：（1）签字并批准、接受或核准无保留；（2）签字而有待批准、接受或核准，随后再予批准、接受或核准；（3）加入。该公约正式文本用中文、英文、法文、俄文和西班牙文写成，各种文本具有同等效力；阿拉伯文、德文和意大利文的官方译本根据正式文本译就，并与签署的原本一起保存。

（二）公约附则

SOLAS 1974 的附则是公约的主体，它包括附则（8 章）及一个附录，而经修订的 SOLAS 1974 附则包含 14 章及 14 个附录。

1. 第Ⅰ章总则

对各种类型船舶检验要求和颁发证书证明船舶符合公约要求是该章的重点内容。对客船的检验要求包括船舶营运前检验、定期检验和必要的附加检验；对于货船，在进行初次检验后，应每两年进行一次有关救生设备和其他设备的检验，每年要进行一次无线电设备的检验；对船体、机器和设备，检验期由主管机关从保证船舶状况各方面能达到满意的角度出发，视需要确定。

主要内容包括 3 节 21 条：

第 1 节共 5 条。第 1 节对于公约的适用范围、有关名词的定义、适用公约的例外、免除以及规则的生效等内容做了详细的规定。

第 2 节共 15 条。规定了不同用途船舶法定检验的种类和检验的内容。为表明船舶已达到了公约规定的标准，船舶经过检验后，主管机关应向船舶签发公约规定的相应种类的证书，同时对证书的签发、证书的格式、有效期、证书的监督和证书的承认等内容做了规定。

第 3 节共 1 条。规定了各主管机关对船舶事故进行调查和向 IMCO 报告的义务。

适用范围：适用于500 GT及以上从事国际航行的船舶(不适用于军用舰艇和运兵船、非机动船、制造简陋的木船、非营业性的游艇、渔船)。

2. 第Ⅱ章构造

(1)第Ⅱ-1章：构造—分舱与稳性、机电设备

适用范围：除另有明文规定外，适用于1980年5月25日以后安放龙骨或处于类似建造阶段的船舶。

该章主要涉及水密分隔要求及紧急情况下机电设备应满足的功能要求。客船的水密分隔必须保证船舶在破损后，仍将保持在一个稳定的位置。分舱等级，由两个相邻横舱壁所允许的最大距离测得，规定了它随船长和船舶用途不同而不同，对于客船来说，船长越长，分舱等级越高。对机电设备所设定的要求是保障紧急情况下对于船舶、乘客和船员的安全。

(2)第Ⅱ-2章：构造—防火、探火和灭火

适用范围：除另有明文规定外，适用于1980年5月25日以后安放龙骨或处于类似建造阶段的船舶。该章分为四部分，规定了船舶防火、探火和灭火的基本原则，对固定式灭火系统的要求，对消防设备的要求，对机器处所的消防配备和特殊布置等通用要求，并根据各种不同种类船舶的特点，规定了船舶防火结构的安排，具体规定了船舶防火、探火和灭火设备布置及配置的方法。

3. 第Ⅲ章救生设备与装置

SOLAS 1974附则第Ⅲ章主要是对救生设备和装置的要求，分A和B两个部分，共37条。其中A部分是通则，B部分是对船舶和救生设备的要求。规定了适用于所有船舶的一般要求，并根据船型、设备、构造特征规定了应配备的救生设备及确定救生艇筏容量的方法，规定了船舶维修的要求和保障船舶随时可用的要求并规定有应急和例行演习的程序，同时分别针对客船和货船规定了附加要求。另外要求救生设备和装置在技术性方面还必须符合1998年7月1日起生效的《国际救生设备规则》(LSA)的规定。

4. 第Ⅳ章无线电通信设备

现行SOLAS 1974附则第Ⅳ章主要是对无线电通信设备的要求，分A、B和C三个部分，共17条。A部分为通则，B部分强调了缔约国政府的承诺，C部分规定了船舶在不同海区应配备的无线电设备的类型以及无线电值班的操作、电源、性能标准、维修、无线电人员、无线电记录等要求。

另外，本章的部分条款的要求还必须考虑到国际电信联盟(ITU)无线电规则的相关规定。

5. 第Ⅴ章航行安全

现行SOLAS 1974附则第Ⅴ章主要是有关船舶航行安全的要求，2000年12月召开的第73届海上安全委员会以海安会决议MSC.99(73)通过的SOLAS公约修正案，对以前的第Ⅴ章做了全面改写，共35条及1个附录。除另有明文规定外，该章适用于所有航线上的所有船舶，而公约附则的其他章节只适用于从事国际航行的某类船舶。其内容主要是操作性条款，涉及保持对船舶的气象服务、水文服务、冰区巡逻服务、船舶航线、提供搜救服务、船舶交通服务、船舶报告系统等内容。同时规定了缔约国政府应从安全角度出发保证所有船舶得以充分和有效配员的一般义务。另外还对安装雷达和其他助航设备的要求以及驾驶台可视范围等做了规定。

6. 第Ⅵ章货物装运

在1960年公约出台后，经过深入研究和试验，SOLAS 1974对本章进行了彻底修改。本章

内容由国际海事组织大会以 A. 264(8)决议于 1973 年通过，该决议取代了 1960 年公约的章节。公约涉及为载运谷物而专门建造的船舶，并规定了计算装载散装谷物的船舶由于货物移动而引起的不利倾侧力矩的方法，要求每艘船舶必须具有批准证书并规定了谷物装载稳性数据及有关的装载计算方法。

现行 SOLAS 1974 附则第Ⅵ章主要是对货物装运安全的要求，分 A、B 和 C 三部分，共 9 条。本章适用于因其对船舶或船上人员的特别危害而需在公约所适用的一切船舶上，及小于 500 GT 的货船上采取特别预防措施的货物装运（散装液体、散装气体和其他章内已做出装运规定的除外），其主要内容包括货物装运的一般规定、谷物装运的特别规定及谷物以外的散装货物装运的特别规定等，而对货物堆装、系固及装卸重点做了规定。

7. 第Ⅶ章危险货物的载运

本章规定了危险货物的分类、包装、标志和积载，不适用于专门为载运散装货物而建造的船舶。

本章共 7 条，对各种形式的危险货物、液体化学品和散装液化气体的分类、包装、标志与标签、单据和堆装提出了不同要求。危险货物分类采用联合国制定的分类方法，该分类适用于各种运输方式，危险货物的海上运输也不例外，而且其规定比其他运输方式更严格。

公约要求缔约国政府应颁布或促成颁布关于危险货物运输的细则，IMCO 曾为此于 1965 年制定了《国际海上运输危险货物规则》（IMDG 规则），多年来该规则被定期更新，以补充或修改原有条款，跟上发展的步伐。

8. 第Ⅷ章核能船舶

本章共有 12 条，它对核动力船舶的规定仅限于对防止核辐射损害的基本要求。1974 年 SOLAS 外交大会最终文书附录中的各种建议是对该章的补充。这些建议目前已被《核动力商船安全规则》和《核动力商船使用港口的建议》所取代。

9. 第Ⅸ章船舶安全营运

船舶安全营运管理于 1994 年 5 月在 SOLAS 缔约国大会上获得通过并新增加入《1974 年国际海上人命安全公约》。本章共分 6 节，分别为：定义、适用范围、安全管理要求、发证、状况的保持、验证与控制。ISM 规则作为该章的附则成为强制性规则，于 1998 年 7 月 1 日起适用于客船、高速客船，500 GT 及以上油船、化学品船、气体运输船、散货船和高速船；于 2002 年 7 月 1 日起适用于移动式近海钻井装置和 500 GT 及以上其他货船。上述日期后，有关当局将对船舶所持的“安全管理证书”和“符合证明”（副本）进行监督检查。ISM 规则第一次规定了港口国监督对船舶操作性要求进行监督的程序。该规则的基本要求是：由负责船舶营运的公司建立并在岸上和船上实施经船旗国主管机关认可的安全管理体系（SMS），从而使公司能够具备船舶营运的安全保障和安全工作环境，针对已认定的所有风险制定防范措施，并不断提高岸上及船上人员的安全管理技能，做到安全管理符合强制性规定，并对国际海事组织、主管机关、船级社和海运行业组织所建议的规则、指南和标准予以考虑，最终实现保证海上安全、防止人员伤亡、避免对环境特别是海洋环境造成危害和防止财产损失的目标。

10. 第Ⅹ章高速船安全措施

（1）SOLAS 1974 第Ⅹ章主要内容

本章内容为 1994 年 5 月 SOLAS 缔约国外交大会修正案所新增的章节，新Ⅹ章旨在针对新型高速船（HSC）的特殊需要规定一个强制性的国际标准，于 1996 年 1 月 1 日起生效。

《HSC 规则》即《国际高速船安全规则》[由 MSC. 36(63)决议通过],适用于从事国际航行的高速船,包括满载时以营运航速离开庇护地航行时间不超过 4 h 的客船和以营运航速离开庇护地航行时间不超过 8 h 的 500 GT 及以上的货船。

《HSC 规则》包括的船舶有气垫船(如全垫升式气垫船)和水翼船等。该规则为高速船提出一套完整、全面的要求,包括设备和应允条件及维护保养等,其基本目的是使高速船的安全标准能达到与 SOLAS 公约和《1966 年国际载重线公约》中的内容等效的水平。

(2)SOLAS 1974 公约 2000 年 12 月修正案[海安会决议 MSC. 99(73)]

第 73 届海上安全委员会以 MSC. 97(73)决议案通过了新的《2000 年国际高速船安全规则》。该规则是新的完整版本,前一版规则为《1994 年高速船安全规则》。2000 版规则主要在以下方面做了修改:第Ⅱ章"浮力、稳性和分舱",第Ⅳ章"起居处所和逃生措施" 以及第Ⅶ章"防火安全"。新建和现有的高速船同样还应根据 SOLAS 公约的要求安装 AIS 和 VDR。2002 年 7 月 1 日或以后建造的高速船适用《2000 年国际高速船安全规则》(2000 HSC 规则)。而在 1996 年 1 月 1 日至 2002 年 6 月 30 日之间建造的高速船仍适用《1994 年国际高速船安全规则》(1994 HSC 规则)。

11. 第Ⅺ章加强海上安全、保安的特别措施

1994 年 5 月 SOLAS 缔约国外交大会通过了 SOLAS 公约修正案,增加了第Ⅺ章-加强海上安全、保安的特别措施,该修正案于 1996 年 1 月 1 日生效。2001 年美国"9・11"事件发生后,国际社会认识到有必要采取措施,保护国际海上运输环节免受恐怖主义的威胁,需要在公约中增加船舶保安的措施要求。2002 年 12 月召开的 SOLAS 缔约国外交大会上通过了 SOLAS 公约修正案,将原有第Ⅺ章的内容重新编号为第Ⅺ-1 章,并新增了第Ⅺ-2 章有关加强海上保安的特别措施,该修正案于 2004 年 7 月 1 日起生效。①

(1)第Ⅺ-1 章加强海上安全的特别措施

规则Ⅺ-1/1 是关于对被认可组织的授权要求。缔约国政府授权相关组织,诸如船级社代行符合公约认证业务是国际惯常做法。为规范缔约国政府的授权行为,保证船级社等被授权组织检验与发证的工作质量,本条规则要求对认可组织的授权和监管需要符合《被认可组织规则》(简称 RO 规则,RO Code)②。规则Ⅺ-1/2 是关于加强检验的要求,规定对于第Ⅸ/1. 6 条定义的散货船和第Ⅱ-1/2. 22 条定义的油船,应执行加强检验程序③。规则Ⅺ-1/3 是关于船舶识别号的要求,规定 100 总吨及以上的所有客船和 300 总吨及以上的所有货船应具有根据 IMO 制定的 A. 600(15)决议——《国际海事组织船舶识别号方案》所规定的"船舶识别号"。船舶识别号自船舶建造完工时授予,维持至船舶报废拆船,并且应被列入船舶的所有证书中,包括其证书副本。船舶识别号(IMO No.)须要永久性标记在船尾或船体中部左舷和右舷最深核定载重线之上,或上层建筑左舷或右舷或上层建筑正面的可见位置,对于客船,应标注在从空中可见的水平表面,同时要求在船舶内部机器处所、滚装处所端部的横舱壁上,泵舱(油船)或在舱口上,清晰可见地标注国际海事组织编号。规则Ⅺ-1/3-1 是关于公司和注册船东识别号,该规则要求 SOLAS 公约第Ⅰ章所适用的公司和注册船东均应拥有与 IMO 通过的《IMO 唯一的公司和注册船东识别号码计划》相符的识别号,并要求将其载入按照 ISM 规则和

① 张晓杰. 国际海事组织通过关于海上保安的新要求[J]. 中国远洋航务公告,2003(02):102-104.
② IMO. MSC. 349(92)——CODE FOR RECOGNIZED ORGANIZATIONS(RO CODE),2013.
③ IMO. A. 1049(27)——《2011 年国际散货船和油船检验期间加强检验程序规则》(2011 年 ESP 规则,ESP Code).

ISPS 规则的要求所签发的证书以及其核准无误的副本中。规则Ⅺ-1/4 是关于操作要求的港口国控制,规定如有明显理由确信该船船长或船员不熟悉船上与船舶安全有关的基本操作程序①,港口国安全监督检查官员应对船舶采取控制措施,如实施滞留等。

规则Ⅺ-1/5 要求主管机关向船舶签发《连续概要记录》(Continuous Synopsis Record),以便在船上提供一份关于船舶历史的记录。连续概要记录应包含船名、船旗国、注册日期、船舶识别号、船籍港、注册船东识别号及其注册地址等信息。上述信息的任何改变都应记录在《连续概要记录》中,以便提供与船舶的当前和历史有关的信息。规则Ⅺ-1/6 是关于海事事故和事件调查的附加要求,规定各主管机关开展海上事故或海上事件调查时应该符合 SOLAS 公约第Ⅰ/21 条的规定,并须遵守国际海事组织以 MSC. 255(84)决议通过的《海上事故或海上事件安全调查国际标准和建议做法规则》(简称《事故调查规则》,Casualty Investigation Code)。规则Ⅺ-1/7 是关于围蔽处所大气检测仪器,规定了进入围蔽处所(Enclosed Spaces)所需要的空气测试仪的最低性能要求。

(2)第Ⅺ-2 章加强海上保安的特别措施

本章要求 SOLAS 公约的缔约国政府,港口当局和航运企业按照《国际船舶和港口设施保安规则》(以下简称 ISPS 规则)的要求为从事国际航行的所有客船和所有 500 总吨及以上的货船,包括高速船、移动式海上钻井装置和服务于此类国际航行船舶的港口设施指定适当的安全官员和相应人员,来负责评估、准备和实施有效的船舶保安计划,以管理任何潜在的安全威胁。借助于本章的要求,ISPS 规则成为强制性要求,其法律地位得以明确。②

第Ⅺ-2/1 条为定义,释义了诸多的有关船舶、港口保安的概念,如船/港界面活动(Ship/port Interface),港口设施,船到船活动(Ship to Ship Activity),指定当局,国际船舶和港口设施保安规则、保安事件、保安等级、保安声明、认可的保安组织等相关概念。保安事件指威胁船舶(包括移动式海洋钻井装置和高速船)、港口设施或任何船/港界面活动或任何船到船活动保安的任何可能行为或情况。保安等级是指企图造成保安事件或发生保安事件的风险级别划分,保安等级分为三个级别。保安等级 1 是指应当始终保持的最低防范性保安措施的等级。保安等级 2 是指由于保安事件危险性升高而应在一段时间内保持适当的附加保护性保安措施的等级。保安等级 3 是指当保安事件可能或者即将发生(尽管可能尚无法确定具体目标)时,应在一段有限时间内保持进一步的特殊保护性保安措施的等级。③

第Ⅺ-2/2 条为适用范围条款,明确规定第Ⅺ-2 章适用于客船,包括高速客船、货船,包括高速货船以及 500 总吨及其以上的货船,和移动的近海钻井单元(MODU),还适用于服务于国际航行船舶的港口设施。

第Ⅺ-2/3 条为缔约国政府的保安义务,从船舶和港口设施的角度规定了缔约国政府有关保安的责任,要求主管机关为悬挂其国旗的船舶规定保安等级,并确保向其提供保安等级方面的信息,当保安等级发生变化时,应根据情况对保安等级信息予以更新;缔约国政府或指定当局则负责为其境内的港口设施以及来港船舶规定保安等级,并确保提供保安等级方面的信息,

① 指 Essential shipboard procedures relating to the safety of ships.

② 张晓杰. 国际海事组织通过关于海上保安的新要求[J]. 中国远洋航务公告,2003(02):102-104.

③ 案例:我国交通运输部办公厅于 2019 年 7 月 2 日发布通知,依照《中华人民共和国国际船舶保安规则》的规定,经过交通运输部同意,决定将航运于及拟驶往马六甲海峡的中国籍国际航行船舶保安等级提高为 3 级,时间从 2019 年 7 月 2 日 22:00 时起,截止时间另行通知。资料来源:http://www.eworldship.com/html/2019/ship_inside_and_outside_0703/150743.html.

当保安等级发生变化时,应根据情况对保安等级信息予以更新。

第Ⅺ-2/4 条为对公司和船舶的要求,规定船舶须接受核验,取得《国际船舶保安证书》,并符合主管机关相应的保安等级要求。在船舶进入一缔约国国境内的港口前或位于其境内的港口期间,如果缔约国政府规定的保安等级高于该船主管机关为其规定的保安等级,则船舶必须符合该缔约国政府规定的保安等级要求,并在保安等级升高时做出相应等级的迅速反应。如果不能符合要求,需在进行任何船/港界面活动之前或进港前通知港口国的主管当局。

第Ⅺ-2/5 条为公司的具体责任,要求公司应向船长提供有关船舶实际控制者方面的信息,确保船长在任何时候船上有资料可供缔约国政府正式授权的官员使用,使其能确定负责船上人员指派、船舶的使用,以及签署租船合同的各方的相应机构或组织团体。相关信息只需表明当时的情况,无须提供历史信息。

第Ⅺ-2/6 条为船舶保安报警系统,规定当船舶保安报警系统被触发后,报警系统应能够生成并向主管机关指定的主管当局传送船对岸保安警报,指明船舶身份、船位并指明船舶保安状况受到威胁或已经受到危害。该系统不在船上显示已发出的任何警报,不向任何其他船舶发送船舶保安警报,在关闭和/或复位前持续发送警报,能够从驾驶台和至少一个驾驶台以外的位置发出,其性能标准不低于 IMO 通过的性能标准;并要求船舶保安警报系统启动点的设计应能防止误发船舶保安警报。收到保安警报后,主管机关和缔约国应迅速反应,展开相应的行动。

第Ⅺ-2/7 条为对船舶的威胁,要求缔约国政府要对外提供一个联络点,使在其领海内营运或已向其通报进入其领海意图的船舶可通过该联络点请求咨询或协助并报告有关保安问题。如存在对船舶的威胁,应向船舶及其主管机关通报当前的保安等级、船舶应采取的防范措施,以及沿岸国决定采取的措施。

第Ⅺ-2/8 条为船长对船舶安全和保安的决定权,规定船长依照其专业判断而作出或执行为维护船舶安全或保安所做出的决定,不受公司、承租人和任何他人的约束。如出现适用于该船的安全和保安要求之间发生冲突的情况,船长应首先满足安全所必需的要求,采取临时性保安措施并应随即通知主管机关和港口国。主管机关应对有关问题加以妥善解决并努力避免类似情况再度发生。

第Ⅺ-2/9 条为控制和符合措施,从两个方面规定了在第Ⅺ-2 章中适用于船舶的监督和符合措施,即对在港船舶的监督和对意欲进入另一缔约国港口的船舶的监督。与传统的港口国监督机制相比,本条增加了将船舶驱逐出港的措施。

第Ⅺ-2/10 条为对港口设施的要求,规定港口设施必须符合第Ⅺ-2 章和保安规则 A 部分的规定,要求缔约国政府确保对境内港口开展港口设施保安评估,予以审查和批准,并确保《港口设施保安计划》的制定、审查、批准和实施。本条还要求缔约国制订并通报计划所涉及的对应于各保安等级所要求的措施,包括在何时要求提交《保安声明》。①

对于 SOLAS 第Ⅺ-2 的具体要求包括在 ISPS 规则中,该规则分为 A、B 两部分;A 部分是对履行第Ⅺ-2 章的强制性具体要求,概述了 SOLAS 公约的缔约国政府,港口当局和航运公司必须遵守的与海事和港口安全有关的详细要求。B 部分则对第Ⅺ-2 章和 A 部分要求的实施提

① 中国海事局.关于实施《1974 年国际海上人命安全公约》修正案及《国际船舶及港口设施保安规则》有关事宜[J].中国船检,2004(07):44.

供了指导。A 部分与 B 部分在体例和内容上互相对应，主要内容包括前言、总则、定义、适用范围、缔约国政府的责任、保安声明、公司的责任、船舶保安、船舶保安评估、船舶保安计划、相关记录、公司保安员、船舶保安员、船舶保安培训及演练和演习、港口设施、港口设施保安、港口设施保安评估、港口设施保安计划、港口设施保安员、港口设施保安培训及演练和演习、船舶核验和发证等。

保安规则在船舶上的实施可体现在如下方面。按照 ISPS 规则的要求，公司须为船舶量身定制《船舶保安计划》，该计划须由主管机关批准认可。公司须任命在船上负责船舶保安工作的船舶保安员（SSO），其责任包括实施和保管船舶保安计划及与公司保安员、港口设施保安员进行联络，并对船长负责，船长在船舶保安工作中处绝对领导地位。船舶保安员应定期对船舶进行保安检查，确保适当的保安措施得以保持；保持和监督船舶保安计划的实施和修正；协调货物和船舶备品装卸中的保安事项；对船舶保安计划提出修改建议；向公司保安员报告在内部审核、定期评审、保安检查和符合验证期间确定的缺陷和不符合项，并实施相应的纠正行动；加强船上的保安意识和警惕性；确保已为船上人员提供合适的培训；报告所有保安事件；协调实施船舶保安计划；正确维护、测试、校准和操作保安设备与系统；在需要时，可代表船舶签署或提交保安声明。负有指定保安职责的海员应熟悉船舶在保安方面的规定和要求；熟悉本船保安应急计划，明确保安事件发生时的反应程序；熟悉本船保安应变部署，明确自己在不同保安应急时的职责；了解规避保安措施的技术；识别潜在保安风险和威胁；有效履行职责，协助保持 SSP 所设定的状态；定期对船舶进行保安检查。

12. 第Ⅻ章散货船安全附加措施

适用范围：除另有明文规定外，适用于 1999 年 7 月 1 日以后安放龙骨或处于类似建造阶段的船舶。

IMO 于 1997 年 11 月 24—28 日召开 SOLAS 1974 第四次缔约国大会，通过了一套有关散货船的修正案，新增加了公约第Ⅻ章——散货船附加安全措施，该修正案于 1999 年 7 月 1 日起生效。主要内容有 150 m 及以上新建散货船载运密度为 1 000 kg/m^3 及以上固体散装货物时的结构要求；也包括了现有散货船载运密度为 1 780 kg/m^3 及以上固体散装货物时的特殊结构要求；并要求船长 150 m 及以上的所有散货船配备装载仪；根据船龄，规定了针对现有散货船的实施日期，目的是加强散货船的结构安全，防止散货船突然沉没或折断的事故发生。

13. 第ⅩⅢ章符合性验证

本章内容于 2014 年 5 月 22 日由 MSC 93 届会议通过①，按照默认生效程序，该章的内容已于 2016 年 1 月 1 日生效。

本章主要对“审核”“审核机制”进行了定义，规定了缔约国政府履约时应适用的文书以及国际海事组织进行审核时应适用的文书等。具体规定如下：

“审核”系指为获得审核证据并对其客观评估以确定审核标准符合程度的一个系统性、独立并有文书记录的过程。“审核机制”系指本组织根据《国际海事组织成员国审核机制框架与程序》②所设立的国际海事组织成员国审核机制。

缔约国政府根据 SOLAS 公约履行义务和责任时须按照《国际海事组织文书实施规则》③

① 参阅国际海事组织海上安全委员会第 MSC. 366(93) 号决议。

② 参阅国际海事组织第 A. 1067(28) 号决议。

③ 参阅国际海事组织第 A. 1070(28) 号决议。

中的规定。

各缔约国政府须接受国际海事组织按照《国际海事组织文书实施规则》进行定期审核,以验证其是否符合并实施本公约。

各缔约国政府须负责根据《国际海事组织成员国审核机制框架与程序》为审核的开展提供便利,并针对审核结果实施行动计划。①

14. 第XIV章极地水域作业船舶安全措施

本章内容于 2014 年 11 月 21 日由 MSC 94 届会议通过②,按照默认生效程序,该章的内容已于 2017 年 1 月 1 日生效。

主要内容有 4 条:定义、适用、对适用船舶的要求、替代设计与安排。

第 1 条"定义"部分,规定了极地水域包括北极水域和南极区域,划定了各自的范围,引出了《国际极地水域船舶作业规则》(简称《极地规则》)的概念,规定了《极地规则》各部分的修订程序。

第 2 条"适用"部分,规定了第XIV章的适用范围,第XIV章相关规定适用于按照第Ⅰ章发证的、在极地水域中作业的船舶;2017 年 1 月 1 日之前建造的船舶须自 2018 年 1 月 1 日之后的第一次中期检验或换证检验(以早者为准)起,满足《极地规则》的相关要求。不适用于缔约国政府所拥有或经营的且当前仅用于政府非商业性服务的船舶。

第 3 条"对本章所适用船舶的要求"部分,规定了本章所适用的船舶,须符合《极地规则》引言、第Ⅰ-A 部分有关安全的规定并须,除Ⅰ/7、Ⅰ/8、Ⅰ/9 和Ⅰ/10 条的要求外,还须按照该规则中的规定检验和发证。

第 4 条"替代设计与安排"部分,本条目的是为结构、机械、电气装置、消防和救生设备与布置规定替代设计与安排方法。结构布置、机械与电气装置、消防设计与布置措施以及救生设备与布置可不同于《极地规则》第 3、6、8 和 9 章中规定的描述性要求,只要替代设计与布置满足相关目标的意图和功能性要求并提供与这些章节同等的安全水平。当替代设计或安排不同于《极地规则》第 3、6、8 和 9 章的描述性要求时,须根据本组织所认可的导则③对该设计和安排进行工程分析、评估和批准。任何不同于描述性要求的替代设计或安排,须按照《极地规则》的要求,在极地船舶证书和船舶极地水域作业手册中予以记录,并还要对所允许的不同,界定其技术和作业措施与条件。

15. 第XV章 船舶载运工业人员的安全措施

随着海洋工程和海上能源开采活动的不断发展,往返于岸基与海上油田的近海供应船活动也很频繁。然而,现有的国际海事组织(IMO)法律文书中的安全技术标准并不能完全覆盖海上工业活动所具备的独特风险,如确保工业人员的运输安全等。工业人员不属于现行 SOLAS 公约第Ⅰ/2 条中所定义的任何人员(乘客、船员或其他类似人员,以及 1 周岁以下儿童),因此导致此类船舶的设计与建造处于"无法可依"的状态。④ 作为过渡性措施,2016 年召开的 IMO 海上安全委员会(MSC)第 97 届会议,曾通过了《国际航行船舶安全载运 12 名以上工业

① IMO. MSC 93/22/Add. 1-海上安全委员会第 93 届会议报告. 2014. 06.

② 参阅国际海事组织海上安全委员会第 MSC. 386(94)号决议。

③ 酌情参阅各国际海事组织文书中所规定的替代和等效认可导则(MSC. 1/Circ. 1455 号通函),《安全公约》第Ⅱ-1 和第Ⅲ章替代设计导则(MSC. 1/Circ. 1212 号通函)及消防安全替代设计与安排导则(MSC/Circ. 1002 号通函)。

④ 王中华. 关于制定"国际航行船舶载运 12 名以上工业人员的强制性安全标准"的最新解读[J]. 船舶标准化工程师, 2018,51(05):4-6+15.

人员的临时建议案》,[①]该决议的内容仅属于建议性规定。为弥补现有IMO法律规定的缺失,MSC正致力于国际航行船舶载运12名以上工业人员的安全措施和标准的起草工作,并决定将安全措施要求作为SOLAS第XV章的内容,同时将《国际航行船舶载运工业人员安全规则》(简称《工业人员规则》,《IP规则》,IP Code)作为第XV章下辖的强制性安全标准。

SOLAS公约第XV章内容预计于2020年由MSC会议通过,按照默认生效程序,预计将于2024年1月1日生效。本章规定与工业人员规则适用于符合SOLAS公约第I章规定的船舶。[②] 本章主要内容包括5条:定义、一般条款、适用、其他章节的适用、要求。[③]

第1条"定义"部分,对"工业人员""《国际航行船舶载运工业人员安全规则》(《IP规则》)""离岸工业活动""相似建造阶段"等术语的含义做了界定。工业人员指船上载运或者在船上住宿的为了到他船/离岸设施上执行离岸工业活动的各类人员。离岸工业活动是指包括(但不限于)与可再生能源或碳氢能源的勘探和开发、水产养殖、海洋采矿或类似活动相关的海上设施的构造、维护、运营或服务。

第2条"一般条款",明确了《IP规则》中所提及的客船要求,应视为需遵守相应的货船要求;规定了旅客不属于该章所调整的"工业人员"的范畴;明确了该章内容和《IP规则》中工业人员数量,应是船上工业人员、特殊人员和旅客的人数总和,且旅客不超过12人。

第3条"适用"部分,明确了该章适用的船舶为该章内容生效之日及之后建造的新船,和准备自该章内容生效之日起载运工业人员的现有船舶。

第4条"其他章节的适用"部分,规定了现行SOLAS公约其他章节的规定也适用于该章内容生效之日及之后建造的新船。

第5条"要求"部分,明确了大于或等于500总吨的货船应获得第I章规定下的发证,应满足《IP规则》的要求,并根据《IP规则》的要求对其进行检验和发证;还规定了证书控制程序和证书的效力问题。

《IP规则》共分为7个部分,具体包括:一般性条款,目标和功能要求,规则,关于根据SOLAS第I章发证的船舶的额外规则,关于根据SOLAS第X章发证的船舶的额外规则,操作和文书。《工业人员规则》中的第I部分(一般性条款)为本规则的总体目标、结构、定义、检验与发证要求,第II部分采用了目标型船舶建造标准的方法编制,具体包括工业人员、人员安全运输、分舱和稳性、机械装置、电气装置、定期无人值守的机械处所、防火安全、救生设施、危险品货物载运等相关的目标和功能性要求。第III部分为关于工业人员和安全运输的具体规则。[④]

16. 海上自主水面船舶规则

(1)监管范围界定

在海上自主水面船舶(MASS)的研发和应用过程中,使用的先进技术繁多,其所提供的安全水平各异,然而就MASS船舶如何正确适用IMO现有规则尚缺乏明确性。为此,在2017年

① MSC. 418(97) - Interim recommendations on the safe carriage of more than 12 industrial personnel on board vessels engaged on international voyages.

② 见SCD 7/16—SDC分委会于2020年3月9日向MSC递交的报告文件。

③ 见SCD 7/16/WP. 3—工作组于2020年2月6日向SDC递交的报告文件——MANDATORY INSTRUMENT AND/OR PROVISIONS ADDRESSING SAFETY STANDARDS FOR THE CARRIAGE OF MORE THAN 12 INDUSTRIAL PERSONNEL ON BOARD VESSELS ENGAGED ON INTERNATIONAL VOYAGES的附件2。此处条款内容不包括对高速船的规定。

④ 见2020年10月30日工作组提交给SDC的报告——MANDATORY INSTRUMENT AND/OR PROVISIONS ADDRESSING SAFETY STANDARDS FOR THE CARRIAGE OF MORE THAN 12 INDUSTRIAL PERSONNEL ON BOARD VESSELS ENGAGED ON INTERNATIONAL VOYAGES。

召开的海上安全委员会第 98 届会议(MSC 98)上,英国与丹麦等国联合提交了关于海上自主水面船舶(Maritime Autonomous Surface Ship, MASS)监管范围界定的提案。[①] 提案认为,IMO 现行立法不能完全适用于海上自主水面船舶(简称"自主船")的应用,因此请求委员会开展一项监管范围界定工作(Regulatory Scoping Exercise, RSE)[②],对相关强制性安全公约和规则进行梳理,以便在 IMO 现有规则框架内使自主船能够安全、可靠和环保地运作。IMO 在此背景下同意在 MSC 2018—2019 两年期议程和 MSC 99 临时议程中列入一项关于"海上自主水面船舶应用的监管范围界定"的议题,目标完成日期为 2020 年。

该工作议题的目的是通过对 IMO 现有文书进行监管范围界定以完善监管框架,从而使 IMO 现有文书能够适用于所有自主等级的自主船。该工作主要任务是识别出以下三方面的 IMO 现行规则:排除无人操作的规则;不适用于无人操作的规则(即只与船上有人在场这种情况有关的规则);并不排除无人操作,但可能需要加以修订才能确保安全、稳妥及无害环境地使用自主船的规则。

在 2018 年年底召开的 MSC 100 届会议上讨论通过了"监管范围界定框架",将监管范围界定工作分为两步。第一步是就 MSC 主管的强制性 IMO 文书,在"条(regulation 或 rule)"的层级上分析其对每一个自主等级的适用情况,识别出其是否影响自主船的操作以及可能影响的程度。第二步是对第一步中识别出的不适用于自主船操作的问题进行分析,以确定和选择最适合的处理方式,即"解释""修正"或"制定新规则"等方式。MSC 监管范围界定工作的第一步工作已经于 2020 年年初结束。IMO 下属的其他委员会参照 MSC 的工作程序,对其主管的 IMO 文书陆续开展了监管范围界定工作。在监管范围界定工作完成之后将基于梳理的成果对相关公约和规则进行处理。

(2)自主船试航暂行指南

2019 年召开的 MSC 第 101 届会议以 MSC. 1/Circ. 1604 通函的方式批准了自主船试航暂行指南。该指南目的是通过给出自主船的试航要求,协助有关当局和相关利益攸关方确保自主船相关系统和基础设施的试验安全、可靠且环保。该指南对于其他新技术及复杂系统的试航要求具有指导意义,主要内容包括:风险管理,包含风险评估、应急预案及措施、风险管控流程;符合强制性文件;应确保满足最低人员配置要求且相关人员应具备相应的操作资格;试验应考虑人机界面(Human-System Interface);应建立适当的基础设施,实施适当的策略,以减轻事故或系统、技术和测试故障的影响;建立试航提醒;提供适当的通信及数据交换手段;报告要求及信息分享;每一个单独的试验都应确定范围与目标;确保在每个实验之前对所使用的系统和基础设施进行充分的网络安全管理。[③]

(3)自主船定义和分级

在 2018 年召开的 MSC 第 99 届会议上就自主船(MASS)的相关术语和定义达成共识:任何自主船的定义和概念应是临时性的,在技术上应保持中立,并仅适用于"监管范围界定"工

---

① IMO. 2017. MSC 98/20-WORK PROGRAMME -Maritime Autonomous Surface Ships Proposal for a regulatory scoping exercise, Submitted by Denmark, Estonia, Finland, Japan, the Netherlands, Norway, the Republic of Korea, the United Kingdom and the United States.

② IMO. 2017. MSC 98/23-REPORT OF THE MARITIME SAFETY COMMITTEE ON ITS NINETY-EIGHTH SESSION- TABLE OF CONTENTS.

③ IMO. 2017. MSC 98/20-WORK PROGRAMME -Maritime Autonomous Surface Ships Proposal for a regulatory scoping exercise, Submitted by Denmark, Estonia, Finland, Japan, the Netherlands, Norway, the Republic of Korea, the United Kingdom and the United States.

作。MSC 99 会议还将“海上自主水面船舶”临时界定为在不同程度上可以独立于人类互动而运作船舶。IMO 根据船舶的自主化程度，将自主船舶划分为 4 个等级，见表 3-1。[①]

表 3-1　MASS 船分级

自主程度	概念	特点
1	附带自动化流程和决策支持的船	船员在船上操作和控制船上的系统和功能。某些操作可能是自动化的
2	船上有船员的遥控船	该船是从另一个位置进行控制和操作的，但是船员在其船上
3	船上没有船员的遥控船	远程控制的船上没有船员；该船是从其他位置进行控制和操作的，船上没有船员
4	完全自主船	船舶的操作系统能够自行决策和确定行动

（4）自主船的行业标准

目前已有一些适用于造船企业和船舶经营人的自主船行业标准。但随着自主船向大型化和应用区域广泛化发展，现有的标准将难以满足现实需要。另外，此类自主船标准和 IMO 现有其他标准的协调性，也是值得考虑的重要问题。应 MSC 第 101 届会议的请求，国标标准化组织（ISO）制定了一项自主船的技术规范（Technical Specification）-MASS 船舶术语[②]。[③] 该技术规范是一项关于 MASS 基本术语和概念的国际行业标准，具体包括自动（Automatic）、自动化（Automation）、自主船舶系统（Autonomous Ship System）、遥控中心（Remote Control Centre-RCC）、岸上控制中心（Shore Control Centre-SCC）、无人值守（Unattended）、无人船（Crewless ship）、自主（Autonomous-Autonomy）等关键概念和定义。[④]

三、目标型船舶建造标准及其应用

1. 产生背景

长期以来，IMO 主要负责船舶安全、防污染与保安规则的制定工作，对船舶建造标准基本不涉及，而这类标准的制定一直由行业性组织船级社负责。通过计算机辅助设计软件的计算，船舶被设计得越来越轻，以达到在满足最低强度要求的同时，获得最大的载重量指标。受制于商业竞争的需求，各船级社的新船建造标准缺乏透明性，在运营场景的预设、设计寿命、环境保护要求、便利维护与检查等目标方面缺乏国际上统一的可接受的参照标准。这触发了船东利益代表群体对 IMO 在船舶建造标准制定中的角色思考。目标型船舶建造标准（Goal-Based Standards，GBS）这一理念最初由 IMO 成员国希腊和巴哈马共同提出。2002 年两国联合向 IMO 第 89 届理事会提交了一份战略性建议提案[⑤]，该提案认为 IMO 在新船建造标准的制定方面应该发挥更积极的监督作用，并将此列入 IMO 战略计划。该提案指出，由于受到多重压力

① IMO. 2018. MSC 99/5/6-REGULATORY SCOPING EXERCISE FOR THE USE OF MARITIME AUTONOMOUS SURFACE SHIPS（MASS）, Considerations on definitions for levels and concepts of autonomy, Submitted by Finland.

② a terminology for Maritime Autonomous Surface Ships（MASS）.

③ IMO. 2018. MSC 100/5/1-REGULATORY SCOPING EXERCISE FOR THE USE OF MARITIME AUTONOMOUS SURFACE SHIPS（MASS）, Proposal for a classification scheme for degrees of autonomy, Submitted by ISO.

④ IMO. 2020. MSC 102/5/18- REGULATORY SCOPING EXERCISE FOR THE USE OF MARITIME AUTONOMOUS SURFACE SHIPS（MASS）, Proposed terminology for MASS, Submitted by ISO.

⑤ IMO. C 89/12/1-Consideration of the strategy and policy of the organization including the report of the working group: IMO Strategic Plan, Submitted by Bahamas and Greece, 2002.

的影响,船级社可能无法恰当处理造船标准制定的问题。2003 年两国再次向 IMO 海上安全委员会第 77 届会议提案建议,IMO 应制定初步的目标型标准,以允许在设计创新的同时,也要保证船舶在整个使用期限内的安全性。[①] 在此背景下,2003 年召开的 IMO 第 23 届大会通过 A.944(23)决议——本组织战略计划(2004—2010),将制定"目标型标准"纳入 IMO 战略计划,即 IMO 在国际海事公约的框架内,制定国际航行船舶必须满足的基本结构和建造标准。[②] IMO 的这一决定改变船舶结构和建造标准完全由船级社制定的传统做法。具体而言:IMO 制定船舶结构和建造标准的总体目标(Goal)和功能要求(Function Requirements);船舶设计、建造、维护等具体技术标准,主要由国际船级社协会(IACS)根据 IMO 设定的目标而制定。"目标型新船建造标准"只设定目标,而没有强制规定符合标准的方法,同时允许使用经主管机关认可的替代方式实现设定的目标。现存的多数 IMO 规范中符合要求的方法是强制的,采用描述性(Prescriptive)方法展现,如为"防止人们从悬岩边上摔落",必须"在悬岩边安放 1 m 高的护栏"。而按 GBS 的精神,符合要求的方法,既可以是"在悬岩边安放 1 m 高的护栏",也可以使用经主管机关认可的替代方案,达到防止人们从悬岩上摔落的目的。[③] 目标型新船建造标准的制定将使 IMO 对船级社制定的船舶建造标准拥有了监督权限。

2. GBS 导则概要

2011 年 5 月 MSC 第 89 届会议通过了《制定国际海事组织目标型标准的一般性指南》[④](简称 GBS 导则)。该导则为 IMO 对 GBS 的制定、验证、实施及监控过程确定了非强制性标准。该导则确立了 GBS 的四项基本原则,即:船舶在整个生命周期内应满足的范围广泛的安全、环境和/或保安标准;船级社和其他认可组织、主管机关和 IMO 实施的要求应达到的水平;清晰、可论证、可验证、长期存在、可执行并可实现,与船舶设计和技术无关;足够具体以避免出现歧义。

该导则具体指出了 GBS 的五层框架体系,包括目标、功能要求、符合性验证、船舶设计与建造的规范和规则、业界实践和标准,具体如图 3-1 所示。

此外,该导则还在附录中提供了目标型规则的结构示例,提出功能性要求的示例,以及制定功能性要求的过程示例。

3. GBS 在散货船、油船建造标准上的应用

2010 年 5 月 10 日,IMO 海上安全委员会在其第 87 届会议上通过的《国际散货船和油船目标型船舶建造标准》[⑤]是 GBS 在散货船和油船建造标准上的直接应用。《国际散货船和油船目标型船舶建造标准》适用于长度为 150 m 及以上的油船和长度为 150 m 及以上、货物处所为单甲板、建有顶边舱和底边舱的散货船,但不包括矿砂船和兼用船。建造或交船时间符合下列要求之一:2016 年 7 月 1 日或之后签订建造合同的;如果没有建造合同,于 2017 年 7 月 1 日或以后安放龙骨或处于类似建造阶段的;于 2020 年 7 月 1 日或以后交船的。《国际散货船和油船目标型船舶建造标准》的五层框架构成如下:

---

① IMO. MSC 77/2/5 - Decisions of other IMO bodies: Consideration of the strategy and policy of the Organization including the report of the working group IMO Strategic Plan - New build standards, Submitted by Bahamas and Greece, 2003.

② 彭文科,陆春晖,陈新,等. 目标型船舶建造标准在客船上的应用[J]. 船舶标准化与质量. 2019, 5: 10-16.

③ 鲍君忠,吴文翔. 基于目标的新船结构标准[J]. 航海技术,2006(03):46-48.

④ IMO. MSC. 1/Circ. 1394-Generic guidelines for developing IMO goal-based standards, 2011.

⑤ 见 MSC. 287(87)决议.

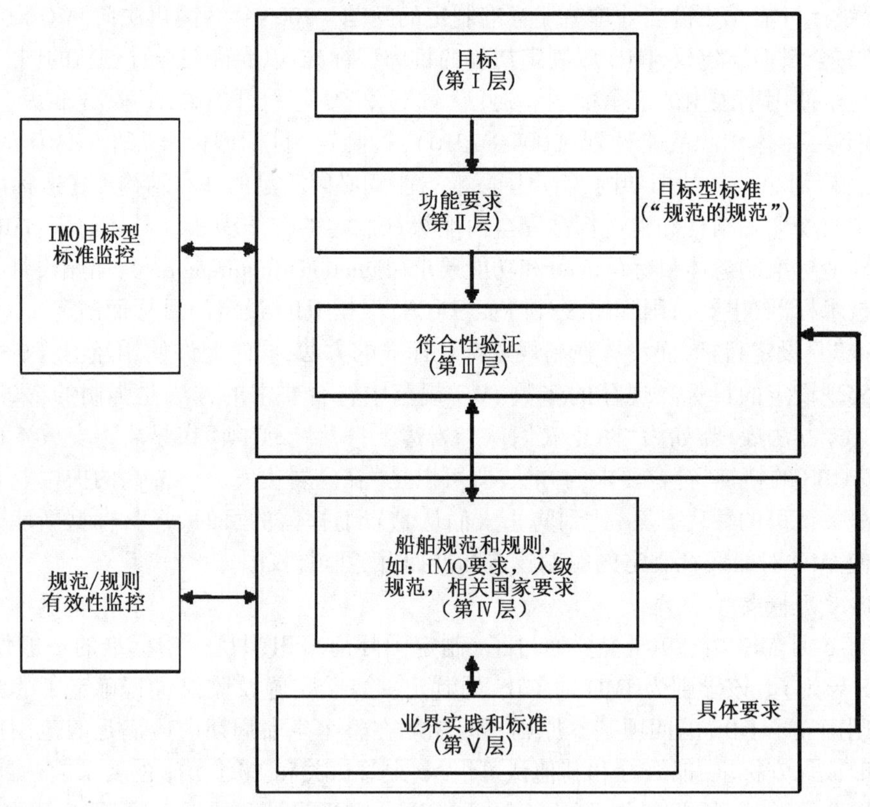

图 3-1　GBS 框架体系图

(1)目标

船舶的设计和建造须明确设计寿命(不得少于 25 年),如果船舶在规定的营运和环境条件下(北大西洋环境条件)操作和维护得当,在完整和规定的破损条件下,在其整个服务寿命期间安全且无害环境。

(2)功能要求

为符合这些目标而需满足的衡准。具体功能要求包括:设计寿命、环境条件、结构强度、疲劳寿命、剩余强度、防腐保护、结构冗余、水密和风雨密完整性、人为因素、设计透明度、建造质量程序、建造期间的检验、维护、结构可达性及拆船。

(3)符合性验证

验证船舶设计和建造规范及规定符合 IMO 设定的目标和功能要求的程序。

(4)船舶设计和建造规范及规定

为符合目标和功能要求,由 IMO、国家主管机关和(或)被认可组织制定的,并由国家主管机关和(或)代其行事的被认可组织应用于船舶设计和建造的详细要求。

(5)行业标准

船舶建造、运营、维护、培训、配员等方面的行业标准、实用规则以及安全和质量体系,可在船舶的设计和建造规范及规定中纳入或引用。

4. GBS 在 IMO 其他标准制定中的应用

除散货船和油船建造标准外,GBS 正被逐步推广应用于 IMO 其他标准制定中,如《国际极地水域营运船舶规则》(简称《极地规则》)、《国际使用气体或其他低闪点燃料船舶安全规则》(简称《低闪点燃料船规则》)和《船舶安全载运工业人员国际规则》(简称 IP 规则)等。

《极地规则》由海上安全委员会于 2014 年在其第 94 届会议上通过①。尽管制定《极地规则》的关键原则是使用基于风险方法确定范围及总体性减少所识别的危险,但是从该规则结构上来看,也是借鉴了 GBS 五层结构的部分内容,如包括首先确定目标,其次规定功能要求,最终明确具体规则。

《低闪点燃料船规则》由海上安全委员会于 2015 年在其第 95 届会议上通过。② 该规则是以目标型方法制定(MSC. 1/Circ. 1394 号通函),因此每章的规定也是首先确定目标和功能要求,再明确具体规则。

《IP 规则》是海上安全委员会正在专门针对载运 12 名以上工业人员的国际航行船舶制定的规则。该规则的草案也是采用目标型船舶建造标准方法编制的③,首先在其第二部分确定了目标和功能要求,然后在第三至五部分列出了具体规定。

四、SOLAS 公约各版本之间的关系

SOLAS 公约自 1974 年通过后(替代了 1960 年的公约),又经历了 1978 年议定书、1988 年议定书以及十几次修正案的修正④。之后,IMO 陆续出版了 SOLAS 公约 1992 年综合文本、1997 年综合文本、2001 年综合文本、2004 年综合文本⑤等。各种版本的 SOLAS 公约都是有效的,并非新版的综合文本取代旧版的综合文本。在 2004 年综合文本的前言中有段说明:"一般来说,本综合文本所包含的作业方面的要求(Operational Requirements)适用于所有船舶,而有关船舶构造和设备的要求(Requirements for Ship Construction and Equipment)只适用于各个条款所规定的日期或/及其后建造的船舶。为确定适用于 2001 年以前建造船舶的构造和设备要求,应查阅以前的 1974 年 SOLAS 公约,1988 年 SOLAS 议定书以及本公约修正案。"⑥SOLAS 公约 2001 年综合文本前言中规定:"关于现存客船的特殊要求应参照原版 1974 年 SOLAS 公约的第 Ⅱ-2 章中的 F 部分而不在 SOLAS 公约 1981 年修正案的第Ⅱ-2 章中,也不在 2001 年综合文本中。⑦"

又如,1997 年综合文本中第Ⅱ-2 章第 1 条的 1. 1 规定:"除另有明文规定外,本章的 A、C 和 D 部分适用于 1986 年 7 月 1 日以后安放龙骨或处于相似建造阶段的船舶。本章的 B 部分适用于 1994 年 10 月 1 日以后安放龙骨或处于相似建造阶段的船舶。"而 2001 年综合文本中第Ⅱ-2 章第 1 条的 1. 1 规定:"除另有明文规定外,本章适用于 1998 年 7 月 1 日以后安放龙骨或处于相似建造阶段的船舶。"

又如 2004 年综合文本第Ⅱ-2 章第 1 条规定:除另有明文规定外,本章适用于 2002 年 7

① 见 IMO 第 MSC. 385(94)号决议。

② 见 IMO 第 MSC. 391(95)号决议。

③ IMO. SDC 7/6/1 - Mandatory instrument and/or provisions addressing safety standards for the carriage of more than 12 industrial personnel on board vessels engaged on international voyages: Report of the Correspondence Group, Submitted by Norway, 2019.

④ 本小节根据中海集团安技监督部副总经理邹德军的论文《学习 SOLAS 公约应注意的几点问题》改编。

⑤ SOLAS 2004 年综合文本包括了 1974 年 SOLAS 公约的正文,1974 年 SOLAS 公约 1988 年修正案正文,及二者附则的综合文本。还包括了截止到 2002 年 12 月以前通过的历次修正案正文。这些修正案最晚于 2004 年 7 月 1 日起生效。2004 年 7 月 1 日之后生效的修正案应查阅 2002 年 12 月以后的 SOLAS 公约修正案。

⑥ SOLAS 公约 2004 年综合文本,p. 6.

⑦ SOLAS 公约 2001 年综合文本,p. 5.

月 1 日以后建造的船舶。第 2 条(现有船舶适用要求)2. 1 款规定:“除另有明文规定外,对在 2002 年 7 月 1 日以前建造的船舶,主管机关应确保其符合经 MSC. 1(XLV)、MSC. 6(48)、MSC. 13(57)、MSC. 22(59)、MSC. 24(60)、MSC. 27(61)、MSC. 31(63) 和 MSC. 57(67) 决议通过的《1974 年国际海上人命安全公约》第Ⅱ-2 章的适用要求。”

船长在学习 SOLAS 公约时,要根据本船的建造日期,有针对性地学习、对照相关综合文本的章节规定,检查本船的设备等是否符合公约的要求。如 PSCO(港口国监督检查官)不十分熟悉 SOLAS 公约各次修正案的适用要求,有可能会依据适用于 1998 年 7 月 1 日或以后安放龙骨或处于相似建造阶段船舶的要求,提出本船(如果系 1998 年 6 月 30 日或以前安放龙骨或处于相似建造阶段的船舶)设备的缺陷或要求滞留本船。

掌握各版本及修正案的要义有利于理解各版本公约的适用。如与 1997 综合文本相比,2001 年综合文书在第Ⅱ-2 章、第Ⅲ章中关于建造日期的适用有所不同。另外,2001 年综合文本增加了第Ⅻ章,即散货船的附加安全措施。

在阅读 SOLAS 公约时应注意阅读方法:看每一章时,首先要看第 1 条适用范围,按本船的建造日期“对号入座”,如果本船的建造日期与所看 SOLAS 章节的适用范围不同,则应查阅其他版本的综合文本或修正案。如:“康诚”船,2003 年 9 月 29 日建造(安放龙骨),查对灭火器的备用灭火剂配备,应查阅 2000 年修正案第Ⅱ-2 章,第 10 条“灭火”-3“手提式灭火器”-3. 3“备用灭火剂”-3. 3. 1 能够在船上进行再充装的灭火器,其备用灭火剂的数量应按前 10 个灭火器的 100%和剩下其他灭火器的 50%进行配备。备用灭火剂的总数不必超过 60 份。船上应备有充装说明。-3. 3. 2 对于不能在船上进行充装的灭火器,应额外配备本条 3. 3. 1 所确定的相同灭火剂量、型号、能力和数量的手提灭火器以代替备用灭火剂。而“永乐”轮,2000 年 8 月 7 日建造(安放龙骨),查对灭火器的备用灭火剂配备,应查阅 2001 年综合文本第Ⅱ-2 章,第 6 条“灭火器”中的 2“应按照主管机关规定的要求配足备用灭火剂”。同样,在 2001 年综合文本中的第Ⅲ章“救生设备和装置”第 1 条适用范围中注明“除另有明文规定者外,本章应适用于 1998 年 7 月 1 日以后安放龙骨或处于类似建造阶段的船舶”。而在 1997 年综合文本中的第Ⅲ章第 1 条适用范围中则注明“除另有明文规定者外,本章应适用于 1986 年 7 月 1 日以后安放龙骨或处于类似建造阶段的船舶”。这样,在参阅对照检查本船的救生设备时,就要根据本船的建造日期进行核对。但要注意有关“应急训练与演习(Emergency Training and Drills)”(1997 年综合文本中为第 18 条、2001 年综合文本中为第 19 条、2004 年综合文本中为第 19 条),应按 2004 年综合文本中第 19 条进行。

“对号入座”是明确 SOLAS 公约各次修正案所适用的船舶范围的指导思想。

五、SOLAS 1974 修订程序及修正案生效周期

(一)公约修订程序

SOLAS 公约和相关强制性文书的修正案从原始提议的提出直到最终获得通过,不仅需要经历一系列复杂的法律程序,而且需要解决诸多的技术问题,例如界定适用范围,确定生效日期,制定实施(过渡)安排,理清与本公约其他章节或其他 IMO 文书的关联,规定例外情形等。为指导 IMO 相关下设机构高效地开展公约修订工作,2014 年 5 月召开的海上安全委员会第

93 届会议(MSC 93)通过了《1974 年 SOLAS 公约和相关强制性文书修正案起草临时指南》。[①]

该指南的目标是确保制定新规则或对现有规则进行修正的提案在提交时格式恰当、内容完整且详细,并对提案进行审议。具体要求如下:有关规则适用的规定足够明确,无须另做解释;有关适用的术语和章节结构与公约其他章节协调一致;修正案或新要求应当便于实施(可在本修正案生效日期与后续修正案生效日期之间设定特定间隔期);给公约的缔约国政府、海上安全委员会和其下属机构(包括工作组和起草组)及其他相关方提供公约和相关强制性文书修正案起草方面的指导。

(二)公约修正案生效周期

按照 SOLAS 公约正文第Ⅷ(b)(vi)(2)款的规定,公约修正案从通过到最终生效一般需经历 18 个月[②],即经过一年默认接受期后,再过 6 个月才生效。修正案的实施涉及诸多方面,包括缔约国国内法调整、船舶检验与发证、安全监督、造船合同(技术要求)的调整等。修正案的频繁生效对缔约国履约造成了一定的行政负担,也给造船合同的实施带来了不确定性,诸如为期 4 年的造船合同无法预见交船时的技术要求变化情况。为解决诸如此类的问题,IMO 海上安全委员会第 59 届(MSC 59)会议就 SOLAS 公约修正案协调生效事宜达成了共识,即以 4 年为周期统一生效,并将该共识写入了该届会议报告中。[③] 但在后期的执行中,该决定未得到有效的遵守,特别是近年来修正案逐步增多,[④]上述履约问题越发突出。为了更好地履行 4 年生效周期的相关决定,海上安全委员会在第 93 届会议上重申了 MSC 59 有关 1974 年 SOLAS 公约修正案 4 年生效周期的决定,并通过了《1974 年 SOLAS 公约及相关强制性文书修正案生效周期指南》(简称《生效周期指南》)。

《生效周期指南》要求各成员国应该遵循如下原则:

修订 1974 年 SOLAS 公约(不包括对公约某条款、某章节或某附则的修订)要遵从如下所述的 4 年生效间隔期。第一个 4 年周期始于 2016 年 1 月 1 日,即 2016 年 1 月 1 日制定的修正案于 4 年后的 2020 年 1 月 1 日生效。在第一个 4 年周期内,2018 年 7 月 1 日之后制定的修正案,在不存在提前生效的除外情形时,该修正案的生效时间不得早于 2024 年 1 月 1 日。

在修正案审议通过阶段,委员会应当考虑前文所述的 4 年生效周期的规定,商定修正案的生效日期。同时海上安全委员会还要注意公约条款Ⅷ(b)(vi)(2)有关必需的接受期限的规定。修正案若在第一个 4 年生效周期前 18 个月内获得通过,则该修正案在第二个 4 年生效周期末生效。

在 2014 年和 2015 年通过的所有修正案,都按照海上安全委员会商定的时间生效。4 年生效周期也不适用于那些已有生效周期规定的文书(如 IMDG 规则和 IMSBC 规则)。

4 年生效周期例外情形如下:

(1)发生了重大事故或可能发生严重事故而侥幸避免,且类似事故发生率较高,然而现行 SOLAS 法律框架不足以防止事故再次发生,或者现行法规不能解决该问题且急需制定相关法规。

(2)由于其他法规(如其他国际组织通过的法规)的制定或修改,不能在 4 年生效周期内

---

① 本指南适用于针对 SOLAS 公约正文和第Ⅰ章以外其他章节的修正案,其适用默认接受程序;不完全适用于针对 SOLAS 公约正文和第Ⅰ章的修正案,因其适用明示接受程序。

② 特殊情况下可缩短为 12 个月。

③ 参见 MSC 第 59 届会议报告——MSC 59/33,第 26.1~26.7 段。

④ 目前,修正案生效日期基本上被设定在每年的 1 月 1 日或 7 月 1 日,因此成员国或缔约国面临着繁重的履约负担。

通过其他方式解决,需要出台修正案。① SOLAS 公约修正案生效周期如图 3-2 所示。

图 3-2 SOLAS 公约修正案生效周期

六、SOLAS 公约文书体系

SOLAS 公约文书体系包括公约本身及其附属文书两大部分。公约本身包括正文、附则及附则条文所附带的脚注,其中脚注注明了在履约过程中需要参照的 IMO 非强制性文书,诸如导则、建议案、性能标准等。附属文书包括 SOLAS 所附带的独立于 SOLAS 本身的规则性的强制性文书,诸如 ISM 规则(ISM Code)、ISPS 规则(ISPS Code)等若干规则。SOLAS 公约文书体系示意图如图 3-3 所示。

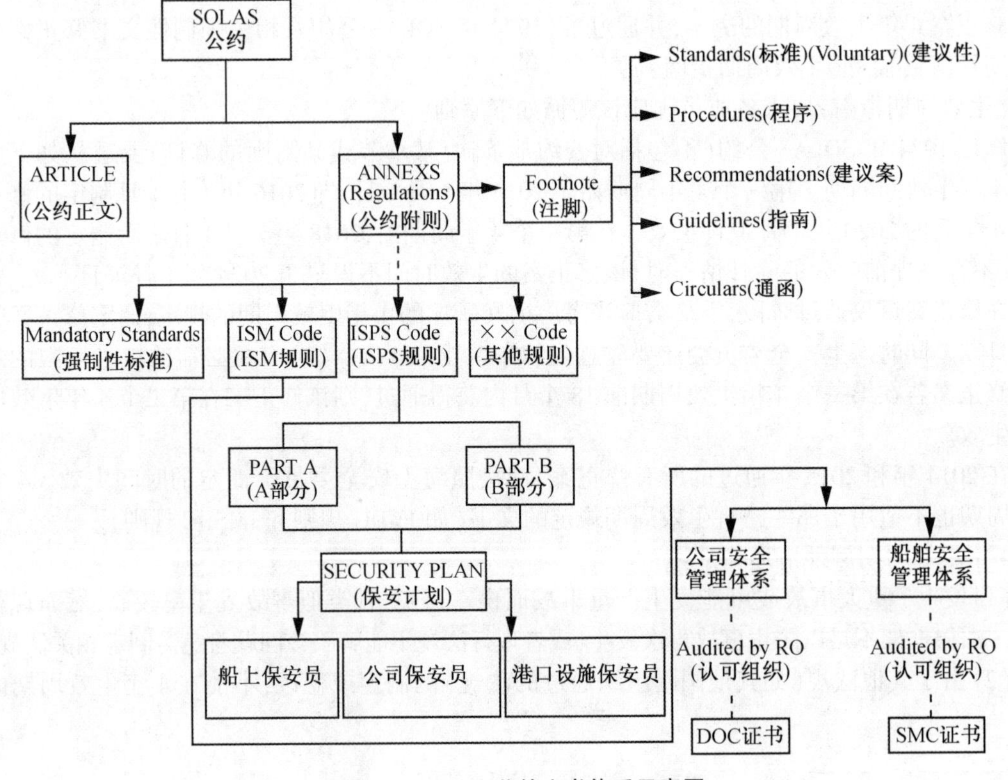

图 3-3 SOLAS 公约文书体系示意图

① IMO. Interim Guidance on Drafting of Amendments to the 1974 SOLAS Convention and Related Mandatory Instrument (MSC. 1/Circ. 1483). 11 June, 2014.

第二节　关于在西北欧和波罗的海指定港口间从事定班国际航行客滚船特殊稳性要求协定

一、产生背景

1994 年 9 月 28 日,爱沙尼亚籍客滚船“爱沙尼亚”号(MS Estonia)在芬兰西南部波罗的海遭遇暴风雨,造成船首车辆坡道(Vehicle Ramp)脱落,进而使大量海水聚集滚装车辆甲板,并导致该轮快速横倾并翻沉。由于事发凌晨,乘客正熟睡于客舱中,多数旅客几乎没有机会逃脱,随船沉入深海。事故最终造成超过 900 人死亡,这是欧洲自第二次世界大战以来最严重的一次海难事故。事故发生后,时任 IMO 秘书长 William A. O' Neil 先生建议组织专家对客滚船的安全问题进行全面审查,重点调查内容包括客船残存性缺陷等事宜。专家组向 1995 年 5 月召开的 MSC 第 65 届会议递交了专家组审查报告。该报告提出了多项针对提升客滚船安全水平的建议,所提出的建议将会对客滚船的建造造成重大影响,甚至会导致当时许多客滚船被强制退役。考虑到专家组提出的建议涉及对 SOLAS 公约的重大修订,且对现有客滚船残存稳性要求影响巨大,MSC 委员会建议在 1995 年 11 月召开 SOLAS 公约缔约国大会,专门讨论包含客滚船稳性在内的 SOLAS 公约修订事宜。[①]

1995 年年底召开的 SOLAS 公约缔约国大会讨论了诸多关于对 SOLAS 公约的修订建议。在客滚船水密完整性和稳性要求方面,专家组建议在当时稳性衡准[②](即 SOLAS 90)的基础上,滚装船仍能承受滚装甲板(即车辆甲板)上 50 cm 的进水;且该要求应同时适用于现有和新(建造)的滚装船。如果该建议得以采纳为国际标准,原符合 SOLAS 90 标准的客滚船须进行改建,改装费用不菲。会议对该建议产生了严重的分歧。一些国家主张在其所管辖的海域天气状况良好,并不需要提升现有的稳性衡准;大会最终放弃该建议,但达成了折中方案,即允许缔约国针对客滚船特殊稳性要求制定区域性的协定,为此大会通过了决议 14(关于客滚船特殊稳性要求的地区性协议)。该决议授权两个或多个缔约国在不降低 SOLAS 90 标准的情况下达成修改客滚船稳性要求的协定。[③]

为提高区域性客滚船稳性衡准,1996 年 2 月,丹麦、芬兰、德国、爱尔兰、荷兰、挪威、瑞典和英国在瑞典首都斯德哥尔摩召开了磋商会议,达成了《关于在西北欧和波罗的海指定港口间从事定班国际航行客滚船特殊稳性要求协定》(即 SOLAS AGR1996,简称斯德哥尔摩协定)。

该协定属于在 SOLAS 公约框架下的区域性协定,作为 SOLAS 公约第Ⅱ-1/8 条(SOLAS 1990)的附加规定,已于 1997 年 4 月 1 日生效。截至 2020 年 9 月 15 日,共有 12 个国家接受该协定,占世界总吨位的 5.11%。除协约国外,另有爱沙尼亚、拉脱维亚、波兰和刚果加入,另丹麦法罗群岛也加入该协定。

---

① IMO. Focus on IMO: IMO and ro-ro safety. 1997. 01.

② SOLAS 公约第Ⅱ-1/8 条—客船在破损状况下的稳性,该条款于 1988 年 10 月 28 日 MSC 第 56 届会议上通过[MSC. 12(56)],于 1990 年 4 月 29 日生效,为通俗易懂,IMO 在相关文件中使用“SOLAS 90”替代该条款要求。

③ IMO. SOLAS/CONF. 3/46. RESOLUTION 14. REGIONAL AGREEMENTS ON SPECIFIC STABILITY REQUIREMENTS FOR RO-RO PASSENGER SHIPS. 1995. 11.

二、主要内容

该协定包括11条正文条款、2个附则和一个附件。正文条款包括定义，一般义务，特殊稳性要求，单一航次豁免，对非缔约国滚装客船的适用，互认证书的签发、签署、批准、生效、退出和留存等；附则1为西北欧海区和波罗的海的有义波高；附则2为特殊稳性要求，附件为模型试验方法。

斯德哥尔摩协定意在提升客滚船的残存能力，使客滚船在滚装甲板进一定量的水时仍有抵抗倾覆的能力。该协定适用于西北欧和波罗的海指定港口间从事定班国际航行的所有客滚船。目前所有的缔约国将该协定的适用范围扩展到国内航行客滚船。① 对于不在此海域定班航行的客滚船允许单一航次豁免。缔约国政府应该对符合要求的本国籍客滚船签发符合证明，非协定缔约国如果对本国籍客滚船签发的符合协定证明，仅可作为符合该协定的初步证据。

根据协定，船舶的剩余干舷和航行区域的有义波高是决定破损事故后滚装甲板可容许进水高度的两个主要因素。因此船舶在建造时应考虑该船所航行区域的有义波高，附则1给出了西北欧海区和波罗的海的有义波高，该有义波高根据全年波高统计得到。船舶管理公司如果要从事季节性营运，且申请使用该季节的有义波高作为决定因素则应征求航线两端港口所在政府的同意。

附则2给出了客滚船特殊稳性衡准，要求客滚船根据剩余干舷确定滚装甲板可容许的进水高度。对于剩余干舷小于等于0.3 m的客滚船，要求滚装甲板可容许进水高度为0.5 m（即滚装甲板即使进水0.5 m，也能保持不沉）；对于剩余干舷大于等于2 m的客滚船，滚装甲板可容许进水高度为0 m；对于剩余干舷处于0.3 m到2 m之间的客滚船，通过线性插值计算。当船舶配备高效的排水系统时，允许主管机关对进水高度予以一定量的放宽。

对于只航行在指定限制区域的客滚船，主管机关可对根据剩余干舷确定的进水高度予以放宽，具体如下：如果客滚船航行区域的有义波高在1.5 m或以下，则可容许进水高度为0 m；如果客滚船航行区域的有义波高在4 m或以上，则按照剩余干舷确定可容许进水高度；如果客滚船航行区域的有义波高在1.5~4 m之间，则按照线型插值计算。

主管机关还可以认可对特定客滚船进行的模型试验结果，作为以上“可容许进水高度要求”的一种替代方案。附件给出了模型试验方法，要求船模应在结构外形和内部布置（特别是破损空间）方面与实船相似，模型船长至少3 m以上，且运动特征与实船相似，特别是旋转半径、横摇和纵摇等特征。破损情况应能代表由SOLAS公约第Ⅱ-1/8条（SOLAS 90）描述的最坏的破损情况。②

---

① COMMISSION OF THE EUROPEAN COMMUNITIES. proposal for a directive of the European parliament and of the council on specific stability requirements for ro-ro passenger ships. 2002. 03.

② 具体试验方法参见《关于在西北欧和波罗的海指定港口间从事定班国际航行客滚船特殊稳性要求协定》附则2的附件—模型试验方法。

第三节 2006 年海事劳工公约

一、产生背景

国际劳工组织自成立以来,已通过了 185 个劳工公约及 203 个建议书,与海员有关的公约约 40 个,海事劳工建议书约 29 个,这些文书涵盖面广,涉及海员招募和安置、最低年龄、健康标准、工作与休息时间、安全、卫生和福利、劳动监察和社会保障等方面。

然而,随着航运业的不断发展,许多海事劳工标准已无法满足为船员提供社会保护的新要求,同时 ILO 现有的大部分海事方面的公约只是处理海员劳动保障和职业安全某一特定方面的问题,未向海员提供全方位的保障,ILO 成员国需要同时加入众多公约,这在现实中是不易实现的。另外,与国际海事组织管理的公约相比,ILO 通过的许多公约规定的内容过于详细,因此批准国家数量相对较少,公约产生的影响[①]范围有限。同时这些公约缺乏全球性的履约监督检查机制,其执行效果不理想,未在全球范围内发挥应有的作用。在此背景下,国际劳工组织理事会于 2001 年决定,在梳理现有公约的基础上制定一部综合性海事劳工公约,为船东建立公平的竞争环境、船员获得体面工作提供法律依据。

2006 年 2 月在瑞士日内瓦召开的第 94 届国际劳工(海事)大会上,来自国际劳工组织 106 个成员国的政府、船东和船员三方代表一致通过了《2006 年海事劳工公约》(以下简称 MLC 2006)。在通过该综合性海事劳工公约的同时,第 94 届大会还通过了与促进批准公约相关的 17 项决议。

MLC 2006 合并和修订了自 1920 年以来 ILO 通过的 68 项海事劳工公约和建议书,使之成为一个系统性的、有执行力的国际法律文书。MLC 2006 删除了过时的条款,有效地统一了全球海员劳动保护的法律和实践,为全世界海员的工作和生活环境提供了保障,并以政府、船东及海员都能接受的标准和方式保证所有海员都能享有"体面工作"的权利[②]。MLC 2006 的两大基本目标是:保证海员权利在全球范围内获得全面保护;给向海员提供体面的工作、生活条件的国家和船东建立一个公平的环境,保护其免受低标准船舶造成的不公平竞争所带来的伤害。

为保证 MLC 2006 被广泛接受并有效实施,公约建立了检查和发证机制,即对于符合公约要求的船舶签发《海事劳工证书》和《劳工符合声明》,以保证公约的有效实施;扩大了港口国监督中滞留船舶的依据,即在海员劳动条件不符合标准的情况下,海事主管机关在港口国安全检查时也可以滞留船舶;制定了完善的船上、岸上投诉程序,赋予海员在发生不满和纠纷时投诉的权利;建立了"不给予优惠待遇"原则,确保未批准本公约国家的船舶不得享有比悬挂本公约成员国旗帜的船舶更优惠的待遇;建立了"权利明确,实施灵活"的原则,阐明了海员体面工作的基本权利,对于缔约国如何实施体面工作的标准则由各成员国灵活处理,允许各成员国

① 指实施公约的国家或地区数量、受到保护的船员数量、实施公约的船舶数量等方面。

② 该公约也被称为继 1974 年 SOLAS 公约、1978 年 MARPOL 公约和 1978 年 STCW 公约之后国际海事法律体系第四支柱性公约。

采用“实质等效”[①]的方式履行公约。[②]

与以往的ILO公约相比,MLC 2006设定的生效条件比较高,公约规定其在占全球商船总吨位33%的至少30个成员国批准之日起[③] 12个月后生效。

自2006年国际劳工大会通过该公约以来,国际劳工局开展了一系列卓有成效的促进批准公约的活动,包括制订为期6年的促进批准公约计划,开展区域性实施公约研讨班,培训“公约培训师”等。该系列活动使该公约基本上按照预定的时间达到了生效条件。2012年8月菲律宾政府批准MLC 2006,使公约达到了生效条件,公约于2013年8月20日生效。

截至2020年9月15日,共有97个国家批准了MLC 2006,他们拥有的商船总吨位合计占全球商船总吨位的91%以上。我国于2015年11月12日批准,2016年11月12日该公约对我国生效。[④]

二、主要内容

(一)框架结构

MLC 2006包括序言、正文以及附录3个部分。正文由3个层次构成:第1层有16个条款(Articles),第2层为规则(Regulations),第3层为技术守则(Code)。其中守则由A部分强制性标准(Standards)和B部分建议性导则(Guidelines)组成。规则和守则在内容上分为五个标题(Titles):

(1)标题一为“海员上船工作的最低要求”,包括最低年龄、体检证书、培训和资格、招募与安置等方面的内容;

(2)标题二为“就业条件”,包括海员就业协议、工资、工作或休息时间、休假的权利、遣返、船舶灭失或沉没时对海员的赔偿、配员水平、职业和技能发展和海员就业机会等内容;

(3)标题三为“船上居住、娱乐设施、食品和膳食”,包括居住舱室和娱乐设施、食品和膳食等内容;

(4)标题四为“健康保护、医疗、福利及社会保障”,包括船上和岸上医疗,船东的责任,保护健康和安全保护及防止事故,获得使用岸上福利设施和社会保障等内容;

(5)标题五为“符合与执行”,包括检查与发证、港口国控制、船上及岸上投诉程序及船员提供国应尽的义务等内容。

公约4个附录分别涉及发证检查事项、证书式样、港口国检查等事项,详见表3-2。MLC 2006中一些涉及原则及重要事项的条文,具有强制性效力;但是对于涉及具体事项的规定,尤其是一些技术及操作方面的要求,则通过守则B条款,建议由各成员国参照执行[⑤]。公约未直接规定这类条文的强制力,从而最大限度地避免出现这些技术性条文规定可能妨碍公约被更多国家接受的问题[⑥]。

---

① 公约规定,某些情况下,如成员国“自行确认”相关立法或其他履约措施“有助于充分达到守则A部分有关规定的总体目标和目的”,且“落实了守则A部分的有关规定”,那么这种以与守则A部分不同的方式来履行公约规定的权利和原则的国家规定会被认定为“实质等效”。

② 李大泽,王锦华.批准实施2006年海事劳工公约的影响和对策.中国航海,2007(03):49-53.

③ 成员国以登记国家批准书的形式表示批准该公约。

④ http://www.ilo.org/global/standards/maritime-labour-convention/WCMS_246823/lang--en/index.htm

⑤ 国际劳工局发布的《2006年海事劳工公约常见问题解答》(2012年修订版)第A12问题用了“must give due consideration”,本书考虑国内的立法用语,使用了“参照”这一术语。

⑥ 郭萍.国际海事劳工公约带来的影响与应对. 世界海运, 2014(03):20-35.

表 3-2 公约框架

<table>
<tr><td rowspan="10">公约</td><td>序言</td><td>包括：</td><td colspan="2">海事劳工公约产生的背景、宗旨以及与其他一些公约之间的关系</td></tr>
<tr><td rowspan="5">正文</td><td rowspan="2">条款</td><td>第 1-7 条</td><td>包括：适用范围、基本权利及原则</td></tr>
<tr><td>第 8-16 条</td><td>涉及：公约生效、修改等程序性问题</td></tr>
<tr><td>规则</td><td colspan="2">分五个领域进行规定</td></tr>
<tr><td rowspan="2">守则</td><td rowspan="2">区分五个领域</td><td>A:强制性标准</td></tr>
<tr><td>B:非强制性导则</td></tr>
<tr><td rowspan="4">附录</td><td>A5-Ⅰ</td><td colspan="2">涉及向船舶发证必须经过检查并满足经船旗国批准的海员工作和生活条件</td></tr>
<tr><td>A5-Ⅱ</td><td colspan="2">明确海事劳工证书、海事劳工符合声明、临时海事劳工证书及其他内容</td></tr>
<tr><td>A5-Ⅲ</td><td colspan="2">涉及港口国检查的一些事项</td></tr>
<tr><td>B5-Ⅰ</td><td colspan="2">根据导则 B5.1.3 第 5 款做出的国家声明样本</td></tr>
</table>

（二）适用范围

1. 适用船舶

MLC 2006 适用的船舶范围比较广，通常适用于从事商业活动的所有船舶，但也有例外情况，例如公约第 2 条第 6 款规定针对不从事国际航行的 200 GT 以下船舶，公约的某些规定不强制适用。公约定义的船舶是指除专门在内河，或在遮蔽水域之内或其紧邻水域，或在港口规定适用区域航行的船舶以外的所有船舶，①因此公约适用的船舶包括从事国际航行和国内沿海航行的海船。

公约不适用于从事捕鱼或类似捕捞的船舶、用传统方法制造的船舶，例如独桅三角帆船和舢板；也不适用于军舰和军事辅助船。

2. 适用海员

按照公约对海员的定义，海员系指公约所适用的船舶上以任何职务受雇或受聘或从业的人员，包括从事船舶航行或操纵的船员和客舱的清洁人员、酒吧的工作人员、服务员、艺人、歌手、厨房工作人员、荷官和美容师等所有的工作人员。在船上工作的实习生，也视为公约规定的“海员”。

除主管机构或有关国际性文书明确排除适用的海员外，MLC 2006 几乎适用于船上任职的所有人员，包括厨师、膳食服务人员、医生等。然而，船上特定种类人员是否适用公约尚需明确，尤其在船上工作但并不直接从事航行或船舶操作的人员，如船东雇佣的持枪警卫等。考虑到 ILO 的一些成员国可能针对具体一类或几类在船上工作的人员是否应被视为公约所指的海员存在疑问，2006 年召开的第 94 届国际劳工（海事）大会专门通过了第Ⅶ号大会决议，指导主管当局与船东和海员组织进行协商，确定某一类海员是否应受公约的保护。

3. 有关起居舱室结构和娱乐设施要求的适用

MLC 2006 在船舶起居舱室、娱乐设施等方面设立了“祖父条款”（规则 3.1 第 2 款、第 3 款）。规则 3.1 第 2 款规定与船舶建造和设备有关的公约应仅适用于公约对有关成员国生效

① MLC 2006 对船舶的定义与《1978 年海员培训、发证和值班标准国际公约》（以下简称 1978 年 STCW 公约）对海船的定义基本一致，这为两个公约在证书的认可、标准参照上提供了基础。1978 年 STCW 公约（正文）第Ⅱ条第（g）款：“海船”系指除了在内陆水域中或者遮蔽水域或港口所适用的区域以内或与此两者紧邻的水域中航行的船舶以外的船舶。

之日或以后建造的船舶。[①] 对于该日期之前建造的船舶,《1949 年船员起居舱室公约(修订)》(第 92 号)和《1970 年船员起居舱室(补充规定)公约》(第 133 号)中规定的关于船舶建造和设备的要求须根据有关成员国的法律或实践继续在其适用的范围内适用。规则 3.1 第 3 款规定,守则修正案中与海员居住舱室和娱乐设施有关的任何要求应仅适用于修正案对有关成员国生效之日或以后建造的船舶。

（三）关键术语解释

MLC 2006 文本中使用了一些涉及劳动条件和劳动保护方面的专业术语,为便于航运界对这些术语的理解和促进公约在全球范围内统一实施,国际劳工局出台了相关解释。[②] 本部分内容引用了部分术语的解释性内容,并予适当补充。

1. 社会保障与社会保护

社会保障指以现金或以其他形式提供的福利或保护措施,以防止因疾病、残疾、生育、工伤、失业、年老、亲属死亡导致的无收入或收入偏低,无法获得或无力支付医疗保健费用,社会对家族的经济支持不足,尤其是儿童和未成年受赡养人,陷入和遭受普遍性贫困和社会排斥等。

社会保护比社会保障的范畴更宽,因为社会保护包括提供社会保障的非法定的或私人的措施,也包括传统的社会保障措施,比如社会救济、社会保险和普适性的社会保障福利。

2. 船东和船东责任

船东指船舶所有人或从船舶所有人那里承担了船舶经营责任并在承担这种责任时同意接受本公约要求船东所承担的职责和责任的其他组织或个人,如管理人、代理人或光船承租人。船东须对海员根据其就业协议在船上服务期间发生的或在此种协议下因就业所引起的疾病或伤害的经济后果(包括工资损失、医疗及其他费用)给予实质性援助和支持。因此如何便利地识别“船东”是值得关注的,比较便利的途径是查阅船舶安全管理证书,该证书上清楚地展示了特定船舶的船东和管理公司名址。一般情况下,船舶安全管理证书上的船东或管理公司都可以成为 MLC 2006 所指的“船东”。MLC 2006 规定了船东应对工作在其船上并受其雇佣的海员负有一系列责任,同时也规定海员就业协议必须由船东(或船东代理人)与海员本人签订。公约意义上的“船东”对海员权益保护、港口国安全监督等一系列活动至关重要。

3. 最长工作时间和最短休息时间制度

公约提供了两种可供选择的工作时间限制制度,即最长工作时间制度和最短休息时间制度。在最长工作时间制度下,公约要求各成员国确保海员在任何 24 h 时段内最长工作时间不得超过 14 h;以及在连续 7 天内不超过 72 h。在最短休息时间制度下,公约要求成员国确保在任何 24 h 时段内海员休息时间不得少于 10 h;在任何 7 天时间内不得少于 77 h。休息时间最多可分为两段,其中一段至少要有 6 h,且相连的两段休息时间的间隔不得超过 14 h。

一般而言,成员国会采纳上述两种制度之一,同时考虑到履行经修正的 1978 年 STCW 公约有关值班人员休息时间的规定,多数成员国采纳了 MLC 2006 规定的最短休息时间制度。船东或船舶管理公司(特别是经营在实施开放登记制度国家登记的船舶)可查阅船旗国实施 MLC 2006 的国内法,便可知该船旗国实施哪种工作和休息时间制度。同时,船东或船舶管理

---

① 中国船级社. 海事劳工条件检查实施指南. 2009.

② 国际劳工局.〈2006 年海事劳工公约〉常见问题解答(修订版). 瑞士日内瓦,2012.

公司还应关注船旗国是否允许适用有关工作和休息时间的免除，诸如港口装卸货“操作负荷高峰”时间免除等。①

4. 带薪年休假和遣返权利

公约规定，海员带薪年休假的权利应以每服务一个月最少享有 2.5 日历天带薪休假为基础加以计算，计算服务期长度的具体方法（诸如海员从居住地启程上船任职、离职至遣返回居住地时间是否计入带薪休假的服务期等）应由各国主管当局确定。

在海员就业协议到期或被终止，或者海员无法履行就业协议中的职责时，船旗国应要求悬挂其旗帜的船舶提供财政担保以确保海员根据守则得以合理遣返。

当船员遣返时，由船东支付包括涉及遣返港口、交通方式在内的相关费用。海员有权得到遣返而无须支付相关费用。公约禁止船东要求海员在受雇时预付遣返费用，禁止船东从海员的工资或其他收益中扣除遣返费用，除非根据国家法律或条例或适用的集体谈判协议，海员是因出现严重失职而被遣返。

关于海员请求遣返的权利与最长服务期的关系，公约规定船东可以限定海员享有遣返权利的最短服务期，但该服务期最长不能超过 12 个月。而关于海员在船服务最长时限事宜，按照公约守则标准 A 2.4 第 2 款和标准 A 2.5 第 2 款的规定，海员在船上服务 11 个月刚好享有 27.5 天的带薪年休假权利，因此海员在船服务最长时限应为不超过 11 个月。海员不能通过有偿协议放弃该 27.5 天的带薪年休假权利。②

5. 海员就业协议

无论参照了何种法律体系、实践操作以及格式要求，海员就业协议都包括就业合同和协议条款，属于广义定义。海员就业协议是由船东或者是船东代表与海员签订的一项明确的法律上可执行的书面协议，也包括任何被适用的集体谈判协议。船东和海员应各持有一份经签字的海员就业协议原件。

6. 意外伤害保险与赔偿

根据 MLC 2006 的规定，船东应当为船员投保船上人身意外伤害保险。船东一般通过船东互保协会投保该意外伤害险，我国海员意外伤害保险与赔偿受到多份法律文书的约束。根据我国《海员外派管理规定》，海员外派机构应当为外派海员购买境外人身意外伤害险，实践中海员外派机构会为海员购买商业保险。根据《中华人民共和国劳动合同法》，公司应按照国家法律法规为船员投保工伤保险，具体赔偿金额由工伤保险部门按照国家有关法律、法规计算，该险种属于我国社会保险险种之一。

7. 实习生与见习生

见习生（Cadet）、学徒、轮机员助理或普通海员实习生（Trainee）系指正在接受培训尚未具备担任最低安全配员证书（SMD）中规定的职务资格的人员。③

SMD 不包括上述职务，但是公司可根据内部政策配备这些人员。所有上述人员必须在上船之前完成基本安全培训（STCW 规则第 A-Ⅵ/1 节中的四个基本要素），担任船上职务之前，

---

① 参见 1978 年 STCW 公约马尼拉修正案第Ⅷ/2 条第 9 款。

② 澳大利亚海事安全局已经于 2014 年发布通知，将于 2015 年开始实施海员最长在（同一）船上任职时间不得超过 11 个月的检查制度。

③ 我国船员证书签发实践中，已经完成“见习开封”的人员算作实习人员。

需要经历船上与履职相关的熟悉训练。[①]

8. 特殊用途船舶

特殊用途船舶是指训练船以及根据国际海事组织《2008 年特殊用途船舶安全规则》及其修订书而建造的船舶。这类船上载有除传统船员以外的人员，例如客舱服务人员、科学考察人员等，他们是否适用 MLC 2006，需要经成员国政府、船东和船员三方协商确定。

9. 持证船舶

持证船舶包括公约适用范围内 500 GT 及以上从事国际航行的船舶；或 500 GT 及以上悬挂一个成员国旗帜而在另一个国家港口范围内航行；或在另一国家港口之间航行的船舶；或经船东申请、检查发证的其他船舶。持证船舶需要依据 MLC 2006 的要求进行检查和发证，并携带一份有效的英文的"海事劳工证书"和"符合声明"。

非强制要求持证船舶包括公约适用范围内的 500 GT 以下从事国际航行的船舶；或 500 GT 以下悬挂一个国家旗帜而在另一个国家港口及港口外；或在另一个国家港口之间航行的船舶；或在国内海上航行的船舶。[②]

（四）标准概要

公约的内容主要包括 5 个方面，即公约中的 5 个标题。

1. 标题 1–海员上船工作的最低要求

该标题下规定了海员上船工作时需要符合的年龄、健康状况、履职资格等方面的最低要求。按照 STCW 公约及其修正案接受培训并持有证书的船员就能满足上船工作的要求。

(1)最低年龄

低于 16 周岁(大厨为 18 周岁)不得上船工作，禁止 18 周岁以下的海员从事夜间工作(特殊情形除外)，特定岗位须由 18 周岁以上的海员任职；可能危及 18 周岁以下海员的安全与健康的工作由主管当局根据相关国际标准与有关船东和海员组织协商后确定。

(2)健康证书

所有船上任职海员的身体健康状况应经有资格的检查人员按照规定标准检查，并证明其适合相应的海上工作。健康证书有效期通常不超过 2 年，18 周岁以下海员的健康证书有效期不超过 1 年。在紧急情况下，主管机关可允许持有过期健康证书的海员在有限的时间段内在船工作；如果证书在航行途中到期，该证书在海员于下一停靠港从合格医师那里取得体检证书前继续有效，且延长期限不超过三个月。

(3)培训和资格

海员须经过培训或经证明适任[③]或以其他方式[④]具备履行其职责的资格，同时还须成功地完成船上个人安全培训，才能在船上任职。按国际海事组织通过的强制性文书进行的培训和发证(如 STCW 公约)被认为满足本公约关于培训和资格的要求。

(4)招募与安置

不强制要求建立海员招募与安置机构；海员应能够利用免费、高效、全面且可靠的系统寻

---

① 巴拿马海事局.《对经巴哈马认可组织、巴哈马批准的海事检查官、船东、经营人和船长的导则及指南》(公告 115 号)，第三版. 2012 年 8 月 3 日。

② 中国船级社. 海事劳工条件检查实施指南. 2009.

③ 通过主管机关组织的旨在签发资格证书的考试和评估。

④ 诸如在船上以学徒身份从事实习，或在岸上工厂的相关工作岗位上实践等。

找船上就业的机会；私营性质的海员招募与安置机构应取得经营许可或授权。

2. 标题 2-就业条件

该标题涵盖了海员的“人权法案”的核心内容，也是最有可能产生争议和投诉的部分，包括：就业协议、工资、船上工作时间和休息时间、休假、遣返、船舶灭失或者沉没时对船员的赔偿、配员、职业发展等八个方面。

(1)海员就业协议

确保海员取得公平的就业协议，船东和海员应各自持有一份经签字的海员就业协议原件；应发给海员一份载有其船上就业记录的文书。

(2)工资

海员应按协议如期获得全额工作报酬，每次工资支付间隔时间不超过一个月。

(3)工作时间和休息时间

所有海员均享有规范的工作时间和休息时间(紧急情况下允许船长做特殊安排)，因此要求船舶有充足的配员以确保船舶安全和高效操作。

(4)休假的权利

海员享有带薪休假的权利，除非属于主管当局规定的特殊情况，否则禁止达成放弃享受本公约规定的最低带薪年休假的任何协议。

(5)遣返

海员享有在合同期满或终止时得以遣返回家的权利。船员不需支付遣返费用，除非根据国家法律或条例或其他措施或适用的集体谈判协议，海员出现严重失职而被遣返时须自行支付费用。

(6)船舶灭失或沉没时对海员的赔偿

海员有权就船舶灭失或沉没所造成的伤害、损失或失业得到充分的赔偿。

(7)配员水平

公约授权船旗国主管当局依据船舶类别来确定船员数量；船舶应根据主管当局签发的最低安全配员证书或等效文书，以及本公约的规定，配备足够、合格的海员，确保在各种操作情况下船舶及人员的安全和保安。

(8)海员职业发展和技能开发及就业机会

公约鼓励签约国制定适当的国家政策以促使海员在船上和岸上得到进一步接受培训和教育的机会，开发海员技能和提升海员自身能力从而使他们获得更多的就业机会。

所有上述规定要求公开、透明，并能得到有效监控和检查，所有海员均需持有一份经劳资双方签字确认的就业协议，如涉及集体谈判协议，该协议的副本也须保留在船上并可供海员随时取阅，协议需以海员能懂得的语言编写，并且那些需要接受港口国检查的内容应附英文译本。

3. 标题 3-起居舱室、娱乐设施、食品和膳食服务

确保海员在船上有体面的起居舱室和娱乐设施并能享受规范的卫生条件以及优质食品和饮用水；自公约生效起所有新建船舶或重大改建船舶的舱室布置须经图纸审查，而现有船舶依据船旗国规定应部分或全部满足劳工组织公约 92、133、147(或 147 议定书)的相关规定；客船、特殊用途船舶、小于 200 GT 非国际营运的船舶可申请豁免；个别船旗国政府可依实际执行情况采取灵活性措施，经由“实质等同”或变通措施来满足公约的要求，但应保证海员无偿获得食品和饮用水；食品供应、存放、厨房、餐厅布置等应满足标准，船东有责任定期检查船员舱

室、娱乐设施、食品供应及膳食服务，检查记录应予以保留以备查验。

4. 标题4-健康保护、医疗、福利及社会保障

为保证海员在船工作期间发生疾病或受伤时能够得到迅速的船上和岸上医疗，发生疾病、受伤或死亡时能够得到适时适当的经济赔偿，靠港期间能够便利使用岸上设施和服务；为保障船上的工作环境能够促进海员职业安全与健康，海员能够得到社会保障的保护，公约规定成员国或船东需履行下列义务：

（1）船上和岸上医疗

成员国须要求船东为船上的海员免费提供相当于岸上工人一般能够得到的健康保护和医疗，包括迅速诊断和治疗所必需的药品、医疗设备和设施。

（2）船东责任

船东有义务对在船工作的所有海员因发生疾病、受伤或死亡所导致的工资损失、医疗及其他费用予以补偿。

公约还规定了船东责任的起止时间、费用承担、责任限制和免除责任的情形。

（3）健康保护、安全保障及事故预防

成员国应实施有关职业安全和健康的政策和计划，确保海员的船上工作环境有利于其职业安全保障与健康保护以及事故预防。

（4）能够使用岸上福利设施

成员国须确保在船上工作的海员能够便利地使用岸上福利设施与服务。

（5）社会保障

公约要求成员国应逐步向海员提供全面的社会保障，包括医疗津贴、疾病津贴、失业津贴、老年津贴、工伤津贴、家庭津贴、生育津贴、病残津贴和遗属津贴等九项内容，在公约批准之初允许成员国提供不少于其中任何三项的保护。公约守则 B4.5 建议成员国在批准公约时应提供医疗津贴、疾病津贴和工伤津贴三项保障。

5. 标题5-遵守与执行

（1）船旗国的责任

按照《公约》规则 5.1 的要求，船旗国需要履行的主要义务如下：规定悬挂本国旗帜的船舶履行《公约》所赋予的义务；建立有效的海事劳工条件检查和发证系统，确保悬挂本国旗帜船舶上海员工作和生活条件持续保持符合《公约》标准；可授权船级社等具有资格的组织或机构，代其开展海事劳工条件检查发证工作；签发或授权签发海事劳工证书及所附的海事劳工符合声明；建立并实施海员投诉的船上处理程序；向国际劳工局提交公约要求的相关报告。

（2）港口国的责任

按照《公约》规则 5.2 要求，港口国需履行的主要义务如下：对靠港的外籍船舶开展符合《公约》有关海员工作和生活条件规定的检查；接受其他成员国签发的海事劳工证书和海事劳工符合声明；建立并实施海员投诉的岸上处理程序；向国际劳工局提交公约要求的相关报告。

（3）劳工提供国的责任

按照《公约》规则 5.3 的要求，劳工提供国需要履行的主要义务如下：建立有效的检查和

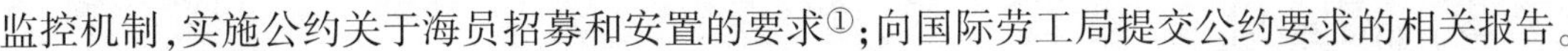

监控机制,实施公约关于海员招募和安置的要求①;向国际劳工局提交公约要求的相关报告。

(五)修订程序

为使 2006 年 MLC 具有自我更新能力,公约设定了两种修订程序,以下介绍 2006 年 MLC 公约的修订程序,如表 3-3 所示。②

表 3-3 MLC 2006 修订程序

<table>
<tr><th colspan="3">修订对象</th><th>规则条款</th><th colspan="2">守则条款</th></tr>
<tr><td rowspan="5">修正案通过程序</td><td colspan="2">提案主体</td><td>与制定公约的要求相同</td><td colspan="2">至少 5 个成员国共同提议;或三方专门委员会的船东代表组或船员代表组提议;或成员国与船员代表组或海员代表组共同提议</td></tr>
<tr><td colspan="2">成员国评议</td><td>与制定公约的要求相同</td><td colspan="2">成员国一般在 6 个月内提出意见或建议(特殊情况可缩短至最短 3 个月,或延长至最长 9 个月)</td></tr>
<tr><td colspan="2" rowspan="2">通过</td><td rowspan="2">获得出席代表 2/3 多数票支持</td><td>三方专门委员会表决</td><td>(1)半数以上缔约国参加会议;
(2)委员会成员支持票数在 2/3 以上;
(3)三方代表各有半数投了支持票</td></tr>
<tr><td>国际劳工组织大会再表决</td><td>获得出席代表 2/3 多数票支持</td></tr>
<tr><td colspan="2">成员国批准</td><td></td><td colspan="2">批准期限一般为自通知之日起两年(特殊期限不得少于一年)(也称异议期)</td></tr>
<tr><td></td><td colspan="2">生效条件</td><td>明示接受:至少有 30 个成员国加入,且其所属商船合计总吨位占世界商船总吨位的 33%以上</td><td colspan="2">默认接受:除非在异议期限内,总干事收到超过 40%的缔约国的反对且这些国家代表的船舶总吨位不少于世界商船总吨位的 40%,否则修正案视为已被接受</td></tr>
<tr><td rowspan="2">效力</td><td rowspan="2">缔约国</td><td>已批准修正案</td><td>修正案达到生效要件 12 个月后或具体缔约国的修正案批准书登记之日起 12 个月(以较晚者为准)后对该国有效</td><td colspan="2" rowspan="2">自修正案被视为已被接受之日起 6 个月后对所有缔约国生效。
缔约国可以排除修正案的适用:
(1)在异议期内向总干事声明不同意适用修正案;
(2)在异议期内通知总干事以将来明确同意为生效标志;
(3)在修正案生效前通知总干事暂不生效,一段时间后生效</td></tr>
<tr><td>未批准修正案</td><td>修正案对该缔约国无效</td></tr>
</table>

三、修订情况

自从本公约于 2013 年生效以来,为了满足航运可持续发展的需要,先后进行了三次主要的修订。

---

① 公约关于海员招募和安置的要求分散在标题 1-4 中,诸如标准 A 1.4 规定主管机关须对私营海员招募和安置服务机构的运营实施许可证管理。

② 黄杨婷. 国际海事公约研究[D]. 复旦大学,2013:22.

（一）2014 年修正案

在 2014 年 4 月举行的第 103 届国际劳工大会（International Labor Conference）上，来自政府、雇主和工人组织的三方专门委员会的 400 名与会代表一致通过了关于《2006 年海事劳工公约》规则 2. 5 和 4. 2 修正案提案。修正案强制要求船东在海员被视为遗弃时提供担保，以保障对一系列事件的赔偿能力。该公约修正案已经于 2017 年 1 月 18 日生效。

根据该修正案，船舶须携带相关的资金担保证书或者文书以证明船上船员的合法权益能够得到保护，不能提供相关文书或者证书的船舶将被滞留。财务担保的保障内容包括：海员被欠付的工资；海员产生的合理费用（包括遣返费用）；海员的基本需求费用。财务担保系统要保障：契约性赔偿无迟延、全额支付；海员长期残疾赔偿需分阶段支付；海员合法权利不受损害；可由海员或其近亲属的代表或指定受益人提出赔偿。财务担保证书或其他证明文书应随船携带。

该修正案在进一步保障了海员基本权利的同时，也给各船旗国主管当局和船东履约带来较大的影响。虽然 MLC 公约 2014 年修正案修改的内容不多，但政策性很强。各船旗国应在公约修正案生效前，保证船东有足够的履约所需的准备期，制定相关的法律或规定，如与船东和海员组织协商后确定财务担保的方式、海员死亡或长期残疾的合同索赔规定、对财务担保提供者的具体规定，并修改海事劳工符合声明第Ⅰ部分的相关要求。船东和海员组织也应根据国家规定和公约 2014 年修正案的要求提前修改完善相应的集体谈判协议。

船东履行 2014 年修正案要求的程序包括：根据船旗国法律或规定或海事劳工符合声明第Ⅰ部分要求，提前修改完善海事劳工符合声明第Ⅱ部分和就业协议（SEA），并邀请认可组织 RO 或主管当局审核经修订的海事劳工符合声明第Ⅱ部分及其 SEA 等支持文书，最后申请 MLC 的附加检查以取得符合 2014 年修正案要求的 MLC 证书或符合证明。

（二）2016 年修正案

2016 年 6 月 9 日在日内瓦举行的第 105 届国际劳工大会年会批准了“MLC 2006 之守则的 2016 年修正案（Amendments of 2016 to the Code of the MLC 2006）。该修正案为进一步保护和提高海员工作安全和福利，将船上骚扰和欺凌问题列入导则，并增加了海事劳工证书和符合证明延展相关规定。该修正案已于 2019 年 1 月 8 日生效。

该修正案对规则 4. 3“健康和安全保护以及事故预防”的导则进行修正，增加了对于“消除船上骚扰与欺凌指导”的考虑，建议主管当局应确保考虑到骚扰和欺凌对于健康和安全的影响，并将由骚扰和欺凌产生的问题增加到健康和安全事件调查项目条款中。

该修正案也对规则 5. 1. 3“海事劳工证书和海事劳工符合声明”进行了修正，参考 SOLAS 等公约的做法，规定在换证检查后，如果新证书未能及时送船，原有证书可有最长 5 个月的展期，这样船上在过渡时期内可以保持证书有效。同时该修正案还修改了 MLC 2006 海事劳工证书格式，增加了证书延展签注位置。

（三）2018 年修正案

2018 年 6 月 5 日在日内瓦举行的第 107 届国际劳工大会上批准了“经修正的 MLC 2006 之守则的 2018 年修正案（Amendments of 2018 to the Code of the MLC 2006 as amended）。该修正案对于遭受海盗或武装抢劫后海员应该享有的权利进行了明确的规定。该修正案已于 2021 年 1 月生效。

该修正案涉及的内容包括规则 2.1“海员就业协议”、2.2“工资” 和 2.5“遣返” 有关的守则。在标准 A 2.1,“海员就业协议”中插入了第 7 款,规定每个成员国应要求在海员因发生海盗或武装抢劫船舶行为而被扣押在船上或船下期间,其就业协议应继续有效,无论其固定到期日是否已过或任何一方已发出暂停或终止的通知。也就是说,在海员被海盗或武装抢劫后其就业协议不能终止。在标准 A 2.2“工资”中增加了第 7 款,规定当海员因针对船只的海盗或武装抢劫行为而在船上或船下被劫持,海员就业协议、相关集体谈判协议或适用的国家法律所规定的工资和其他应享待遇,包括任何养家费汇款,在海员被扣押的整个期间应继续予以支付,直到海员被释放并适当遣返为止,或者,若海员在被扣押期间身故,直到根据适用的国家法律或条例所确定的海员身故之日为止。导则 B 2.5.1 的第 8 款对于海员因为针对船只的海盗或武装抢劫行为而在船上或船下被劫持,在国家法律或条例或集体协议规定的合理的时间内未提出遣返要求时,其应享的遣返权利不会失效。

2018 年修正案的内容进一步保证了海员的权利和利益,为海员及其相关家庭成员提供了一定的保障,同时因为没有增加新的非必要的证书和保险要求,具有很好的实用性。

第四节　1978 年海员培训、发证和值班标准国际公约

一、产生背景

现行有效、广泛适用的有关海员任职资格的两部国际公约分别是经修正的《2006 年海事劳工公约》(MLC 2006)①和经修正的《1978 年海员培训、发证和值班标准国际公约》(STCW 1978)②。在 1978 年 STCW 公约被缔结之前,国际上已经达成了关于海员资格的两部公约,即 1936 年《商船船长和高级船员业务能力最低要求公约》(ILO 公约编号 C053)和 1946 年《一级水手证书公约》(ILO 公约编号 C074)。这两部公约是在国际劳工组织召开的会议上所缔结的,是国际劳工组织负责管理的公约。

(一)国际劳工组织有关船员任职资格标准的回顾

《商船船长和高级船员业务能力最低要求公约》于 1936 年 10 月 24 日在日内瓦举行的第 21 届国际劳工大会上获得通过,1939 年 3 月 29 日生效。该公约规定了商船船长、值班驾驶员、轮机长和值班轮机员业务能力的最低要求,适用于在缔约国登记的且从事海上航行的一切船舶,但不包括军舰、政府公用船舶以及粗糙木船。

C053 公约要求缔约国的法律或条例应规定每级资格证书的申请人须达到的最低年龄和须完成的最短期限的职业经历;要求主管机关组织并监督一次或数次考试,这种考试旨在测验资格证书的申请人是否具备担任与其请求证书相符的职务所必需的资格。截至 2016 年 3 月 10 日,共计 37 个国家加入了 C053 公约,由于该公约已纳入 MLC 2006 中,因此对于既加入 C053 公约又加入 MLC 2006 的国家,将自动退出 C053 公约,目前已有 21 个国家自动退出了该公约。从加入第 53 号公约的国家数量及其在国际航运业的影响来看,公约在国际上的作用比

① 最新修正是指经国际劳工大会第 103 届会议上通过的《2006 年海事劳工公约》2014 年修正案修订。
② 最新修正是指经 2014 年通过的 MSC.374(93)决议修订。

较有限。

MLC 2006 中规则 1.3 是有关培训和资格的规定，该条第 3 款规定按国际海事组织通过的强制性文书进行的培训和发证应被视为满足 MLC 2006 关于培训和发证的要求，即按照 STCW 公约要求的发证被视为按照 MLC 2006 发证。

有关普通船员适任标准的国际性文书为 ILO 于 1946 年 6 月 29 日在西雅图通过的《一级水手证书公约》。该公约对一级水手的发证做了要求，规定了发证时的最低年龄、海上工作最短时间以及需要通过主管机关规定的培训考试等内容。该公约适用于申请一级水手证书的普通海员和公约对缔约国生效时正在从事一级水手职务的普通船员。该公约于 1951 年 7 月 14 日生效，截至 2020 年 9 月 15 日，共计 29 个国家加入了 C074 公约。既加入 C074 公约又加入 MLC 2006 的国家，将自动退出 C074 公约，目前共有 24 个国家自动退出该公约。C074 公约在国际上的作用比较有限。

MLC 2006 中规则 1.3 第 4 款规定任何在批准 MLC 2006 时受 1946 年 C074 公约约束的成员国，须继续履行 C074 公约下的义务，直到国际海事组织通过了覆盖 C074 公约主题的强制性规定并生效，或直到 MLC 2006 生效后 5 年时为止，以其中较早的日期为准。

国际海事组织于 2010 年 6 月通过了 STCW 公约马尼拉修正案，该修正案已于 2012 年 1 月 1 日生效，STCW 公约马尼拉修正案第Ⅱ/5 条第 4 款和第 5 款规定，对于既加入 1978 年 STCW 公约又加入 C074 公约的国家，于 2012 年 1 月 1 日起不再按照 C074 公约签发、承认和签注一等水手证书，于 2017 年 1 月 1 日起，不再按照 C074 公约进行一等水手证书的更新和再有效。取而代之的是缔约国需要按照 STCW 公约第Ⅱ章Ⅱ/5 签发高级值班水手（Able Seafarer Deck）证书。①

（二）国际海事组织船员资格标准的发展

1960 年召开的关于海上人命安全的国际会议通过了若干项决议，其中一项决议号召各国政府采取可行措施确保足够全面的有关使用导航设施、船舶设备和仪器的海员教育与培训，并且要求这些措施应与现实需要相符合。该决议还建议 IMO、ILO 及有关国家为达到既定目标相互协作，共同努力。为了响应该号召，当时的 ILO 执行机构和 IMO 下属的海上安全委员会（MSC）共同设立了有关船员培训的联合委员会。该联合委员会于 1964 年召开了第一次会议并制定了有关船员培训的导则，即《1964 年导则》。

该导则为船长、高级船员和普通船员的教育和培训提供了指导。该导则涉及了助航设施、救生设备及其他保证海上人命安全的船舶设备使用的培训要求，也涉及了火灾的预防、探测和灭火等方面的培训要求。该导则在船员教育与培训方面取得了一定的成功，于 1975 年、1977 年和 1985 年经过了联合委员会的修改、增添及补充。

1971 年召开的 IMO 理事会决定采取进一步措施加强并提高船员教育与培训标准，并要求 MSC 重点考虑有关船员值班、培训和发证的国际标准事宜。同年召开的 IMO 大会决定，有必要召开一次外交大会以通过一项关于船员值班、培训和发证国际标准的公约。随后，IMO 下属的培训和值班标准分委会（STW 分委会②）开始起草船员培训、值班和发证标准的国际公约草

① 商船是否强制要求配备持有高级值班水手、高级值班机工证书的人员，由缔约国政府通过有关海船配员的规则限定，有的实施开放登机制度的国家，例如马绍尔群岛，已经要求特定类型船舶需要配备持有高级值班水手或高级值班机工证书的人员。

② 人的因素、培训和值班分委会前身。

案。经过艰苦的努力,该分委会起草了关于值班、培训和发证标准的公约文本、公约附则以及一系列建议案的草案。

1978年IMO在总部伦敦召开了一次旨在通过有关船员值班、培训和发证国际标准的外交大会,共有来自72个国家的代表参加了本次外交大会,通过了《1978年海员培训、发证和值班标准国际公约》(简称1978年STCW公约)。该次会议是IMO建立以来举办的规模最大的一次外交大会,通过的公约被认为是国际社会所制定的最重要的海事安全公约之一。

国际社会希望通过公约的实施保证在远洋船舶上任职的船长、高级船员和水手的适任能力,并通过他们的有效值班来保证船舶安全运营。尽管1978年STCW公约被世界广泛接受,但到了20世纪80年代晚期,国际社会意识到该公约没有达到预期目的。相反,随着接受范围的日益广泛,其逐渐丧失了可信度,主要原因是公约标准总体上缺失精确度,特别是对公约中"使主管机关满意"的解释给缔约国主管机关适用标准留有较大的灵活性。此情况导致缔约国对公约标准解释的巨大差异,许多缔约国没有有效地履行公约义务,实施公约。导致1978年STCW公约逐渐失效的因素还包括海员工作技能和适任能力的获得主要依赖于其在船上的工作实践,公约规定了对海员发证需要其具备的海上服务或其他适当工作资历的最低要求及特定的知识要求,但没有界定所要求的技能和适任能力。此外,减员、快速的周转、频繁的船员更换以及由于配员的多国背景引起的不同教育和培训背景的船员混编,削弱了船上培训的有效性。这些因素使缔约国按照STCW公约要求签发的证书不再被认为是"适任能力"的一个证明文书了。

为完善公约体系,IMO对STCW公约进行了多次修订,1995年6月26日至7月7日在IMO总部召开的国际会议上审议通过了一系列的修正案,对该公约做了全面的修正,形成了STCW公约1995年修正案。这些修正不仅考虑了自1978年该公约批准以来航运情况的变化,还试图完善履约和控制程序,从而使公约更有效。① 该修正案于1997年2月1日生效。

随着全球经济社会形势的变化,1995年修正案逐渐暴露出不适应现代航运发展要求的问题。这主要表现在以下几个方面:一是更多的科学技术成果应用到航运业中,大量专业化、信息化设备应用到船舶上,如何用好这些设备并提高航行效率对船员素质提出了更高的要求。二是人类生存环境日益严峻,海洋环境保护意识亟待增强。在2009年哥本哈根世界气候峰会上,各国已经达成共识,公约有必要增强船员环保意识。三是全球海上运输安保形势恶化。近年来,部分海域特别是索马里海域海盗活动猖獗,船员成为海盗活动的直接受害者,无力反击又无从逃避,心理压力明显增大,必须呼吁有关方面增加安保投入并关心船员生存状态。鉴于上述原因,全面审查和修改STCW公约,及时调整船员培训的方向,进一步保护船员权益已显得刻不容缓。②

因此,2010年6月21—25日,国际海事组织在菲律宾首都马尼拉召开外交大会,对《1978年海员培训、发证和值班标准国际公约》进行全面修订,其主要目的是提高海员素质,包括海员的船舶驾驶能力和对海上恶劣环境及海盗等各种风险的应变能力。③ 这是国际海事组织对STCW公约进行的第二次全面修订,会后形成了《1978年海员培训、发证和值班标准国际公约马尼拉修正案》。

---

① 陈鹏. IMO完成了STCW公约的全面修正[J]. 航海技术,1996(02):8-10.

② 朱庆智. STCW 2010修正案主要修正内容介绍[J]. 世界海运,2010(09):78-80.

③ 危敬添.《海员培训、发证和值班标准国际公约》2010年修正案[J]. 水运管理,2010(08):37-39.

经过历次修订,STCW 公约已日趋完善,在统一国际海员教育与培训、考试、评估和发证标准方面发挥着基础作用,并已经成为相关标准发挥作用的平台。

1978 年 STCW 公约的生效条件是合计拥有至少 50%全球商船总吨位的 25 个国家接受 1 年后生效。该条件于 1983 年 4 月 27 日得到满足,按照公约的规定,1 年后 1984 年 4 月 28 日 1978 年 STCW 公约正式生效。截至 2020 年 9 月 15 日,该公约已经被 165 个国家接受,其拥有的商船合计总吨位占全球商船合计总吨位的 98. 98%。

（三）经修订的 STCW 公约的新理念

经修订的 STCW 公约与 1978 年 STCW 公约相比,除结构发生了较大变化外,也引入了一些新的理念和机制,主要包括"职能发证方法(Functional Approach)""适任能力评估(Evaluation of Competence)""遵守和核实机制(Compliance and Verification Mechanism)"等。[①]

1. 职能发证方法

职能发证方法,是指从船员作为一个整体所要履行的职能出发,根据具体船舶的航线、设备和技术状态以及船舶营运特点,允许(但不强制)缔约国改变船上部门和船员岗位及其职责,并根据每个海员所达到的某类等级职能的适任标准签发相应的证书。所谓职能(Function),系指 STCW 规则指明的船舶操作、海上人命安全或保护海洋环境所需的一组任务、义务和职责。[②]

经修订的 STCW 公约附则Ⅰ/1 在"适任证书"(COC)定义中规定海员的适任证书是"指定的责任等级职能的证书"。在 STCW 规则 A 部分引言中将海员的满足适任标准的能力归纳为以下七项:①航行;②货物装载和积载;③船舶作业管理和船上人员管理;④轮机工程;⑤电气、电子和控制工程;⑥维护和修理;⑦无线电通信。这七项职能分为以下三个责任等级:①管理级;②操作级;③支持级。以甲板部操作级高级船员为例,COC 上体现航行、货物装卸和积载、船舶作业管理和船上人员管理、无线电通信四个职能。

2. 适任能力评估

适任能力是指按国际上统一的标准,以安全和有效的方式履行特定职能的能力,该标准是知识、经验和实际技能的标准或等级的综合;在确立适当的适任标准之后,就能以船员是否具有实际执行职能的能力为证据,而不是以传统的知识演示(笔试或口试)。对海员适任能力进行有效的评估,需要采用几种评价方法的适当组合,仅采用考试并不能保证所有的海员达到充分的适任性;要求海员参加强制性培训课程,对于达到充分的适任性是至关重要的;评估不仅应以知识为基础,也应评价基本技能。此外,为了使船员训练和评估尽可能地接近船上的工作和实践,公约允许使用模拟器进行培训、适任评估,但雷达和 ECDIS 的评估须通过模拟器进行。

总而言之,经修订的 STCW 公约对于海员适任能力强调的是海员能干会做,而不只是对知识的记忆。对海员的培训考试或发证考试强调实操实践或模拟器实践,书面考试是上述表明适任性的五种方法之一。

3. 遵章和核实机制

公约通过以下几个方面,加强了对缔约国主管机关的监管:①增加了对签发证书与登记、

---

① 吴兆麟. 全面修改 STCW 公约与航海教育改革[J]. 航海教育研究,1996(01):3-5.

② 参见经 1995 年修订的 STCW 公约附则第Ⅰ章第Ⅰ/1 条第 24 款。

证书签证、认可证书、证书再有效等程序具体明确的规定;②强化了现有的港口国监督的作用;③确立了精确的适任性标准和具体评估方法,减少了由主管机关自由决定的领域;④在培训、考试、评估和发证等工作中引进了质量保证体系,实行全方位全过程的质量监督;⑤严格了资料交流条款,使 IMO 实际上获得了从未有过的监督各缔约国履约情况的权力。概括地说,经修订的 STCW 公约改变了基本上只是对海员提出要求的情况,同时也对航海院校及其教学人员、考试发证机关及其工作人员以及船公司等提出了要求。

二、STCW 公约和 STCW 规则主要内容

本部分主要介绍经 2010 年马尼拉修正案修订的 STCW 公约及 STCW 规则。经修订的 STCW 公约由正文、附则构成,经修订的 STCW 规则包括 A 部分(强制性标准)和 B 部分(建议性标准)。STCW 公约和 STCW 规则的结构如图 3-3 所示。

正文由 17 条构成,包括公约的一般义务、定义、适用范围、资料交流、证书、过渡规定、特免、等效、监督、促进技术合作、修正案、加入、生效、退出等条款。公约的技术条款主要体现在公约附则中,附则共分 8 章。

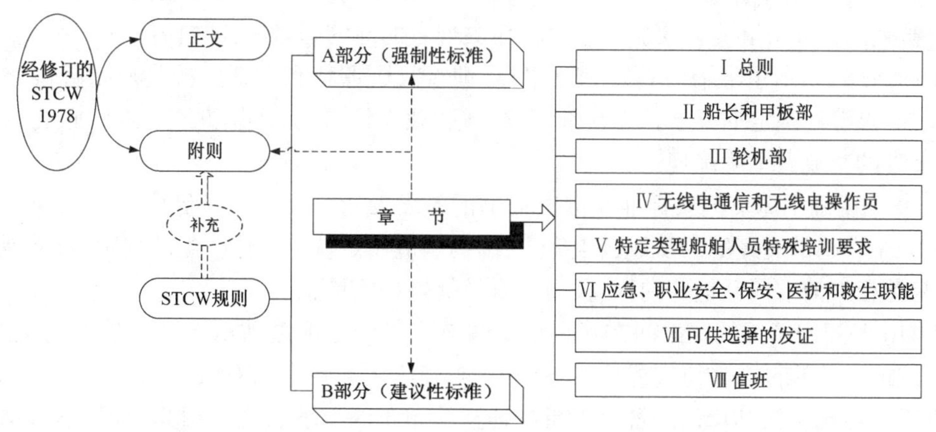

图 3-3 STCW 公约结构图

(一)第Ⅰ章总则

第Ⅰ章总则包含第Ⅰ/1 至Ⅰ/16 条共 16 个条文,具体涉及定义和说明、证书和签证、控制近岸航行的原则、国家的规定、培训和评估、资料交流、质量标准、健康标准、证书的承认、证书的再有效、模拟器的使用、试验的实施、公司的责任、过渡规定和成员国强制审核等内容。

第Ⅰ/1 条第 1 款定义了船长、甲板部高级船员、轮机部高级船员、普通船员、职能、适任证书、培训合格证、书面证明、电子电气员、电子技工、高级值班水手、高级值班机工、保安职责等 36 个定义和说明。该款明确规定证书分为三层:适任证书(COC)、培训合格证书(COP)、书面证明。

第Ⅰ/1 条第 2 款规定了公约附则由 STCW 规则 A 部分的强制性条款作为补充,并且在应用公约附则时,应考虑 STCW 规则 B 部分中的有关指导和解释。

第Ⅰ/2 条规定证书的签发、签注、承认的审核要求;统一了签发证书的格式、语言;要求任

何证书的原件必须保留在船上；明确了证书申请人的条件；规定了证书可电子查询的最晚期限[①]；明确适任证书和根据第Ⅴ/1-1条和第Ⅴ/1-2条规则规定签发给船长和船员的培训合格证书应仅由主管机关签发；规定主管机关对其他主管机关签发的适任证书和根据第Ⅴ/1-1条和第Ⅴ/1-2条规则规定签发给船长和船员的培训合格证书予以承认签证。

第Ⅰ/3条给出了关于近岸航行的原则，规定了适用近岸航行原则的缔约国应承担的义务。要求缔约国应与相关缔约国就涉及的航区和其他相关条件等具体事宜达成一致。

第Ⅰ/4条授权港口国在特定的条件下对挂靠港口的船舶实施港口国监督检查，明确了监督检查的范围以及可采取的措施。

第Ⅰ/5条要求缔约国应制定国家的相关规定，保证持有其签发证书或签证的船员遵守相关公约的规定，打击与适任证书有关的非法行为，并规定了相关处罚措施。

第Ⅰ/6条要求缔约国确保对海员的培训和评估符合STCW规则的相关规定，培训和评估的人员也应满足STCW规则的资格要求。

第Ⅰ/7条要求缔约国按规定时限和周期向国际海事组织通报其为使公约得以充分和完全实施而采取的管理措施的资料，规定了资料审核的组织与实施、审核结果的效用（通过审核的国家将被列入已充分和完全实施了本公约相关规定的缔约国名单，即白名单）。

第Ⅰ/8条要求缔约国确保海员的教育与培训、考试、评估和发证应接受质量标准体系的连续监控；要求缔约国定期开展独立评价，并对开展独立评价的人员、方式、方法、报告的形成和内容、报告的交流做了明确规定。

第Ⅰ/9条明确了海员健康标准及健康证书的签发要求。要求海员健康检查均应由缔约国认可的完全合格的有经验的从业医生完成；缔约国应制定认可从业医生的规则，对从业医生进行登记，并根据请求向其他缔约国、公司及海员提供相关信息。

第Ⅰ/10条规定了缔约国之间在互相承认各自签发的证书之前所要开展的相关检查，并就证书承认或互认签订合作协定或谅解备忘录，明确协定和备忘录有效期内双方的责任和义务。主管机关应确保被其承认的管理级船员具有其颁布的海事法规的相关知识；不得承认非缔约国主管机关签发的证书。

第Ⅰ/11条规定了在海上服务或在岸上工作一段时间后意欲重返海上服务的船长、高级船员和无线电操作员保持或恢复任职资格的条件。

第Ⅰ/12条认可使用模拟器进行培训和评估，对模拟器的性能标准、教员和评估人员的资格、培训与评估的组织和实施做出了明确的规定。

第Ⅰ/13条针对技术革新，允许缔约国船舶在一段有限的时间内实施包括自动或综合系统使用在内的试验，其目的是评价试验内容的等效性（提供了与公约要求相同的安全水平和防止污染程度）；同时规定了缔约国的责任与义务。

第Ⅰ/14条明确了公司应确保海员适任，配员人数和构成应满足要求，经过培训并满足既定要求；其指派到任一船上的海员均应接受本公约要求的知识更新培训；任何时候都必须按SOLAS公约第Ⅴ章第14条第3款的规定确保其在船上能进行有效的口语交流。

第Ⅰ/15条明确了经2010年马尼拉修正案修订的STCW公约和STCW规则的过渡期。

① 缔约国应确保自2017年1月1日起，需要注册的证书可供其他缔约国（相关机构）电子查询。

第Ⅰ/16条明确了缔约国应按照Ⅲ规则[①]接受强制性履约审核。

（二）第Ⅱ章船长和甲板部

第Ⅱ章给出了向船长和甲板部船员发证的强制性最低要求。500 GT及以上船舶负责航行值班的高级船员须满足18周岁的最低年龄要求、最低海上服务资历要求、履行无线电职责能力要求；应完成经主管机关认可的一定期限的教育和培训，并经考试和评估合格；成功地完成基本安全训练项目。[②] 500 GT及以上船舶的船长和大副（各自分为500~3 000 GT、3 000 GT及以上两个层级）需满足最低的海上服务资历要求，完成主管机关认可的一定期限的教育和培训，并经考试和评估合格。[③]

对未满500 GT船舶负责航行值班的高级船员和船长分为从事近岸航行和不从事近岸航行两个层级，规定不从事近岸航行的高级船员应持有500 GT或以上船舶的适任证书，船长应持有500~3 000 GT船舶的船长适任证书；规定从事近岸航行的高级船员应满足18周岁的最低年龄要求、最低海上服务资历要求、履行无线电职责能力要求；完成主管机关认可的一定期限的教育和培训，并经考试和评估合格；成功地完成基本安全训练项目。未满500 GT船舶的船长须满足20周岁的最低年龄要求，满足最低的海上服务资历要求，完成主管机关认可的一定期限的教育和培训，并经考试和评估合格。[④]

组成航行值班部分的普通船员，须满足16周岁的最低年龄要求，满足最低的相关海上服务资历要求，达到规定的适任标准，并经考试和评估合格。[⑤]

高级值班水手须满足18周岁的最低年龄要求、最低的相关海上服务资历要求，达到规定的适任标准并经考试和评估合格。[⑥]

（三）第Ⅲ章轮机部

第Ⅲ章规定了对有人值班机舱负责轮机值班的高级船员或周期性无人值班机舱指定值班的轮机员发证的强制性最低要求。

负责750 kW及以上船舶机舱值班的高级船员须满足18周岁的最低年龄要求，满足最低海上服务资历要求；完成主管机关认可的一定期限的教育和培训，并经考试和评估合格；成功地完成基本安全训练项目。[⑦] 3 000 kW及以上船舶的轮机长和大管轮需满足最低的海上服务资历要求，完成主管机关认可的一定期限的教育和培训，并经考试和评估合格。[⑧]

750~3 000 kW船舶轮机长和大管轮应满足最低海上服务资历要求；完成主管机关认可的一定期限的教育和培训，并经考试和评估合格。[⑨]

750 kW及以上船舶组成有人值班机舱值班部分或指定在周期性无人值班机舱履行值班职责的普通船员，须满足16周岁的最低年龄要求，满足最低的相关海上服务资历要求，达到规定的适任标准并经考试和评估合格。[⑩]

---

① 国际海事组织文书实施规则[A.1070(28)]。
② 参见经2010年修订的STCW公约（下同）第Ⅱ章第Ⅱ/1条。
③ 参见第Ⅱ章第Ⅱ/2条。
④ 参见第Ⅱ章第Ⅱ/3条。
⑤ 参见第Ⅱ章第Ⅱ/4条。
⑥ 参见第Ⅱ章第Ⅱ/5条。
⑦ 参见第Ⅲ章第Ⅲ/1条。
⑧ 参见第Ⅲ章第Ⅲ/2条。
⑨ 参见第Ⅲ章第Ⅲ/3条。
⑩ 参见第Ⅲ章第Ⅲ/4条。

750 kW 及以上船舶组成有人值班机舱值班部分或指定在周期性无人值班机舱履行值班职责的高级值班机工须满足 18 周岁的最低年龄要求、最低的相关海上服务资历要求，达到规定的适任标准并经考试和评估合格。①

750 kW 及以上船舶任职的电子电气员须满足 18 周岁的最低年龄要求，满足最低海上服务资历要求；完成主管机关认可的一定期限的教育和培训，并经考试和评估合格；成功地完成基本安全训练项目。授权缔约国可以认可具有适当资格的人员（诸如船厂的电气工程师）在经过基本安全训练和具备一定的海上服务资历后，具有履行公约规定的特定电子电气员职能的能力；非认可的职能还需经历培训和考试评估。②

750 kW 及以上船舶任职的电子技工须满足 18 周岁的最低年龄要求，满足最低海上服务资历要求并经考试合格。授权缔约国可以认可具有适当资格的人员（诸如船厂的电子技工）在经过基本安全训练和具备一定的海上服务资历后，具有履行公约规定的特定电子技工职能的能力；非认可的职能还需经培训和考试评估。③

（四）第Ⅳ章无线电通信和无线电操作员

关于无线电值班的强制性规定，已在《无线电规则》和经修订的 SOLAS 公约中阐明。关于无线电维修的规定，已在经修订的 SOLAS 公约和 IMO 大会以 A. 702(17)决议通过的《关于 A3 和 A4 海区全球海上遇险与安全系统的无线电维修指南》中阐明。本章主要规定了对 GMDSS 无线电操作员发证的强制性最低要求。无线电操作员应满足 18 周岁的最低年龄要求，满足最低海上服务资历要求；完成经主管机关认可的一定期限的教育和培训，并经考试和评估合格。

（五）第Ⅴ章特定类型船舶人员特殊培训要求

第Ⅴ章规定了对油船、化学品船、液化气船、低闪点燃料船、极地水域操作船舶和客船船长、高级船员、普通船员和其他人员的培训和资格的强制性要求。

强制性培训分为两个层次，即针对所有人员的基本培训和针对船长、轮机长、大副、大管轮和任何对货物装卸、运输中照管货物、货物作业、洗舱或其他与货物相关的操作承担直接责任人员的货物操作高级培训；④针对低闪点燃料船、极地水域操作船舶和客船上所有人员的熟悉培训和针对船长、高级船员和直接责任人员的基本培训和高级培训。相应的证书也分为基本培训合格证和高级培训合格证。

本章还给出了对于大型船舶和特殊操纵性能船舶的船长和大副附加培训、载运散装固体危险和有害物质的船上负责货物作业的高级船员和普通船员培训、航行期间的自推进式海上移动平台（MOUs）上的海事人员培训、近海供应船舶船长和负责航行值班的高级船员的培训和资格以及动力定位系统操作人员的培训和资历的指导。

（六）第Ⅵ章应急、职业安全、保安、医护和救生职能

第Ⅵ章规定了对所有海员的安全熟悉、基本培训及训练的强制性最低要求，增加了海洋环境保护基本知识、船上有效沟通、团队工作、理解并采取措施控制疲劳等新内容，还规定了救生艇筏、救助艇及快速救助艇、高级消防、医疗急救和医护的培训或训练强制性最低要求。船员

① 参见第Ⅲ章第Ⅲ/5 条。
② 参见第Ⅲ章第Ⅲ/6 条。
③ 参见第Ⅲ章第Ⅲ/7 条。
④ 针对油船、化学品船和液化气船船员。

每5年需要提供证据,证明其在基本安全、熟练救生艇操作、高级消防方面持续适任。

本章规定了船上所有人员需经历熟悉和保安意识培训,承担指定保安职责人员还应经保安职责培训,船舶保安员需符合规定的资格要求。保安培训分为4类培训:熟悉保安培训、保安意识培训、保安职责培训和保安员培训。

(七)第Ⅶ章可供选择的发证

公约第Ⅱ章、第Ⅲ章规定的海员资格要求主要是针对甲板部和轮机部部门的发证要求,由于船舶技术的革新诸如无人机舱、综合驾驶台系统等的出现,使得甲板部或轮机部相关职位上的人员工作负荷不均匀,船东需要在不增加现有配员人数和构成的基础上调整甲板部和轮机部人员之间的工作负荷,加之公约实施的职能发证的方法,为一个部门的人员承担另一个部门的部分工作负荷提供了可能性。第Ⅶ章提供了基于甲板部或轮机部职能发证之外的另一种发证途径,即可供选择的发证。可供选择发证的理念是在原甲板部或轮机部值班人员四项职能(以操作级高级船员为例)之外,根据证书持有人对另外一个部门的一项或多项职能的适任情况,在其证书上增加对应的职能,这样就授权该高级船员可通过适当的安排在特定的时间承担另一个部门的某项职责。

为保证持有可供选择证书人员的适任能力,该章还规定了签发可供选择证书时应遵守的原则:

(1)按本章签发的证书持有人在保证海上安全和防污染能力方面达到其他各章规定的水平;

(2)可供选择的证书应能与按其他各章规定签发的证书互相通用;

(3)不能以使用可供选择的证书为由,减少船上的人员数量,削弱专业的完整性、降低海员的技能;

(4)在任何特定的时间段内证书持有人不能同时承担两个部门的职责,不能影响船长的权威。

(八)第Ⅷ章 值班

STCW公约附则第Ⅷ章(值班)包含两条规则,即第Ⅷ/1条-适于值班,第Ⅷ/2条-值班安排和应遵循的原则。[①] 第Ⅷ/1条"适于值班"规定:为防止疲劳,主管机关应为值班人员和被指定负有安全、保安和防污染职责的人员,制定与实施保障足够休息时间的措施;要求值班制度的安排能使所有值班人员的值班效能不至于因疲劳而削弱,班次的组织能使航次开始的首班及后续各班次人员均已充分休息,或者用其他办法使其适于值班;为防止药物滥用和酗酒,应制定的适当措施。第Ⅷ/2条"值班安排和应遵循的原则"要求,主管机关应使公司、船长、轮机长和全体值班人员注意到STCW规则中应遵守的要求、原则和指导,以确保在所有海船上始终保持安全、连续并适合当时环境和条件的值班。[②③] STCW规则(STCW Code)在第Ⅷ章中给出了关于值班的标准和指导。

STCW规则第A-Ⅷ/1节-适于值班,明确了:

(1)主管机关须认识到海员疲劳所导致的危险,特别是涉及负有船舶安全和保安操作职

① 本节介绍的STCW公约第Ⅷ章内容以STCW公约马尼拉修正案为参照。

② 实践中,公司需要将STCW规则中应遵守的要求、原则和指南纳入船上安全管理体系,并要求船长、轮机长、值班人员及其他负有指定的安全、保安和防污染人员遵照执行。

③ 李勇.STCW公约和规则全面修订后对船员值班的新要求[J].航海技术,2010(05):74-75.

责的人员。

(2)针对负责值班的高级船员、组成值班部分的普通船员以及职务涉及安全、防污染和保安职责的人员①,为其提供的休息时间应满足"最低休息时间制度"②,即要求做到任何 24 h 时段内至少休息 10 h;任何 7 天内不少于 77 h。休息时间可分为至多不超过 2 个时间段,其中一个时间段至少为 6 h,连续休息时间之间的间隔不应超过 14 h。该休息时间制度包含"背离许可",即在紧急或在其他超常工作情况下③可不必遵守规定的关于休息时间的要求。船长有权在本船舶、船上人员或货物出现紧迫安全情况下,或对遇险的他船或人员提供协助的情况下,要求船员进行任何必要时间长度的工作,直到情况恢复正常。船上的演习或训练应以不致海员疲劳的方式进行。缔约国可豁免(Exceptions)于规定要求的休息时间,但要在任何情况下每 7 天内不得少于 70 h 的休息时间。这种豁免的时间跨度应不得超过连续两周。适用"豁免"的"其他超常情"应仅限于出于安全和环保考虑而不得迟延完成或者在开航时无法合理预测的重要船上作业。④

(3)应将值班安排表张贴在海员容易接近之处。该值班安排表应按照标准格式使用船舶的一种或多种工作语言和英语制定。应使用船舶工作语言和/或英语按照标准格式保持对船员每天休息时间的记录,以监控和核实是否符合规定。船员应得到一份由船长或船长授权的人员所签注的有关其休息情况的记录。

(4)当船员处于待命状态时,如机舱无人值守时,如果该船员的正常休息时间被临时工作所中断,则应对其休息时间予以适当的补偿。

(5)酗酒和滥用药物直接影响船上职务人员的履职效能。马尼拉修正案将防止酗酒要求从 STCW 公约 95 修正案的建议性要求变成强制性要求。为防止酗酒,主管机关应制定对正在履行安全、保安和防污染职责的船长、高级船员和其他船员的血液酒精浓度(BAC)不高于 0.05%或呼吸中酒精浓度不高于 0.25 mg/L 或与该酒精浓度相当的酒精量的限制。为防止酗酒和滥用药物,主管机关需确保采取适当措施以防止酒精和药物削弱值班人员的值班效能,并需制定必要的甄别酗酒和滥用药物事件计划。

STCW 规则第 A-Ⅷ/2 节-值班安排与应遵循的原则,包括值班人员的持证要求、航程计划的制定与实施要求、海上值班与在港值班所应遵循的原则。

（九）STCW 规则

STCW 规则包括强制性的 A 部分(船员培训和资格的强制性最低要求)和建议性的 B 部分(关于发证与培训的指导)。

1. A 部分

A 部分给出了经修正的 STCW 公约附则中相关规则(Regulations)的补充条款(Provisions),这些条款详细列出要求各缔约国为充分和完全地实施该公约所需保持的最低标准。本部分还包含申请签发适任证书和使适任证书再有效的申请人所应适用的适任标准,定义了

---

① STCW 公约 95 修正案的第Ⅷ章"防止疲劳"条款(规则第Ⅷ/1.1 款)只适用于负责值班的人员,没有涵盖包括船长、轮机长等其他负责安全、防污染和保安、货物管理职能的人员,马尼拉修正案将值班人员和负责船舶安全、防污染和保安职责的人员都涵盖其中。

② 《2006 年海事劳工公约》(MLC 2006)中提供了两种工作和休息时间制度,即最低休息时间制度和最大工作时间制度。STCW 公约从防止负有安全、环保与保安职责的人员及值班人员疲劳的角度出发,采纳了"最低休息时间"制度。

③ 其他超常情-other overriding operational conditions

④ 杨福弟,黄少敏.船员两段休息时间的例外[J].航海技术,2018(06):61-64.

航行等 7 项职能,区分了管理级、操作级、支持级 3 种责任级别。A 部分章节的编号与《STCW 公约》附则中各条规则的编号是相对应的。

A 部分的最低适任标准表为航海教育与培训机构提供了基于级别和职能的知识、理解和熟练开展海员教育与培训的标准,为主管机关评估海员适任能力提供了细致的要求、适任评估方法和适任评估标准。

强制性最低适任标准例表如表 3-4 所示。表 3-4 为 500 GT 或以上船舶负责航行值班的“操作级”高级船员的最低适任标准(节选)。表中第 1 栏为“航行”职能下“保持安全的航行值班”的适任标准;第 2 栏为院校海员教育与培训课程应纳入的知识,要求学员对这些知识达到理解和熟练的程度;第 3 栏为院校对学员是否达到适任要求的评估手段;第 4 栏为评估的标准。

2. B 部分

B 部分所包括的建议性指导,旨在协助 STCW 公约缔约国和实施、应用或采取措施的各方以统一的方式使公约充分和完全实施。B 部分所建议的措施是非强制性的,所举出的例证仅为说明如何满足公约的某些要求,但这些建议总体上代表了对有关问题的解决方法,这些方法是在国际海事组织内部通过讨论进行了统一并在与国际劳工组织、国际电信联盟和世界卫生组织进行协商后确定的。

遵守本部分的建议将有助于国际海事组织实现所有船旗国的船舶和所有国籍的船员保持最实际可行的适任标准的目标。

除了对规则提供指导外,本部分还对公约某些条款提供指导。因此,本部分各章节的编号同公约的条款和规则的编号是相对应的,每节内容可分为若干带编号的部分和段落,但这些编号仅用于该节的条文。

表 3-4 “保持安全的航行值班”的适任标准

第 1 栏	第 2 栏	第 3 栏	第 4 栏
适任	知识、理解和熟练	表明适任的方法	评价适任的标准
保持安全的航行值班	值班 经修订的《1972 年国际海上避碰规则》的内容、应用和意图的全面知识; 航行值班中应遵守的原则的全面知识; 根据《船舶定线制的一般规定》使用定线制; 使用来自导航设备的信息保持安全航行值班; 依靠仪器引航的技术知识; 根据《船舶报告制的一般原则》和 VTS 程序使用报告制;	考试并评估从下列一项或数项获取的证据: .1 认可的工作经历; .2 认可的培训船经历; .3 认可的模拟器培训,如适用; .4 认可的实验室设备培训	值班、交班和接班符合公认的原则和程序; 遵守公认的原则和程序,始终保持正规瞭望; 号灯、号型和声号符合经修订的《1972 年国际海上避碰规则》中载明的要求并能正确辨认; 监测交通、船舶和环境的频度和范围符合认可的原则和程序; 对有关船舶航行的运动和活动保持正规记录; 始终明确安全航行的责任,包括船长在驾驶台和船舶正在被引航期间

第五节　1972年国际海上避碰规则公约

一、产生背景

据记载,避碰规则的渊源可追溯到两千多年前出现的“罗德海法(Rhodian Law)”,该法第36章第3节包含了三方面的内容,即让路(避碰)责任、避碰技术、碰撞与赔偿责任。① 罗德海法对海上避碰规则的形成与发展具有重大的指导意义和历史意义。

(一)英国早期海上避碰规则

1338年英国海军在“海军黑皮书(The Admiralty Black Book)”中曾就船舶间的避让责任做了规定,形成了一种“低级官员驾驶的船舶应给高级官员驾驶的船舶让路”的通常做法。这一封建等级制的做法延续了二百多年。

1776年英国海军对1338年的“封建等级制做法”做了修改,并提出在确定船舶间避让责任时不应考虑驾驶船舶的指挥官的资历、职位等级别因素,而应该根据船舶的不同受风舷作为其依据。这一原则结束了不合理的封建等级制,开创了“以避让操纵能力的优劣作为确定船舶间避让责任的依据”的先例。直到现在,这一原则仍在被普遍使用。②

随着1840年前后早期汽船的出现,一些国家开始关注船舶避碰的措施。在那时,这些国家关于船舶避碰的措施各自为政。当时除了夜间列队航行的战舰之外,其他船舶都不安装导航灯,在两艘船舶互相靠近时,表示其存在的习惯做法是升起旗帜或点燃火炬,英国船舶采用了由被称为当今避碰规则之父的W. D. Evans提出的信号规则(Signaling Rules)。③

1840年英国伦敦引航公会草拟了《汽船航行规则》(Navigation of Steam Vessel),该规则于1846年由英国议会颁布为法律,从而海上避碰规则开始具有法律效力,结束了船员在海上只能依靠“通常做法”或“良好船艺”来进行避让操纵或协调、解决海上船舶间冲突的无法可依的局面。在这一规则中,明确规定了“狭水道右行规则”“交叉相遇局面”中两船应均“向右转向、互从他船左舷驶过”等避让规则。

1848年,英国海军部规定汽船应显示红、绿舷灯和一盏白桅灯。上述规定被列入1846年规则。1858年,该规则又规定帆船应显示有色舷灯,并要求汽船用号笛、帆船用雾角或号钟施放雾号。这一规定有利于海员正确判断船舶动态。④

(二)英国和法国商定的《1863年海上避碰规则》

1863年,英、法两国协商制定了有史以来最全面的海上避碰规则,包括前号灯规则、雾号规则、驾驶和航行规则四个部分20条。到1864年年底,该规则被世界上30多个海运国家采纳运用,至今仍然有效的几项重要避碰条款就是那时制定的。例如,两艘汽船在对遇或接近对遇时,应各自向右转向;两艘汽船交叉相遇以至于构成碰撞危险时,有他船在本船右舷的船应给他船让路;汽船与帆船相遇而构成碰撞危险时,汽船应给帆船让路;每一船舶在追越他船时,

① 司玉琢,吴兆麟.船舶避碰法[M].大连:大连海事大学出版社,1991:325-335.
② 江苏海事局.常用公约研究与应用[M].大连:大连海事大学出版社,2006:58.
③ Philippe Boisson. Safety at Sea. Policies,Regulations and International Law. Paris,Edition Burean Veritas,1999.
④ 江苏海事局.常用公约研究与应用[M].大连:大连海事大学出版社,2006:58.

应给被追越船让路;一船给另一船让路时,另一船应保持航向等。①

(三)第一个国际海上避碰规则

在实施 1863 年避碰规则的过程中,人们逐渐发现了它的一些不足之处以及某些规定已不适应航海实践的变化,因此各国又考虑对它进行修订。1879 年 7 月 28 日,19 个国家在英国伦敦一致通过了一个增加到 26 条的新规则以代替 1863 年规则,新规则于 1880 年 9 月 10 日生效。

为了使海上避碰规则能广泛地吸收世界各海运国家的意见,特别是美国和加拿大的经验做法,1889 年 10 月,在美国政府的倡议下,第一个讨论国际海上避碰规则的国际会议在华盛顿召开,美国提出的很多好的建议被新规则采纳。新规则广泛吸收了各海运国家行之有效的做法和正确意见,因而比 1879 年规则更为完善和丰富,但由于种种原因未能在国际上生效。几年后,英美等少数国家各自对 1889 年规则进行了少量的修改,分别在各自国家生效。②③

1910 年 10 月,世界主要海运国家在布鲁塞尔召开国际会议,研究关于海上避碰法律的统一问题。这次会议的主要目的是制定碰撞发生以后判定过失、责任和损失赔偿的法规,同时也研究了 1889 年海上避碰规则在国际上生效的必要性。在对 1889 年规则做了少量修改之后,决定该规则立即生效。因此第一个国际海上避碰规则(《1910 年避碰规则》)于 1910 年产生并生效。

1912 年"泰坦尼克"号事件促使英国政府于 1914 年在伦敦召开第一次国际海上人命安全会议。这次会议对航行安全、船舶设备与结构等许多问题进行了讨论,会议审议了《1910 年避碰规则》的修订事宜,建议缔约国政府考虑修订帆船的号灯、雾航中指示航向的信号、关于潜艇的规定、针对当时船舶尺度和速度的号灯和声号以及统一操舵口令的必要性。④

经修订的《1910 年避碰规则》以附件(附件Ⅱ)的形式被并入了 1929 年 SOLAS 公约。由于两次世界大战,经修订的 1910 年避碰规则生效之后一直沿用到 1954 年才被《1948 年国际海上避碰规则》所代替。⑤

《1910 年避碰规则》的颁布,结束了各国各自为政的混乱局面,统一了国际海员在避碰方面存在的各种不同习惯做法和行为准则。因而,《1910 年避碰规则》又被称为第一个国际海上避碰规则。⑥

(四)1948 年国际海上避碰规则

1948 年 4 月,在伦敦召开了国际海上人命安全会议。会议的目的是制定新的海上人命安全公约以代替 1914 年公约,同时讨论避碰规则的修订问题。美国提出了关于规则的多项修订建议,经过各国代表的认真讨论,对规则做了少量修订,形成了 1948 年避碰规则。1948 年避碰规则于 1954 年在国际上生效。

(五)1960 年国际海上避碰规则

在 1948 年以后十余年内装备雷达的船舶数量迅速增长,而且发生了一系列由于错误运用

---

① 吴兆麟,赵月林. 船舶碰撞与值班[M]. 大连:大连海事大学出版社,2008(3):4.
② Philippe Boisson. Safety at Sea. Policies, Regulations and International Law. Paris:Edition Burean Veritas. 1999.
③ 司玉琢,吴兆麟. 船舶避碰法[M]. 大连:大连海事大学出版社,1991:330-333.
④ 详见 IMO 网站 1914 年 SOLAS 公约 final protocol.
⑤ 吴兆麟,赵月林. 船舶碰撞与值班[M]. 大连:大连海事大学出版社,2008(3):5.
⑥ 江苏海事局. 常用公约研究与应用[M]. 大连:大连海事大学出版社,2006:59.

雷达信息、雾中船速过快与盲目转向造成的碰撞事故，因此 1959 年成立的 IMCO 于 1960 年在伦敦召开的国际海上人命安全会议对 1948 年避碰规则进行修订，会前成立了由英、法、德三国航海学会组成的修改避碰规则工作小组，重点研究运用雷达协助避碰的有关规定。1960 年避碰规则作为 1960 年国际海上人命安全会议最终议定书的附件被大会通过，于 1965 年生效。该规则增加了一个附件，即关于运用雷达信息协助海上避碰的建议。该附件指出：用不充分的观察资料做出推断可能是危险的，应当避免；雷达上显示附近有他船时，缓速程度应比无雷达船更慢些；单凭雷达所测得的距离和方位，不能充分构成他船船位已经确定的条件；改向或变速应是大幅度的；向右转向比向左转向可取等。①

（六）《1972 年国际海上避碰规则公约》与《1972 年国际海上避碰规则》

1972 年 10 月，在 IMCO 的组织下，众多海运国家在伦敦召开了修订 1960 年国际海上避碰规则的大会，出于对海上避碰及其严重后果（特别是海洋环境污染）的重视，会议改变过去将规则作为海上人命安全会议最终议定书的做法，专门签署了《1972 年国际海上避碰规则公约》，将在此次会议上通过的《1972 年国际海上避碰规则》作为该公约的附件。该公约及其所附的规则于 1977 年 7 月 1 日在国际上生效。

截至 2020 年 9 月 15 日，该公约有 160 个缔约国，其船舶总吨位占世界商船总吨位的 99.03%。

《1972 年国际海上避碰规则》在哲理、结构、内容和用词上有明显变动。在哲理上，以往的规则偏重于使法院便于判定哪一船应受到谴责，新规则首先是指导和帮助海员在海上避免碰撞；在结构上，打破传统形式，将最基本、最重要的条款置于该规则的前部分，并将需要强调或提醒海员注意的问题都列为专门条款，而将号灯、号型和声号以及与海员无直接关系的技术细节分别置于该规则的后部分和附录中；内容上的变动主要体现在条款增加，内容增多；在用词上，据 Kemp 统计，和 1960 年规则相比，1972 年规则在用词上增加约 33%；将分道通航制的内容纳入该规则，使该规则增强了交通管制的性质。②

二、主要内容

（一）公约正文简介

公约正文自生效至今，没有进行过修改。公约正文共 9 条，内容如下：

第 1 条一般义务：要求公约各缔约国应保证实施公约所附《1972 年国际海上避碰规则》的各项条款及其他附录。

第 2 条规定了签署、批准、接受、核准和加入的程序和条件：本公约保持开放到 1973 年 6 月 1 日为止签署，此后继续开放供加入；联合国或其任何专门机构或国际原子能机构的会员国，或国际法院规约的当事方，可以适当方式参加本公约；同时向 IMCO 交存相应文书。

第 3 条对“适用的领土”进行了规定：本公约可扩大适用范围，并可据情撤销。

第 4 条对公约生效条件进行了规定，并明确在本公约生效之日，废除《1960 年国际海上避碰规则》。

第 5 条对公约或/和规则修订方面进行了规定。

---

① 吴兆麟，赵月林. 船舶避碰与值班[M]. 大连：大连海事大学出版社，2008：5.

② 吴兆麟，赵月林. 船舶避碰与值班[M]. 大连：大连海事大学出版社，2008：6.

第 6 条对规则修正条件进行了规定。

第 7 条规定了缔约国退出公约的程序和要求。

第 8 条对公约与规则保存进行了规定:公约与规则应交存 IMCO 保管。秘书长应将核证无误的副本分送所有已签署或已加入本公约的各国政府;公约生效时,秘书长应按照《联合国宪章》第 102 条的规定,将该文本送联合国秘书处登记并公布。

第九条对公约使用文字进行了规定,明确英文和法文的效力。

(二)公约附则简介

作为《1972 年国际海上避碰规则公约》附则的《1972 年国际海上避碰规则》(以下简称《规则》)包括 5 章(38 条)和 4 个附录。主要内容涵盖总则(第 1~3 条)、驾驶和航行规则(第 4~19 条)、号灯和号型(第 20~31 条)、声响和灯光信号(第 32~37 条)和豁免(第 38 条)。四个附录分别为号灯和号型的位置和技术细节;在相互临近处捕鱼的渔船额外信号;声号器具的技术细节;遇险信号。以下对规则第一章和第二章进行简要的叙述。

1. 适用范围

《规则》第 1 条第 1 款规定:"本规则条款适用于公海和连接公海而可供海船航行的一切水域中的一切船舶。"《规则》条款的适用水域包括"公海"和"连接公海而可供海船航行的一切水域"。由此可知,《规则》适用的水域指的是海船能够到达的一切水域,包括与海洋相通的内陆水域。船舶是指用作或者能够用作水上运输工具的各类水上船筏,包括非排水船筏、地效船和水上飞机。

2. 一般定义

《规则》第 3 条对 13 个名词术语做了定义,包括船舶、机动船、帆船、从事捕鱼的船舶、水上飞机、失去控制的船舶、操作能力受到限制的船舶、限于吃水的船舶、在航船舶的长度和宽度、互见、能见度不良和地效船。[①] 在解释和运用某一名词术语的定义时,须考虑《规则》特定条款对该名词术语的"另有解释"。例如"机动船"一词在本条定义中是指用机器推进的任何船舶,而任一用机器推进的船舶在失控时就不属于《规则》第 14 条(对遇局面)和第 15 条(交叉相遇局面)中所提及的机动船范畴。

3. 船舶在任何能见度情况下的行动规则

任何能见度情况包括能见度良好和能见度不良两种情况,船舶在任何能见度情况下的行动规则既适用于能见度良好的情况,也适用于能见度不良的情况,而不论船舶是否在互见中。船舶在任何能见度情况下的行动规则主要包括瞭望、安全航速、碰撞危险、避免碰撞的行动、狭水道、分道通航制等条款。

保持正规瞭望是确保海上航行安全的首要因素。《规则》第 5 条(瞭望)规定每一船在任何时候都应使用视觉、听觉以及适合当时环境和情况的一切可用手段保持正规的瞭望,以便对局面和碰撞危险做出充分的估计。主要的瞭望手段包括视觉、听觉、雷达和 AIS 等。保持正规瞭望不仅是满足本规则的要求,更是满足《STCW 规则》的相关要求。[②]

《规则》第 6 条(安全航速)规定每一船在任何时候都应以安全航速行驶,以便能采取适当而有效的避碰行动,并能在适合当时环境和情况的距离以内把船停住。规则并没有直接对安

① 参见《1972 年国际海上避碰规则》第 3 条。

② 参见《STCW 规则》第 A-Ⅷ/2 节(航行值班中应遵循的原则)。

全航速进行定义，但是根据上述规定，可以认为安全航速是指能采取适当而有效的避碰行动，并能在适合当时环境和情况的距离以内把船停住的速度。另外规则还列出了船舶在决定安全航速时应考虑的各种因素，对于所有船舶来说，在决定安全航速时应当考虑能见度情况、交通密度、船舶的操纵性能、夜间出现的背景灯光、风浪流状况以及吃水与可用水深的关系等。对于备有雷达的船舶来说，还应考虑雷达设备的特性、效率和局限性；所选用的雷达标尺带来的任何限制；海况、天气和其他干扰源对雷达探测的影响；在适当的距离内，雷达对小船、浮冰和其他漂浮物有探测不到的可能性以及雷达探测到的数目位置和动态等情况。

《规则》第7条规定了负有航行值班职责的海员在判断碰撞危险时应遵循的原则。文中所称的"碰撞危险"是指两船或多船存在触碰的可能。"每一船舶"是指任何种类的船舶，包括但不限于普通商船、军舰、帆船、气垫船等，以及其在航、锚泊、搁浅，或者无论进行何种作业或是否处于紧急状态。

出于航行安全的考虑，《规则》要求对碰撞危险应采取相对保守的判断原则，即在观测信息不充分的情况下，不应当做出不存在碰撞危险的草率判断，而应假定存在碰撞危险。"不充分的信息"包括但不限于下列情况：观测次数少，观测数据不准确，相对方位的粗略估计，仅凭雾笛、雾号获取，以及仅凭一两次雷达观测数据进行标绘的观测资料等。

《规则》规定，船舶如装有雷达，则应予以正确地使用，包括远距离扫描功能。实际操作中应根据具体的通航密度选择合适的量程，以便及时获取碰撞危险的预警。

《规则》没有给出碰撞危险的定义，但通常认为，当DCPA（最近会遇距离）小于安全会遇距离，且TCPA（最近会遇时间）较小的情况下，应当认为两船存在碰撞危险。一般认为安全会遇距离为2 n mile。

《规则》第8条规定了避免碰撞的行动条款，避免碰撞的行动应遵循"早、大、宽、清"的原则，即及早地采取大幅度行动宽裕地让清他船。

《规则》第9条规定了狭水道条款，通常认为"狭水道"是指可航水域宽度狭窄、船舶操纵受到一定限制的通航水域，"航道"通常可以解释为一个开敞的可航水道或者由港口当局加以疏浚并维持一定水深的水道。该条规定沿狭水道或航道行驶的船舶，只要安全可行，应尽量靠近其右舷的水道或航道的外缘行驶。另外该条还规定了在狭水道或航道内追越时的声号。

《规则》第10条规定了分道通航制条款，分道通航制是船舶定线制的一种。该条第1款规定："本条适用于本组织采纳的分道通航制，但并不解除任何船舶遵守任何其他各条规定的责任。"因此本条仅适用于被IMO采纳的分道通航制，不适用于未被IMO采纳的分道通航制，但无论IMO采纳与否，船舶均应遵守主管机关为其所管辖分道通航制水域制定的特殊规定。使用分道通航制的船舶应在相应的通航分道内顺着该分道的交通总流向行驶，并尽可能让开通航分隔线或分隔带；通常船舶在通航分道的端部驶进或驶出，但从分道的任何一侧驶进或驶出时，应与分道的交通总流向形成尽可能小的角度。

4. 船舶在互见中的行动规则①

互见的含义包括能见度良好时的互见和能见度不良时的互见两种情况，《规则》中的第11~18条为船舶在互见中的行动规则，主要内容包括帆船、追越、对遇局面、交叉相遇局面、让路船采取的行动、直航船采取的行动以及船舶之间的责任条款。

---

① 吴兆麟，赵月林. 船舶避碰与值班[M]. 大连：大连海事大学出版社，2008：5.

《规则》第 12 条(帆船)规定了两艘帆船相互驶近致有碰撞危险时的让路规则。当两船在不同舷受风时,左舷受风的船应给他船让路;两船在同舷受风时,上风船应给下风船让路;如果左舷受风的船看到在上风的船而不能断定究竟该船是左舷受风还是右舷受风,则应给该船让路。

《规则》第 13 条规定不论第二章第一节和第二节的规定如何,任何船舶在追越任何他船时,均应给被追越船让路。该条明确指出了追越船为让路船,而被追越船为直航船。同时可以看出追越条款优先于不应妨碍条款(第 8 条第 6 款)、狭水道条款(第 9 条)、分道通航制条款(第 10 条)以及两船之间的责任条款(第 18 条)。

《规则》第 14 条规定当两艘机动船在相反或接近相反的航向上相遇致有碰撞危险时,各应向右转向,从而从他船的左舷驶过。由此可见,在对遇局面中,两船负有采取相同的避碰行动的责任和义务,而不存在让路船和直航船的关系,也不存在互为让路船的关系。

《规则》第 15 条规定当两艘机动船交叉相遇致有构成碰撞危险时,有他船在本船右舷的船舶应给他船让路,如当时环境许可,还应避免横越他船前方。交叉相遇是指两船的船首向交叉,是指来船处于本船大于 6°舷角(左与右),但小于 112.5°舷角(左与右)的位置,即除追越和对遇局面以外的两船航向或者船首向交叉的情况。在交叉相遇局面中,当有他船位于本船右舷时,本船应给他船让路,本船是让路船,他船是直航船;当有他船位于本船左舷时,本船是直航船,他船应给本船让路。

让路船与直航船是相对而言的,即按《规则》规定应给他船让路的船舶即为让路船,而另一船为直航船。《规则》第 16 条规定,须给他船让路的船舶,应尽可能及早地采取大幅度的行动,宽裕地让请他船。《规则》第 17 条规定,两船中的一船应给另一船让路时,另一船应保持航向和航速;但当直航船发觉让路船没有按照本规则条款采取适当行动时,即可独自采取操纵行动,以避免碰撞;当直航船发觉本船逼近到单凭让路船的行动不能避免碰撞时(紧迫危险),也应采取最有助于避碰的行动。

《规则》第 18 条规定了船舶之间的责任条款,规定机动船在航时应给失去控制的船舶、操作能力受到限制的船舶、从事捕鱼的船舶、帆船让路;帆船在航时应给失去控制的船舶、操作能力受到限制的船舶、从事捕鱼的船舶让路;从事捕鱼的船舶在航时应给失去控制的船舶、操作能力受到限制的船舶让路。

5. 船舶在能见度不良时的行动规则

《规则》第 19 条规定了船舶在能见度不良时的行动规则,规定船舶在能见度不良水域中或在其附近航行时适用本条规则。所谓能见度不良是指由于雾、霾、下雨、暴风雨、沙暴或任何其他类似原因而使能见度受到限制的情况。当在能见度不良水域或在其附近航行时,每一船应以适合当时情况的安全航速行驶,机动船应将机器做好随时操纵的准备。当一船仅凭雷达探测到他船时,如果需转向以避免碰撞危险,则应避免对正横前的船舶采取向左转向,①避免对正横或正横后的船舶采取朝着它转向。除已断定不存在碰撞危险外,每一船听到他船的雾号显示在本船正横以前,应减速行驶,不可盲目转向。

---

① 对被追越船除外。

第六节　1969 年国际船舶吨位丈量公约

一、产生背景

船舶吨位是表示船舶大小的量度,也是有关方面对船舶征收各种费用的依据。13 世纪初期,瑞典采用拉斯特(last) 作为船舶装载容积的丈量单位。一个拉斯特最初的含义是表示一辆四轮马车所装载的货物,约为 4 000 磅。德国的汉堡、荷兰的阿姆斯特丹也都采用拉斯特表示船舶的装货能力[①]。15 世纪,英国和法国等西欧国家的酒类贸易频繁,每个酒桶容积为 252 加仑,约为 2 240 磅,因此产生了以酒桶数目丈量船舶大小的表示方法。17 世纪英国政府通过了用船舶的主要尺度来计算船舶载重量的 B. O. M 丈量法(Builder Old Measurement)。19 世纪中期英国政府采纳了由丈量师乔治 · 摩逊提出的以 100 立方英尺作为一个吨位的"摩逊法"。[②]

采纳摩逊法之后不到十年,英国贸易部就表示赞同使用世界通用的吨位丈量法;苏伊士和巴拿马运河当局也建立了吨位丈量规则,拒绝承认船旗国吨位。第二次世界大战之后,吨位规则统一运动又有了新的进展,出现了奥斯陆规则,但没有得到普遍承认。英、美、苏的吨位规则仍被广泛使用,虽然这些规则都出自摩逊法,但在船舶体积计算方法上面各不相同。[③]

1957 年联合国运输和交通委员会采纳了提交给联合国经济和社会发展委员会的一个决议。决议要求成立专家组,搜集并报告当时生效的各主要吨位规则间的异同、缺欠。后来,成立了政府间海事协商组织(IMCO,简称"海协"),取代了专家组的工作。海协成立了吨位丈量分委会(海协海上安全委员会成立的第一个技术附属机构),经过 10 年准备,海协于 1969 年 5 月 27 日至 6 月 23 日在伦敦召开了国际船舶吨位丈量会议,制定了《1969 年国际船舶吨位丈量公约》(International Convention on Tonnage Measurement of Ships, 1969,以下简称 TONNAGE 1969)。该公约是国际海事组织在世界范围内统一吨位丈量的首次成功。

我国于 1980 年 4 月 8 日接受该公约,公约于 1982 年 7 月 18 日生效,同时也对我国生效。截至 2020 年 9 月 15 日,加入该公约的国家或地区有 158 个,约占世界总吨位的 98. 87%。

二、主要内容

TONNAGE 1969 是国际海事组织为统一国际航行船舶的吨位丈量而制定的有关测定船舶总吨位和净吨位规则的国际公约。该公约以 1966 年载重线公约为基础,正文包括一般义务、定义、适用范围、除外、不可抗力、吨位的测定、证书的发给、证书的格式、证书的注销、证书的承认、检查、权利、生效、退出等 22 个条款。另有 2 个附则,附则 Ⅰ 为技术规则(测定船舶总吨位和净吨位规则),附件 Ⅱ 为国际吨位证书格式(1969)。

《1969 年国际船舶吨位丈量公约》虽然早在 1982 年 7 月 28 日就已经生效,但由于公约对现有船舶规定了适用的宽限期,即自公约生效之日起十二年内,未做质性改建的现有船舶仍可

---

① 周锚新. 船舶吨位的来历[J]. 航海,1984(04):29-30.
② 培德. 船舶吨位丈量法的由来[J]. 青年科学,2005(10):46.
③ 范思奇.《1969 年国际船舶吨位丈量公约》简介[J]. 天津航海,1987(02):21-29.

保留按其国内船舶吨位丈量规则计算的原有吨位，因此，在 1994 年 7 月 28 日以前，该公约并未得到全面的实施。该公约自 1994 年 7 月 28 日起将适用于悬挂缔约国旗帜的船长在 24 m 及以上的所有商船，即自该日起，所有的新船和现有船舶都应按公约的吨位丈量规则计算船舶的吨位。[①] 公约不适用于军舰和长度小于 24 m 的船舶。

附则 I 规定了总吨位和净吨位的计算方法，总吨和净吨是立方米容积的函数，都有相应的计算公式，[②]附则 I 还对围蔽处所、免除处所、载货处所做了明确的规定。围蔽处所是指由船壳、固定的或可移动的隔板或舱壁、甲板或盖板所围成的所有处所，不包括永久的或可移动的天篷。免除处所是暴露于海洋和天气，不适宜装载易损货物的空间，公约规定免除处所不计入船舶总容积。载货处所是指适宜于运输由船上起卸货物的围蔽处所。

三、相关解释性文书

为便于执行公约，国际海事组织适时地提出了一些决议、通函、解释等，以适应现代航运业、船舶制造业及其他相关公约的发展，具体如下：[③]

1.《对某些船舶吨位丈量修正的暂行办法》[A 494(Ⅻ)]，为履行 SOLAS 1974 第四章第三条的规定，对某些船舶丈量的办法进行暂行修正。

2.《与 1978 年海员培训、发证和值班标准国际公约有关的某些船舶的吨位丈量》[A. 540(13)]，同意经 A. 494(Ⅻ)决议通过的《某些船舶吨位丈量的经修订的暂行办法》也适用于《1978 年海员培训、发证和值班标准国际公约》的规定。

3.《在履行〈73/78 防污公约〉时对某些船舶吨位丈量的暂行办法》[A541(Ⅷ)]，为履行 MARPOL 73/78，对某些船舶吨位丈量采用暂行办法。

4.《敞口集装箱船减少的总吨位的暂行计算方法》(TM. 5/Circ. 4)，由于敞口集装箱船的总吨位较常规集装箱船的总吨位大，为减少对敞口集装箱船征收费用方面的不利经济影响，对敞口集装箱船减少的总吨位的暂行计算方法。

5.《关于油船专用压载舱吨位丈量的建议》[A. 747(18)]，及实施附件 4 的解释是关于油船专用压载的吨位丈量建议及其解释。

6.《1969 年国际船舶丈量会议第 2 号建议书的应用》[A. 758(18)]，解释了 1994 年 7 月 18 日以后的"现有船舶"《国际吨位证书(1969)》的规定。

7.《对〈1969 年国际船舶吨位丈量公约〉条款的解释》(TM. 5/Cire. 5)。

8.《〈1969 年国际船舶吨位丈量公约〉对现有船舶的应用》[A. 791(19)]。

对于 1982 年 7 月 18 日以前安放龙骨的总吨位是根据 1969 年吨位公约生效前的国家吨位规则确定的，并在该船的国际吨位证书(1969)的"备注"栏内已对此种总吨位进行了陈述的现有船舶，可在主管机关颁发的有关安全的证书、国际防油污证书或其他此类官方证书的有关栏目内仅填写原有总吨位并附加脚注。

---

① 危敬添. 1969 年吨位丈量公约全面实施[J]. 航海科技动态，1994(10)：19.
② 具体可参见《1969 年吨位丈量公约》。
③ 江苏海事局. 常用国际海事公约研究和应用[M]. 大连：大连海事大学出版社，2006.

第七节　1966年国际载重线公约

一、产生背景

自1774年至1835年间，虽然在英国劳氏船舶登记册内曾有船舶载重吃水记录，但都是由船舶所有人根据其船舶和贸易情况确定的，船舶所有人、货主和保险商迫切要求有一个统一的确定吃水的方法。1835年，英国劳氏委员会提出舱深1英尺，干舷3英寸的建议，即所谓的"劳氏规则"。同一时期，英国利物浦的保险协会也制定出类似的规则，只是干舷随着船深而变化。1867年，英国造船学会向英国贸易部提交了一份报告，建议干舷根据船长和船宽定为(L-B)/32，上述公式适用于正常建造的船舶，其船长为船宽的5倍时，干舷为船宽的1/8。1873年劳氏船级社确定了船舶载重线标志，1876年英国商船法规定把载重线标志勘划在船上，而且在船舶出航前要将吃水记录在航海日志中，并赋予贸易部以追究船舶超载的权利。1882年，劳氏船级社提出一份船舶干舷表，英国贸易部以验船师须知的形式于1886年公布此表，但对船东是非强制的。1903年德国制定了德国干舷规则，1906年英国采纳了德国规则，并对英国规则进行了修改。此后，英国规则被欧洲所采用。随着制定统一国际规则的时机趋于成熟，1930年7月5日各国在伦敦举行国际会议，签订了最早的载重线国际公约——《1930年国际船舶载重线公约》，该公约于1933年1月1日生效。制定这部公约时，虽然人们也认识到干舷能保证足够的稳性，避免超载引起船壳过度的压力，但是公约主要基于储备浮力的原理制定的。

随着船舶向大型化、专业化发展，1930年公约的技术规定越来越陈旧。为此，1966年3月3日至4月5日，政府间海事协商组织在伦敦召开了国际船舶载重线外交大会，修改了1930年公约，制定了《1966年国际载重线公约》(The International Convention On Load Lines, 1966)(以下简称LL 1966)。新公约考虑了不同航区和季节的需求，修改了船舶载重线的勘划和船舶装载限额。LL 1966于1966年4月5日在伦敦签订，1968年7月21日正式生效，同时《1930年国际船舶载重线公约》被废止。截至2020年9月15日，该公约的缔约国有163个，约占世界总吨位的98.97%。

二、主要内容

(一) 1966年国际载重线公约

LL 1966重要意义在于通过给船舶设定干舷的方式，限制船舶超载，使船舶具备足够的储备浮力和稳性来保证安全。公约由正文和三个附则组成。附则分别为《载重线核定规则》《地带、区域和季节期》以及《证书》。

公约正文共有34条，包括一般义务、定义、适用范围、除外、免除、不可抗力、证书签发、证书格式、证书的承认、生效、修改、退出等条款。公约适用于在缔约国登记的船舶、已悬挂缔约国国旗未登记的船舶、国际航行船舶、新船、公约规定的现有船舶等。公约不适用于军舰、长度小于24 m的新船、小于150 GT的现有船、非营业性游艇以及渔船，同时公约还不适用于在限定水域航行的船舶。

附则Ⅰ载重线核定规则：附则根据不同航区和季节，针对不同类型船舶，规定了勘划船舶载重线的技术规则，同时针对船体结构、强度、水密性、稳性等，制定了相应的技术标准。附则分4章共45条，制定此附则的目的是规定货物的性质和装载、压载等能保证船舶有足够稳性，并避免过度的结构应力，且符合有关稳性或分舱的国际要求。[①]

附则Ⅱ地带、区域和季节期：本附则共7条，规定了各种载重线、适用区域和对风力的依据标准。例如，规定了北半球冬季季节地带和区域、南半球冬季季节地带、热带地带、季节地带区域（北大西洋、阿拉伯海、孟加拉湾、南印度洋、中国海、北太平洋及南太平洋）、夏季地带、封闭海域（波罗的海、黑海、地中海及日本海）、北大西洋冬季载重线的适用地理方位及季节起止日期。

附则Ⅲ 证书：本附则规定了国际载重线证书（1966）及国际载重线免除证书的标准格式。

（二）1966国际载重线公约1988年议定书

通过日期：1988年11月11日

生效日期：2000年2月3日

为了将载重线公约的检验和发证要求与1974年SOLAS公约和MARPOL 73/78的要求进行协调，国际海事组织于1988年11月11日通过了《1966年国际船舶载重线公约1988年议定书》（含经1988年议定书修正的1966国际船舶载重线公约，以下简称“1988年载重线议定书”）。[②] 该议定书于2000年2月3日生效，截至2020年9月15日，该议定书的缔约国有118个，约占世界总吨位的97.90%。

1988年议定书将1971—1983年修正案的内容纳入并加上此次新增的一些条款形成了整个议定书。该议定书引入了全球统一实施检验发证协调系统（HSSC），HSSC将逐步消除因检验日期和期限不一致所产生的问题。该议定书除了引入HSSC外，还将“默认接受”程序引入载重线公约，并对LL 1966附则Ⅰ及Ⅱ的技术性条款做了修正，检验与发证协调系统也从该日对悬挂1988年载重线议定书缔约国国旗的船舶生效。

1988年议定书正文第四条对加入该议定书设定了准入条件，规定只有已加入《1966年国际载重线公约》的国家，才可加入1988年议定书。同时正文第二条明晰了1988年议定书与《1966年国际载重线公约》的关系，规定加入1988年议定书的缔约国不得按1966年4月5日通过的《1966年国际载重线公约》的规定颁发证书。我国于1995年2月3日加入了1998年议定书，该议定书于2000年2月3日对我国生效，我国按其要求进行载重线证书的发放工作。

1988年议定书生效后，船舶因为悬挂的国旗不同，分别执行两个安全机制，这不利于保障全球海上安全，为此，2004年3月8日在IMO第23届大会上通过了决议A. 961（23），敦促尚未加入1988议定书的载重线公约的缔约国尽早成为1988议定书缔约国。

---

① 江苏海事局. 常用国际海事公约研究和应用[M]. 大连：大连海事大学出版社，2006：292；295；298-299.

② 国际合作司国际组织处. 国际海事组织各公约简介（4）. 航海科技动态，1999（1）：18-19.

第八节　1979年国际海上搜寻与救助公约

一、产生背景

海上航行船只为其他遇难船只提供救助是一项古老的传统，也是条约①规定的一项国际义务，在百年前的"泰坦尼克"号海难中人命救助就是由事故海域过往的船只提供的。随着时间的推移和社会的发展，尽管一些沿海国家建立了岸基搜救设施及力量，并在海上搜寻和救助中逐步发挥着组织和协调作用，但船只在海上事故人命搜寻和救助中仍发挥着重要的作用。即使当今，事故海域的过往船只仍在人命搜救中起着重要作用。

海上事故中，人命搜寻和救助（SAR）的成功取决于多方的协同努力，诸如遇险船只的成功报警、落水人员的积极指示位置、搜救机构的适当协调、搜寻单位的有效搜寻和救助、高效的岸基救护支持等。长期以来国际社会缺乏关于海上搜寻与救助的组织及操作的统一要求和标准，导致各国搜救机构难以开展有效的搜寻救助合作。同时世界上一些海区搜救力量发展不均衡。一些区域建立了相对完备的搜寻与救助组织或机构，组建了海上搜救力量，这些机构和力量能够及时有效地对遇险的船只和人员实施救助，但也有一些区域的海上搜救力量相对薄弱。这些状况导致了一些海域的搜救效果不佳。

为了发展国际海上搜救力量及国际性的SAR计划，以便无论哪里发生海上事故，SAR机构都能够协调对海上遇难船只和人员进行救助，也为必要时相邻国家的SAR机构能够实现救助合作，IMO于1979年4月27日在汉堡召开了国际海上搜寻救助大会，大会通过了《1979年海上搜寻和救助国际公约》（以下简称《1979年SAR公约》），该公约于1985年6月22日生效。截至2020年9月15日，已经有113个国家接受了该公约，其合计拥有的船舶总吨位已达世界商船合计总吨位的80.35%。我国于1985年6月24日核准了该公约，该公约于同年7月24日对我国生效。我国在加入该公约时声明："公约附件第2.1.7款中所述的搜救边界，不涉及且不影响国家间边界或专属经济区和大陆架边界的划分。"②

公约的主要目的是通过建立国际搜救计划，促进各国政府之间以及参与海上搜救活动者之间的合作。公约要求缔约国保证做出一切必要的安排进行海岸值守及对某沿海水域的海上遇险者进行救助，这些安排包括建立、操作和维护实际可行的、必要的海上安全设施。按照该公约，海洋被划分为地区性搜救区域，在每一搜救区域内，各国又商定每一国家所负责的搜救区。1998年9月澳大利亚弗里曼特尔（Fremantle）会议后，这一全球性的搜救网络已基本形成。

二、主要内容

《1979年SAR公约》包括正文和附则，技术性要求涵盖在附则中。附则包括6章，各章内

---

① 参见《1958年公海公约》第12条第2款有关沿海国的责任的规定；《1982年联合国海洋法公约》第98条；《1974年国际海上人命安全公约》附则第Ⅲ章第Ⅲ/17.1条关于营救落水人员的技术，第Ⅴ章（航行安全）第7条关于搜寻与救助服务的规定及第33条关于遇险通报的规定；《1989年国际救助公约》第10条关于提供救助义务的规定，该公约的前身为1910年在布鲁塞尔通过的《关于海上救助若干法规的统一公约》。

② 吴兆麟. 中国海上维权法典——国际海事公约篇（第一卷）. 大连：大连海事大学出版社，2012.

容概要为：

(1)第Ⅰ章：名词与定义；

(2)第Ⅱ章：组织涉及搜救组织的基本结构要求；

(3)第Ⅲ章：搜救合作涉及搜救作业中缔约国合作及与航空服务协调等方面的要求；

(4)第Ⅳ章：准备措施，涉及协调中心(RCCs)和救助分中心所采取的准备措施和救助单位的准备状态；

(5)第Ⅴ章：操作程序，涉及缔约国在国际遇险频率上不间断的值守及在收到遇险报警信号时海岸无线电台所采取的具体行动的要求；

(6)第Ⅵ章：船舶报告系统，包括为搜救而建立船舶报告系统的建议。

该公约规定缔约国须确保对在其沿海水域发生的海难事故提供充分的搜救服务做出安排；鼓励相邻国家间就建立 SAR 区域、设备统筹、规范操作程序及培训和联络等事项签订国际 SAR 协议。公约还规定缔约国应该迅速采取措施许可其他缔约国的搜救单元进入其领海实施搜寻和救助。该公约对缔约国建立应急设施也提出了要求，包括建立搜救协调中心和救助分中心等，明确了发生紧急状况时，收到遇险报警及在搜救期间所应遵循的操作程序，包括现场指挥人员履行的职责等。

公约鼓励缔约国建立船只报告系统，必要时可要求船只将其位置定期(如每隔 2 天)通过沿岸国家的海岸无线电台报告给沿岸国家的相关管理机构。这一措施可以缩短搜寻机构从发现船舶失事到启动搜救作业之间的间隔，也有助于其迅速找到可能处于失事现场附近水域的过往船只并召唤它提供必要的搜寻和救助，可提高搜救成功的可能性。公约还要求有关缔约方之间通过协议建立各自负责的搜救区域。

第九节 1989 年国际救助公约

一、产生背景

1910 年在布鲁塞尔召开的海洋法外交会议上通过了《1910 年统一海上援助与救助的若干法律规定的公约》(简称《1910 年救助公约》)，它明确规定了海上救助人与被救助人的权利、义务和海上救助应遵循的基本原则。其中“无效果，无报酬”[①]和无偿救助人命两项重要原则为各国所接受，并在其国内救助法中加以确认。该公约于 1913 年生效。[②]

进入 20 世纪 60 年代以后，随着造船技术及其他辅助技术的发展，海上原油运输量的迅速增加，大型油船海难事故也日渐增多，其中尤以 1967 年的“Torrey Canyon”案件最具代表性。尽管救助人的技术和设备都已经相当专业化，但是对于大型油船海难事故的救助以及防止或减轻原油泄漏造成的海洋环境损害，救助人依然承担着非常大的风险。[③]《1910 年救助公约》也逐渐显示出一些弊端，例如“无偿救助人命”原则不利于鼓励救助人从事救助；“无效果，无

① “无效果，无报酬”：救助人依据该原则对遇难的海上财产进行救助，如不成功则无权索取报酬；救助成功则有权向被救财产所有人索取报酬。

② 沈木珠．海上救助公约的重大发展及其影响[J]．现代法学，2004．26(5)：182－183．

③ 施骅．浅析国际救助公约的发展及其对当代中国的影响[J]．珠江水运，2009．01：37－38．

报酬”原则同样适用于对油船的救助，打消了救助人救助遇险油船和防止海洋污染的积极性。

1978 年“Amoco Cadiz”案件暴露了《1910 年救助公约》“无效果，无报酬”原则的缺陷。因此，在国际海事委员会的主持下，于 1981 年 5 月在蒙特利尔召开了第 32 届国际会议并通过了《1981 年救助公约草案》，该草案对《1910 年救助公约》原条文未做任何修改，而是增加了一些新内容。其中最为重要的是关于“特别补偿”的规定。按照该项规定，救助人对可能污染环境或业已污染环境的船舶或者货物进行救助，即使不成功，只要救助人没有过失，就可获得特别补偿。如果防止或减少环境污染，救助人则可获得不高于其所花实际救助费用两倍的特别补偿。

国际海事组织于 1989 年 4 月在伦敦召开了外交大会，通过了《1989 年国际救助公约》（简称《1989 年救助公约》）。该公约是在《1910 年救助公约》的基础上，参照《1981 年救助公约草案》制定而成的。该公约最重要的是修改了《1910 年救助公约》关于救助作业的规定，以便更好地保护海洋环境和鼓励救助人对遇险油船和其他海上财产进行救助。与《1910 年救助公约》相比，《1989 年救助公约》对船舶、财产的概念和公约的适用范围等做了较大改动，并增设了许多新条款，其中包括特别补偿条款。

该公约于 1996 年 7 月 14 日生效，同日即对中国生效。截至 2020 年 9 月 15 日，该公约共有 74 个缔约国，占世界商船总吨位的 61.65%。

二、主要内容

《1989 年救助公约》分为五章，共 34 条规定。第一章为总则，主要包括定义、适用范围、救助作业、救助合同等内容；第二章为救助作业的实施，主要规定了救助人的义务及船舶所有人和船长的义务、沿海国的权利、提供救助的义务、合作等内容；第三章为救助人的权利，主要规定了支付报酬的条件、评定报酬的标准、特别补偿、救助人之间的报酬分配、人命救助、救助人不当行为的后果、制止救助作业等内容；第四章为索赔与诉讼，主要规定了海事优先请求权、提供担保的义务、现行支付的款项、诉讼时效、仲裁裁决的公布等内容；第五章为最后条款，主要规定了签字、批准、接受、核准、加入、生效、退出以及修订等内容。

（一）相关定义

《1910 年救助公约》第 1 条对“救助作业”“船舶”“环保损害”和“支付款项”等进行了定义。救助作业系指在可航水域或其他任何水域中援救处于危险中的船舶或任何其他财产的行为或活动。船舶系指任何船只、艇筏或能够航行的任何构造物。环境损害被定义为：“由于污染、火灾、爆炸或类似重大事故，对人身健康或对近岸或内陆水域或邻近区域的海洋生物或资源造成实质性损害。”支付款项系指按本公约规定应付的任何报酬、酬金或补偿。

（二）适用范围

1. 适用的船舶

《1910 年救助公约》把船舶作为救助标的的范围限制在海船或内河船，而且内河船作为救助标的时，要求救助船是海船。[①] 而《1989 年救助公约》定义的船舶既可以是海船，也可以是内河船；既可以是大型船舶，也可以是小型船艇；既包括可航的船舶，也包括搁浅船、弃船或沉

① 参见《1910 年救助公约》第 1 条。

船。而“救助作业”的定义对救助船舶也未做任何限定。这就是说任何船舶都可以成为《1989年救助公约》的救助标的。为了使更多的国家接受该公约,不致因扩大救助标的而影响加入,公约第30条允许各国在参加本公约时,对内河船舶间的相互救助做出保留。[①]

2. 救助案件范围

《1910年救助公约》第15条的规定仅适用于救助船舶或被救船舶属于缔约国所有的救助。这就意味着救助当事人之一方的船舶必须属于缔约国所有的救助才可适用该公约;《1989年救助公约》第2条规定:“本公约适用于在公约成员国提起的有关公约所辖事项的诉讼或仲裁。”即使救助当事人的船舶都不属于公约成员国所有,但只要其中一方在某一公约成员国内提起诉讼或仲裁,公约同样适用于该案件。

3. 救助水域范围

《1910年救助公约》规定的适用水域为“海和与海相通的水域”;而《1989年救助公约》第1条(a)款规定的适用水域为“可航水域或任何其他水域”。这里的“任何其他水域”是指不与海相通的内陆水域。该公约所指的救助,不再仅指海上救助,而包括了与海相通的内陆水域和其他水域在内的救助。

(三)明确了船长有权代表船货双方签订救助合同

《1989年救助公约》第6条规定:“船长有权代表船舶所有人签订救助合同。船长或船舶所有人有权代表船上财产所有人签订此种合同。”本条明确了船长有权代表船货双方签订救助合同。[②] 船长的这一权限并没有剥夺船舶所有人签订救助合同的权利,也不妨碍在时间允许的情况下,船长应征求其船东的意见。

(四)被救助人接受获救财产的义务

《1989年救助公约》第8条第2款规定,当船舶或其他财产已被送至安全地点后,如救助人提出合理的移交要求,船舶所有人或其他财产所有人负有接受此种移交的义务。此项规定是从保护救助人的利益出发,避免给救助人带来额外负担,被救财产所有人应及时接收获救财产,但这种接收是有条件的。首先,获救财产已被送至安全地点。其次,救助人有合理要求,所谓合理是指对被救助人来说,这种移交是切实可行的,同时也说明救助人已获得某种形式的担保。

(五)特别补偿原则

《1989年救助公约》建立了特别补偿原则,其目的在于鼓励救助人对遇险油船等的救助,对促进海洋环境保护具有积极意义。该原则突破《1910年救助公约》建立的“No cure-No pay”救助原则,而对遇险油船和其他污染环境的船舶或货物的救助实行“No cure-Some pay”救助原则。特别补偿原则可概括为[③]以下三点:(1)救助人如果救助了危及环境的船舶或货物,尽管救助不成功,或效果不明显,且未能防止或减少环境污染,根据《1989年救助公约》第13条规定,获得的救助报酬如果低于救助人所花费用时,救助人有权获得由船东支付的相当于其所花费用的特别补偿;(2)救助人的救助作业如果防止或减少了环境污染,船东向救助人支付的特别补偿可增加到救助人所花费用的130%;(3)法院或仲裁机构如果认为公平合理,并考虑

---

① 司玉琢.《1989年国际救助公约》简介[J].中国海商法年刊,1990(01):308-309.

② 授权船长代表船货双方签订救助合同的主要考虑是,船长最了解危险的程度,更能客观地考虑救助的必要性。

③ 参见《1989年救助公约》第14条第1、2款。

《1989 年救助公约》第 13 条第 1 款中所列的有关因素，还可将特别补偿增加到救助人所花费用的 200%，该条不仅适用于油船，而且也适用于任何对环境构成污染损害的船舶或货物，因此，危险和有毒货物、船上燃料等均属适用的范围。但是，救助对环境不构成污染损害的船舶或货物所采取的预防措施而产生的费用不能获得特别补偿，因为这种措施本来就是救助人在救助作业中必须采取的，是救助人应尽的义务。

（六）被救财产所有人提供担保的义务

《1989 年救助公约》第 21 条规定，被救助人应向救助人的索赔提供满意担保，并对获救船舶所有人附加协助性义务即尽最大努力保证货主提供担保。如果获救财产未提供满意担保，救助人对获救财产享有留置权。

（七）被救财产所有人先行给付的义务

《1989 年救助公约》第 22 条规定了被救财产所有人先行给付的义务，但并没有规定先行给付的具体条件，而是给有管辖权的法院或仲裁庭很大的自决权，即①根据案情决定是否做先行给付的裁定或裁决；②先行给付的数额没有统一规定，也是由法院或仲裁庭根据情况确定公正合理的数额。如果被救助人已做先行给付，他所提供的担保应做相应的扣减。

第十节　1972 年国际集装箱安全公约

一、产生背景

20 世纪 50 年代后，海上集装箱运输发展迅速，特别是专用集装箱船的发展进一步推动了海运货物集装箱化的进程。1972 年，联合国和国际海事组织及欧洲经济委员会共同制定了《1972 年国际集装箱安全公约》（简称《集装箱安全公约》）。该公约的两个目标：一是通过规定普遍接受的试验程序和足够的结构强度要求，保持集装箱装卸、堆码和运输过程中人命安全的较高标准；二是通过制定适用于所有地面运输形式的国际安全规则，便利国际集装箱运输，从而避免出现各种不同的国内安全标准。①

公约适用于底部四外角所围占面积最小为 14 m^2 或如果配有顶角配件则最小 7 m^2 的国际货运集装箱，但空运专用集装箱除外。

公约于 1972 年 12 月 2 日通过，1977 年 9 月 6 日生效。截止到 2020 年 9 月 15 日，公约缔约国数量为 84 个，合计商船总吨位占世界商船总吨位的 66.82%。中国政府于 1980 年 9 月 23 日加入了该公约，该公约于 12 个月后对我国生效。

二、主要内容

公约由正文和附则构成。公约正文包括 16 个条款，阐述了有关的定义，适用范围，试验、检查、认可和保养，批准和加入，修改程序，终止及有关争端的解决等通则。

公约附则为相关规则，附则 I 为集装箱试验、检查、认可和保养规则，包括五章和一个附

① 交通运输部国际合作司. 国际海事组织概览. 大连：大连海事大学出版社，2010：44.

录。第一章(所有认可制度的通用规则)对安全合格牌照需要展示的内容提出了要求,还明确了集装箱的维修要求。第二章(新集装箱形式认可规则)规范了新集装箱设计类型的认可活动。第三章(以单只认可方式认可新集装箱规则)规定了“单只集装箱认可”的规范。第四章对现有集装箱的认可和制造时未经认可的新集装箱的认可活动予以了规范。第五章(认可经改装集装箱的规则)要求经改装的集装箱需要重新检验。

附则Ⅱ为结构性安全要求与试验,对集装箱提升、堆码、集中载荷、纵向制约、壁端和侧壁的试验负荷和作用力及试验程序提出了具体的技术性要求。

附则Ⅲ为监督与核证的要求,具体涉及监督措施和结构性敏感部件缺陷的定义。

第十一节 国际渔船安全公约

一、产生背景

海洋捕捞业一直以来都被世界公认为安全事故多发的高危行业。据国际劳工组织(ILO)估算,[①]全世界渔船船员年均事故死亡率约为0.08%。据中国渔业互保协会统计,[②]1999-2008年该协会承保的渔船船员年均事故死亡率为0.162%,高出煤矿业24%,约是世界水平的2倍;2008年发生沉船船损事故5 903起,直接经济损失16 487万元;渔船机械事故、舵机失灵、推进器损坏等事故约占事故总数的20%。渔船事故及船员伤亡的原因中,船舶及设备安全状况是主要因素之一。[③]

国际海事组织(IMO)自成立以来就非常重视渔船安全问题,但由于渔船的设计建造和营运管理与商船存在巨大的差异,渔船安全问题一直没有被纳入《1974年国际海上人命安全公约》和《1966年国际载重线公约》的调整范围。根据IMO的资料显示,每年全球因渔船安全事故造成的人员伤亡多达24 000人。为了规范渔船的设计建造标准、保障渔船的航行安全,1977年4月2日,IMO在位于西班牙的托雷莫利诺斯召开的外交大会上通过了专门适用捕捞渔船的《1977年托雷莫利诺斯国际渔船安全公约》(以下简称《1977年托雷莫利诺斯公约》)。

《1977年托雷莫利诺斯公约》对24 m及以上的新造远洋渔船、渔货船的构造和设备安全标准做出了规定。但是,由于捕捞渔船设计、规格、作业方式的多样性等诸多原因,《1977年托雷莫利诺斯公约》一直未达到生效条件。因此,国际海事组织决定制定一个议定书来代替原公约,并于1993年4月通过了《1977年托雷莫利诺斯国际渔船安全公约1993年托雷莫利诺斯议定书》(以下简称《1993年托雷莫利诺斯议定书》),取代了原公约,删除了原公约中难以执行的内容。

《1993年托雷莫利诺斯议定书》正文第十条规定议定书的生效应满足如下两个条件:一是至少15个国家无任何保留地接受公约;另一个是接受议定书的国家中船长大于或等于24 m

① International Labour Organisation. Sectoral Activities Programme. Safety and health in the fishing industry: report for discussion at the Tripartite Meeting on Safety and Health in the Fishing lndustry, Geneva, 1999 [M]. Geneva: lnternational Labour Office, 1999:10-8.

② 孙颖士,李冬霄. 中国渔船安全分析报告(1999—2008)[M]. 北京:中国农业出版社,2009:63-73.

③ 任玉清,姚杰,许志远,等. 中国钢质海洋渔船安全状况评价研究[J]. 渔业现代化,2012,06:56-61.

的渔船总数应不少于14 000艘[①]。《1993年托雷莫利诺斯议定书》规定在不少于15个国家接受协定后的12个月生效。截至2008年9月,《1993年托雷莫利诺斯议定书》缔结已过15年,加入该议定书的国家数量共为17个。这些国家拥有船长等于或大于24 m的渔船总数虽逾3 000艘,但远未达到议定书生效条件的14 000艘,因此《1993年托雷莫利诺斯议定书》被认为难以生效。IMO认为一些拥有庞大渔船船队的国家难以实施《1993年托雷莫利诺斯议定书》的某些条款,阻碍了议定书的生效及其在全球的实施。

近年来,国际社会空前关注捕捞渔船安全,竭力推动《1993年托雷莫利诺斯议定书》生效。2011年1月,IMO的稳性、载重线和渔船安全分委会拟定了旨在推动《1993年托雷莫利诺斯议定书》尽早生效的《实施〈1977年托雷莫利诺斯国际渔船安全公约1993年托雷莫利诺斯议定书〉的协议草案》,协议草案修改了部分技术性条款。2011年5月,IMO第89届海上安全委员会会议初步批准了该协议草案。2011年7月,IMO理事会第106届会议决定2012年在南非召开捕捞渔船安全外交大会,旨在通过该协议草案,促使《1993年托雷莫利诺斯议定书》生效。[②]

2012年10月,IMO在南非开普敦召开的外交大会通过了《2012年实施1977年托雷莫利诺斯国际渔船安全公约1993年托雷莫利诺斯议定书开普敦协定》(简称《2012年开普敦协定》);形成了《经2012年开普敦协定修订的〈1977年国际托雷莫利诺斯渔船安全公约1993年议定书〉附则》[③]。2012年开普敦协定生效条件为不少于22个国家接受协定,且这些国家总计拥有不少于3 600艘船长大于24 m的海洋渔船[④],并在各国接受协定12个月后生效。截至2020年9月15日该协定有14个缔约国,船长大于24 m的海洋渔船合计1 400艘,未达到生效条件,该协定目前未生效。

二、主要内容

(一)1977年托雷莫利诺斯公约

《1977年托雷莫利诺斯公约》由正文、附则、附录三部分组成。

《1977年托雷莫利诺斯公约》的正文内容包括:公约的一般义务、定义、适用范围、证书和监督、不可抗力、资料交流、渔船事故、其他条约与解释、签字、批准、接受、核准和加入、生效、修正、退出、保存和登记、文字等,共计14条。《1977年托雷莫利诺斯公约》除前述正文外,还有一个附则(渔船构造和设备规则),以及两个附录(证书格式和救生设备)。附则共十章,对渔船的构造和水密分舱、稳性和适航性、机电设备、无人管理机舱、消防(包括防火、探火和灭火)、船员保护、救生设备、应急措施、无线电通信和船用导航设备分别做出了详细的规定。附则还对检验内容和期限做了规定。船舶经检验合格应发给国际渔船安全证书。按照附则中离岸距离、气象条件等可受到免除的船舶,应向其发放国际渔船免除证书。

公约关于构造和设备方面的安全要求只适用于新的、有甲板、船长24 m及以上的远洋渔船,其中包括海上加工船,现有渔船只需符合该公约的无线电要求。该公约最重要的特征是首次在国际渔船公约中包含了稳性要求。

---

① 唐金龙,韩文博,严风华. 中日韩研讨《国际渔船安全公约1993年议定书》[N]. 中国船舶报,2010-09-15:02.

② 刘新山,任玉清,贺讯. 捕捞渔船安全国际海事立法之观察[J]. 中国海商法研究,2012(01):102-108.

③ IMO. MSC 92/26/Add. 2. REPORT OF THE MARITIME SAFETY COMMITTEE ON ITS NINETY-SECOND SESSION. 2013. 07.

④ 指在公海上作业的海洋渔船。

《1977 年托雷莫利诺斯公约》正文第十条规定的生效条件为“至少 15 个国家，拥有长度为 24 m 及以上的合计渔船数量不少于全世界长度为 24 m 及以上的渔船总数的 50%”的国家加入该公约。截至 1992 年 10 月，共有 18 个国家接受了该公约，但这些国家拥有船长 24 m 及以上的渔船共 5 293 艘，占当时全世界船长 24 m 及以上渔船总数量的 18.75%，没有达到 50%的生效条件，并且《1977 年托雷莫利诺斯公约》技术条款要求过高：如救生设备、无线电通信设备在船长 24~25 m 之间的渔船上难以实现，致使一些拥有较多渔船的渔业大国，如中国、日本、苏联等国家难以接受，导致《1977 年托雷莫利诺斯公约》未能生效。

（二）1993 年托雷莫利诺斯议定书

《1993 年托雷莫利诺斯议定书》由正文和附则两部分构成。正文部分包括制定议定书的目的、一般义务、适用范围、证书和港口国控制、生效条件、退出议定书、修改程序等内容，共计 14 条。附则“渔船构造和设备规则”共计 10 章 170 条，涉及构造、水密完整性和设备，机器、电气设备和无人值守处所，稳性和适航性，防火、探火、灭火和消防，船员保护，救生设备和布置，应急程序、应变部署和演习，无线电通信以及船载导航设备和布局等多方面内容，适用船长 24 m 及以上的海洋捕捞渔船（含加工其渔获物的渔船，但不含专门的水产品运输船），但某些规定只限于议定书生效后的新船或 45 m 及以上或 75 m 及以上的捕捞渔船，并且船旗国主管部门还可对某些捕捞渔船做出豁免决定，自行决定一些技术性要求①。

议定书更新了《1977 年托雷莫利诺斯公约》，并考虑了近年来的技术进步因素以及采取切实可行的步骤，以便尽早批准这一规范渔船及其船员安全的法律文书，吸收并修改了公约的内容，适用对象同样为船长为 24 m 及以上的渔船，其中包括海上加工船。

议定书的主要目的是删除《1977 年托雷莫利诺斯公约》中可能给各国带来困难的内容，使其能尽快生效。该议定书考虑了自从《1977 年托雷莫利诺斯公约》通过以来与渔船和渔船船员安全有关的渔业和渔船技术的发展情况。大规模开发深水渔场以及在远距离水域进行捕鱼作业的新情况产生的同时，渔民对舒适、安全的生活和工作条件的要求也越来越强烈，这也使捕鱼业需要设计和建造新一代现代、技术含量高的渔船。这些渔船为了获得经济利益，保证捕鱼的收获，必须改进机器和渔具，改进整个现代渔船的安全性能，因此必须安装先进的探鱼设备和航行设备。尽管已经有了有效的拖网捕鱼手段，目前正在逐步采用无害于环境的拖网捕鱼方式，这种方式可以保护渔业资源，也可以保护海床，但仍需要更完善的措施应对技术革新的需求。议定书中的安全条款包括了自动控制的机器处所、改进的救生设备、浸水保温服具、卫星通信系统和全球海上遇险和安全系统的其他组成部分。

《1993 年托雷莫利诺斯议定书》至今未能生效的原因包括：

（1）《1993 年托雷莫利诺斯议定书》生效后要对渔船实施港口国监督（PSC），这是许多国家不愿意批准协定书的一个主要因素；

（2）《1993 年托雷莫利诺斯议定书》生效后，将使缔约国承担更大的管理负担；

（3）批准并实施《1993 年托雷莫利诺斯议定书》，将会大大增加捕捞业的作业成本，从而超出一些国家的承受范围；

（4）一些国家认为其国内法规已经对渔业安全问题做出了详细的规定，不需要借助国际法来解决渔船安全问题；

---

① 刘新山，任玉清，贺讯. 捕捞渔船安全国际海事立法之观察［J］. 中国海商法研究，2012，01：102-108.

(5)一些国家缺少立法授权对悬挂其国旗的渔船进行检查和发证。

（三）2012 年开普敦协定

《2012 年开普敦协定》对《1993 年托雷莫利诺斯议定书》附则中技术条款的修改主要包括如下几个方面：

1. 规则适用

除非另有明确规定外，本规则适用于新建船舶。缩小了第五章消防设备要求的适用范围，仅适用于船长 45 m 及以上的新船。

2. 豁免条款

《2012 年开普敦协定》规定，主管机关在考虑到船舶类型、天气状况以及不存在一般航行危险的前提下，认为实施规则的某些规定不可行或不合理，则可允许国籍船舶免除适用相关规定，具体如下：

(a)主管机关认为该船舶已经满足安全要求，并达到该船舶的预期使用目的和确保船舶和船上人员的安全；

(b)该船舶在以下区域内作业：

(i)经船旗国同意在根据国际法和相关规定毗连邻国管辖海域的共同渔场内；

(ii)船旗国专属经济区，或船旗国尚未建立专属经济区但毗连于从该国领海基线起算不超过 200 n mile 的区域内；

(iii)经两国按照国际法制定协议确定的毗连于他国管辖海域的专属经济区内或共同捕鱼场内；

(c)主管机关应当通知国际海事组织秘书长有关依据上述规定实行豁免条款的情况。

3. 证书管理

2012 年开普敦协定全面修订了证书签发条款。政府主管机关对检验合格的渔船签发《国际渔船安全证书》，但为了减轻主管机关的工作负担，删去了对适用免除条款的渔船签发《国际渔船免除证书》的要求。

4. 增加渔船吨位和船长的换算公式

300 GT 相当于 24 m 船长；950 GT 相当于 45 m 船长；2 000 GT 相当于 60 m 船长；3 000 GT 相当于 75 m 船长。

5. 全面修订了检验条款

对救生设备、无线电通信设备、机械仪器、状况维护检验等进行了更加详细的规定。

6. 降低了对救生设备的要求

降低了第七章对渔船设备救生衣、救生艇及无线电救生设备等要求，减少了配备数量要求，并规定可采用等效设备。

7. 降低了渔船无线电通信人员适任能力要求，不再要求无线电操作人员必须能讲英语

8. 提出了过渡期条款

如果一缔约国由于设施落后、机构不完善等原因，不可能马上实施 1993 年托雷莫利诺斯议定书第Ⅶ(救生设施和配置)、Ⅷ(应急程序、召集和演习)、Ⅸ(无线电通信管理)和Ⅹ(船载导航设备和配置)章规定的关于现有船舶的所有措施，该缔约国可以循序渐进地先行实施第Ⅸ章一段时间，但不超过 10 年；再实施第Ⅶ章、第Ⅷ章以及第Ⅹ章一段时间，但不超过 5 年。

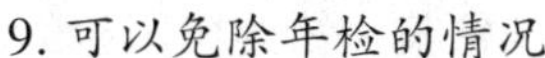
9. 可以免除年检的情况

如果主管机关认为，鉴于船舶的营运区域和船舶类型的特殊性，它可免除《经2012年开普敦协定修订的〈1977年国际托雷莫利诺斯渔船安全公约1993年议定书〉附则》第Ⅰ章第7条(1)款(d)和9条(1)款(d)条规定的船舶年度检验。[①]

第十二节　1995年渔船船员培训、发证和值班标准国际公约

一、产生背景

据估计，全球范围内每年因捕鱼作业造成的渔民死亡人数超24 000人。[②]保障渔船和渔船船员的安全是IMO任务的重要组成部分，IMO长期致力于提高渔船安全标准和渔船船员培训标准。在制定渔船人员培训、发证和值班标准国际公约前，IMO曾以大会决议的形式通过相关建议性文书，旨在提高渔船船员培训、发证和值班标准，诸如1987年通过的大会决议A.622(15)-渔船船上保持轮机值班应遵循的基本原则[③]。另外，IMO还和粮农组织(FAO)、国际劳工组织(ILO)联合制定了《渔民培训和发证指导性文书》[④]。这些文书对于统一全球渔船船员培训、发证和值班标准发挥了一定的作用，但受限于非强制性的特点，使其在全球的适用范围有限，发挥的作用不及强制性规则。为了有效降低渔船船员伤亡数量，国际社会需要建立强制性的渔船船员培训与发证标准。[⑤]

考虑到1978年STCW公约不适用于渔船船员，为进一步保障海上人命、财产安全和保护海洋环境，IMO于1993年制定了全球有关渔船船员培训、发证和值班的统一标准。1995年7月召开的渔船人员培训、发证和值班标准外交大会通过了《渔船人员培训、发证和值班标准国际公约》(以下简称《1995年STCW-F公约》)。《1995年STCW-F公约》是首个在国际层面上为渔船船员的培训、发证和值班建立基本要求的公约。该公约规定了关于渔船船员的培训、发证和值班最低标准，并强调各国制定的国内标准不得低于此标准。

随着帕劳共和国的批准，《1995年STCW-F公约》于2011年9月29日符合生效条件，即达到15个国家批准该公约，并按规定于2012年9月29日正式生效。[⑥] 截至2020年10月30日在IMO官方网站所获取的信息，该公约的缔约国共有32个，约占世界总吨位的8.43%。截至2020年12月底，中国尚未成为公约的缔约国。

《1995年STCW-F公约》正文(Articles)由15条构成，包括公约的一般义务、定义、适用范围、资料交流、其他条约和解读、国家层面的规定、监督、促进技术合作、修订、加入、生效、退出

① 第7条(1)款(d)和第9条(1)款(d)均为："国际渔船安全证书的每一周年日前三个月或后三个月的年度检验。"

② https://edocs.imo.org/Final Documents/English/MSC 95-19-3(E).docx.

③ IMO. 1987. Resolution A.622(15)-basic principles to be observed in keeping an engineering watch on board fishing vessels.

④ IMO. 1999. STW 31/7-FOLLOW UP ACTION TO THE 1995 STCW-F CONFERENCE: FAO/ILO/IMO Document for Guidance on the Training and Certification of Fishing Vessel Personnel, Note by the Secretariat.

⑤ 国际合作司国际组织处.国际海事组织各公约简介(5).航海科技动态，1999.02.

⑥ IMO. 2011. STW 43/13/1-ANY OTHER BUSINESS: Implications on the entry into force of the STCW-F Convention, Note by the Secretariat.

机制等内容。关于公约适用范围,第 3 条规定,本公约适用于有权悬挂某一缔约国国旗的海洋渔船上工作的船员。而适用的渔船系指出于商业目的用于捕鱼或其他海洋生物资源所使用的的任何船舶,但仅在内陆水域中,或仅在遮蔽水域,或仅在港章所适用的区域及与其紧邻水域中航行的渔船不适用。考虑到各国渔船的尺度、形状等特质差异较大,该规则(Ⅰ/2)还为主管机关提供了渔船吨位与长度进行转换的标准,即 300 总吨相当于 24 m 长,950 总吨相当于 45 m 长。①

另外,鉴于加入该公约的国家主要是欧洲和非洲国家,而拥有最大捕鱼船队的大部分亚洲国家未加入该公约。据此,2015 年加拿大、冰岛、日本、新西兰和挪威联合提出对《1995 年 STCW-F 公约》进行全面审查的提案。该提案指出公约中若干要求已经不符合当下捕鱼的行业标准,且在生效后未提及对此进行修订,这可能是很多国家不加入该公约的主要因素之一②。为使该公约标准更接近当前捕鱼行业状态,鼓励更多的国家加入,更有效促进渔船船员的生命安全和渔船海上作业安全及海洋环境保护,2015 年召开的 IMO 海上安全委员(MSC)第 95 届会议决定启动《STCW-F 公约》的全面审查工作③。公约的有关修正仅限于附则,并使用公约正文第十条规定的默许接受程序进行修订。考虑到公约审查和修正的诸多突出问题,IMO 计划于 2021 年(HTW 8 次会议)结束其全面审查工作,以便在 2022 年的 MSC 106 大会上通过《1995 年 STCW-F 公约》的修订案。④

1978 年 STCW 公约与 1995 STCW-F 公约同为规范海上人员培训与发证的海事公约,前者为后者提供了很大的借鉴作用,对其产生一定的影响。例如根据 1995 年 STCW-F 公约,依据 1978 年 STCW 公约的规定签发的轮机长、轮机员及无线电人员适任证书,应被视为符合 1995 年 STCW-F 公约要求的相应的渔船职务适任证书。1995 年 STCW-F 公约设定了港口国 PSC 检查监督程序,其规定基本源于 1978 年 STCW 公约。1995 年 STCW-F 公约设定的证书承认机制与 1978 年 STCW 公约基本一致,也不允许承认非缔约国签发的渔船人员证书。

二、公约主要内容

(一)公约正文

公约正文包括 15 条。第一条(一般义务),指出各缔约国有义务实施本公约及其附则规定,引用本公约也就是引用该附则,并且有义务颁布法律法规和采取一切必要的其他措施,确保海洋渔船船员适任其职责。第二条(定义),对本规则中提及的 8 个术语进行界定,分别为:缔约国,主管机关,证书,持有证书的,组织,秘书长,渔船,海洋渔船。第三条(适用范围),指出本公约适用于有权悬挂某一缔约国国旗的海洋渔船上工作的船员。第四条(资料交流),规

① 在公约附则中,规则Ⅰ/2(适用范围)规定:对于长度不足 45 m 且仅在港区操作和在限定水域(Limited Waters)内捕鱼的渔船,如果缔约国主管机关认为完全遵守规则Ⅱ/3(关于限定水域渔船船长发证要求),规则 Ⅱ/4(关于限定水域渔船值班高级船员发证要求),规则Ⅱ/5(关于向 750 kW 及以上功率上渔船轮机长,在有人机舱值守的负责轮机值班高级船员或在定期无人值守机舱的指定轮机员发证)和使用英语语言的要求不合理或不可行,可在不减损本公约安全原则的前提下决定对这类人员全部或部分不适用某些规则。在此情况下,主管机关必须就此类人员的培训和发证所采取的具体措施向 IMO 秘书处报告。

② IMO. 2015. MSC 95/19/3 - WORK PROGRAMME: Proposal for a comprehensive review of the 1995 STCW-F Convention, Submitted by Canada, Iceland, Japan, New Zealand and Norway.

③ 张照亿,鲍君忠. STCW-F 公约全面审查进展. 世界海运. 2017 (8). p. 19-21.

④ IMO. 2019. HTW 6/WP. 5- COMPREHENSIVE REVIEW OF THE 1995 STCW-F CONVENTION: Report of the Working Group on the Comprehensive Review of the 1995 STCW-F Convention.

定每个缔约国有义务向秘书长报告有关充分而有效实施本公约各条款规定所采取的措施,包括一份证明符合本公约所签发的证书样本。第五条(其他公约及解释),指出先前渔船船员的相关条约、公约和协定在有效期内对于不适用本公约或适用本公约但未明确规定的事项,继续完全和充分有效。第六条(证书),规定渔船船员必须依据本公约附则的规定方可取得证书。

第七条(国家层面的规定),规定每个缔约国必须建立对于持有本公约相关适任证书人员的不当行为进行公正调查、证书回收或吊销等措施的程序,规定对于违反为实现本公约所制定的国家法规,此类相关的持证船舶或渔船船员进行惩罚或纪律约束的措施。第八条(监督),规定在另一缔约国港口时,渔船要受该缔约国正式授权官员的监督,如缺陷无法纠正并经判定该缺陷对于船员或环境构成威胁时,执行监督的缔约国可滞留该船,执行监督过程中应避免造成不适当的滞留或延误。第九条(促进技术合作),指出缔约国必须和 IMO 协商,并在其帮助下促进对于需要技术帮助的国家提供必要的支持。第十条(修正案),提出两种可选择的修正程序:经本组织内部审议的修正和会议修正。规定了视为接受公约正文和附则修正案的不同的条件。

第十一条至第十五条的内容主要涉及公约的加入、生效、退出的机制,保管以及不同文字版本效力的规定,具体包括公约应在至少 15 个国家无保留地批准、接受或核准,或已交存所需相关文件之后 12 个月方可生效;缔约国在该公约对其生效满 5 年后方可退出;公约由秘书处保管;其他文本具有同等效力(中文、英文、法文、俄文和西班牙文)。

(二)公约附则

公约的技术条款主要体现在附则中,2015 年启动的 1995 年 STCW-F 公约全面审查中,IMO 对公约附则进行了全面修订。本节以预期于 2022 年通过的 STCW-F 公约修正案为蓝本介绍其附则各章的内容概要。本公约的附则包括 4 章。

(1)第Ⅰ章-总则

本章共由 12 条规则构成,包括定义、适用范围、证书和签注、控制程序、资料交流、证书发放管理、证书认可、过渡规定、豁免、等效、模拟器的使用和健康标准。Ⅰ/11 规定在所有基于模拟器培训,任何通过模拟器实施的对于 STCW-F 规则要求的能力评估,和通过模拟器表明具备 STCW-F 规则要求的持续能力都必须遵守 STCW-F 规则 A 部分 A-Ⅰ/11 所列出的适任标准和规定和该部分其他发证相关的要求。Ⅰ/12 规定每个缔约国必须建立渔船人员健康标准以及依据本规则条款和 STCW-F 规则 A 部分 A-Ⅰ/12 签发健康证书的程序,要确保负责渔船船员体检的相关人员是缔约国所认可的。每个持有本公约规定证书的渔船船员也必须持有符合本规则和 STCW-F 规则 A 部分 A-Ⅰ/12 的健康证书,该证书有效期为两年,如果证书持有者不满 18 岁则有效期为 1 年。

(2)第Ⅱ章-船长、甲板部和轮机部高级船员以及无线电操作员的发证

本章包括 8 条规则,对服务于不同水域、不同大小渔船上的不同职务船员的发证标准及证书再有效给出具体的规定。这些规则要求渔船上的工作人员持有符合其职位的适任证书,满足健康方面,尤其是听力和视力的标准,同时具备其职位需求的渔船海上服务资历,缔约国允许其由不超过 6 个月的符合修正的 1978 年 STCW 公约海船船员服务资历替代;另外,持有符合修正的 1978 年 STCW 公约的适任证书的海船海员在申请低于或同等于其证书级别的渔船船员适任证书时免除 STCW-F 规则中的列出的相关适任能力的重新考核。

第Ⅱ/1 条和第Ⅱ/2 条分别是关于向长度大于 24 m 的无限航区渔船船长和值班高级船员

发证的强制性最低要求。Ⅱ/1 要求渔船船长资格证书申请人必须满足相应种类渔船负责航行值班高级船员的发证要求，且具有认可的不少于 12 个月在长度不小于 12 m 的渔船上航行值班高级船员或渔船船长的海上服务资历，且满足相应要求的身体条件，方能申请发证。Ⅱ/2 要求渔船高级船员资格证书申请人年龄不低于 18 岁，具有认可的不低于 12 个月的在长度不小于 12 m 的渔船上或渔船训练船上的海上服务资历，作为包括符合 STCW-F 规则 A-Ⅱ/2 要求认可的培训计划组成部分，并且有认可的培训记录簿上相应记载；或者具有认可的不少于 2 年的在长度不小于 12 m 的渔船的甲板部工作的海上服务资历，同时要视情况满足规则Ⅱ/6（通信职能）的可适用要求，能够履行指定的无线电职责，并且满足相应要求的身体条件，方能申请发证。

第Ⅱ/3 条和第Ⅱ/4 条分别是关于向长度 24 m 及以上在有限水域操作的渔船船长和值班高级船员发证的强制性最低要求。第Ⅱ/3 条要求渔船船长申请人符合此类渔船在有限或无限航区负责航行的值班高级船员发证要求，并具有认可的不低于 12 个月在长度不小于 12 m 的渔船上作为负责航行值班高级船员或船长的海上服务资历，同时必须通过满足缔约国要求的适任能力评估考试，满足 STCW-F 规则 A-Ⅱ/3 列出的适任能力标准，并且满足相应要求的身体条件，方能申请发证。第Ⅱ/4 条要求渔船值班高级船员申请人年龄必须在 18 岁以上，具有认可的不低于 12 个月在长度不小于 12 m 的渔船上或渔船培训船上的海上服务资历，作为包括符合 STCW-F 规则 A-Ⅱ/4 要求认可的培训计划组成部分，并且有认可的培训记录簿上相应记载；或者具有认可的不少于 2 年的在长度不小于 12 m 的渔船的甲板部的海上服务资历，并且满足身体条件要求，方能申请发证。

第Ⅱ/5 条分为两部分，第Ⅱ/5-1 条是关于向主推进装置为 750 kW 及以上渔船轮机长发证的强制性最低要求，规定申请人年龄必须在 18 岁以上，符合此类海洋渔船负责轮机值班高级船员发证要求，并且具有认可的在轮机部不少于 24 个月的海上服务资历，其中担任有人值班机舱的高级轮机员或指定的周期性无人值守机舱值班的轮机员不少于 12 个月的服务资历，完成相应教育和培训要求，满足 STCW-F 规则 A-Ⅱ/5-1 列出的适任能力标准，并且满足相应要求的身体条件，方能申请发证。第Ⅱ/5-2 条是关于向主推进装置为 750 kW 及以上渔船上在有人值班机舱的高级轮机员或在指定的周期性无人值守机舱值班的轮机员发证的强制性最低要求，规定申请人年龄必须在 18 岁以上，具有认可的不低于 12 个月在主推进装置为 750 kW 及以上的渔船上或渔船训练船上服务资历，作为包括符合 STCW-F 规则 A-Ⅱ/5-2 要求认可的培训计划组成部分，并且有认可的培训记录簿上相应记载；或者已经在符合 1978 年 STCW 公约要求的船上或训练船上完成认可的机工技能培训与且不少于 12 个月的对应海上服务资历，作为符合 STCW-F 规则 A-Ⅱ/5-2 要求认可的培训计划组成部分，并且在有认可的培训记录簿上相应记载；并且满足相应要求的身体条件，方能申请发证。

Ⅱ/6 是关于向渔船上负责和承担无线电通信任务的船员发证强制性最低要求；规定申请人年龄必须在 18 岁以上，已经完成认可的教育和培训，达到 STCW-F 规则 A-Ⅱ/6 要求的适任标准，并且满足相应要求的身体条件，方能申请发证。

Ⅱ/7 和Ⅱ/8 分别是关于船长和高级船员，GMDSS 无线电操作员证书再有效。Ⅱ/7 关于船长和高级船员证书再有效要求，规定持有依据本公约本章签发或认可的适任证书，正在渔船上服务或在陆地一段时间后，意图返回渔船上工作的渔船船长或高级船员，为使其证书再有效，必须在 5 年内仍满足规则Ⅰ/12 规定的健康标准并且持续具备符合 STCW-F 规则 A-Ⅱ/7

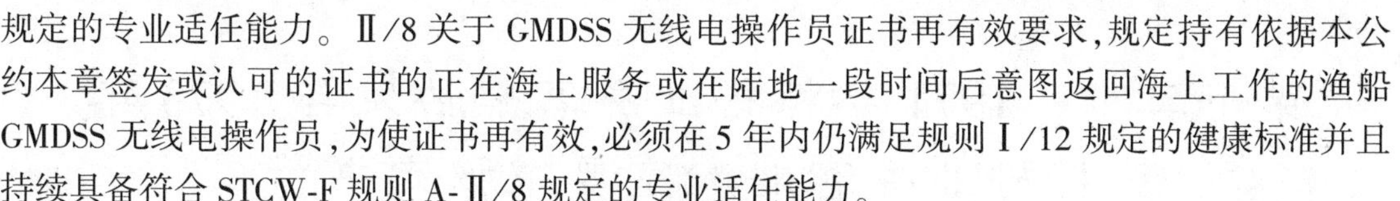

规定的专业适任能力。Ⅱ/8 关于 GMDSS 无线电操作员证书再有效要求,规定持有依据本公约本章签发或认可的证书的正在海上服务或在陆地一段时间后意图返回海上工作的渔船 GMDSS 无线电操作员,为使证书再有效,必须在 5 年内仍满足规则Ⅰ/12 规定的健康标准并且持续具备符合 STCW-F 规则 A-Ⅱ/8 规定的专业适任能力。

(3)第Ⅲ章 渔船上所有人员基本培训和船上安全熟悉

本章给出了关于所有渔船船员基本培训和船上安全熟悉的强制性最低要求,规定渔船船员必须依据 STCW-F 规则 A-Ⅲ/1-4 接受基本训练和船上安全熟悉,并且必须达到该部分列出的适任能力标准。如果基本培训没有包括在签发证书的资质要求中,主管机关需要签发培训合格证书以表明证书持有人已经完成基本培训的课程。本章所指的基本培训内容包括:个人求生技巧、防火和灭火、基本急救、个人安全和社会责任四个方面。

(4)第Ⅳ章航行值班

本章包括航行值班的基本原则和各个场景下的航行值班要求,包括去往和返回渔场期间、引航员在船期间、寻找鱼区或捕鱼时以及锚泊值班和无线电值守。根据本章规则,船长应当保证做出的值班安排足够维持渔船安全航行;驾驶员在负责航行值班时应当最有效地使用由其任意支配下的所有通信导航设备,确保维持不间断的正规瞭望,充分知晓一旦出现海洋环境污染的严重后果,并且应当采取可能的预防措施,防止此类污染的发生。

(三)STCW-F 规则

STCW-F 规则(STCW-F Code)为 2015 年启动的全面审查新增加的部分。该部分基本沿用了 STCW 规则(STCW Code)的体例,由 A 部分(关于 STCW-F 公约和附则条文的强制性标准)和 B 部分(关于 STCW-F 公约和附则条文的建议性导则)组成。两部分都包括 4 章,各章节的编号与 STCW-F 公约附则中各条规则的编号对应。[①]但是,有些 STCW-F 公约和附则条款在最初 B 部分没有相对应的指导建议,但并不排除以后会做相应添加的可能,且 B 部分也可包含在 STCW-F 公约附则和 STCW-F 规则 A 部分没有相关对应条款的内容,如新增的对于长度 24 m 及以上渔船上工作的甲板水手(deck hands)培训建议。[②]

A 部分包括了经修正的《1995 年渔船船员培训、发证和值班公约》附则中专门提及的强制性规定,是缔约国为能够充分和完全实施该公约所需保持的最低标准,同时也包含申请签发适任证书和使适任证书再有效的申请人所需表明的适任能力标准,这些标准中所列能力包括以下 7 块职能:船舶驾驶,渔获物处理和存储,船舶操作控制和船上人员照管,轮机工程,电气、电子和控制工程,维护和修理,以及无线电通信。划分 3 个责任等级,即管理级,操作级和支持级。在 STCW-F 规则中,这些职能的最低标准以知识、理解和熟练(KUP)要求以表格形式列出,包括基于级别和职能的知识、理解和熟练的内容,表明适任的方法和评估适任的标准。

① IMO. 2020. HTW 7/8 COMPREHENSIVE REVIEW OF THE 1995 STCW-F CONVENTION - Report of the Correspondence Group.

② IMO. 2019. HTW 6/WP. 5- COMPREHENSIVE REVIEW OF THE 1995 STCW-F CONVENTION: Report of the Working Group on the Comprehensive Review of the 1995 STCW-F Convention.

第十三节　1971 年特种业务客船协定与 1973 年特种业务客船舱室要求议定书[①]

一、产生背景

印度洋周围许多国家有进香朝圣的传统。船舶载运大量无铺位的客人前往朝圣地,此种活动引起了该地区国家对安全载客的重视,1931 年制定了"SIMLA 规则"(西姆拉规则)。但该规则由于 1948 年和 1960 年安全公约的通过而不再适用。鉴于此,国际海事组织在 1971 年 10 月召开了国际会议,讨论与 1960 年安全公约有关的特种业务客船的安全要求问题。会议通过了《1971 年特种业务客船协定》(简称 STP 1971),该协定于 1974 年 1 月 2 日生效,截至 2015 年 3 月 10 日,该协定共有 17 个缔约国,占世界商船总吨位的 23%。我国政府未加入该协定,该协定于 1997 年 7 月 1 日对香港特别行政区生效。STP 1971 的附件为《1971 年特种业务客船规则》。该规则修改了 1960 年安全公约第Ⅱ章和第Ⅲ章的条款。

由于 STP 1971 未涉及特种业务客船舱室要求的通用规则,根据 1971 年特种业务客船国际会议的一项决议,国际海事组织与其他组织,特别是世界卫生组织合作,起草了关于特种业务客船乘客布置安全方面的技术规则。1973 年 7 月 13 日国际海事组织召开国际会议,通过了《1973 年特种业务客船舱室要求议定书》(SPACE STP 1973)。议定书的附件为《特种业务客船舱室要求规则》。特种业务客船的舱室要求对安全载运特种业务乘客有直接影响,也是对 1971 年特种业务客船协定的一种补充。该议定书第Ⅳ条规定了加入条件,要求 STP 1971 的缔约国可加入该议定书,这意味着加入该议定书必须先加入 STP 1971。该议定书于 1977 年 6 月 2 日生效。截至 2020 年 9 月 15 日,共有 18 个缔约国加入该议定书,占世界总吨位的 23.99%。我国政府未加入该议定书,该议定书于 1997 年 7 月 1 日对我国香港特别行政区生效。

二、主要内容

(一)1971 年特种业务客船协定

1971 年特种业务客船协定由 11 条正文、一个附件和两个附录组成。正文主要包括一般义务,适用范围,信息的送交,签字、接受和加入,修正,生效和退出等。附件为《1971 年特种业务客船规则》,该规则包括 5 部分,分别为总则、构造、救生设备、危险货物运输、国际卫生条例。附录 1 为特种业务区域,附录 2 为特种业务客船安全证书格式。

STP 1971 适用于从事特种业务并在《1960 年国际海上人命安全公约》的缔约国及参加本协定各国政府登记的客船及在扩大领土内登记的船舶。

特种业务指在指定的区域内,通过海事国际航行,运送大量特种业务旅客;特种业务区域见 STP 1971 附录 1;特种业务旅客是特种业务中在露天甲板上、上甲板和/或甲板间舱载运的旅客,这些处所的旅客合计超过 8 人。

① 国际合作司国际组织处. 国际海事组织各公约简介(4). 航海科技动态,1999(1).

STP 1971 要求特种业务客船在通过《1971 年特种业务客船规则》所要求的检查和检验后，应由主管机关或其正式授权的人员或机构签发特种客船安全证书，特种客船安全证书格式可参见 STP 1971 附录 2。

《1971 年特种业务客船规则》的第 2 部分主要规定了隔舱的许可长度，分舱载重线，机电设备及防火、探火与灭火等内容。第 3 部分规定了救生艇、救生筏和救生浮具的配备、存放和操作等内容。第 4 部分规定特种业务客船不应装运 SOLAS 1960 第Ⅶ章第 2 条中分类的危险货物。第 5 部分要求 STP 1971 所适用的船舶应符合 1969 年《国际卫生条例》的相关要求。①

（二）1973 年特种业务客船舱室要求议定书

特种业务客船舱室要求议定书共 10 条，所附规则 4 章 23 条。正文部分主要包括适用范围；信息的递交；签字、接受和加入；生效；修正；退出等内容。附则第一章为总则，内容主要包括定义；发证；证书的接受等。第二章为舱室要求，主要对不适合搭载旅客的处所、乘客定额、不设铺位的舱室、应予减除和标志的面积、设有铺位的舱室、舱室的标志、梯道的宽度、照明、通风、天棚、食物的烹调、防止事故等内容做了规定。第三章为对现有船舶的放宽条件。第四章主要规定了适用本附则的船舶，应符合《国际卫生条例（1969 年）》，并应注意到《国际卫生条例（1969 年）》关于航行的环境和性质的定义。主要内容概括如下②：

1. 适用于从事特种业务且在《1960 年国际海上人命安全公约》《1971 年特种业务客船协定》和本议定书的缔约国登记的客船及在扩大领土内登记的船舶。

2. 经检验后，应发放特种业务客船舱室证书，期限不得超过 12 个月，应张贴于船上显著的地方。

3. 不适合搭载旅客的环境：①低于直接位于最深分舱载重线以下甲板的任何甲板上；②二层甲板间某甲板下净高度小于 1.9 m 的任何地点；③防撞舱壁的前面和其向上延伸部分；④自艏垂线起 1/10 船长的下层中间甲板上；⑤气候不良季节里露天甲板上的处所等。

4. 任何在 72 h 或以上的航次，每个旅客必须有一铺位。

5. 任何少于 72 h 的航次：①设有铺位的，每个铺位的长应不小于 1.9 m，宽应不小于 0.76 m，可设单层或双层，应设有挡板或栏杆，应为金属制成，铺位之间需有直接出入的通路；②不设铺位的舱室，应根据“每一旅客所占最小面积表”③丈量。

6. 任何在 24 h 或以上的航次，任何舱室的旅客数决不应超过以 m^3 计算的舱室总容积除以 3.06 m^3 的商数。

7. 应提供不少于 0.37 m^2 的露天甲板散步面积。

8. 其他舱室要求：①计算不设铺位的舱室内旅客人数时，应按规定减除非居住面积；②应在居住舱室入口处明确标志乘客定额；③应设有在白昼也能充分照明的装置；④应设有围壁式机械通风系统；⑤应设有经相应主管机关认可的抗御不良气候的天棚；⑥不许旅客烹饪；⑦开启舱口高度不少于 0.9 m；⑧居住舱室应与货物隔开等。

9. 只要主管机关认为合理和可行，可放宽对现有船舶的相关要求。

10. 应符合《国际卫生条例（1969 年）》。

---

① 张仁平. 中国海上维权法典—国际海事公约篇（第二卷）. 大连：大连海事大学出版社，2012. 12.

② 司玉琢，吴琦，等. 海商法大辞典. 北京：人民交通出版社，1998.

③ 见议定书附录 1。

第十四节　2003 年海员身份证件公约

一、产生背景

为到国际航行的船舶上履职，海员需要频繁地跨境旅行，给予海员跨境旅行相关的便利是一项国际通行做法，这就需要海员持有其特殊的身份证明文件（Seafarers' Identity Documents，SID），即"海员证"（Seafarer's Passport①）。海员以到任、上岸休假、转船或遣返之目的而进入成员国领土，通常无须签证。为确立这种良好的国际通行做法，1958 年召开的第 41 届国际劳工大会通过了《1958 年海员身份证件公约》（108 号公约），为海员身份证件的签发等相关内容确立了统一标准，并规定各成员国应基于互惠原则承认各自签发的海员身份证件，即确立了"国际间海员身份证件相互认可"原则。这些原则随后被 IMO《1965 年便利国际海上运输公约》（简称《便利运输公约》）所吸收。批准或加入 108 号公约或便利运输公约的国家数量众多，108 号公约曾拥有 74 个缔约国，②现仍有 64 个缔约国，③而另有一些国家虽然没有正式批准公约，但在实践中仍履行了 108 号公约的规定，表明该公约影响颇深。由于当时的人员身份识别技术发展状况所限，108 号公约仅规定海员身份证件需以耐磨损材料制作而成，因此根据公约签发的海员身份证件缺乏诸如二维码或生物识别等当今主流防伪技术。

2001 年发生在美国本土的"9·11"恐怖袭击事件，使加强国际反恐合作机制受到了国际社会的高度重视。为保护国际海上运输环节免受恐怖主义的威胁，IMO 于 2002 年 12 月 12 日召开了 SOLAS 公约缔约国外交大会，通过了关于加强海上安全和保安特别措施的《1974 年国际海上人命安全公约》修正案，规定港口国政府、船东、船上人员以及港口/设施人员警惕安全威胁并且采取相应的预防措施，以防止安全事件影响从事国际贸易的船舶或港口设施。在此背景下，国际劳工组织（ILO）启动了对 108 号公约的修订工作。修订的重点为海员身份证件的最低标准，尤其是针对采用生物测定识别方法以方便海员身份的核验。在 2003 年 6 月份召开的第 91 届国际劳工大会上，国际劳工组织（ILO）通过了《2003 年海员身份证件公约》（185 号公约），用于取代 1958 年通过的 108 号公约。其旨在建立更加严密的海员身份证件（SID）管理体制，防止伪造海员身份证件的行为，保护海员上岸休假和职业旅行的劳动权利。185 号公约已于 2005 年 2 月 9 日生效，截至 2020 年 12 月，共有 35 个国家批准了该公约。④ 我国尚未加入 185 号公约。

二、主要内容

185 号公约制定了全球统一的证件格式和具体技术参数，将防伪技术的新成果应用到海员身份证件中，确保海员身份证件的防伪措施能够随着技术的进步而得以改进。海员身份证

① 我国海员证的英文称谓.

② 一些国家因加入了《2003 年海员身份证件公约》而自动退出了第 108 号公约。

③ https://www.ilo.org/dyn/normlex/en/f?p=1000:11300:0::NO:11300:P11300_INSTRUMENT_ID:312253 [Accessed on 18 Dec. 2020].

④ https://www.ilo.org/dyn/normlex/en/f?p=1000:11300:0::NO:11300:P11300_INSTRUMENT_ID:312330 [Accessed on 18 Dec. 2020].

件的最主要特征是引入了海员指纹的生物测定信息。185 号公约为了便利海员上岸休假，规定缔约国对持有海员身份证件的海员以上岸休假为目的的入境应免于签证。公约正文共计 18 条，第 1 条规定了公约所适用的“海员”一词的定义。第 2 条规定了各成员国须向海员签发符合本公约要求的海员身份证件。第 3 条明确了海员身份证件的规格、所载内容、制作材料、机器识读与防伪、持证人生物测定等要求。第 4 条要求各成员国建立国家电子数据库，用于记录海员身份证件的签发和有效性信息。其他成员国主管机关出于核实海员证真伪的目的可以接入电子数据库。第 5 条要求签发海员身份证件的过程或程序需要受到质量控制与评估。第 6 条为关于便利海员上岸休假、过境和转船的权利保障条款。第 7 条为海员证的持有与吊销的规定。8-18 条为公约的修订、保管等惯常性条文。

公约附件共计 3 个，附件 Ⅰ 为海员身份证件范本，规范了海员身份证件格式和内容的具体要求；附件 Ⅱ 为电子数据库信息展示要求，限定了电子数据库中每条记录应展示的具体信息；附件 Ⅲ 为关于海员身份证件签发程序的最低要求，包括质量控制程序。该附件分为 A、B 两个部分。A 部分为实施海员身份证件签发体系所须达到的效果，是强制性要求，B 部分提出了确保取得 A 部分描述的成效而应采用的程序和做法，是建议性要求。

2016 年 6 月召开的第 105 届国际劳工大会对 185 号公约的 3 个附件进行了修订。修订后的附件 Ⅰ 要求本公约所规定的海员身份证件须符合国际民航组织的机读旅行证件 Doc 9303 号文件第 7 版及后续修订本所包含的关于电子机读旅行文件强制性要求。① 附件 Ⅱ 细化了在海员身份证件的视读检查区应保存的基本信息及编号要求。附件 Ⅲ 增加了关于成员国须遵守国际民航组织 Doc 9303 号文件的所有相关强制性要求，并须充分考虑该文件第 2 部分及其附录所包含的建议或意见。该修正案已经于 2017 年 6 月 8 日生效。

练习题

1. 简述《国际海上人命安全公约》在哪些方面为船上的人员提供了安全保障？

2. 简述《海事劳工公约》从哪些方面对船上人员的职业安全和健康提出了要求？简述《海员培训、发证和值班标准国际公约》建立的海员职业资格制度。

3. 简述港口国监督的含义，并列举《海事劳工公约》下港口国监督的主要检查项目。

4. 简述你对《国际海上避碰规则公约》适用范围的理解。

5. 简析海上自主水面船舶(智能船舶)所引发的监管问题。

6. 试分析我国渔船船员职业安全与健康监管面临的挑战。

① https://max.book118.com/html/2018/0405/160066363.shtm

第四章 环保类公约

第一节 国际防止船舶造成污染公约

一、产生背景

船舶溢油所导致的海洋污染可归纳为两类，即事故性污染和操作性污染。事故性污染一般是指因船舶碰撞、触礁、搁浅和火灾等造成的污染；操作性污染一般是指船舶排放不清洁的压舱水和机舱污水等造成的污染。早在第一次世界大战前，人们就已认识到船舶溢出的油类物质对海洋造成的污染问题，特别是对港口和港湾及其周围水域所造成的污染。在20世纪二三十年代，一些国家已采取措施控制船舶在其领水内排放油类物质的行为，并以罚款等形式制止非法排放行为。国际社会曾经试图达成防止船舶污染海洋的国际性协定，但直到第二次世界大战爆发也未获成功。20世纪50年代初，石油的大量海上运输使人们更加关注海洋油污染的危害。为了保护和改善海洋环境，各国政府纷纷立法并采取措施防止、控制船舶造成的海洋污染，国际社会也制定了一系列的国际公约，逐步建立起控制船舶污染的条约体系和较为完善的法律规则，并不断地修订和完善。

国际海洋环境保护公约包括三个层次。第一个层次是有关船舶污染控制和海洋环境保护的全球性框架公约，例如《1958年公海公约》①和《1982年联合国海洋法公约》②等。然而，这些公约只给出了一些原则性的规定，其规定的实施尚需一些有具体内容的技术性公约，国际海事组织制定的一些公约和议定书就是这种性质的法律文书。第二个层次是控制船舶污染的国际条约，如《1954年国际防止海洋油污染公约》《经1978年议定书修订的1973年国际防止船舶造成污染公约》（中文简称《73/78防污公约》，英文简称MARPOL 73/78）、《1969年国际干预公海油污事故公约》（简称《干预公约》）等。第三个层次是与控制船舶污染有关的其他海洋环境保护条约，如《1972年防止因倾弃废物与其他物质污染海洋的公约》（简称《伦敦公约》）。③④

以下是对《1954年国际防止海洋油污染公约》《1973年国际防止船舶造成污染公约》及其议定书的介绍。

---

① 《1958年公海公约》第24条、第25条。

② 《1982年联合国海洋法公约》第211条、第217条、第220条。

③ 吴国凡，刘喜元，周红权. 国际防止船舶污染海洋公约现状及发展趋势[J]. 船海工程，2010，06：64-67.

④ 船舶有意地向海中倾倒陆源污染物，甚至在海上有意地弃置废船和废平台等也是造成海洋污染的另一途径。

（一）1954 年国际防止海洋油污染公约

油船惯常的操作方式是满载驶往卸货港，而空载返回装货港，为保障船舶海上航行能力，船体、螺旋桨和舵叶都应有适当的沉深，这就需对某些货油舱充填压载水。由于油船货舱舱壁或舱底粘有一定量的残余货油，压载水也就成为含油污水。当时采用的高压水喷射等洗舱方法，也会产生油水污水（洗舱水）。另外，各类船舶机舱处也会产生一定量的含油污水（Oily Wastes）。在《1954 年国际防止海洋油污染公约》（以下简称《1954 年防污公约》）前，通常将这种含油污水直接排放入海，进而造成海洋污染，这类污染（源）在当时被人们认为是船舶所致的主要海洋污染源。1954 年，在伦敦召开的防止海上油污染会议上通过了《1954 年防污公约》[①][②]。该公约的宗旨是采取相关措施，控制原油、燃油、重柴油和润滑油等油类的排放，以达到防止船舶日常操作排放的油类对海洋造成污染。该公约于 1958 年 7 月 26 日起生效。

《1954 年防污公约》主要从以下两个方面着手解决油污染海洋问题：

（1）在近岸 50 n mile 内设立“禁区”，在禁区内禁止排放油和含油量大于 100 ppm 的油水混合物。

（2）要求缔约国采取各种有效步骤促进提供油污水和油类残余物的接收处理设施。

《1954 年防污公约》经历了 1962 年、1969 年、1971 年三次修订。1962 年通过的《1954 年防污公约》修正案将其应用范围扩大到较小吨位的船舶，并将“禁区”范围也扩大了。1967 年，“Torrey Canyon”号油船在进入英吉利海峡时发生搁浅漏油事故，IMCO 认识到事故性溢油成为船舶造成海洋污染的主要原因，并制定了一系列的公约和其他文书，[③]对油舱的尺度进行限制，以减少船舶碰撞或搁浅时的溢油量。1969 年修正案对操作性排放从以下几个方面进行限制。

从油船上排放油类必须满足以下条件：

（1）在压载航行时，总排放量不得超过油船装载量的 1/15 000；

（2）瞬时排油率不得超过 60 L/n mile；

（3）在近岸 50 n mile 内不准从货油舱间接排放任何油类。船舶须持有一种新格式的油类记录簿，以记录从装油到卸油有关货油及其残余物在舱与舱之间的调驳情况。

船舶机舱污水，必须满足以下排放条件：

（1）船舶必须在航行中，且瞬时排放率不大于 60 L/n mile；

（2）任何油污水含油量不得大于 100 ppm；

（3）排放应尽量远离陆地。

1971 年修正案对澳大利亚大堡礁区域规定了额外的保护性措施，并限制有油船货油舱的舱容，以期达到减少碰撞或搁浅时的溢油量。

《1954 年防污公约》及 1962 年、1969 年和 1971 年修正案作为世界上第一个防止船舶造成污染的国际公约，首次规定了禁止油类排放的区域、排放要求、接收设施和油类记录簿，在当时防止油污染方面发挥了显著作用。但该公约存在着明显不足，即它没有规定控制其他有害物质污染海洋的规则。[④]

---

① 英文版文献中多用 OILPUL 1954 这一术语。

② 从该公约的产生过程及初始保存机构来看，它也可被称为 British Convention。随着《1958 年国际海事组织公约》的生效，有关该公约保管人和秘书处的职能从英国政府转移给 IMO。当时防污染在 IMO 的工作中所占分量还很小。

③ 包括 1969 年和 1971 年两次对《1954 年防污公约》进行修改。

④ 吴国凡，刘喜元，周红权. 国际防止船舶污染海洋公约现状及发展趋势［J］. 船海工程，2010，06：64-67。

（二）1973 年国际防止船舶造成污染公约

1973 年，IMCO 在英国伦敦召开了国际防止海洋污染大会。本次会议通过了《1973 年国际防止船舶造成污染公约》（MARPOL 73），这是有史以来第一部全面性的防止船舶污染的国际公约。MARPOL 73 包括正文、2 个议定书和 5 个技术性附则。除附则Ⅰ包含防止油类污染的规定外，其他附则还包含了防止化学品、包装类有害物质、船舶生活污水和船舶垃圾污染的规定。与《1954 年防污公约》相比，新的公约不仅扩大了适用范围，提高了防止污染技术，而且在公约中写入了“非优惠待遇条款”，并对有关公约附则的技术性修正案的生效采用了“默认接受程序”。

MARPOL 73 要求不少于 15 个拥有商船合计总吨位不少于世界商船总吨位 50%的国家批准 12 个月后才能生效。批准附则Ⅰ和Ⅱ是成为缔约方的前提，附则Ⅲ、Ⅳ、Ⅴ可由各缔约国选择加入。但由于附则Ⅱ排放标准脱离当时的实际，不仅发展中国家，即使发达国家也面临技术上的困难，这就导致 MARPOL 73 迟迟不能生效。截至 1976 年，仅有拥有不及世界商船总吨位 1%的约旦、肯尼亚、突尼斯三国批准了 MARPOL 73。

（三）MARPOL 1978 年议定书

1976—1977 年连续发生多起油船污染事故，其中“阿尔皋商人”号在美国东海岸附近搁浅，溢出燃料油 750 万加仑，“艾琳·查林杰”号在中途岛附近断裂，溢出汽油 900 万加仑。国际社会对船舶安全和防污问题更加关注，促使 MARPOL 73 尽快生效的呼声日益强烈。1978 年 2 月 IMCO 召开了油船安全与防污染会议，通过了关于修改 SOLAS 74 和 MARPOL 73 的两个议定书，本次修正对油船的设计和营运产生了很大的影响。[①] 经 1978 年议定书修正的《1973 年国际防止船舶造成污染公约》简称为 MARPOL 73/78。

为加快 MARPOL 73 的生效，1978 年议定书允许缔约国先实施附则Ⅰ，而附则Ⅱ则可以等到 1978 年议定书生效 3 年后再实施，给缔约国充裕的时间以克服实施附则Ⅱ在技术上存在的困难。

1978 年议定书对原 MARPOL 73 的附则Ⅰ做了许多修改。它要求所有 20 000 载重吨及以上的新造油船都设有专用压载舱（SBT），[②]还要求专用压载舱应按能起到保护作用的方式设置，即它们必须位于在油船发生碰撞或搁浅时能够帮助保护货舱的位置。由于卸油时在货舱内会积累易爆气体，原油洗舱操作会有危险。因此，由 1978 年 TSPP 大会通过并于 1981 年 5 月起生效的《1974 年国际海上人命安全公约》的议定书规定进行原油洗舱[③]操作时必须使用惰性气体（IGS）。对于 MARPOL 73/78 定义的现有油船，原油洗舱可作为“设置专用压载舱要求”的一种替代方式。在 MARPOL 73/78 生效后 2～4 年的时间内（即最迟到 1987 年 10 月 2 日），对于现有原油油船还允许另一种替代方式，被称为指定清洁压载舱系统（CBT），这种系统将某些舱指定用于装载压载水。

对于只在某些提供了足够接收设施的港口间的特定航线上营运的油船，油船安全和防止污染国际会议认可这些船舶可不受 MARPOL 73/78 所有要求的限制，从而可以免除专用压载

① 张辉侠. 港务监督防止船舶污染海域法律研究[D]. 大连：大连海事大学，2001.

② 在原公约中只有 70 000 载重吨或以上的新油船才要求专用压载舱。

③ 原油洗舱是指用原油清洗货舱。原油的溶解作用使洗舱过程比用水更加有效，也基本上不再产生过去曾导致大量操作性污染的油水混合物。通常最后要用水清洗，但用水量很小。

舱、原油洗舱和清洁压载舱的要求。①

（四）MARPOL 1997 年议定书

国际社会对造成大气污染的船舶废气尤其是氮氧化物议题的关注由来已久，甚至可以追溯至产生 MARPOL 公约的 20 世纪 70 年代，但是当时 IMCO 并未将之纳入公约。随着全球航运业的空前发展，船舶所排放的废气占全球大气污染排放量的比重也急剧增加，联合国环境与发展组织统计，船舶所排放的废气在全球大气污染排放量中已达到了 10%左右，船舶已成为造成全球大气污染的一个重要因素，为此，国际社会非常关注。IMO 海洋环境保护委员会（MEPC）于 1988 年正式启动防止船舶造成大气污染议题审议工作。1988 年 3 月，在第 26 届 MEPC 会议上，挪威政府代表提出应加入船舶造成空气污染的有关内容，该提议最终经表决通过。1988 年 11 月召开的第 27 届 MEPC 会议上，表决通过了有关船舶造成空气污染的议题，并认为应将其视为长期计划案。1990 年 3 月在第 29 届 MEPC 会议上，IMO 将有关船舶造成大气污染的问题列为重要研讨项目。1991 年 IMO 第 17 届大会形成决议 A. 719（17），决定将防止船舶造成空气污染规则作为 MARPOL 73/78 新增附则。此后经过几年的努力，IMO 最终于 1997 年 9 月 26 日召开了防止大气污染的外交大会，大会通过了 MARPOL 73/78 的 1997 年议定书，将“防止船舶造成大气污染规则”作为公约的附则Ⅵ。②

二、主要内容

MARPOL 73/78 诞生之初，其由《1973 年国际防止船舶造成污染公约》及其 1978 年议定书和 5 个附则组成，公约还包含依据第 8 条和第 10 条分别制定的两个议定书（分别为关于涉及有害物质污染事故报告的规定和仲裁）。随着 1997 年议定书（新增附则Ⅵ）的通过，公约附则增加到 6 个。它们分别是附则Ⅰ——防止油类污染规则、附则Ⅱ——控制散装有毒液体物质污染规则、附则Ⅲ——防止海运包装有害物质污染规则、附则Ⅳ——防止生活污水污染规则、附则Ⅴ——防止船舶垃圾污染规则、附则Ⅵ——防止船舶造成空气污染规则。其中附则Ⅰ和附则Ⅱ须强制加入，其余附则缔约国可以根据本国情况选择实施。③ 图 4-1 所示为 MARPOL 73/78 的主要结构。

根据 MARPOL 73/78，船舶污染物可分为如下几类，如图 4-2 所示。④

（一）附则Ⅰ——防止油类污染规则

附则Ⅰ保留了《1954 年防污公约》1969 年修正案所规定的油类排放标准，除将新油船压载航行允许排放的最大油量从占载货能力的 1/15 000 降低到 1/30 000 以外，没有其他实质性的变动。对于所有适用本附则的船舶，从机械处所排放含油污水的要求是：船舶必须在航行过程中；必须在距最近陆地 12 n mile 以外；油含量不得超过 100 ppm；排油监控装置、油水分离器、滤油装置或其他装置正在运转（第 9 条）。

油类的定义被扩大到任何形式的石油，包括原油、燃料油、油泥、油渣和精炼产品（石油化学品除外）（第 1 条）。

---

① 危敬添. 有关油污问题的四项公约[J]. 中国远洋航务，2009(08)：71-74.

② 林剑锋. 国际防污公约（MARPOL 73/78）附则Ⅵ实施要求[J]. 船海工程，2006(03)：97-99.

③ 附则Ⅰ-Ⅴ是 MARPOL 73 通过时就附带的，而附则Ⅵ是 1997 年通过的。

④ 全国人大环境保护委员会办公室. 国际环境与资源保护条约汇编[M]. 北京：中国环境科学出版社，1993.

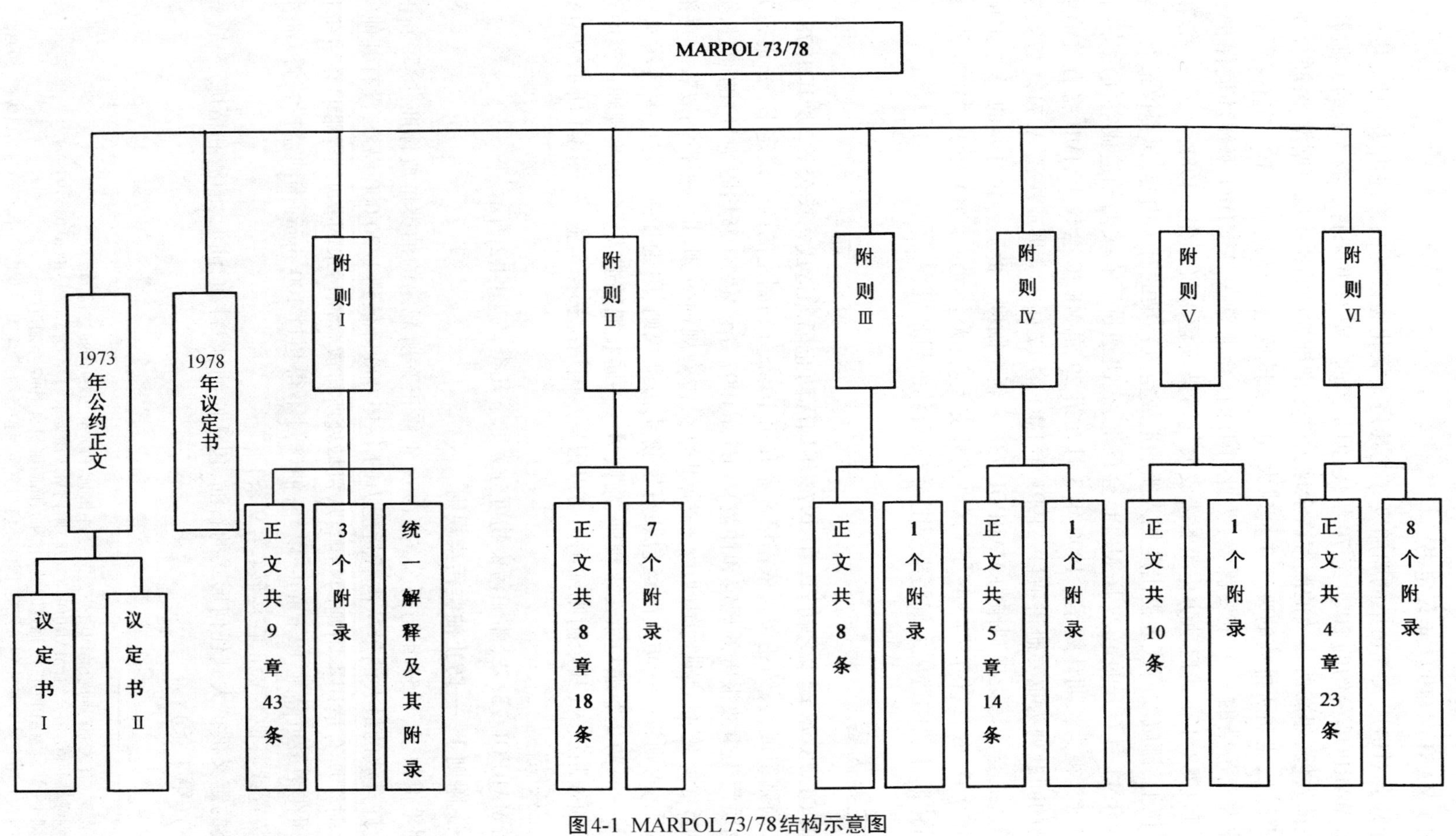

图4-1 MARPOL 73/78结构示意图

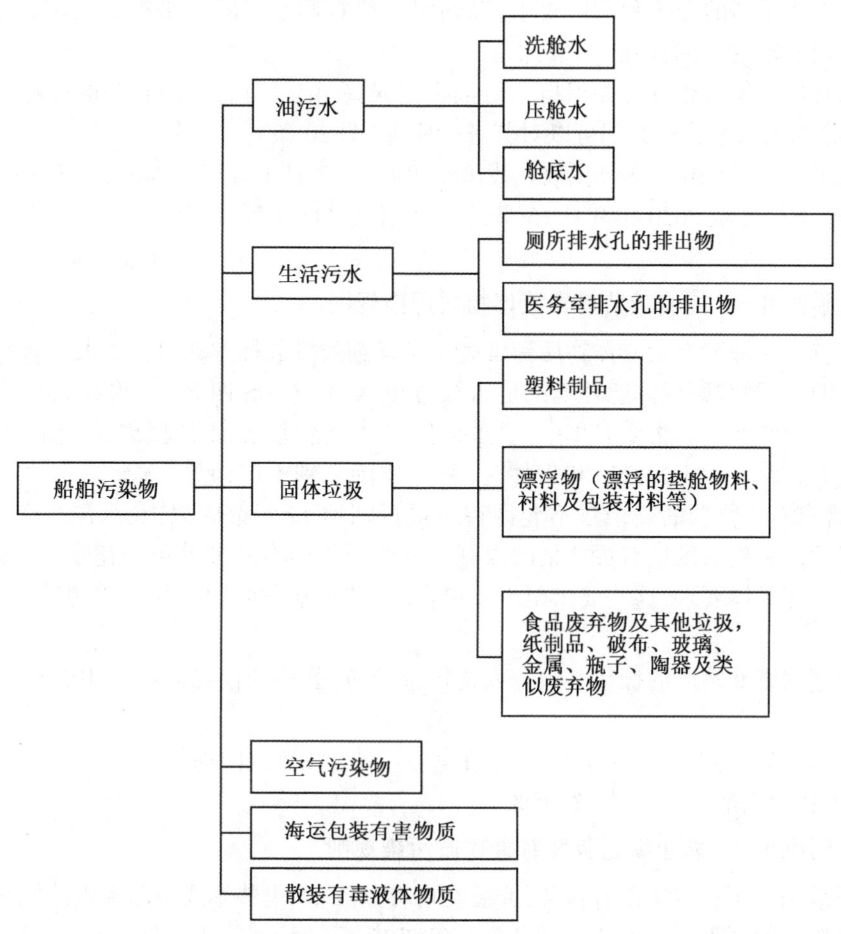

图 4-2 船舶污染物分类

公约的缔约国须保证在其管辖范围内的油类装卸站、修船码头等地提供足够的残油和含油污水接收设施(第 10 条和第 12 条)。对 150 GT 及以上的油船和 400 GT 及以上的其他船舶检验后颁发“国际防止油污证书”(IOPP 证书)(第 5 条)。证书的有效期不得超过 5 年(第 8 条)。

附则 I 要求所有油船的构造和装备应使其能够进行“顶部装载”操作并把含油污水保存在船上,直到将其排放到岸上接收设施中。这些构造和设备包括污油水舱、油/水分界面探测器、油类排放监测和控制系统及适当的泵系和管系布置(第 15 条)。所有 400 GT 及以上的船舶必须配备油水分离设备或机舱污水排放的过滤系统,以及用于保存来自油水分离器和滤清器残油的船上残油舱。超过 10 000 GT 的船舶必须配备油类排放监测和控制系统(第 16 条和第 17 条)。

附则 I 保留了《1954 年防污公约》1971 年修正案中关于货舱尺度限制的相关规定,即货舱尺度视货舱的布置、是否设有双层底、是否设有清洁压载舱等因素而定,但一般油船的中间舱和侧翼舱的容量分别限制在 30 000 m^3 和 15 000 m^3 以内(第 24 条)。

70 000 载重吨或以上的新油船(即 1975 年 12 月 1 日以后签订建造合同的油船)必须装有专用压载舱,其尺度应使船舶在压载航行时足以进行安全操作而不需要再将货油舱用于压载(除非气候非常恶劣)。不在专用压载舱内装油意味着不会有油水混合物产生,所以也就不会造成污染(第 13 条和第 14 条)。

附则Ⅰ引入了新的分舱和稳性要求，以确保油船在侧舷货舱底破损到一定程度时（视船舶长度而定）仍能保持浮态（第 25 条）。

油船和其他船舶必须备有并保持一份油类记录簿，记录所有与油有关的操作。MARPOL 73/78 任何缔约国的主管机关都可以对其进行检查（第 20 条）。

该附则于 1983 年 10 月 2 日生效。我国于 1983 年 7 月 1 日申请加入，并于 1983 年 10 月 2 日对我国生效。截至 2020 年 9 月 15 日，有 159 个缔约国加入该附则，占世界商船总吨位的 98.95%。

（二）附则Ⅱ——控制散装有毒液体物质污染规则

附则Ⅱ就控制散装有毒液体物质污染规定了详细的排放标准和措施要求。这些物质根据其对海洋资源、人类健康或休憩环境的危害被分成 X、Y、Z、OS 四类。[①] 约有 250 种物质经过评估后被列于公约所附的物质名单中。与附则Ⅰ一样，这些物质的残余物只允许排放到接收设施中。只有在符合一定的浓度和条件时（视物质的类别不同而异）才允许排放入海。无论何种情况，含有有毒物质的残余物不允许在离最近陆地 12 n mile 以内、水深小于 25 m 处排放。在波罗的海和黑海区域有更严格的限制。公约缔约国有义务就载运化学品船舶的设计、建造和操作颁布具体要求，这些要求至少要包含《散装运输危险化学品船舶构造和设备规则》的内容。

涉及适用附则Ⅱ物质的操作必须记入货物记录簿，公约任何缔约国的主管机关都可以对其进行检查。

该附则与附则Ⅰ同于 1983 年 10 月 2 日生效。截至 2020 年 9 月 15 日，有 159 个缔约国加入该附则，占世界商船总吨位的 98.95%。

（三）附则Ⅲ——防止海运包装有害物质污染规则

本附则适用于所有载运带有包装，或装在可移动罐柜、集装箱或公路和铁路槽罐车内的有害物质的船舶。附则Ⅲ要求缔约国颁布关于包装、标记、标签、单证、积载、数量限制、例外和通知等方面的详细标准，以防止和减少有害物质污染。为促进本附则的顺利实施，IMO 对《国际海运危险货物规则》（IMDG 规则）进行了修正以使其包括防污染方面的内容。

该附则于 1992 年 7 月 1 日生效。我国于 1994 年 9 月 13 日申请加入，该附则于 1994 年 12 月 13 日对我国生效。截至 2020 年 9 月 15 日，有 149 个缔约国加入该附则，占世界商船总吨位的 98.40%。

（四）附则Ⅳ——防止船舶生活污水污染规则

本附则中所指的生活污水包含任何形式的厕所、小便池以及厕所排水孔的排出物和其他废弃物；医务室（药房、病房等）的面盆、洗澡盆和这些处所排水孔的排出物；装有活畜禽货处所的排出物；混有上述排出物的其他废水。

在附则Ⅳ中明确规定禁止将生活污水排放入海，但下列情况除外：[②]

（1）在距最近陆地 3 n mile 范围以内排放生活污水时，应装有生活污水处理装置，该装置

---

① X 类有毒液体物质会对海洋资源或人类健康造成严重危害，严禁排入海洋环境；Y 类有毒液体物质会对海洋资源或人类健康造成严重危害，排入海洋环境的质量应加以限制；Z 类有毒液体物质会对海洋资源或人类健康造成较小的危害，排入海洋环境的质量应加以限制；OS 为“其他物质”，目前认为对海洋资源、人类健康、海上休憩环境或其他合法的利用并无危害，排入海洋环境不受本附则要求的约束。

② 吴国凡，刘喜元，周红权. 国际防止船舶污染海洋公约现状及发展趋势［J］. 船海工程，2010（06）：64-67.

的性能和试验程序应符合 MEPC.159(55)决议的规定[①]。

(2)如只需在距最近陆地 3 n mile 以外排放生活污水时,船舶应装有能对生活污水进行粉碎和消毒的装置,该装置须经主管机关认可。

(3)如只需在距最近陆地 12 n mile 以外排放生活污水时,可只设集污舱柜。该舱柜在船舶运行时应具有足够的储存船上全部生活污水的容量,并经主管机关同意。

(4)船舶在某一国家所辖的水域内,按照该国可能施行的较宽要求排放生活污水。

(5)如生活污水与具有不同排放要求的废弃物或废水混在一起时,则应适用其中较为严格的要求。

本附则的生效条件是在合计商船总吨位不少于世界商船总吨位 50%的 15 个国家接受 12 个月以后生效。该附则已于 2003 年 9 月 27 日生效。截至 2020 年 9 月 15 日,该附则有 145 个国家接受,合计商船总吨位占全球商船合计总吨位的 96.33%。我国于 2006 年 11 月 2 日申请加入,该附则于 2007 年 2 月 2 日对我国生效。

(五)防止船舶垃圾污染规则

船舶垃圾系指产生于船舶正常营运期间并需要连续或定期处理的各种食品废弃物、生活废弃物、操作废弃物、所有的塑料、货物残留物、焚烧炉灰、食用油、渔具和动物尸体,不包括因航行过程中的捕鱼活动和为把包括贝类在内的渔产品安置在水产品养殖设施内,以及把捕获的包括贝类在内的渔产品从此类设施转到岸上加工的运输过程中产生的鲜鱼及其部分。

MARPOL 73/78 附则Ⅴ则是专门针对防止船舶垃圾造成污染的技术性规则。该附则于 1988 年 12 月 31 日开始生效。我国于 1988 年 11 月 21 日加入该附则,其于 1989 年 2 月 21 日起对我国生效。截至 2020 年 9 月 15 日,已有 154 个缔约国加入该附则,占世界商船总吨位的 98.56%。

1.船上垃圾分类

1988 年生效的附则Ⅴ预设可根据船上垃圾的污染性质及船舶距最近陆地的距离,在符合要求的情况下可将垃圾排放入海,但随着海洋环境保护意识和相关要求的不断提高,为进一步限制船上垃圾排放入海,需要修改原规则的立法原则。在此背景下,IMO MEPC 第 62 届会议于 2011 年 7 月 15 日通过了 MARPOL 73/78 附则Ⅴ《防止船舶垃圾污染规则》的修正案(简称"2011 年修正案"),该修正案于 2013 年 1 月 1 日开始生效。修正案较上一版本[②]对船舶垃圾管理原则做了根本性的修改,即从原来的"原则上允许排放"修改为"原则上禁止排放"。[③] 这一新原则使船舶垃圾管理制度发生了根本性的变化。2011 年修正案将船舶垃圾分为 9 类,分别为:塑料、食品废弃物、生活废弃物、食用油、焚烧炉灰、操作废弃物、货物残留物、动物尸体和渔具,并在第 1 条定义里对此逐项进行了明确。较上一版中的 6 类船舶垃圾(塑料;漂浮的垫舱物料、衬料、包装材料;粉碎的纸制品、碎布、玻璃、金属、瓶子、陶器等;货物残余、纸制品、碎布、玻璃、金属、瓶子、陶器等;食品废弃物;焚烧炉灰渣),不仅新增了 3 类,并且分类更为细致、合理,更加符合船舶生产运输实际。2016 年 IMO 通过了第 MEPC.277(70)号决议,对 MARPOL 73/78 附则Ⅴ进行了再次修订,将 9 类船舶垃圾分类中的货船残余物细分为对海洋

① 该决议给出了排放生活污水须达到的技术指标。

② 指 1988 年生效的 MARPOL 附则Ⅴ。

③ 郭庆永.按照《MARPOL 73/78 公约》附则 V 2011 年修正案船舶垃圾的管理实务[J].水运管理,2013,36(12):20-22,26.

环境无害的货物残余和对海洋环境有害的货物残余两个子类,同时新增电子废弃物类别,因此,新的船舶垃圾分类共计 11 类,用英文字母 A~K 分别表示。各类船舶垃圾的定义如下:

A. 塑料(Plastics):系指以一个或多个高分子质量聚合物为基本成分的固体材质,这种材质通过聚合物制造成型或加热和(或)加压制作成成品。塑料的材质特性从脆硬易碎到柔软有弹性。本附则中所指的"所有塑料"系指所有含有或包括任何形式塑料的垃圾,其中包括合成缆绳、合成纤维渔网、塑料垃圾袋和塑料制品的焚烧炉灰。

B. 食品废弃物(Food wastes):系指船上产生的任何变质或未变质的食料,包括水果、蔬菜、奶制品、家禽、肉类产品和食物残渣。

C. 生活废弃物(Domestic wastes):指 MARPOL 73/78 其他附则未规定的、在船上起居处所产生的所有类型的废弃物,不包括灰水。

D. 食用油(Cooking oil):系指任何用于或准备用于食物烹制或烹调的可食用油品或动物油脂,但不包括使用这些油进行烹制的食物本身。

E. 焚烧炉灰(Incinerator ashes):系指用于垃圾焚烧的船用焚烧炉所产生的灰和渣。

F. 操作性垃圾(Operational wastes):系指 MARPOL 73/78 其他附则未规定的、船舶正常保养或操作期间在船上收集的或是用以储存和装卸货物的所有固体废弃物(包括泥浆)。操作废弃物也包括货舱洗舱水和外部清洗水中所含的清洗剂和添加剂,但不包括灰水、舱底污水或船舶操作所必需的其他类似排放物。

G. 动物尸体(Animal carcasses):系指任何作为货物被载运于船舶上,并在航行中死亡或被实施安乐死的动物尸体。

H. 渔具(Fishing gear):系指任何以捕捉、控制以便随后捕捉或收获海洋水生物为目的而布设于水面、水中或海底的实物设备或其任何部分或部件组合。

I. 电子废弃物(E-waste):系指船舶正常操作和生活区域的电气和电子设备,包括所有零配件、半成品和耗材,丢弃时属于设备的一部分,但却存在可能对人体健康和/或环境造成危害的物质。

J. 货物残余(对海洋环境无害物质)(Non-HME cargo residues)①:货物残留物系指 MARPOL 73/78 其他附则未规定的、固体散装货物(谷物除外)装卸后在甲板上和/或舱内留下的任何货物残余,包括装卸过量或溢出物,不管其是在潮湿还是干燥的状态下,或是夹杂在洗涤水中,但不包括清洗后甲板上残留的货物粉尘或船舶外表面的灰尘。

K. 货物残余(对海洋环境有害物质)(HME cargo residues):如根据联合国《全球化学品统一分类和标签制度》(GHS)的衡准被分类为具有特殊类别的毒性,②或含有特殊杂物的固体散装货物残余,则被视为对海洋环境有害物质(HME)。但固体散装货物的残余,如其不符合本公约附则Ⅴ的附录Ⅰ(对海洋环境有害的固体散装货物分类衡准)所界定的标准③,则被视为对海洋环境无害物质。

---

① Harmful to the Marine Environment, HME

② 1 急性水中毒性种类 1;2 慢性水中毒性种类 1 或 2;3 致癌性种类 1A 或 1B 以及非快速降解和有高生物积聚;4 致突变性种类 1A 或 1B 以及非快速降解和有高生物积聚;5 生殖毒性种类 1A 或 1B 以及非快速降解和有高生物积聚;6 特定目标器官毒性重复暴露种类 1 以及非快速降解和有高生物积聚;7 含有或由合成聚合物、橡胶、塑料、或塑料原料颗粒(包括切碎、粉碎、剁碎或浸软以及类似材料)组成的固体散装货物。

③ IMO. 第 MEPC. 277(70)号决议-《经 1978 年议定书修订的 1973 年国际防止船舶造成污染公约》附则Ⅴ修正案(有害海洋环境物质和垃圾记录簿格式),2016 年.

2. 垃圾管理要求

(1)垃圾管理计划(GMP)

船舶应按照IMO通过的《垃圾管理计划制定导则》要求,编写船舶垃圾管理计划。① 船舶垃圾管理计划(GMP)是船舶管理垃圾的指导性文件,提供有关船舶对垃圾收集、存储、加工和处理的书面程序文件,用以指导船员进行垃圾管理。2011年修正案将GMP的适用范围由原来的“400总吨及以上的船舶和经核准可载运15人或以上”扩大为“100总吨及以上的船舶和经核准可载运15人或以上的船舶以及用于勘探和开发海床的固定或浮动平台”。

(2)配备和张贴垃圾公告牌

总长为12 m或以上的船舶和固定或浮动平台,均应配备和张贴垃圾公告牌。以使船员和乘客知晓船舶适用的排放要求。总长12 m及以上,但不满400总吨的船舶应配备至少2块垃圾公告牌;400总吨及以上船舶应配备至少3块垃圾公告牌。第MEPC. 295(71)号决议②明确:公告牌尺寸长宽至少为12.5 cm和20 cm并由耐用材料制成,固定在船上的显著位置。当告示的破损或磨损影响到声明的可读性时,应予以及时更换。告示牌还应置于船员工作和生活场所的显著位置和垃圾收集容器放置的区域。这些场所包括但不限于厨房、餐厅、高级船员起居室、驾驶室、集控室、主甲板和其他必要区域。此外,告示的张贴应考虑视线高度,并使用该船船员所使用的工作语言书写。国际航行相关船舶还应使用英文、法文或西班牙文的一种书写。如果船舶载运乘客,告示牌也应置于乘客居住和聚集场所的显著位置。这包括客舱所有对乘客开放的用于娱乐目的的甲板区域。

(3)配备符合要求的食品粉碎机或研磨机

按照2011年修正案的规定,在所有特殊区域内排放的食品废弃物必须经粉碎或研磨,并且能通过筛眼不大于25 mm的粗筛(原仅在大加勒比海区域有此要求)。船舶应配备符合公约要求的粉碎机或研磨机,并建立良好的维修保养档案;如未配备符合要求的食品粉碎机或研磨机,禁止将食品废弃物排放入海。

3. 垃圾保管与加工及记录

(1)垃圾收集

垃圾应按不同种类分拣并储存到不同颜色区分的垃圾容器中:

红色容器:存放不可回收利用的塑料制品和混合了非塑料垃圾的塑料制品、可能含有有毒或重金属残余物及不可排放于海中的废弃物;

黑色容器:存放食用油、作业废弃物、焚烧炉灰烬(如灰烬中可能含有有毒或重金属残余物则放在红色容器);

蓝色容器:存放货物残留物、生活废弃物(如纸制品、破布、玻璃、金属、瓶子、陶瓷等)、电子垃圾和类似的废弃物;

绿色容器:存放食品废弃物。

(2)垃圾加工

船上垃圾加工通常包括粉碎、压实和焚烧等3种处理方式。粉碎主要针对食品废弃物,通常粉碎或研磨达到“能通过筛眼不大于25 mm的粉筛”的排放标准。粉碎机通常由大厨负责

---

① IMO. RESOLUTION MEPC. 295(71) -2017 GUIDELINES FOR THE IMPLEMENTATION OF MARPOL ANNEX V, 2017.

② 同①。

操作，且须符合标准，操作者应严格按照操作程序进行。为了便于贮存、易于运输，对不能在船上处理的垃圾进行压实处理。船员需了解各种垃圾的压实特性，同时建议船舶配置压实机。焚烧处理主要针对纸及其制品、浸油破布等容易燃烧且不会产生有毒有害气体的垃圾。船舶在港口、平台码头或内河水域通常不应使用焚烧炉焚烧垃圾。船员须了解各类垃圾的焚烧特性，不得在船上焚烧明令禁止的物质。

(3)垃圾贮存

对于须送岸处理的垃圾或拟送岸处理的垃圾，船舶应妥善贮存。根据垃圾特性通常分短期和长期两种贮存点。短期贮存点通常设在船员房间、厨房、驾驶台、集控室等区域；长期贮存点通常设在艉甲板或专用垃圾贮存间。用以贮存的容器应清楚标记，并加盖整洁放置。

(4)垃圾排放

船员应建立垃圾优先送岸处理的环保意识，尽可能将垃圾(包括可以排放的食品废弃物)在船舶到港时或离港前送交岸上接收设施进行处理。当在海上倾倒符合排放要求的垃圾时，应尽可能远离最近陆地，并且船舶须以一定速度在航。同时应注意考虑海流、潮汐以及水深等影响，对可能散落或漂浮的垃圾，经过粉碎加工或附加可排放入海的重物后再进行，使其容易沉底而不易漂浮于海面。废旧电池或过期药品应累积一定数量后，送交岸上具有相应资质的专业机构处理。

(5)垃圾记录簿

船舶应按要求对垃圾处理情况进行如实和规范的记录，对于送岸处理的垃圾须索取相应种类和数量的垃圾接收证明，并附于垃圾记录簿相应位置。2016 年修正案对垃圾记录簿做了进一步修改①，垃圾记录簿需要记录的内容分成 PART Ⅰ 和 PART Ⅱ 两部分，垃圾记录簿 PART Ⅰ 部分记录包括从 A 类至 I 类，共计九类垃圾的处理方式和对应的数量；PART Ⅱ 记录包括 J 类：对海洋环境无危害的货物残余和 K 类：对海洋环境有危害的货物残余的处理操作程序。

船舶垃圾记录簿配备与记载要求：400 总吨及以上船舶和经核准可载运 15 人或以上的船舶以及用于勘探和开发海床的固定或浮动平台都应配备垃圾记录簿；每次涉及垃圾排放入海或至接收设备或完成焚烧作业，都应立即记录，并在焚烧或排放当天由主管高级船员签署；记录内容包括日期、时间、船位、垃圾种类、排放或焚烧垃圾的数量；每页记录完成须由船长签字；在完成最后一次记录后须至少保存 2 年，留船备查。

4. 船舶垃圾海洋排放规定

按照 2011 年修正案的规定，往海洋中排放垃圾的具体要求如下：②

(1)在特殊区域外处理垃圾

①禁止将下述垃圾处理入海：食用油和一切塑料制品。

②仅当船舶处于在航状态且尽可能远离最近陆地时，方允许在特殊区域之外将垃圾处理入海，但无论如何须：

(i)在距最近陆地不少于 3 n mile 处排放业经粉碎机或研磨机处理后的食品废弃物。这种经粉碎或研磨后的食品废弃物须能通过筛眼不大于 25 mm 的粗筛。

(ii)未经上述第(i)项处理过的食品废弃物，在距最近陆地不少于 12 n mile 处排放。

---

① IMO. 第 MEPC. 277(70)号决议-《经 1978 年议定书修订的 1973 年国际防止船舶造成污染公约》附则Ⅴ修正案(有害海洋环境物质和垃圾记录簿格式)，2016 年。

② 陈海山. 从 MARPOL 公约附则 V2011 年修正案谈船舶垃圾污染问题[J]. 世界海运，2013，36(11)：16-18.

(iii)对于无法以常用卸载方法回收的货物残留物,在距最近陆地不少于 12 n mile 的地方排放,这些货物残留物不得含有任何被列为有害海洋环境的物质。

(iv)对于动物尸体,其排放须尽可能远离最近陆地。

③货舱、甲板和外表面清洗水中含有的清洁剂或添加剂可以排放入海,但是这些物质不得危害海洋环境。

④当垃圾中掺入其他禁止排放或有不同排放要求的物质,或是被此种物质污染时,须适用更为严格的要求。

(2)在特殊区域内处理垃圾

①禁止将下述垃圾处理入海:食用油和一切塑料制品。

②仅当船舶处于在航状态下食品废弃物方允许处理入海,且应尽可能远离最近陆地,但距最近陆地或最近冰架须不少于 12 n mile。该食品废弃物须业经粉碎或研磨处理且须能通过筛眼不大于 25 mm 的粗筛。食品废弃物须未受任何其他类型的垃圾污染。除非已经过无菌处理,否则禁止在南极区域排放包括禽类和禽类部位在内的外来鸟类产品。

③无法以常用卸载方法回收的货物残留物仅当船舶处于在航状态下方允许处理入海,且应满足下列条件:

(i)货舱洗舱水中包含的货物残留物、清洗剂或添加剂不包含任何被列为对海洋环境有害的物质;

(ii)出发港和下一目的港都在特殊区域内,船舶在这些港口间航行时不会驶出特殊区域,且这些港口没有足够的接收设施;

(iii)当满足(i)和(ii)的条件时,排放包含残留物的货舱洗舱水须尽可能远离最近陆地或最近冰架,且距最近陆地或最近冰架不少于 12 n mile。

④只有在对海洋环境无害的情况下,甲板和船舶外部表面清洗水中含有的清洁剂或添加剂才可以排放入海。

⑤除(ii)和(iii)规定外,以下规则适用于南极区域:

(i)各缔约国,如其港口内有来往于南极区域的船舶挂靠,有义务根据船舶使用需求,确保尽快为所有船舶提供可接收所有垃圾的充足的实用设施,不使船舶发生不当延误。

(ii)各缔约国须确保悬挂其船旗的船舶在进入南极区域前,船上有足够容积储存船舶在该区域营运期间产生的所有垃圾,且已完成离开该区域后把这些垃圾排至某一接收设施的安排。

⑥当垃圾中掺入其他禁止排放或有不同排放要求的物质,或是被此种物质污染时,须适用更为严格的要求。①

表 4-1 所示为 MARPOL 73/78 附则Ⅴ的规则 4、5、6 下的船舶垃圾排放入海的限制性规定概要。

---

① 交通运输部. 关于国际海事组织《经 1978 年议定书修订的 1973 年国际防止船舶造成污染公约》附则Ⅴ的修正案生效的公告. 2012.

表 4-1　MARPOL 73/78 附则Ⅴ的规则 4、5、6 下的船舶垃圾排放入海的限制性规定概要[①]

垃圾种类[①]	除平台以外的所有船舶[④]		离岸超过 12 n mile 的平台或距这类平台 500 m 以内的船舶[④]
	特殊区域以外 规则 4（到最近陆地的距离）	特殊区域以内 规则 6（到最近陆地/冰架的距离）	
粉碎后的食品废弃物[②]	≥3 n mile,尽可能远	≥12 n mile,尽可能远	允许排放
未粉碎的食品废弃物[⑤⑥]	≥12 n mile,尽可能远	禁止排放	禁止排放
非洗舱水中的货物残留[⑤⑥]	≥12 n mile,尽可能远	禁止排放	禁止排放
洗舱水中的货物残留[⑤⑥]		≥12 n mile,尽可能远（需符合极地规则 6.1.2 的条件）	
清洗货舱的废水中的清洁剂和添加剂[⑥]	允许排放	≥12 n mile,尽可能远（需符合极地规则 6.1.2 的条件）	禁止排放
清洗甲板和外表面的废水中的清洁剂和添加剂[⑥]		允许排放	
动物尸体[⑦]	>100 n mile 且最大水深处,尽可能远	禁止排放	禁止排放
其他[⑧]	禁止排放	禁止排放	禁止排放

注:①当垃圾与其他禁止排放或排放要求不同的有害物质混合了,应适用更严格的规定。

②粉碎后的食品垃圾须能通过筛眼不大于 25 mm 的粗筛。

③除非经焚烧、热压处理或经无菌处理,否则禁止在南极地区排放外来禽类物品。

④离岸 12 nm (nauticle mile)的平台和相关船舶包括各种固定或浮动的从事勘探、开发或相关海底矿物资源加工程序的平台,及这类平台 500 m 以内的各种船舶。

⑤货物残留仅指通常卸载方式下不可取得的货物残留物。

⑥这些物质不能对海洋环境有害。

⑦应当肢解或者处理后确保其立即沉没。

⑧包括塑料、合成绳索、渔具、塑料垃圾袋、焚烧炉的灰烬、渣滓、食用油、漂浮性的垫舱物料、包装材料、纸、布、玻璃、金属、瓶子、陶器、其他类似废弃物。

图 4-3 为某集装箱班轮公司船上垃圾处理程序。该程序系根据公司安全管理体系与 MARPOL 附则Ⅴ船上垃圾管理规则的要求编制,可用于指导在船船员依照船舶垃圾处理程序结构图对各类垃圾进行合适的处理。

5. 案例

2016 年 5 月 24 日,澳大利亚海事局(AMSA)在对靠泊于布里斯班港的香港籍集装箱船"OOCL Le Havre"船进行港口国监督检查时发现该集装箱船的安全管理体系(SMS)未能确保船员充分理解 MAPOL 73/78 对于海上垃圾管理的相关规定。检查人员还发现该船曾在 2016 年 5 月 23 日在距离最近陆地小于 3 n mile 的水域向海里排放了 0.08 m^3 的食品垃圾。澳大利

① MEPC 63/23/Add. 1, Annex 24.

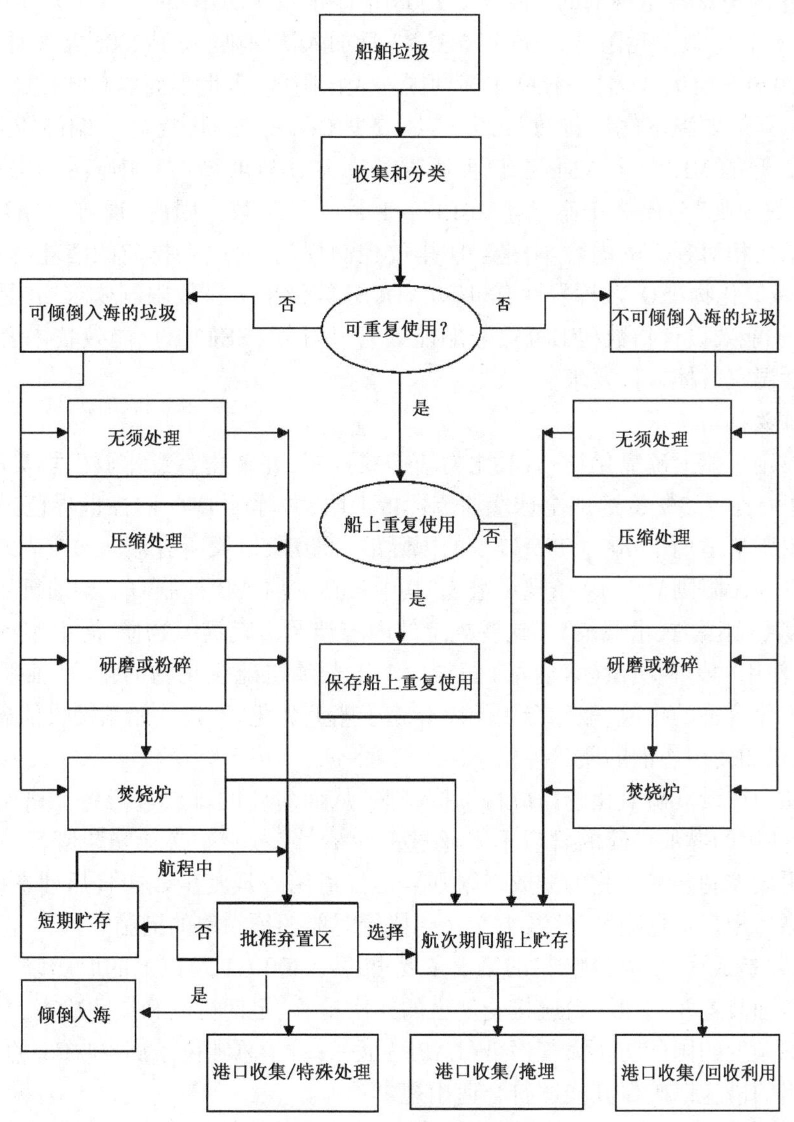

图 4-3 船上垃圾处理程序

亚海事局据此对该船实施了滞留的处罚措施。事后，该船的香港船东质疑 AMSA 对该船做出滞留处罚的正确性，并寻求澳大利亚行政上诉法庭对该决定进行审查。行政上诉法庭的结论支持了 AMSA 关于保护海洋环境免受船舶污染的强硬立场。①

（六）附则Ⅵ——防止船舶造成空气污染规则

MARPOL 73/78 附则Ⅵ最初主要针对的是船上的硫氧化物、氮氧化物和破坏臭氧层物质的排放限制和措施。1997 年议定书生效后，MEPC 考虑到当时的技术可行性和进一步降低排放量的需要，先后于 2005 年 7 月召开的第 53 届会议和 2008 年 10 月召开的第 58 届会议上通

① 资料来源：www. safety4sea. com

过了对附则Ⅵ和 NOx 技术规则的修正案。2008 年修正案于 2010 年 7 月 1 日生效①。附则于 2005 年 5 月 19 日生效。我国于 2006 年 5 月 23 日加入该附则,其于 2006 年 8 月 23 日对我国生效。截至 2020 年 9 月 15 日,有 99 个缔约国加入该附则,占世界商船总吨位的 96.76%。

为减少海运船舶温室气体排放量,尤其是减少 CO_2 排放量,提高船舶能源效率,IMO 在 2011 年 7 月召开的 MEPC 第 62 届会议上通过了对 MARPOL 73/78 附则Ⅵ的修正案,新增第四章"船舶能效规则"。该修正案已于 2013 年 1 月 1 日生效。因此,现行的 MARPOL 73/78 附则Ⅵ包括两块相对独立的内容:一是船舶排放控制规则,对船舶排放的消耗臭氧物质、氮氧化物(NO_x)、硫氧化物(SO_x)、挥发性有机物(VOCS)等做出了排放限制要求;二是船舶能效规则,规定了船舶能效设计指数(EEDI)、船舶能效管理计划(SEEMP)、能效技术合作与转让等方面的强制性温室气体减排要求。

1. 船舶排放控制要求

附则Ⅵ设定了船上硫氧化物、氮氧化物的排放限制,并禁止蓄意排放破坏臭氧层的物质。该附则设定了一个 4.5%m/m 的全球燃油硫含量上限,并呼吁 IMO 监控世界范围内的平均燃油硫含量。附则Ⅵ适用于 400 GT 及以上的国际航行船舶,以及所有移动式或固定式海洋钻井平台及其他平台。附则Ⅵ由 19 条规定组成,其中包括一项关于控制海上柴油机氮氧化物排放的技术规范(氮氧化物技术规范)。这些规定的内容涉及消耗臭氧物质、海上柴油机氮氧化物的排放、因所使用的燃料质量(含硫量)而导致海上柴油机硫氧化物的排放、油船在港或靠码头挥发性有机化合物的排放、船舶产生的废弃物于船上焚化、港口从船舶接收消耗臭氧的物质的接收设备、船舶使用燃油的质量等要求。

附则Ⅵ还允许设立硫氧化物排放特别控制区,从而对硫的排放进行更严格的控制。在上述区域,船舶使用的燃油中硫的含量不得超过 1.5%。或者船舶必须安装废气清洁设备或使用其他技术手段控制硫氧化物的排放。附则Ⅵ不仅适用于规则生效之日后建造的新船,对现有船舶亦追溯适用。根据规则条款,下文介绍执行时船舶须采取的措施。

"防止船舶造成大气污染规则"的第 5 条要求每一 400 GT 及以上的船舶以及每一固定式及移动式的钻油装置及其他平台应接受规定的初次检验、定期检验和期间检查,并持有主管机关或认可组织颁发的国际防止大气污染(LAPP)证书;对于总吨位未满 400 GT 的船舶,主管机关可采取适当的措施以确保其能够符合适用规定。

第 12 条 要求禁止故意排放任何破坏臭氧层的物质。新建造船舶禁止安装含氟氯碳化物(CFCs)(如:R11,R12,R113,R114,R115 等)及卤代烃(Halon)(如:HAL ON1211,1301, 2402 等)等破坏臭氧层物质的系统和设备,但依据《1987 年蒙特利尔议定书》(Montreal Protocol),允许含氟氯烃(HCFCs)(如:R141b,R22 等)的系统和设备安装在新船上,使用至 2020 年 1 月 1 日止。

第 15 条是关于挥发性有机化合物的相关规定。新造及现有油船航行于缔约国指定的对 VOCs 排放有控制要求的港口及装卸站时,应安装蒸气收集系统(Vapour Emission Control Systems, VECS)。规则中规定了指定港口及装卸站的确定程序,目前尚无指定港口及装卸站。蒸气收集系统应经过主管机关或认可组织批准及认可,以满足 MSC/Circ. 585 通函规定的技术要求。相关批准图纸和操作手册应保存在船上。

① 杨永东. 船舶柴油机废气排放控制技术[J]. 世界海运,2013(03):22-25.

第 16 条是关于船上焚烧的相关规定。2000 年 1 月 1 日及以后安装的船用焚烧炉应由主管机关按照 MEPC. 76(40) 和 MEPC. 93(45) 号决议予以认可。特定的物质禁止焚烧,如多氯联苯(PCBs)、含有超过微量重金属的垃圾、含有卤素化合物的精炼石油产品等。主管机关颁发的焚烧炉型认可证书、焚烧炉的操作手册应保存在船上。

2. *船舶能效规则*

"船舶能效规则"适用于所有 400 总吨及以上的船舶。仅航行于其船旗国管辖范围水域内的船舶不适用,但是,各缔约国应通过采取相应的措施确保此类船舶应在合理和可行的范围内按本附则的规定①建造和行事。

(1)船舶能效管理计划

MARPOL 73/78 附则Ⅵ第 22 条要求所有 400 总吨及以上的国际航行船舶必须持有满足公约要求的船舶能效管理计划(SEEMP)。SEEMP 需要按照 IMO 发布的《2012 年船舶能效管理计划编制指南》[MEPC. 213(63)]要求编制。SEEMP 应包括能效方针、目标与指标、资源与职责、文件管理与控制,实施步骤等基本要素。SEEMP 可为船舶安全管理体系(SMS)的一部分,或单独存在。它是公司受控文件的一部分,应根据公司文件管理控制程序进行管理,公司应制定出相应的程序来保证此计划的有效执行。

SEEMP 作为一种船舶管理手段,其核心在于能效措施明确体现船舶本身的特点,内容应当清晰明确,使执行人员能够理解,并需进行定期评审与修订,以反映不断变化的内外部条件和信息。通过遵循戴明循环(PDCA)的改进步骤,有针对性地提高船舶能效,充分识别和利用最佳管理实践和经验,利用当前开发出的节能新技术和新方法等。

(2)船舶能效设计指数

船舶能效设计指数(Energy Efficiency Design Index,EEDI),是在船舶设计阶段,对于每单位船舶运输量(货运量)所产生的 CO_2 排放的一个估算,是衡量船舶设计和建造能效水平的一个指标,与船舶的运营情况无关。EEDI 反映了船舶满载正常航行过程中,单位船舶载重吨、单位船舶航程的主机和辅机消耗燃料排放的 CO_2 质量。其值越大,表明船舶能效水平越低;反之,船舶能效水平越高。EEDI 要求只适用于 SEEMP 要求适用范围之内的 11 种船型:散货船、气体运输船、液货船、集装箱船、普通杂货船、冷藏货物运输船、兼装船、滚装货船(车辆运输船)、滚装货船、滚装客船、客船。②

MARPOL 73/78 附则Ⅵ第 20 条和第 21 条分别规定了"获得的能效设计指数(Attained EEDI)"和"要求的能效设计指数(Required EEDI)",前者要小于或等于后者。但这两条规则的规定不适用于柴油机电力推进、涡轮推进或混合动力推进系统的船舶。

(3)船舶能效营运指数

船舶能效营运指数(Energy Efficiency Operational Indicator,EEOI)实际上是运输每吨海里货物所产生的 CO_2 排放量。根据 EEOI 的定义,EEOI 值越小,表明船舶的能效越高。降低船舶能效营运指数,可通过降低船舶每海里油耗、提高船舶载重量,或使用低 CO_2 排放因子的燃料实现。船舶能效营运指数一般是根据一个航次或者多个航次的数据进行统计得出的。需要

① 指 MARPOL 73/78 附则Ⅵ第 4 章 - 船舶能效规则的要求。

② 王慧芳,李路. MARPOL 73/78 附则Ⅵ下的 EEDI 要求解读[A]. 上海市造船工程学会、江苏省造船工程学会、浙江省造船工程学会. 第七届长三角地区船舶工业发展论坛论文集[C]. 上海市造船工程学会、江苏省造船工程学会、浙江省造船工程学会:浙江省科学技术协会,2011:6.

对船舶航行及在港停泊期间船舶主机、副机、锅炉等所消耗的所有燃料、油量进行统计,须建立有效的船舶能效管理系统。

(4)某公司能效管理实践

IMO 近年来致力于减少温室气体排放立法,以发展"绿色"航运。2011 年 MEPC 第 62 届会议通过了 MARPOL 公约附则Ⅵ的修正案,纳入了船舶能效条款。为此,公司针对各船舶制订了船舶能效管理计划(SEEMP),用于指导船舶能效管理措施的具体实施。SEEMP 秉承船舶安全管理体系(SMS)的编制要求,在编制过程中融入了公司管理方针和政策、船舶航区和特性及贸易和行业组织的相关建议。以减少能源消耗为目标,以体系管理方法为手段,SEEMP 重点关注能效设计指数(EEDI)、能效营运指数(EEOI)、燃油日消耗量(DFOC)以及船舶其他各项能耗,注重识别和利用适宜的节能技术和方法提高能源利用率,从而减少船舶大气污染物和温室气体(GHG)的排放量。SEEMP 遵循戴明循环(PDCA)的改进模式,即使用"策划—实施—监测—评估"的系统管理原则持续改进 SEEMP 及其实施,图 4-4 所示为公司船舶能效管理框架图。

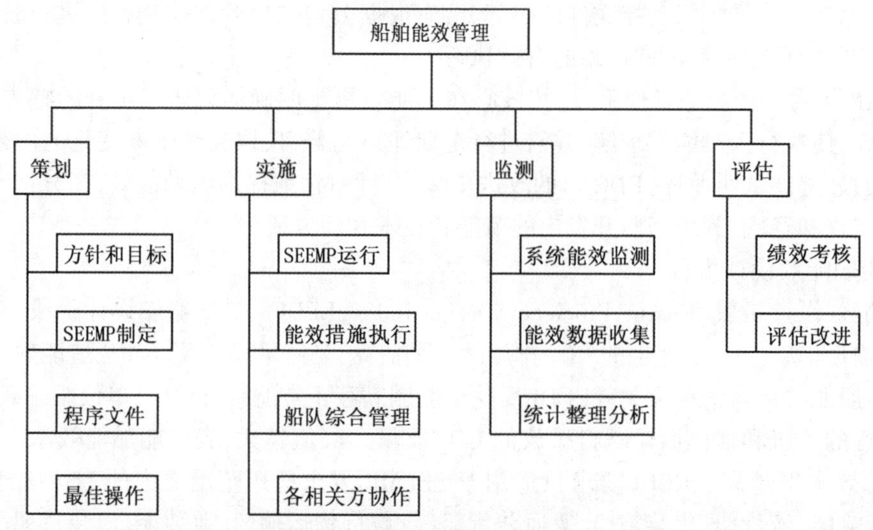

图 4-4 船舶能效管理框架图

为全面有效地规范能效管理制度和实行 SEEMP,公司根据自身特点,制定具体详实的书面文件,并且明确规定各部门和人员在实施能效管理时的相应职责和责任。公司具体从管理、操作和技术三方面落实节能降耗措施,以达到能源的最佳利用率。通过先进的能效管理手段,提升能效管理水平,实现增加公司效益和社会效益的核心目标。

①管理措施

a. 多方密切协作

做好统筹安排,以达到节能降耗的目的。公司采取有效措施密切协调各利益相关方,包括船东、船舶经营人、租船方、货主、港口、船舶修理厂、主管机关、交通管理服务机构等,以获取更高的燃油成本效益。船方最大限度地掌握目的港最新动态,包括货物预配信息、航线调度信息、港口代理信息、ETA、ETD 等,确认最佳抵离港时间,通过综合数据分析确定优化的航速,尽可能地避免船舶非生产性停泊而导致的能源消耗。

b. 日常维护管理

使用船舶维修保养计划管理(PMS)系统。该系统具有预设船舶设备保养周期和执行标准,指导船舶科学规范的开展维护保养工作的功能。船方根据系统的提示,在日常工作中有序开展维护保养。船长按标准流程严格执行日常的操作管理,保持设备工况处于最佳能效状态,并延长设备的使用寿命。

c. 节能意识培养

为确保能效管理策略全面贯彻执行,公司始终有效落实岗位职能,针对燃油消耗率采取有效的激励策略,引入关键业绩指标(KPI)机制。通过专项培训,提升全员能效管理的主动意识,如船员自觉遵守公共区域"人离机停、人走灯熄"的良好习惯。公司持之以恒地做好日常行为规范工作,始终贯彻落实精细化的能效管理理念。

②操作措施

a. 货物装卸计划优化

公司实行货物预配信息交流机制。在船舶抵港前,船方和装卸货港方的调度员(Local Planner),公司物流部门的中心调度员(Central Planner)等进行多方沟通与协调,充分考虑航修、燃料加注等作业需求,及时校核货物装卸计划,尽可能均匀分布各舱的装卸货数量,最大限度缩短在港停泊时间,节约港口使费和停泊能源消耗,同时给抵达下一目的港留有充裕的时间,以便使整个航程能够实现最佳能效航速。

b. 纵倾与吃水状态优化

公司注重岸基支持,多方协调,周密部署,制订及实施翔实的配载计划,以满足最佳纵倾,避免不合理的吃水差导致的推进效率降低,从而避免消耗过多燃料。公司还通过监测船舶压载水携带以及置换量,督促船舶在保证安全的前提下尽可能少量的压载以减轻船体重量,降低船舶吃水深度从而减少油耗,并且,始终以最少压载水量为目标,有效减少压载舱淤泥堆积和长期排不净压载水而导致的燃油消耗的持续增加。

c. 推进效率优化

公司推行精细化能效管理策略,密切监测航速和主机转速(RPM),测算螺旋桨滑失率(SLIP)。根据滑失率对应的目标航速适当调整 RPM,精确控制航速,优化主机负荷,保证推进效率。鼓励将自动操舵仪设定为自适应状态,将舵机频繁驱动舵叶及施舵角所产生阻力造成的能耗降至最低。同时充分利用 ECDIS 优化航线,减少偏航增距和频繁转向,调节吃水至符合航次要求的最佳状态,保证足够的富裕水深,减少浅水效应所导致的主机负荷增加,优化推进效率。

③技术措施

a. 航次优化

公司船岸协同一致,及时收集和预测航次相关的气象信息,根据航区水文资料、海区通航密度、自动操舵仪性能等因素修正航线,按照船舶习惯航线的特点,从能效管理的角度考虑,指导船舶顺着船舶的总流向航行,以减少交叉、对遇的发生概率,同时考虑合理规避密集的渔船作业区,减少船舶因频繁施舵或绕航所导致的偏航增距,以避免过多地消耗燃料。

采用基于气象导航功能开发,功能相对较完善的 BVS 软件进行航线的优选和船速的控制,是公司能效管理的重要举措。该软件可进行航线辅助设计及计算较为精准的 ETA。通过预测未来航程中不断衍变的海况,显示所要航行经过海区和对应时刻的各类天气数据。根据特定需求进行相应的计算，如预计最佳到达时间（节省燃料）或用于避开恶劣天气（保证安全），制定相应的在航路上等待和减速的时间。预判船舶与波浪的耦合情况，提前给出速度和航向的调整建议，以保证船舶始终处于最佳的剪切力、弯矩和扭矩。充分考虑船舶航行经过海区的地理环境因素，计算海流的影响，在保证安全的前提下，通过综合数据分析，避开强顶流对船速的影响，同时充分考虑近海潮汐影响，优化航线，节能降耗。

b. 船体阻力优化

船舶阻力增大直接导致船速降低、能耗增加。公司注重船体外表光洁度，通过对船舶性能监测评估，适时进坞对船体进行维护保养，以保持船体清洁。通过采用低摩擦自抛光共聚物防污涂层技术的节能友好型防污漆，尽可能使船体表面平滑。同时利用港内装卸货期间对船体局部维护保养，以保持船体的光洁度，有效避免水生物的附着生长所引起的船体阻力增大，从而有效降低能耗。

c. 能源回收利用

余热回收是一种被广泛接受的有效节能方式，公司船队采用了诸如引用主机缸套水的余热作为造水机的加热源，使用海水淡化设备将海水转化为蒸馏水，从而补充日常用水消耗，降低造水所需能耗，同时减少了在港期间所需的淡水加注量以及船舶长期携带大量岸基供水所增加的船体重量。

d. 岸电系统配备

公司积极推行岸电技术。船队近期投入运营的船舶和所有在建的新船均安装岸电设施。在靠泊期间使用岸上电源对船进行供电，代替传统的船舶电力，使照明、通风、通信以及泵组系统等用电需求得到有效满足。该技术能够有效减少船舶辅机发电所造成的温室气体排放，对于港口生态环境保护具有积极的作用，能够使港口环境得到有效的改善。

e. 新技术应用

将节能降耗和环保新技术广泛运用到新一代船舶上，把握创新的设计及最新的绿色节能降耗技术，提升新型船舶节能效率。某公司新建造的环境友好型船舶（载箱量 21 413 TEUs），其 EEDI 值比 IMO 所设定的最大允许指数低 48%，DFOC 比同类型船舶低 20%。图 4-5 所示为某环境友好型船舶具备的节能降耗技术概略。

（七）特殊区域、特别敏感海域、排放控制区

IMO 制定的《1973 年国际防止船舶污染海洋公约》（MARPOL 73）提出了特殊区域（SA）的概念，在该海域中实施更为严格的保护措施，防止船舶排放的油类、有毒液体物质、船舶生活污水和船舶垃圾造成污染。

此后，IMO 于 1991 年以第 A. 720(17) 号大会决议的形式通过了有关“SA 指定和 PSSA 鉴定的导则”（简称“导则”）[1]，在这里提出了特别敏感海域（PSSA）的概念。MARPOL 73/78 的 1997 年议定书提出了排放控制区（ECA）的概念。

1. 特殊区域(SA)

(1)SA 的定义

MARPOL 73/78 有关附则规定，SA 是指这样一个区域，在该区域内，由于海洋学和生态学

[1] IMO. (1991). A. 720(17) –the Guidelines for the Designation of Special Areas and the Identification of Particularly Sensitive Sea Areas.

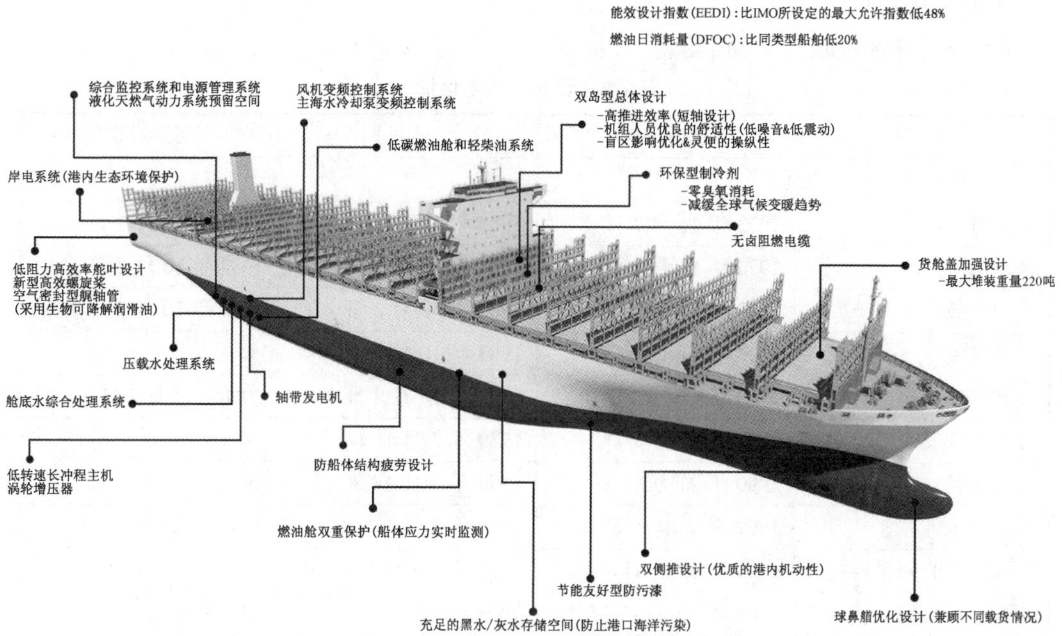

图 4-5　某环境友好型船舶具备的节能降耗技术概略

的情况以及运输的特殊性质等公认的技术原因，必须采取特殊强制的办法以防止船舶造成污染。拟鉴定为 SA 的海域须满足海洋学、生态学和运输的特殊性质方面的相关标准。①

（2）在 SA 内实施的保护措施

MARPOL 73/78 已生效的附则Ⅰ、Ⅱ和Ⅴ针对各自的 SA，从两方面规定了保护措施，其中对船舶的要求是：

①附则Ⅰ中对防止油类物质污染规则的要求：对船舶规定严格的排放限制和设备要求，不允许油船排放来自货油舱区的油类和油/水混合物。对来自机舱的油类和油/水混合物的排放，要求船舶在航行途中、含油量不超过 15ppm，船舶应装设油类排放监控系统/滤油设备和超过 15ppm 的自动停止装置等。

②附则Ⅱ中对防止有毒液体物质污染规则的要求：根据有毒液体物质的种类提出以降低残余物量为目的的操作要求，规定了更为严格的货舱残余物量、尾迹流浓度等指标。

③附则Ⅴ中对防止船舶垃圾污染规则的要求：包括塑料、漂浮的衬垫和包装材料、纸、玻璃、金属、陶器及类似的废弃物在内的大部分船舶垃圾禁止排放；食品废弃物须在距最近陆地 12 n mile 以外排放，但经粉碎粒径小于 25 mm 的可在 12 n mile 以内排放，也就是说，在 SA 内仅允许排放食品废弃物。

以上是对船舶在 SA 内的规定，主要是限制污染物的排放。很显然，这需要港口国提供接收设施来予以配合，满足到港船舶的需要。所以，SA 的沿海国提供足够、适用的接收设施是 MEPC 批准 SA 的前提。现有的 SA 中，除南极海域外，其他的都声称已满足接收设施的要求。而在鉴定南极海域为 SA 的修正案中，考虑到其本身不能提供接收设施，修正案规定在船舶驶向南极的最后一个挂靠港和驶出南极最先停靠的港口，应提供接收设施。

① 张硕慧. 特殊区域和特别敏感海域[J]. 交通环保，2000. 21(4)：28-31.

(3)现有的 SA

现有的特殊区域如表 4-2 所示：

表 4-2 现有的特殊区域

特殊区域(SA)	通过日期	生效日期	实施日期
附则Ⅰ防止油类污染规则			
地中海区域	1973 年 11 月 2 日	1983 年 10 月 2 日	1983 年 10 月 2 日
波罗的海区域	1973 年 11 月 2 日	1983 年 10 月 2 日	1983 年 10 月 2 日
黑海区域	1973 年 11 月 2 日	1983 年 10 月 2 日	1983 年 10 月 2 日
红海区域	1973 年 11 月 2 日	1983 年 10 月 2 日	*
海湾区域	1973 年 11 月 2 日	1983 年 10 月 2 日	2008 年 8 月 1 日
亚丁湾区域	1987 年 12 月 1 日	1989 年 4 月 1 日	*
南极海域	1990 年 11 月 16 日	1992 年 3 月 17 日	1992 年 3 月 17 日
西北欧水域	1997 年 9 月 25 日	1999 年 2 月 1 日	1999 年 8 月 1 日
阿拉伯海的阿曼区域	2004 年 10 月 15 日	2007 年 1 月 1 日	*
南非南部水域	2006 年 10 月 13 日	2008 年 3 月 1 日	2008 年 8 月 1 日
附则Ⅱ控制有毒液体物质污染规则			
南极海域	1992 年 10 月 30 日	1994 年 7 月 1 日	1994 年 7 月 1 日
附则Ⅳ防止船舶生活污水污染规则			
波罗的海	2011 年 7 月 15 日	2013 年 1 月 1 日	* *
附则Ⅴ防止船舶垃圾污染规则			
地中海区域	1973 年 11 月 2 日	1988 年 12 月 31 日	2009 年 5 月 1 日
波罗的海区域	1973 年 11 月 2 日	1988 年 12 月 31 日	1989 年 10 月 1 日
黑海区域	1973 年 11 月 2 日	1988 年 12 月 31 日	*
红海区域	1973 年 11 月 2 日	1988 年 12 月 31 日	*
海湾区域	1973 年 11 月 2 日	1988 年 12 月 31 日	2008 年 8 月 1 日
北海区域	1989 年 10 月 17 日	1991 年 2 月 18 日	1991 年 2 月 18 日
南极海域	1990 年 11 月 16 日	1992 年 3 月 17 日	1992 年 3 月 17 日
泛加勒比海区域(包括墨西哥湾和加勒比海)	1991 年 7 月 4 日	1993 年 4 月 4 日	2011 年 5 月 1 日

* 因缺乏海岸线与特殊区域相邻接的缔约国递交的关于设有足够的接收设施的通知，故关于特殊区域的要求未实施。①

* * 于 2013 年 1 月 1 日生效的新的特殊区域要求将在海岸线与特殊区域相邻接的缔约国递交关于设有足够的接收设施的通知之后实施。②

2. 特别敏感海域(PSSA)

(1)PSSA 的定义

A. 720(17)“导则”定义的 PSSA 是指这样一个区域，在该区域中由于生态学或社会经济

① MARPOL 73/78 附则Ⅰ第 38 条第 6 款和 MARPOL 73/78 附则Ⅴ第 8 条。
② 经 MEPC. 200(62)修订 MARPOL 附则Ⅳ的第 13 条第 2 款。

或科学上的原因,容易遭受海上交通带来的环境损害,需要 IMO 采取特别的措施予以保护。

拟鉴定为 PSSA 的海域至少应满足生态学标准,社会、文化和经济标准,科学研究价值标准之一。①

(2)在 PSSA 内采取的保护措施

PSSA 鉴定程序要求只有结合保护措施,才能鉴定 PSSA,也就是说,沿海国在提出鉴定 PSSA 申请时,应同时提出在该区域内拟采用的保护措施。能用于 PSSA 内的保护措施有:

①采用 MARPOL 73/78 相应的排放限制;

②采用船舶定线制和其他的特殊航行办法。

虽然它们的直接目的是保证航行安全,但航行安全的结果,也使环境得到了保护。具体有:

①船舶定线制根据 SOLAS 公约和“船舶定线制的一般规定”的要求,用于环境目的的船舶定线制可采用避航区、分道通航制、近海航区、警戒区和深水航线等;

②其他的特殊航行办法包括引水制度、交管系统和限速等。

(3)现有的 PSSA

截至 2017 年 12 月 31 日,现有的 PSSA 主要有大堡礁(The Great Barrier Reef, Australia)、撒巴那-卡玛居埃群岛(The Sabana-Camagüey Archipelago, Cuba)、马尔佩洛岛(Malpelo Island, Colombia)、佛罗里达礁岛周围海域(The sea around the Florida Keys, United States)、瓦登海(The Wadden Sea, Denmark, Germany, Netherlands)、帕拉卡斯国家保护区(Paracas National Reserve, Peru)、西欧水域(Western European Waters)、大堡礁的延伸地区包括托雷斯海峡(Extension of the existing Great Barrier Reef PSSA to include the Torres Strait (proposed by Australia and Papua New Guinea)、加那利群岛(Canary Islands, Spain)、加拉帕戈斯群岛(The Galapagos Archipelago, Ecuador)、波罗的海(The Baltic Sea area, Denmark, Estonia, Finland, Germany, Latvia, Lithuania, Poland and Sweden)、夏威夷帕帕哈瑙莫夸基亚国家海洋遗迹(The Papahānaumokuākea Marine National Monument, United States)、博尼法乔海峡(The Strait of Bonifacio, France and Italy)、沙巴浅滩(The Saba Bank, in the North-eastern Caribbean area of the Kingdom of the Netherlands)、图巴塔哈群礁国家公园(Tubbataha Reef National Park)。

3. 排放控制区(ECA)

(1)ECA 的含义

MARPOL 73/78 公约附则Ⅵ第 2 条第 8 款规定了排放控制区的定义,即通过对船舶排放采取特殊强制措施以防止、减少和控制因 NOx、SOx 和颗粒物质(Particular matter)或所有三类物质的排放而造成的大气污染以及因此对人类健康和环境带来不利影响的区域。

排放控制区(Emission Control Area)可分为硫(SOx)排放控制区(SECA)和氮(NOx)排放控制区。

(2)指定 ECA 的标准

指定氮氧化物或硫氧化物和颗粒物质或所有三类物质排放控制区域的建议,由缔约国政府向 IMO 提交。提交的建议应包括建议的区域,建议控制的物质,受船舶排放威胁的人口和环境区域的说明,因船舶排放对大气环境造成不利影响的评估,建议区域的气象资料、交通状

① 张硕慧. 特殊区域和特别敏感海域[J]. 交通环保,2000. 21(4):28-31.

况，受环境污染影响区域的氮氧化物或硫氧化物和颗粒物质陆基排放源已采取控制措施的说明，减少船舶排放的相对费用等内容。[①] 现有的排放控制区见表 4-3。

表 4-3 现有的排放控制区

排放控制区(ECA)		通过日期	生效日期	实施日期
附则Ⅵ防止船舶造成大气污染规则				
波罗的海(SOx)		1997 年 9 月 26 日	2005 年 5 月 19 日	2006 年 5 月 19 日
北海(SOx)		2005 年 7 月 22 日	2006 年 11 月 22 日	2007 年 11 月 22 日
北美区域	(SOx 和 PM)	2010 年 3 月 26 日	2011 年 8 月 1 日	2012 年 8 月 1 日
	(NOx)	2010 年 3 月 26 日	2011 年 8 月 1 日	* * *
美国加勒比海区域	(SOx 和 PM)	2011 年 7 月 26 日	2013 年 1 月 1 日	2014 年 1 月 1 日
	(NOx)	2011 年 7 月 26 日	2013 年 1 月 1 日	* * *

* * * 在该排放控制区操作的 2016 年 1 月 1 日或以后建造的船舶应符合 NOx 第Ⅲ层标准。[②]

(3)对硫氧化物和氮氧化物的限制

①对硫氧化物的限制

MARPOL 73/78 附则Ⅵ 2008 年 10 月的修正案要求从 2012 年 1 月 1 日开始，全球重质燃油的硫质量分数从 4.5%降至 3.5%。要求到 2020 年 1 月 1 日为止，全球船用重质燃油的硫质量分数降到 0.5%。要求从 2010 年 7 月 1 日起，在硫排放控制区域(SECA)船舶所用燃油硫含量不得超过 1.0%，或使用硫处理装置降低 SOx 排量，使其小于 4g/kW·h；要求从 2015 年 1 月 1 日起，船舶所用燃油硫含量不得超过 0.1%[③](如表 4-4 所示[④])。另外如果船舶使用不同的燃油，当进入 SECA 时，应完成公约要求的换油转换，并携带一份书面程序表明燃油转换如何完成，该修正案还要求船舶在其进入排放控制区之前应有足够的时间对燃油供给系统进行全面冲洗，以去除含硫量高的燃料。在进入排放控制区域以前完成的或离开该区域后开始的燃油转换作业日期、时间及船位，以及每一燃油舱中的低硫燃油的容积应记录在主管机关规定的航海日志中。

②对氮氧化物的限制

MARPOL 73/78 附则Ⅵ修正案要求船用柴油机 NOx 排放物逐步降低，该标准对Ⅲ级柴油机的控制要求最为严格。

Ⅰ级柴油机指的是 2000 年 1 月 1 日至 2011 年 1 月 1 日建造装船的柴油机，Ⅱ级柴油机指的是 2011 年 1 月 1 日及其以后建造装船的柴油机，Ⅲ级柴油机指的是 2016 年 1 月 1 日及其以后建造装船的柴油机。在排放控制区域，需遵守的附加限制如表 4-5 所示。

① 参见 MARPOL 73/78 附则Ⅵ附录Ⅲ。
② 参见 MARPOL 73/78 附则Ⅵ第 13 条第 5 款。
③ 许正兵. MARPOL 附则Ⅵ2008 修正案实施及应对措施探讨[J]. 中国水运，2011(08)：14-15.
④ 孙化栋. 船舶硫氧化物的排放控制[J]. 世界海运，2012(08)：51-52.

表 4-4 对硫氧化物排放要求变化情况

地区				
地区	全球*	2012 年 1 月 1 日之前	2012 年 1 月 1 日之后	2020 年 1 月 1 日之后
		4.5% m/m	3.5% m/m	0.5% m/m
	排放控制区*	2010 年 1 月 1 日之前	2010 年 1 月 1 日之后	2015 年 1 月 1 日之后
		1.5% m/m	1.0% m/m	0.1% m/m
	欧盟港口**	2010 年 1 月 1 日起		
		含硫量不超过 0.1%***		

* 根据 MARPOL 公约附则Ⅵ的 2008 年 10 月修正案；

** 根据欧盟“低硫法令”(EU DIRECTIVE)；

*** 2010 年起，在欧盟港口停泊(包括锚泊、系浮筒、码头停泊)超过 2 小时的船舶不得使用硫含量超过 0.1%的燃油。

表 4-5 NOx 排放限制

级别	日期	排放水平
Ⅰ级	2000 年 1 月 1 日—2011 年 1 月 1 日	符合规定的水平*
Ⅱ级	2011 年 1 月 1 日及以后	相对于Ⅰ级水平，降低大于-2.5 g/kWh(大约降低 15%~22%)*
Ⅲ级	2016 年 1 月 1 日及以后	在Ⅰ级的基础上降低了 80%。当船舶在排放控制区航行时，适用Ⅲ级；排放控制区域以外航行适用Ⅱ级*

* 具体参见 MARPOL 附则Ⅵ第 13 条第 3、4、5 款。

第二节 1969 年国际干预公海油污事故公约

一、产生背景

1967 年发生的“托利·卡尼翁(Torrey Canyon)”号油船事故引发了人们对公海上发生事故时国家管辖权问题的思考，特别是沿海国可采取何种程度的措施以保护其领土(领海)免受油污事故所造成的污染威胁，尤其是在其所采取的措施可能会影响到外国船东、货主甚至是船旗国的利益时。

在《1969 年国际干预公海油污事故公约》(《1969 年干预公约》)制定以前，沿海国对发生在公海上的船舶事故是无权管辖的，数百年来，船旗国对其船舶的管理拥有“排他的权利”(exclusive right)，船舶被视为“浮动的领土”(floating territory)，只有船旗国才有权制定船舶的管理规则，也只有船旗国才有权在船舶上实施这些规则。国际上的有关组织可以制定“国际规则”，但是没有船旗国的批准并不能在其船舶上付诸实施，因此导致“国际规则”在公海上变成了一纸空文。

但是，如果油船在公海上发生碰撞或触礁，由于海流或风向等原因，其溢油将严重危及沿海国的利益时，沿海国能否采取适当的干预措施呢？

在此方面,国际习惯做法是采用“自卫原则”、“自我保护原则”和“必要原则”来维护自身权益,[①]因此,“自卫原则”(尽管有争论)、“自我保护原则”和“必要原则”成了制定《1969 年干预公约》和《1973 年干预议定书》的法律依据。

为了解决沿海国家干预船舶油类污染的问题,国际海事组织于 1969 年 11 月在布鲁塞尔召开了国际海上污染损害法律会议,审议当海上发生事故而引起或可能引起油类污染时沿海国家的干预权利问题。此次大会于 1969 年 11 月 29 日通过了《1969 年国际干预公海油污事故公约》(简称《1969 年干预公约》,INTERVENTION 1969)。公约于 1975 年 5 月 6 日生效。

截至 2020 年 9 月 15 日,签署该公约的有丹麦、英国、日本、比利时、法国、美国、德国等 89 个国家和地区,其合计商船吨位占世界商船总吨位的 75.35%。

在 1990 年 3 月 12 日至 16 日召开的 IMO 海上环境保护委员会(MEPC)第 29 届会议上,我国代表通知委员会正式加入该公约,公约自 1990 年 5 月 24 日起对我国生效。

二、主要内容

《1969 年干预公约》由 17 条组成,包含宗旨、适用范围、干预权利及其行使、损失的赔偿和争议的解决等内容,还包含一个关于调解和仲裁程序的附件。[②]

1. 公约的宗旨

公约开宗明义,在前言中既点明了其宗旨和法律依据,也说明了制定该公约的原因,即由于各国“意识到有必要保护他们国民的利益,使其免于遭受海上事故引起的海上和海岸线油污危险的严重后果”,并“确信在这种情况下,为保护上述利益在公海上采取特别措施是必要的,并且这些措施并不影响公海自由原则”,便制定了这样一个公约。

2. 干预权利

公约的第一条第 1 款对沿海国在何种情况下才有干预之权做出了规定。根据该款,如果沿海国有理由预计到发生在其附近公海上的船舶事故或与此事故有关的行为会造成“较大有害后果”(Major Harmful Consequences),就可在公海上采取必要的措施,以防止、减轻或消除由于海上的油类污染或污染威胁而对海岸线或有关利益造成的“严重而紧迫的危险”(Grave and Imminent Danger)。该款一方面将干预权利授予沿海国,另一方面又对其干预权利进行了限制。

3. 国有商船的豁免权

国家财产豁免权是一项公认的国际法原则。国有船舶作为国家财产的一部分,一般情况下也享有豁免权。但是“国有船舶豁免权”只是一种笼统提法,“国有船舶”在从事商业运输并损及他方利益时是否享有豁免权,各国的意见并不一致。

为了明确这一问题,公约第 1 条第 2 款明确规定了“不得根据本公约采取任何措施”的船舶即为可享受豁免权的船舶。这些船舶包括“军舰或国家拥有或经营的并在当时仅用来从事政府公务的非商业性服务的其他船舶”。这实际上完全排除了“国有商船”的豁免权。

---

① “自卫原则”(doctrine of self-defence):国际上存在争议,有观点认为沿海国受到“武装攻击”(armed attack)后才有权“自卫”;而还有观点认为,如果溢油事件严重地侵犯了沿海国的利益,则无异于“武装攻击”。

“自我保护原则”(doctrine of self-protection)和“必要原则”(doctrine of necessity):如果沿海国通过对其本国和船舶所有人的利益进行综合平衡之后,认为有“必要”采取干预行动的话,沿海国为了保护自己的利益而有“必要”采取适当的干预措施。

② 杜大昌. 关于〈1969 年干预公约〉和〈1973 年干预议定书〉. 交通环保,1987(05).

4. 干预权利的行使

为了防止沿海国滥用干预权利，例如迫于国内环保呼声的压力而对小事故过度反应，公约第3条和第5条对沿海国应如何行使干预权利做出了一些规定。第3条首先规定，“沿海国在采取任何措施以前，应与受到海上事故影响的其他国家进行协商，特别是与船旗国进行协商”，并“应尽快地将拟采取的措施，通知它所知道的或在协商期间得知的估计其利益会受到影响的任何自然人或法人，沿海国应考虑他们提出的任何意见”。

但是，如果沿海国遇到“必须立即采取措施的特别紧急情况”，则可以不经事先通知或协商，而直接采取为紧急情况所必需的措施。

5. 损失的赔偿

为了解决沿海国采取过度的干预措施而使他方遭受损失的赔偿问题，公约第6条规定：“任何缔约国，由于采取违反本公约规定的措施而使他方遭受损失时，应对其超出为达到第一条所述目的所必须采取的措施限度而引起的损失，负赔偿责任。”

6. 其他条款

公约第9条至第17条只对签署、加入和修正公约等问题做出了规定，已无实质性的内容。公约的生效条件是自第15个国家加入该公约后的第90天起公约生效。对于公约生效后加入的国家，自该国交存相应文书之后的第90天起公约对其生效。公约由国际海事组织召开专门会议进行修正，但必须有不少于三分之一的国家提出要求。

第三节 1973年干预公海非油类物质污染议定书

一、产生背景

1967年“Torrey Canyon”船重大油污发生后，国际海事组织于1969年11月10日至29日在布鲁塞尔召开了国际海上污染损害法律会议。会议除通过了《1969年国际干预公海油污染事故公约》（简称《1969年干预公约》）和《1969年国际油污损害民事责任公约》外，还通过了三项决议，分别是《关于非油类污染国际合作的决议》《关于设立国际油污损害赔偿基金的决议》和《关于基金工作组报告的决议》。

《1969年干预公约》适用于公海上发生的油类污染事故，对油类以外的其他有毒有害物质污染的干预问题，因当时没有这些物质的清单，公约暂未对公海上非油类物质污染事故干预事宜做规定。随着船舶载运的有害有毒化学品、放射性物质等非油类物质的种类及数量逐年增加，这些物质因意外事件外溢入海的风险也在加大，考虑到这些物质对海洋环境危害的严重程度不亚于油类造成的污染，国际海事组织认为有必要将《1969年干预公约》的适用范围扩大到油类以外的物质。[①] 为此，国际海事组织根据《关于非油类污染国际合作的决议》，于1973年10月8日至11月2日在伦敦召开了国际海洋污染会议，通过了《1973年干预公海非油类物质污染议定书》（简称《1973年干预议定书》），对沿海国干预公海非油类物质污染事故的权利做出了规定。议定书自通过以来，于1991年、1996年、2002年、2007年经历了四次修订，内容都

① 陈百贤. 论船舶污染损害赔偿[D]. 北京：中国政法大学，2006.

是对议定书附件——物质清单的相关修订。

根据议定书规定,只有《1969 年干预公约》的缔约国才可加入该议定书。《1973 年干预议定书》与《1969 年干预公约》一起,构成了一个在公海上干预油类和非油类物质污染事故的比较完整的法律体系。

《1973 年干预议定书》于 1983 年 3 月 30 日生效。我国于 1990 年 2 月 23 日交存加入书,议定书 1990 年 5 月 24 日对我国生效。

截至 2020 年 9 月 15 日,共有 57 个国家接受该协定,占世界总吨位的 56.03%。

二、主要内容

《1973 年干预议定书》由 11 条正文条款和物质清单附件两部分组成。

1. 干预权利

干预权利是议定书的核心内容。第 1 条第 1 款规定了沿海国进行干预的权利, 即在发生海上事故或与这种事故有关的行为后,如有理由预计到将造成重大的有害后果,则可在公海上采取必要的措施,以防止、减轻或消除由于“非油类物质”造成污染或污染威胁而对其海岸线或有关利益产生的严重而紧迫的危险。

2. “非油类物质”的定义

议定书第 1 条第 2 款给出了“非油类物质”的定义。定义分为两项,第 1 项是指“列于由国际海事组织指定的适当机构所制订的名单中的物质”。第 2 项是指“其他易于危害人类健康,伤害生物资源和海生物,损害休憩环境或妨害对海洋的其他合法利用的物质”。第 2 项包括的物质非常广泛。从某种意义上讲,只要沿海国认为某种物质有害并造成了污染或污染威胁,即可进行干预。①

3. 沿海国的责任

议定书第 1 条第 3 款规定了沿海国的有关责任,即当其就上述第 1 条第 2 款第 2 项中所述物质造成的污染采取行动时有责任证明,该物质在不进行干预的情况下,会产生类似于上述第 2 款第 1 项所述名单中列举的任何物质所产生的严重而又紧迫的危险。

4. 适用范围

此议定书规定:“《1969 年国际干预公海油污事故公约》第 1 条第 2 款和第 2~8 条以及其附录的规定,应如同其适用于油类一样,适用于本议定书第 1 条中所述的物质。”即《1969 年干预公约》第 1 条第 2 款关于不适用于“军舰”和“政府船舶”的规定,第 2 条中的有关定义,第 3~8 条中关于“干预权利的行使”“相称原则”“争议的解决”等规定都适用于《1973 年干预议定书》,其争议的具体解决也将按照《1969 年干预公约》附录中规定的“调解程序”和“仲裁程序”。

5. 物质清单

该物质清单作为议定书的附件,是议定书不可分割的一部分。

海上环境保护委员会作为国际海事组织指定的适当机构于 1974 年 11 月 21 日通过了该物质清单。该清单列出了 96 种有毒物质、2 种液化气体以及国际原子能机构规定的有关放射性物质。此外,该清单还列出了除《1969 年干预公约》适用的原油、燃油、柴油和润滑油之外的

---

① 杜大昌. 关于《1969 年干预公约》和《1973 年干预议定书》. 交通环保,1987. 05.

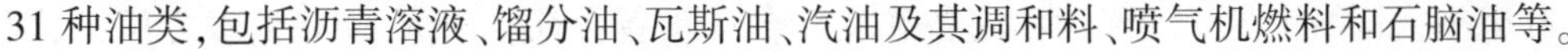

31 种油类,包括沥青溶液、馏分油、瓦斯油、汽油及其调和料、喷气机燃料和石脑油等。

6. 其他条款

公约的第 3~11 条是关于修正和生效条件等有关问题的规定,主要是程序性要求。但有两点值得注意:

(1)议定书的修正将采用《1969 年干预公约》规定的"默认接受程序",即当国际海事组织将修正案通知缔约国后满六个月时,应视为已被接受,除非在此期限内有不少于三分之一的缔约国表示反对。

(2)议定书只可由已批准、接受、认可或加入《1969 年干预公约》的国家批准、接受、认可或加入;如果议定书的某一缔约国退出了《1969 年干预公约》,即应视为也退出了议定书。[①]

第四节　1990 年国际油污防备、反应和合作公约与 2000 年有毒有害物质污染事故防备、反应与合作议定书

一、产生背景

1967 年,利比里亚籍超级油船"Torrey Canyon"号在英吉利海峡的英格兰西南部海域触礁沉没,造成了约 12 万吨原油入海,由于准备不足、采取措施不力,致使英、法两国沿海的海洋生态遭到了严重的破坏,造成巨大经济损失。1978 年 3 月 16 日"阿莫戈-卡迪兹"号满载 160.45 万桶原油,撞上法国布列塔尼海岸附近的波特萨尔岩礁,船上全部原油泄漏入海,导致法国海岸线野生动物资源遭到重创。这些事故的发生,促进了抵御溢油的概念更新和技术研发,也促使一些国家开始建立溢油应急防备反应系统,制订国家溢油应急计划,进行国际合作,从而使抵御溢油的内涵逐步上升到防备和反应层面。美国和一些发达国家在 20 世纪 70 年代就开始制订国家溢油应急计划,尝试建立溢油应急防备系统,并对溢油应急技术进行研究和开发。一些跨国公司生产的溢油应急设备,几经改进,更新换代,溢油围控和清除效能大大提高。这些国家在防治溢油方面的工作为促进全球溢油应急反应系统的完善提供了经验和先进技术。

然而,没有资料表明在 20 世纪 80 年代以前有国家将溢油应急问题纳入国家的法律范畴,或把国际的应急合作纳入有关国际公约。这在一定程度上限制了国家溢油应急防备反应系统的完善和先进溢油应急技术在全球的推广。

1989 年发生的"Exxon Valdez"号油船泄漏原油事件以及随后的几起重大溢油事故,引起了美国各界的强烈反响,在保护海洋环境的强大压力下,美国通过了《1990 油污法》(OPA 1990),该法于 1990 年 8 月 11 日签署颁布,规定油船必须具有双层船壳。在制定 OPA 1990 的过程中,美国不仅认识到建立本国应急防备反应系统、制订溢油应急计划及相关反应程序的重要性,也认识到抗御大型溢油事故的应急防备和应急反应国际合作的必要性。

1989 年 10 月 IMO 第 16 届大会通过 A.674(16)决议,该决议拟订立一个关于油污防备反应合作国际公约。1990 年 IMO 第 29 届海上环境保护委员会(MEPC)会议成立工作组。1990

① 杜大昌. 关于《1969 年干预公约》和《1973 年干预议定书》. 交通环保,1987(05).

年5月4日至18日IMO召开国际油污防备和反应合作预备会议。OPA 1990生效之后，美国向国际海事组织建议，召开专门会议讨论他们提出的《国际油污防备反应合作公约》草案。1990年11月19日至30日，IMO在伦敦召开了“国际油污防备和反应国际合作会议”，会议顺利通过了《1990年国际油污防备、反应和合作公约》(International Convention on Oil Pollution Preparedness Response and Co-operation，1990)。会议还希望OPRC 1990的规定尽快生效，以促进油污防备和反应的国际合作，并呼吁未参加本次会议的国家尽早签署公约，成为OPRC 1990的缔约国，敦促所有国家尽早和尽可能地建立抵御油污污染的国家系统。

依其程序条款第16条规定OPRC 1990公约生效的条件是至少15个以上国家签署该公约并交存加入文书之日起12个月后生效。墨西哥在1994年5月13日交存了缔约文书，从而使这个公约的缔约国数达到15个，满足了公约生效条件。因此，该公约于1995年5月13日生效。我国于1998年3月30日加入该公约，同年6月30日起OPRC 1990公约对我国生效。截至2016年3月10日，共有108个国家和地区加入该公约，占世界船舶总吨位的72.75%。这些国家地区实施OPRC 1990的经验将进一步推动更多的国家成为该公约的缔约国、建立溢油应急反应体系、制订国家溢油应急计划，并使全球范围内的区域性应急合作更广泛。这对保护人类的共同资源宝库——海洋环境具有极其重要的意义。

OPRC 1990生效后，考虑到船舶载运有毒有害物质(HNS)造成的污染事故对海洋环境的巨大破坏，IMO开始讨论将有害有毒物质(HNS)纳入全球防备与反应合作框架之中，并在2000年3月15日召开的IMO外交大会上正式通过了《2000年有毒有害物质污染事故防备、反应与合作议定书》(简称“OPRC-HNS议定书”)。加入OPRC-HNS议定书之前必须先加入OPRC 1990。[①] 随着葡萄牙作为第15个缔约国在2006年6月14日加入该议定书，OPRC-HNS议定书已满足生效条件，并于2007年6月14日生效。截至2020年9月15日，有40个国家加入该议定书，占世界船舶总吨位的52.67%。我国于2009年11月19日加入OPRC-HNS议定书，该议定书于2010年2月19日对我国生效。OPRC-HNS议定书旨在为抵御HNS污染事故搭建国际合作框架，推动HNS污染事故防备与响应方面的科技研究，并促进在反应技术方面的合作。[②]

二、主要内容

（一）OPRC 1990

OPRC 1990由正文、一个附则组成。正文包括19个条款，规定了一般义务、适用范围、油污应急计划、油污报告程序、收到油污报告时的行动、国家和区域的防备和反应系统、油污反应工作的国际合作、研究和开发、技术合作、评估公约、签署和批准、生效条件等内容；附则全称是《援助费用的偿还》，由4个部分组成，分别对各当事国应承担的处理污染行动的费用、如何计算应偿还的此种费用、如何在索赔诉讼结案方面进行合作、公约规定的费用适用范围等做出了具体的规定。[③] 从整体来看，公约规定了重大油污灾害的事前防范内容，如对船上须配置的油污应急计划(Oil Pollution Emergency Plan)；事故发生时的反应系统与火灾防止；以及事后整治

---

① 黄鹏程，韩颖. OPRC-HNS 2000议定书对我国航运业影响分析[J]. 中国水运，2008(08)：25-26.

② 吴红兵，王星星. 我国加入《2000年有毒有害物质污染事故防备、反应与合作议定书》的利弊分析[J]. 中国海事，2008(08)：32-33.

③ 李现峰. 国家与地方海上污染事故应急机制的整合分析与建议研究[D]. 大连：大连海事大学，2013.

的区域性或国际性合作途径的原则性内容进行了规定。①

OPRC 1990 不仅要求各缔约国把建立国家溢油应急反应体系、制订溢油应急计划作为履行公约的责任和义务,而且还要求各缔约国将进行国际的溢油应急合作作为其履行公约的责任和义务,这使那些还不完全具备溢油应急资源和应急技术的国家和地区,在溢油事故发生时可从缔约国获得设备和技术的支持和援助。OPRC 的宗旨就是提供一个处理溢油事故的国际性协作框架,促进各国加强油污防治工作,强调有效的防备在处理油污事件中的重要性。在遇有重大油污事故时强调进行区域性或国际性合作,采取快速有效的行动减轻油污染造成的损害,达到保护海洋环境的目的。② OPRC 1990 将人类防治溢油的活动由被动抵御变为积极反应,从临时抵御扩展到事先防备,从局部抵御发展到全球性的合作。这是 OPRC 1990 对人类抵御溢油的历史性贡献。

1. 有关定义③

公约定义的"油"是指任何形式的石油,包括原油、燃料油、油泥、油渣和炼制产品。"油污事故"是指同一起源的一起或一系列造成或可能造成油的排放,对海洋环境或对一个或多个国家的海岸线或有关利益构成或可能构成威胁,需要采取紧急行动或其他迅速反应措施的事故。"船舶"是指在海洋环境中营运的任何类型的船舶,包括水翼船、气垫船、潜水器和任何类型的浮动航行器。"近海装置"是指从事天然气或石油勘探、开发或生产活动或油的装卸的任何固定或浮动装置。"海港和油装卸设施"是指具有油污事故风险的设施,其中包括海港油码头、管道和其他的油装卸设施。

2. 国际合作和互助

缔约各方同意在其具备能力和有关应变措施的条件下进行合作并向请求援助的缔约方提供援助,以处理油污事故。请求援助的缔约方应向提供援助的缔约方偿还援助费用,尽管在某种条件下,请求援助的缔约方可能要求放弃、减少或推迟偿还援助费用。此外,防止和控制油污的国际合作与互助应适当考虑发展中国家的需求。④

3. 油污事故报告程序

关于污染报告,缔约各方应将在船舶、近海装置、飞机、海港的油装卸设施发现的油污事故,报告给最近的沿海国或主管当局,并通知有可能遭受污染危险的邻国和国际海事组织。

船舶的船长或其他人员和近岸装置的人员,应将导致其船舶排油的任何事件及其发现的海上排油或出现油迹的事件及时报告给沿岸国;海港和油装卸设施的人员,应将任何排油和出现油迹的事件及时报告给国家主管当局。收到油污报告的缔约国要对事件做出评估,以判断是否发生了油污事故,进而判断油污事故的性质、范围和可能后果,然后将这些信息通知其利益受到或可能受到该油污事件影响的所有国家。

4. 油污应急计划

关于油污应急计划,公约要求 150 GT 及以上的油船和 400 GT 及以上的其他船舶,从事天然气或石油勘探、开采、生产活动或石油装卸作业的任何固定式或浮动式近海装置或建筑物、出现有油污事故风险的任何海港和石油装卸设施都必须制订油污应急计划,并接受该缔约国

① 李品友. OPRC 公约制定背景及其特色分析. 上海造船,1995(02):56-57.
② 方佳蕊. 论我国油污立法体系的完善[D]. 长春:吉林大学,2006.
③ 范晓莉. 海洋环境保护的法律制度与国际合作[D]. 北京:中国政法大学,2003.
④ 危敬添. 1990 年国际油污防备、反应与合作公约生效[J]. 航海科技动态,1995(11):22-23.

正式授权官员的检查。

5. 国家和区域性防备与反应能力

公约强制规定每一缔约国都有义务建立相应国家系统来对油污事故做出迅速和有效反应，该系统至少包括：①指定负责油污防备和反应工作的国家主管当局；②指定国家行动联络点，负责接收和发送油污报告；③指定有权代表本国请求援助或决定按他国请求提供援助的当局；④制订本国油污防备与反应的应急计划。

此外，公约要求每一缔约国应具备：与风险相称的溢油抵御设备及其使用方案；油污反应组织的演习及有关人员培训的方案；详细的油污反应计划及通信能力；对油污事故反应工作进行协调的机构或安排；调动必要的人力和物力的能力。每一缔约国应向国际海事组织提供下列最新资料，包括：负责油污防备和反应工作的本国主管当局，国家行动联络点，有权代表本国请求援助或决定按他国请求提供援助的当局的单位名称及其通信地址和联系电话等资料，可向他国提供的油污反应设备、油污应急计划及海上救助方面专门技术的资料。

6. 技术合作与转让

合作主要包括三个方面：一是油污事故反应合作，包括提供咨询服务、技术支持和设备等内容；二是研究和开发合作，包括对监视、围控、回收、消除、清除和其他减少污染的技术进行扩大交流，并组织各缔约国研究机构间建立必要的联系等内容；三是技术合作，包括向求援缔约国提供培训人员、有关技术及装备，为开展联合研究和开发提供支援，并在转让油污防备和反应的技术方面积极合作等内容。

（二）OPRC-HNS 2000 议定书

OPRC-HNS 2000 议定书包括正文和附则两部分。正文包括总则，定义，应急计划和报告，国家和区域的防备和反应系统，污染反应国际合作，研究和开发，技术合作，签署、批准、接受、核准和加入等 18 条。附件是关于援助费用偿还的相关条款，规定缔约国之间相互援助时的费用承担问题。

1. 有毒有害物质（HNS）定义和包含的物质

OPRC-HNS 2000 议定书所称的有毒有害物质（HNS）系指油类之外的任何物质，如果它进入海洋，有可能危害人类健康、海洋生物及其赖以生存的环境，或妨害海洋的其他合法利用。参照国际公约和规则，HNS 包括 MARPOL 73/78 附则Ⅱ定义的物质、国际危规（IMDG Code）定义的物质、国际散化规则（IBC Code）定义的物质和散装固体货物规则（BC Code）列明的物质等，具体包括定义为有毒危险货物的液体物质，液化气体和闪点不超过 60 ℃的液体，包装危险货物和具有化学危险性的散装固体物质。

2. OPRC-HNS 2000 议定书的相关要求

缔约国需要在本国或与其他国家合作建立处置 HNS 污染事故的应急计划，确定国家联络点，配备最基本的应急反应资源，对潜在的 HNS 事故风险进行科学评估，编制与之相对应的 HNS 事故污染应急计划和报告程序，这也是迅速有效地应对 HNS 突发事故、控制和减少污染损害的根本保证。公约要求任何可能存在 HNS 事故风险的港口和设施必须编制与其风险相适应的污染应急计划，并与国家应急反应系统相协调。

悬挂缔约国国旗的船舶，应备有一份污染事故应急计划，并要求船长或负责此种船舶的其他人员按要求遵守报告程序。缔约国之间可以开展技术合作，联合研究和开发项目，视情况向请求技术援助的缔约国提供培训人员、技术、设备和设施等援助。①

第五节 防止倾倒废弃物和其他物质污染海洋公约

一、产生背景

向海洋倾倒废弃物,是人类有史以来习以为常的事。但是随着近代工业的兴起,倾倒物中的成分也发生了根本性的变化,由于科技的发展出现了很多人工合成物质,其中有一些是含有剧毒的物质。据估计,倾倒在波罗的海中的含有砷化物成分的废水、废弃物达亿吨以上,这些砷化物的毒性完全释放出来足以使3倍的地球人口丧生。进入20世纪,伴随着核工业的崛起,放射性废弃物产生了。美国在1945—1965年间曾在旧金山附近的海域倾倒了近5万桶放射性废弃物,此后又在太平洋选定40个倾倒放射性废弃物区。有的被倾倒的放射性废弃物由于桶罐破损已在相关海域造成放射性污染,在该海域检测到鱼体内的放射物剂量足以对人类健康构成威胁,其潜在危险性和难以弥补性正为世人所瞩目,由此海洋倾倒废弃物引起了国际社会的关注。②

由于人们认识到,海洋环境对人类工业废物的消化能力是有限的,如不对包括海上倾倒在内的所有污染源加以控制,势必导致人类生存环境的破坏,危及人类和生物的健康和生命。因而联合国召开了多次会议谋求对策。

1971年年初,联合国人类环境会议筹委会分别在英国伦敦和加拿大渥太华举行了两次会议,并于1971年2月设立了一个政府间海洋污染工作组,着手研究制定海洋倾废公约的有关问题。1972年春,在冰岛雷克雅未克举行了政府级会议,会议要求海洋污染工作组拟定防止倾废污染海洋的公约草案,之后在伦敦又召开了该会议的续会。1972年2月15日,西德、比利时、法国等12国政府代表在奥斯陆集会并发表了《奥斯陆倾废公约》,对防止倾废污染海洋的意义、目的和方法做了比较完整的条令性规定。1972年6月,在瑞典斯德哥尔摩召开了联合国人类环境会议,会议建议各国政府致力于完成一个全面的倾废公约并力促其早日生效,据此,英国政府同联合国秘书长协商后,1972年10月30日至11月13日在伦敦召开了政府间海上倾倒会议。经过多次协商,终于在伦敦召开的第三次政府间海上倾倒会议上通过了《1972年防止倾倒废弃物及其他物质污染海洋公约》[简称为伦敦倾废公约或伦敦公约(London Convention),LC 1972]。因该公约是在伦敦议定的,为纪念英国政府为公约的产生所做出的贡献,会议同意将该公约简称为伦敦公约。与区域性的奥斯陆倾废公约不同的是,伦敦公约在全球范围内具有效力。

LC 1972于1972年11月13日通过,于1972年12月29日签订于伦敦、墨西哥城及华盛顿,于1975年8月30日生效,截至2020年9月15日,该公约共有87个缔约国,占世界商船总吨位的58.11%。我国于1985年11月14日加入该公约,该公约于1985年12月14日对我国生效。

① 张硕慧.中国海上维权法典(第三卷)[M].大连:大连海事大学出版社,2012.

② 杨文鹤.伦敦公约二十五年[M].北京:海洋出版社,1999.

国际海事组织承担 LC 1972 的秘书处职责，并承担交存保管公约修正案的职责。①

LC 1972 生效后，海洋倾废方面出现了一些新的发展趋势，如海上焚烧废弃物、海上倾倒放射性废弃物、在海床下处置强放射性废弃物、废弃物越境处置以及海上倾倒工业废弃物等，这些新的发展趋势以及新发现的问题亟待解决。1992 年联合国环境与发展大会召开，全球性环境保护呼声更加高涨，各国及相关国际组织纷纷推出环境保护的新战略。在这样的国际背景下，《伦敦公约》缔约国协商大会决定对《伦敦公约》进行全面修改。1993 年，《伦敦公约》缔约国会议通过了关于禁止倾倒工业废弃物、禁止倾倒放射性废物和终止有毒液体海上焚烧的三项决议，并于 1994 年启动了《〈防止倾倒废弃物和其他物质污染海洋公约〉1996 年议定书》的起草工作。经过三年谈判，主张禁止向海洋倾倒一切物质的“绝对环保派”国家和主张利用海洋自净能力合理控制倾倒活动的“利用控制派”国家终于就《议定书》文本达成妥协，在 1996 年召开的政府间特别会议上通过了《议定书》。②

国际海事组织于 1996 年 11 月在伦敦通过了《1972 年防止倾倒废弃物及其他物质污染海洋公约 1996 年议定书》（简称“伦敦倾废公约 1996 年议定书”）。该议定书从 1997 年 4 月 1 日开始在国际海事组织总部开放，供任何国家签署，如果一国既是该议定书的缔约国又是 LC 1972 的缔约国，该议定书将取代 LC 1972 公约，这意味着两个公约将平行生效过渡一段时间，但是随着该议定书被越来越多的国家批准，国际社会履约的重点将逐渐移向该议定书。③

《伦敦倾废公约 1996 年议定书》于 2006 年 3 月 24 日生效，2006 年 10 月 29 日我国政府向国际海事组织秘书处交存了加入书，同年 11 月 28 日该议定书对我国生效。截至 2020 年 9 月 15 日，该议定书共有 55 个缔约国，占世界商船总吨位的 40.56%。与 1972 年伦敦公约相比，1996 年议定书是在保护海洋环境防止倾倒活动方面达成的更现代和更全面的协议，反映了保护环境的原则和理念。

目前《伦敦公约》和 MARPOL 73/78 是防止海洋污染的两部主要的国际公约，其功能区别是《伦敦公约》的主要内容是防止船舶载运岸上的废物倾倒入海造成的海洋污染，而 MARPOL 73/78 的主要内容是防止船舶造成的海洋污染。④

二、主要内容

（一）伦敦公约

《伦敦公约》共有 22 条正文、3 个附件及附录。正文涉及公约的宗旨，海上倾倒方式，国际合作和援助，解决因海上倾倒而引起的争端的程序，职能机构和秘书处职责及公约的修改签字、批准和生效程序等内容。⑤

公约的附件 1 规定禁止向海洋倾倒的废物或其他物质的名称及例外的条件，附件 1 还有一个补充附录《海上焚化废物和其他物品的管理条例》。公约的附件 2 规定需要获得“特许证”以后才能倾倒的废物和其他物质的名称。公约的附件 3 规定在颁发海上倾废许可证时需要考虑的废物的特征、成分以及确定倾倒地点必须考虑的一些问题。

① IMO. Status of Conventions. http://www.imo.org/About/Conventions/StatusOfConventions/Pages/Default.aspx.
② 《“伦敦公约”1996 年议定书》解读[N]. 中国海洋报，2006-06-30.
③ 张硕慧. 中国海上维权法典——国际海事公约篇（第三卷）[M]. 大连：大连海事大学出版社，2012.
④ 浦宝康. 伦敦倾废公约（London Dumping Convention）[J]. 交通环保，1984，04：29-31.
⑤ 李海清.《伦敦倾废公约》简介[J]. 海洋开发，1986，01：72-74.

公约第1、2条申明缔约国应控制海洋污染,防止倾废造成海洋污染。缔约国应根据本公约的条款,采取有效措施以使公约早日得到贯彻实施。

公约第3、4条是对“海洋”“倾”和“废”的说明,公约中的“海洋”是指有关国家海岸基线以外包括领海和公海在内的海域。“倾”是指有意识地用船舶从岸上载运废物向海洋中倾倒,而不是指船舶正常操作时所引起的或偶然产生的废物倾倒。“废”是指倾倒入海的工业废料、垃圾、土方石块、放射性废料等。根据对海洋环境的危害程度,公约将“废”分为三类,并针对三类废弃物分别规定了禁止倾倒、经申请和批准在领取“特许证”和“一般许可证”后才可以倾倒等控制措施。

公约第5条是第4条的例外,该条规定在恶劣气候下,人命或船舶的安全遭受威胁时,允许船不受第4条约束,并规定了相应的倾废程序。

公约第6条规定缔约国应建立相应的机构来监督公约的执行,其中监督的内容包括颁发倾废许可证,对倾废进行登记等。

公约第7条规定本公约的管辖范围是悬挂缔约国国旗的船舶以及在缔约国领土、领海要进行倾废的船舶,其中军舰享有豁免权。该条还申明缔约国可以自行采取防止海洋倾废的其他措施。

公约第8条承认各地区性的防止倾废污染海洋的协定或公约,因其与本公约的目的是一致的,并考虑到区域特征,故二者是并行不悖的。

公约第9条规定某缔约国提出关于训练防止倾废污染海洋的科技人员及提供这方面的科研设备等要求时,本公约缔约国应给予支持。

公约第10、11条规定应制定解决国与国之间因倾废而发生争端的程序。

公约第12条规定各缔约国应保证不使油料、燃料及其废料、航运有害或危险货物、船舶在操作过程中产生的废物、各种放射性物质、制造化学和生物武器的材料以及海底探测开发、海上加工产生的废物等污染海洋。

公约第13条申明本公约与国际及各国的海洋法及有关的主权法律并行不悖,并要求有海岸的国家确定其在执行本公约中的权利和义务。

公约第14条要求各缔约国指定一个有资格的组织,负责履行本公约的秘书处的职责,这些职责主要是:召开定期的缔约国协商会议或特别会议,审议本公约及附件的修正案,同相应的国际组织、地区性防止海洋污染组织和科研机构讨论有关事项,与各缔约国和有关机构保持联系,整理会议文书,准备咨询资料并向会议提出建议等。

公约第15-22条规定了修正案的提出、通过和生效,公约的生效,公约的签字、批准和加入,缔约国的加入和退出,公约的语言文本等内容。

《伦敦公约》严格控制对废物的分类和处理方式,为达到有效地控制海洋污染、保护海洋环境的目的,公约按有害程度将废弃物分为三类:

第一类为“黑单”(附件1)中列出的物质,属于对环境危害最大因而禁止倾入海洋的废弃物,这些废弃物包括:有机卤素化合物,汞及其化合物,锡及其化合物,持久性塑料和其他持久性合成材料,原油和成品油,高水平的放射性废弃物,生物和化学战争毒气制品。

第二类为“灰单”(附件2)中列出的有害物质,这类有害物质在符合特定标准时才允许倾倒入海。“灰单”中所列的废弃物均含有相当数量的砷、铅、铜、锌、有机硅化合物、氰化物、氟化物、农药及其制成产品。在“灰单”中允许倾倒入海的废弃物包括:集装箱、废金属和其他散装废弃物、低水平的放射性废弃物和倾入海洋后变为有害物质或影响环境的废弃物。

第三类为"白单"中列出的物质。"白单"中的物质一般都是符合一定标准的无害物质,另外,允许排入海中的物质也都列在"白单"中。依据影响因数表可判别"白单"中的物质是否可以排放入海。①

《伦敦公约》是一个全球性的公约,但只对倾废造成的污染做了一般性的规定,而没有顾及各地理区域的特殊性并制定应采取的具体措施。这就需要各地理区域国家根据伦敦倾废公约的原则精神结合本地区的特点和实际,制定相应的条文和规定。为此,公约第 8 条规定:"为促进本公约各项目标的实现,对于保护某一特定地理区域的海洋环境有共同利害关系的各缔约国,应考虑到特定区的特点,尽力达成与本公约一致的防止污染,特别是防止倾倒所造成污染的区域协定。"②

（二）伦敦公约 1996 年议定书

国际社会制定《伦敦公约 1996 年议定书》的本意是希望它能够代替《1972 年伦敦公约》,该议定书的要求也比原公约严格得多。对于如何解决将海洋作为一个废物收集站的问题,议定书从态度上做出重大改变。最重要的改革之一是引入"预防为主"的原则,议定书要求:"当有证据表明废物或其他物质排入海洋中将可能造成危害,即使没有直接证据证明排放与其结果之间的因果关系,亦应采取适当的预防措施。"

议定书还指出"污染者应承担主要污染费用",强调缔约国应保证执行议定书,不应将污染从一个地区转移到另一个地区。本议定书包括 29 条正文以及 3 个附则。附则 1 为可考虑倾倒的废弃物或其他物质,其他两个附则涉及废物定级和仲裁程序。附则的修正案按默认接受程序通过,其将在通过后不迟于 100 天内生效,除了那些明确表示不接受的国家,修正案将适用于所有其他缔约国。

议定书的第 4 条要求缔约国"除附则 1 所列物质,应禁止倾倒任何废弃物或其他物质"。附则 1 所列物质为:

(1)疏浚物;

(2)污泥;

(3)鱼类废弃物,或鱼类加工作业所产生的物质;

(4)船舶和钻井平台或其他海上人造建筑;

(5)惰性物质,无机地质物质;

(6)天然有机物质;

(7)包括铁、钢、水泥和类似无害物质在内的大体积物品。

《1972 年伦敦公约》允许在海上焚烧废物,但在 1993 年修正案中该许可被禁止。该议定书第 5 条明确禁止在海上焚烧废物。《伦敦公约》生效后,出现了将废弃物出口到其他非缔约国海上进行倾倒的事件,因此议定书第 6 条明确:"缔约国不应允许将废弃物或其他物质出口

① 文汇. 伦敦倾废公约 20 年的进展[J]. 交通环保,1994,05:40-42.

② 公约生效前后通过《1972 年防止船舶和航空器倾倒废物污染海洋的公约》(即《奥斯陆公约》)、《1974 年丹麦、芬兰、挪威,瑞典之间保护环境的公约》(即《斯德哥尔摩公约》)、《1974 年保护波罗的海海区海洋环境公约》(即《巴黎公约》)、《1976 年保护地中海免遭污染的公约》(即《巴塞罗那公约》)、《1978 年合作谋护海洋环境的科威特地区公约》(即《科威特公约》)、《1981 年合作保护和开发中、西非地区海洋及沿岸环境的公约》(即《阿比让公约》)以及《1981 年保护东南太平洋海洋环境和沿岸区域的公约》(即《利马公约》)等区域性公约,详见:李海清.《伦敦倾废公约》简介[J]. 海洋开发,1986,01:72-74.

到其他国家海上倾倒或焚烧。”第8条规定了例外情况即在由于气候形成不可抗力的情况下,或对人类生命构成危害或直接威胁到船舶安全的情况下,可以允许倾倒,但应立即向IMO报告。第9条要求缔约国指定一个(或一个以上)适当主管机关根据本议定书签发许可证。国际社会认识到1996年议定书实施的重要性,在该议定书第11条中具体规定了实施程序,此程序规定,在议定书生效后不晚于2年,缔约国会议“须建立评估和促进实施的必要程序和机制”。

过渡性条款(第26条)允许新缔约国在5年内逐步履行公约。为配合这一条款的实施,议定书还扩大了技术援助条款的范围。

第六节 2001年国际控制船舶有害防污底系统公约

一、产生背景

1. 污底及其对船舶产生的负面影响

污底是指船舶系泊、锚泊以及航行一段时间后,船体表面水线以下部分由于长期浸泡在水中会生锈,并生长植物类、动物类以及浮游生物和非生物类等物质,使水下部分出现船底表面脏污和粗糙的现象。①

船舶污底将会增加航行阻力。一方面造成船舶的航行速度下降,另一方面,由于阻力增加,导致螺旋桨推进效率下降,船速相应减慢,如果螺旋桨转速保持不变,则螺旋桨所需转矩将增加,从而由污底引起的主机燃油消耗量将增加。燃油消耗量的增加,提高了船舶的营运成本,减少了船公司的投资收益。同时,污底的存在还会增加船舶水下部分船体的腐蚀速度,降低船舶的使用寿命,也会减少船舶的投资收益。

2. 防污底系统及其所起到的作用

为了控制和防止海洋生物在船底生长、附着,船东的普遍做法是在水线以下船体表面及船底涂上防污漆,以达到杀死或驱散附着的海洋生物,避免其附着在船体上的目的。防污漆的使用减小了由于污底而增加的阻力,减少了燃油消耗量并且缩短了船舶的营运周期,延长了船舶的使用寿命。

3. 锡基防污底材料对环境所产生的负面影响

长期以来,航运界一直使用含有机锡化合物(TBT)的防污漆来控制和防止污底,但后来人们发现,含有TBT的防污漆是一种有害物质,会污染水资源、破坏生态平衡并危害人体健康和海洋环境。

对于该类物质所引起的严重的环境污染问题,较好的解决方法就是尽快制定出限制甚至禁止使用此类有害物质的国际公约,通过国际的协调和合作,消除该化学污染源。

4. 公约的制定过程及发展情况

20世纪70到80年代,人们开始认识到TBT给海洋环境带来的危害。1988年,巴黎备忘录国家要求IMO审议限制使用TBT化合物的措施,这是在IMO的MEPC上首次提出防污漆

① 刘晓东,徐洪明,陈炜.《AFS公约》生效后对我国的影响与对策[J]. 航海技术,2008(06):78-79.

中 TBT 的污染问题。1990 年，MEPC 通过了关于控制使用 TBT 防污漆潜在不利影响措施的决议［MEPC. 46(30)］，建议缔约国政府采取措施限制在船长小于 25 m 的非铝制船舶船体上使用 TBT 防污漆，并限制每日每平方米渗出率超过 4 μg 防污漆的使用。①

1992 年联合国环境与发展大会通过的《21 世纪议程》第 17 章呼吁各国采取措施减少防污漆中有机锡化合物的使用所造成的污染。这一目标成为 IMO 在海洋环境和生态保护中一项明确的任务。为进一步推动此项工作，第 38 届环保会成立了通信组，专门调查使用 TBT 防污漆带来的不良影响。第 41 届环保会开始起草禁用有害防污漆的法律框架草案。该草案规定的禁用时间表为，保证在 2003 年 1 月 1 日前禁用以有机锡化合物作为杀虫剂的防污底系统，届时，所有船舶不得再涂或重新施涂含有 TBT 的防污漆；2008 年 1 月 1 日前，全面禁用该种防污底系统，如防污漆中已含有 TBT，或者将其一次性清除，或者在原防污漆上涂封闭漆形成封闭层，然后再涂不含 TBT 的防污漆。② 而在强制性公约生效前，敦促成员国采取行动，鼓励使用低毒替代品取代 TBT 防污底系统。③

1999 年 11 月 25 日国际海事组织第 21 届大会通过了一项决议〔A. 895(21)〕，敦促海洋环境保护委员会尽快制定针对防污底系统有害影响的国际性、强制性法律文书作为一个紧急事项。为此，2001 年 10 月，国际海事组织召开的国际控制有害防污底系统外交大会通过了《国际控制船舶有害防污底系统公约》。此外，大会还通过了其他决议，这些决议要求：IMO 制定防污底系统简单取样导则和港口国检查官对船舶防污底系统检查的导则；各国对在其领土内使用的防污底系统进行批准、登记或发照；各国在适当的国际论坛开展工作以协调含杀虫剂防污底系统的实验方法和性能指标。这一新的公约禁止船舶使用有害的防污底系统。该公约在合计吨位不少于世界商船总吨位 25%的 25 个国家正式批准、接受或加入 12 个月后生效。④

随着 2007 年 9 月 17 日巴拿马政府向 IMO 秘书处递交加入该公约的申请文书，加入该公约的国家增加到 25 个并占世界商船总吨位的 38. 11%，满足了公约生效的条件，使得该公约于 2008 年 9 月 17 日生效。截至 2020 年 9 月 15 日，签署或加入该公约的国家有 90 个，占世界商船总吨位的 96. 13%。⑤ 我国政府已批准加入该公约，该公约于 2011 年 6 月 7 日正式对我国生效。⑥

二、主要内容

（一）基本框架

公约包括 21 条正文和 4 个附件及 2 个附录。21 条正文按顺序为：一般义务，定义，适用范围，防污底系统的控制，对附件 1 废弃物的控制，提出修正防污底系统控制的程序，技术组，科学和技术研究及监测，信息交流，检验和发证，船舶检查和违章的调查，违章，对船舶的不当延误，争议的解决，与国际海洋法的关系，修正案，签署、批准、接受、核准和加入，生效，退出，保

① 金辉.《控制船舶有害防污底系统国际公约》及有关问题探讨［J］. 交通环保，2004. 25(2)：32.

② 该时间差恰好是 TBT 防污漆的使用周期。

③ 吕航. 海洋：我们能为你做点什么？IMO《国际控制船舶有害防污底系统公约》出台［J］. 中国船检，2001(11)：40.

④ 危敬添. 2001 年国际控制船舶有害防污底系统公约(AFS)生效在即［J］. 中国远洋航务，2008(03)：80.

⑤ IMO. LIST OF CONVENTIONS, OTHER MULTILATERAL INSTRUMENTS AND AMENDMENTS IN RESPECT OF WHICH THE ORGANIZATION PERFORMS DEPOSITARY AND OTHER FUNCTIONS. http://www. imo. org/About/Conventions/StatusOfConventions/Pages/Default. aspx

⑥ 交通运输部. 关于国际海事组织《控制船舶有害防污底系统国际公约》生效的公告. 2011 年第 22 号.

存人,语言。附件 1 是关于防污底系统的控制;附件 2 是有关初始提议所要求的要素;附件 3 是有关全面提议所要求的要素;附件 4 是有关防污底系统的检验和发证要求。其中附件 4 包含 2 个附录(即证书与记录和防污底系统声明格式)。这些法律条文为实施公约提供了重要依据。①

(二)适用范围

公约第 3 条规定,本公约适用的船舶包括有权悬挂缔约国旗帜的船舶;无权悬挂缔约国旗帜,但在该缔约国管辖下营运的船舶;进入缔约国港口、船厂或近海装卸码头的其他船舶。对于本公约非缔约国的船舶,各缔约国可在必要时适用本公约的要求,保证不给此种船舶以更优惠的待遇。

(三)对防污底系统的控制

公约对防污底系统的控制是通过公约附件 1 规定的两个日期来实现的,2003 年 1 月 1 日开始,所有船舶(不包括固定平台、浮式平台、FSUs、FPSOs)不得再施涂或重新施涂含有 TBT 的防污漆;到 2008 年 1 月 1 日,现有船舶已经涂有含有 TBT 防污漆的,或者将有害防污漆一次清除,或者在原含 TBT 的防污漆上涂封闭漆形成封闭层,然后再涂无 TBT 的防污漆。② 表 4-6 为附件 1 提出的防污底系统的控制措施。

公约的规定,减少了完全清除含有 TBT 防污漆给船舶造成的损失,同时又避免了被清除掉的有毒漆造成的二次污染,给船东以更多的灵活性,是切实可行的。③

表 4-6 附件 1 提出的防污底系统的控制措施

防污底系统	控制措施	适用范围	生效日期
在防污底系统中充当杀虫剂的有机锡化合物	船舶不得施涂或重新施涂此类化合物	所有船舶	2003 年 1 月 1 日
在防污底系统中充当杀虫剂的有机锡化合物	船舶须: (1)不得在船壳或外部构件或表面涂此类化合物;或 (2)应使用隔离层以阻挡底层防污底,渗出此类化合物	所有船舶〔不包括 2003 年 1 月 1 日前建造并在 2003 年 1 月 1 日或以后未曾坞修的固定或浮动式平台、浮动式储存装置(FSU)、浮动式生产及储存和卸货装置(FPSO)〕	2008 年 1 月 1 日

(四)检验和发证

公约要求 400 GT 及以上的国际航行船舶(不包括固定或浮动式平台、FSUs、FPSOs)在投入营运之前或第一次签发《国际防污底系统证书》之前以及在改变或替换船舶防污底系统时要进行初次检验、更改或更换防污底系统的检验。对于船长大于 24 m 但小于 400 GT 的船舶(不包括固定或浮动式平台、浮动式存储装置、浮动式生产、储存和卸货装置),被要求携带一份由船东或船东代理签署的《国际防污底系统声明》,声明要附有适当的证明凭据,例如油漆收据或合同单。如果改变或替换了防污底系统而证书未根据该公约加以签证或在船舶改挂另

---

① 郭保春. 浅议〈国际控制船舶有害防污底系统公约〉的实施和对策. 中国科协 2009 年海峡两岸青年科学家学术活动月:海上污染防治及应急技术研讨会论文集,2009. 10.

② 危敬添. 2001 年国际控制船舶有害防污底系统公约(AFS)生效在即[J]. 中国远洋航务,2008(03):80.

③ 金辉. 〈控制船舶有害防污底系统国际公约〉及有关问题探讨[J]. 交通环保,2004. 25(2):32.

一国国旗时,则《国际防污底系统证书》不再有效。

第七节　2009 年香港国际安全与环境无害化拆船公约

一、产生背景

1998 年 IMO 海上环境保护委员会第 42 届会议(MEPC 42)首次收到挪威提交的关于达到报废年限钢船的拆解和海洋环境保护的提案。MEPC 42 经审议就 IMO 在应对船舶减少环境和安全风险方面应当发挥重要作用的问题上达成一致。2000 年 3 月召开的 MEPC 44 首次关注 IMO 在船舶拆解(Recycling of Ships)过程中应发挥的作用,会议决定使用"Recycling of Ships"一词来指代"拆船(Ship Scraping)"的概念,以强调重新利用从报废船舶拆解下来的各类机械设备、钢材和有色金属,节约社会资源以及可持续发展的理念。本届会议还就拆船问题成立了一个通信工作组,其任务是通过研究为当前拆船实践提供信息并就 IMO 能够发挥的作用提出建议。①

2002 年 3 月召开的 MEPC 47 决定先制定一个关于拆船的建议性导则,并计划在 2003 年 7 月召开的 MEPC 49 会议上完成该导则的制定工作。2003 年 11 月末至 12 月初召开的 IMO 第 23 届大会以 A. 962(23)决议通过《拆船导则》,之后该导则又经第 24 届大会 A. 980 (24)决议进行了修订。

《拆船导则》的建议针对的是拆船业的所有股东,包括造船管理以及航海设备供给国、船旗国、港口国、拆船国、政府间组织以及船东、造船商、修船厂、拆船厂等。

导则强调,拆船过程中所有材料都是有用之材,几乎全部材料和设备都可以再利用。钢铁可再加工制成建筑业中所需要的钢筋或集装箱上的铸件和铰链;船上发电机可供岸上再次使用;电池可应用到当地经济生产中;甲板上的碳氢化合物可制成再生油产品,作为燃料应用于轧钢厂或砖窑;照明装置可在陆上再次发挥作用。此外,由回收钢铁再加工制成的钢铁产品与由生铁直接制成的钢铁产品相比,前者制作过程所消耗的能源仅为后者的三分之一。因此,拆船业为全球能源与资源的保护做出了积极贡献,而且拆船过程可为大量无技术的工人提供就业机会。如果处理得好,拆船业无疑是一项"绿色产业"。然而,导则也指出,尽管拆船遵循的原则是完美的,但目前的拆船实践和拆船厂的环境与导则中规定的标准还有很大差距。拆船厂的工作环境最终取决于其所在国家的作为,导则也鼓励其他股东积极努力,将拆船厂存在的潜在问题可能带来的危害降到最低。

《拆船导则》还为船舶引入了"绿色通行证"的概念,规定船舶在其营运期间应始终存放一份包含了造船过程中使用的可能对人类健康或环境造成潜在危害的所有材料的清单。该文书由船厂在造船阶段填写,并交给购船者,其格式应能确保可以将船舶所有材料和设备的后续变化都记录下来。后续的船东要保持绿色通行证的准确性,并把所有与该船相关的设计和设备上的变化合并到一起,由最后的船东将其随船交付给拆船厂。

后来,2005 年 7 月召开的 MEPC 第 53 届会议提出,IMO 应将制定一个全新的关于拆船的

① http://www. imo. org/OurWork/Environment/ShipRecycling/Pages/Default. aspx.

公约(或议定书)作为首要任务,为国际航运业和拆船业提供在全球范围内适用的拆船规则。MEPC 53 还提出,新的 IMO 拆船公约应包括适用于船舶设计、建造、操作和船舶拆解准备的规则,以保证拆船过程是安全的、环保的,同时又不降低船舶的安全和操作效率;要保证拆船厂的运作是安全的、环保的;要建立合适的拆船实施机制(关于发证/报告要求)。MEPC 第 53 届会议计划在 2008—2009 两年间完成并通过上述公约。

《2009 年香港国际安全与环境无害化拆船公约》,简称《拆船公约》(又简称《香港公约》,HONG KONG SRC 2009),于 2009 年 5 月 11 日至 15 日在中国香港举行的 IMO 外交大会上获得通过,当时共有 63 个国家参加会议。公约旨在保证当船舶达到营运寿命时,其拆解不会对人身健康、安全及环境带来不必要的风险。

公约于 2009 年 9 月 1 日至 2010 年 8 月 31 日在 IMO 总部开放供签署,公约第 17 条“生效”中规定的生效条件是占世界商船总吨位 40%的 15 个国家加入公约且这些国家在过去 10 年内的最大年度总拆船量合计不少于这些国家商船总吨位的 3%。[①]〔关于“拆船能力”的计算方法参见 MEPC. 178 (59)决议和 MEPC 64/INF. 2〕公约将在满足生效条件之日起 24 个月后生效。

随着 2023 年 6 月孟加拉国和利比里亚向 IMO 秘书长交存《香港公约》加入书后,该公约达到了所需商船吨位和最大年度总拆船量条件。《香港公约》于 2025 年 6 月 26 日正式生效。截至 2025 年 6 月 26 日,共有 24 个国家加入了该公约,占世界商船总吨位的 57. 15%。[②] 中国尚未加入该公约。

二、主要内容

公约适用于悬挂缔约国国旗 500 GT 及以上国际航行的船舶和缔约国所属的拆船设施;公约不适用于任何军舰、海军辅助船舶,或一缔约国所拥有或营运的,并暂时只用于政府非商业性服务的其他船舶;公约不适用于小于 500 GT 的船舶或在其整个营运期间内仅在船旗国主权或管辖范围水域内营运的船舶。但各缔约国应采取适当措施,以确保此类船舶尽可能合理地并实际可行地按该公约的规定行事。

公约填补了国际拆船法律制度的空白,结束了长期以来全球拆船业缺乏国际统一标准的时代。依据公约建立的国际拆船法律框架,各国将更有效地加强对拆船业的管控,从而减少拆船对环境、工人的职业健康和安全的潜在危害,公约框架如图 4-6 所示。

公约文本历时 3 年半时间起草完成。在公约制定过程中,IMO 与各成员国、相关非政府机构、国际劳工组织(ILO)和巴塞尔公约秘书处开展了密切的合作,旨在解决一切与船舶拆解有关的事宜,包括认可了拆船可能面临的事实,即为拆解目的被出售的船舶可能包含导致环境污染的物质,如石棉、重金属、碳氢化合物、消耗臭氧层的物质,等等。公约还关注拆船厂的工作及环境条件。为达到拆解作业和拆船设施的安全和环保要求,在不影响船舶安全和营运效率的前提下,公约就以下方面做出了规定:船舶设计、建造、营运和拆解前的准备;拆船设施安全及无害化运营;包括发证和报告要求在内的适当的拆船实施机制的设立,见图 4-7 各方责任分工。

① 中国船级社. 拆船公约及 SOLAS 石棉修正案简介. 2011(09),http://wenku. baidu. com/link? url = kcMfq_2m3M2FAJFiPs6vB-TSLijpErRlO5U8ynFqf4GeHnO7zbSOuRvrYu_j9u-kV_PsiCCI5Ydb0AcCd3WlHaz-zsQwPzAjRP-dDFaEew3.

② IMO. GISIS: Status of Treaties. https://gisis. imo. org/Public/ST/Treaties. aspx.

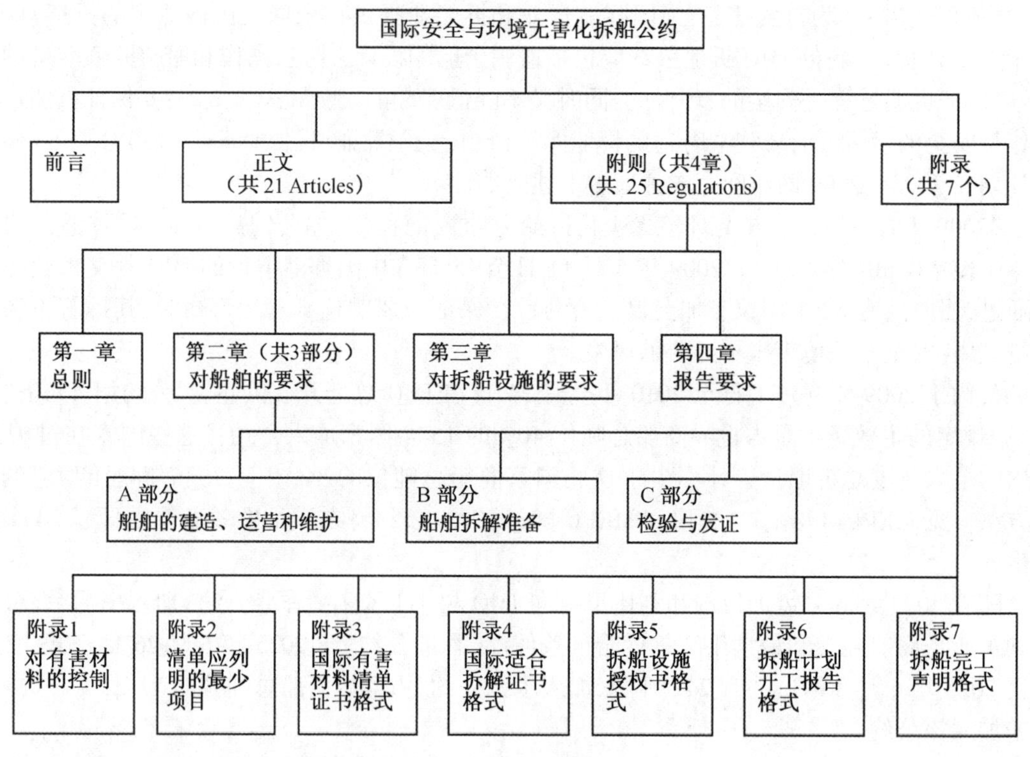

图 4-6　公约框架图

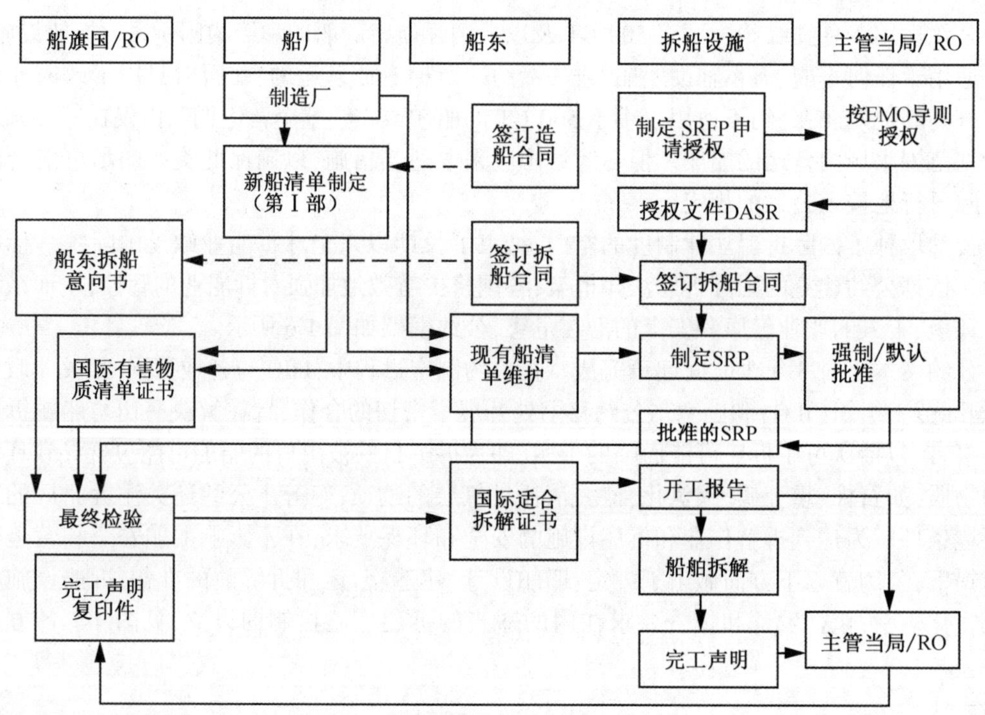

图 4-7　各方责任分工

公约生效后将要求每艘待拆解的船舶上都存放一份该船使用过的有害物质清单。公约的附录提供了有害物质列表,列出在公约缔约国的造船厂、修船厂及船舶上禁止或限制安装或使用的全部有害物质。公约要求船舶在该清单制定完毕、船舶营运期间以及船舶拆解前对清单各进行一次检验核实;要求拆船厂根据待拆解船舶的不同特征和所使用的有害物质制定拆船计划,确定船舶的拆解方式;缔约国则应当采取有效措施保证其管辖范围内的拆船设施符合公约要求。①

为了协助缔约国在实施公约的初期掌握技术标准,IMO 制定并通过了以下导则:②

MEPC. 196(62)决议通过的 2011 年拆船计划制定导则;

MEPC. 197(62)决议通过的 2011 年有害物质清单编制导则;

MEPC. 210(63)决议通过的 2012 年安全与环境无害化拆船导则;

MEPC. 211(63)决议通过的 2012 年拆船设施授权导则。

以下两个导则将有助于缔约国在公约生效后实施公约:

MEPC. 222(64)决议通过的 2012 年船舶检验和发证导则;

MEPC. 223(64)决议通过的 2012 年船舶检查导则。

第八节 2004 年国际船舶压载水和沉积物控制与管理公约

一、产生背景

船舶承担着 80%以上的全球货物运输量,每年约 100 亿吨的船舶压载水在全球转移,每天超过 7 000 个物种随船舶压载水转移。全球环保基金组织(GEF)已将随船舶压载水转移造成的有害水生物对海洋环境的侵害列为海洋四大危害之一。③

20 世纪 70 年代霍乱在秘鲁爆发,世界卫生组织首次证实了压载水在传播有害物种方面具有潜在威胁,科学界也才开始细致地研究该问题,尽管 1982 年《联合国海洋法公约》中已经有了相关的规定,体现了人们意识到应对外来物种入侵的必要性,④然而,在 1990 年之前,这种危害并没有引起国际社会太多关注。⑤ 1990 年,加拿大首次向国际海事组织(IMO)下属的海上环境保护委员会(MEPC)报告了欧洲斑马贝入侵北美五大湖造成损害的情况。为此海上环境保护委员会于 1991 年在 MEPC 第 31 届会议上通过了 MEPC. 50(31)号决议,即《防止由船舶压舱水和沉积物排放引入有害生物和病原体指南》(以下简称"1991 年指南"),供各国自愿遵守。1992 年,在里约热内卢召开的联合国环境与发展大会上通过了 21 世纪可持续发展的蓝图和行动计划,即"21 世纪议程",号召世界各国通过国际海事组织和其他机构共同致力

① http://www. imo. org/OurWork/Environment/ShipRecycling/Pages/Default. aspx.

② 赵春生. 中国履行"香港公约"面临的问题与对策. 中国水运,2014. 10.

③ 党坤. 船舶压载水管理公约现状及履约建议[J]. 中国远洋航务,2015(02):62-63.

④ 1982 年《联合国海洋法公约》第 196 条第 1 款:各国应采取一切必要措施以防止、减少和控制由于在其管辖或控制下使用技术而造成的海洋环境污染,或由于故意或偶然在海洋环境某一特定部分引进外来的或新的物种致使海洋环境可能发生重大和有害的变化。

⑤ Cato C. ten Hallers-Tjabbes, Prevention: Marine Biodiversity Threatened by Ballast Water Transported by Ships; Curbing the Threat, at http://www. iucn. org/congress/2004/documents/outputs/biodiversity-loss/preventioncato. pdf, 23 July 2008.

于创设压载水排放规则以防止非本地生物体的传播。[①] 1993 年 11 月，国际海事组织对《1991 指南》进行少许修改后通过了第 A. 774(18)号决议(以下简称《1993 年指南》)。[②]

1997 年 11 月，IMO 对《1993 年指南》进行了拓展，出台了《控制和管理船舶压载水使有害水生物和病原体的转移降至最低程度指南》，其中包含了多种压载水管理办法，各国可以在国内立法时选择性采用。这就使得各个辖区的管理规则出现了差异，从而加大了航运业遵守沿海国和港口国法律的难度。为建立一套所有港口均适用的有约束力的统一规则，海上环境保护委员会于 1999 年成立了压载水工作组，开始为压载水管理起草一份有约束力的国际公约。2002 年约翰内斯堡可持续发展世界峰会上，各参会国进一步认识到解决压载水问题的重要性，IMO 开始起草压载水公约。[③④] 2004 年 2 月 16 日，国际海事组织召开了船舶压载水管理国际会议，出席会议的代表来自 74 个缔约国、1 个合作缔约国以及 2 个政府间国际组织和 18 个非政府间国际组织的观察员，他们以协商一致的方式通过了《国际船舶压载水和沉积物控制与管理公约》(以下简称《压载水公约》)。[⑤] 其中对于公约生效的条款规定为：占世界商船总吨位 35%的 30 个国家批准的 12 个月之后生效，2017 年 9 月 8 日正式生效。截至 2020 年 9 月 15 日，共有 86 个国家加入了公约，占世界商船总吨位 91. 12%。为了便于缔约国加入并实施公约，IMO 先后通过了 15 个技术导则，包括于 2014 年 10 月由海上环境保护委员会在第 67 届会议上通过的《船舶压载水公约下港口国监督导则》。

截至 2014 年 10 月共有 51 种船舶压载水管理系统(BWMS)获得形式认可，50 种获得 IMO 的初步批准，36 种获得 IMO 的最终批准。中国有 11 种船舶压载水管理系统获得形式认可或产品认可。2014 年 10 月召开的 MEPC 第 67 届会议通过了如下决议或决定：[⑥]

(1)通过《船舶压载水公约下港口国监督导则》；

(2)通过《便于 2004 年压载水公约生效采取的措施》；

(3)启动对船舶压载水管理系统形式认可导则(G8)的审议；

(4)同意在公约生效后的 3 年经验积累阶段，PSC 检查时对船舶实施违法处罚不能以取样分析结果作为依据；

(5)经修订的 G8 导则实施之前，对已安装按现行 G8 导则进行形式认可的 BWMS 船舶所有人不做处罚。

二、主要内容

(一)公约正文简介

公约由 22 个条款的正文和一个包含技术标准和要求的附则组成。正文包括一般性法律条款，诸如定义、适用范围、技术合作和信息交流等内容；常规条款包括争端调解、签署、批准、接受、核准和加入、生效、修正和退出等内容；实用性条款包括缔约国的义务和权利、控制有害水生物和病原体通过船舶压载水和沉积物转移、沉积物接收设备、科学技术研究和检测、检验

① 参见联合国《21 世纪议程》第 17 部分第 30 条第 a 款第 vi 项。

② IMO. Resolution A. 774(18). Guidelines for Preventing the Introduction of Unwanted Organisms and Pathogens from Ships' Ballast Water and Sediment Discharges. 1993. 11.

③ 参见 UN. Plan of Implementation of the World Summit on Sustainable Development, paragraph 34. 2002(08).

④ 张向辉. 压载水公约之门[J]. 中国船检，2014，07：9-11，114-115.

⑤ 管松，HUANG Weizhen.〈控制和管理船舶压载水和沉积物国际公约〉研究[A]. 中国海洋法学评论，2008. 07.

⑥ 党坤. 船舶压载水管理公约现状及履约建议[J]. 中国远洋航务，2015(02)：62-63.

和发证、违犯事件、船舶检验、对违犯事件的侦查和对船舶的监督、监督行动的通知、对船舶的不当延误等内容;原则性条款包括缔约国要采取有效的管理措施、港口国可实施监督、对违约船舶进行制裁和处罚等内容。附则《船舶压载水和沉积物控制与管理规则》分 A 总则、B 船舶管理和控制要求、C 某些区域的特殊要求、D 压载水管理标准、E 压载水管理的检验和发证要求,这五部分共 24 条。①

公约第 5 条规定,缔约国应当承诺确保在该缔约国指定的进行压载舱清洁或者修理的港口和码头内提供足够的沉积物接收设施。

公约第 6 条规定,缔约国应单独或者联合促进和便利压载水管理方面的科学技术研究,并检测其管辖水域的压载水管理效果。

公约第 7 条规定,缔约国应确保悬挂其国旗或在其管辖范围内营运的船舶适用公约规定的检验和发证。根据公约第 9 条,公约适用船舶在进入另一缔约国的港口或者海上装卸站时,可能会受到该缔约国港口检查官的检查,包括核实船舶是否持有有效的证书、检查压载水记录簿,或者对压载水进行取样分析。

公约第 13 条规定,缔约国可以应其他缔约国请求,直接或通过本组织和其他国际性机构等适当途径,在控制和管理压载水和沉积物方面为其提供人员培训、相关技术设备和设施等方面的支持。

(二)公约附则简介

1. A 部分

A 部分为总则,包括定义、适用和免除等。除非另有明确规定,压载水的排放只能依照该附录规定,并按照压载水管理程序进行。

2. B 部分

B 部分为船舶管理和控制要求,包括压载水管理计划、压载水记录簿、船舶压载水管理、压载水置换等。

(1)B-1 要求所有船舶保存并执行一份经主管当局批准的压载水管理计划,以便提供安全和有效的压载水管理程序。

(2)B-2 要求所有船舶必须保存一份压载水记录簿,记录的内容包括压入、更换或排放压载水的时间、地点和数量,排放至岸上接收设施的情况和其他处理压载水的情况等,船上通常由大副负责记录和保管。

(3)B-3 船舶压载水管理,主要规定了船舶压载水容量的标准。

(4)B-4 进行压载水置换的船舶应在距离最近陆地至少 200 n mile 和水深至少 200 m 以上的地点置换压载水;若船舶不能按照以上要求置换压载水,压载水置换应尽可能远离最近陆地进行;但在任何情况下,置换地点距离最近陆地至少 50 n mile 并至少具有 200 m 水深。当这些要求都不能满足时,港口国可指定区域让船舶进行压载水置换。所有船舶应去除和处理来自指定压载水舱的沉积物。

3. C 部分

C 部分为某些区域的特殊要求,包括附加措施、有关在若干地区摄入压载水的警告和有关的船旗国措施以及信息通报。缔约国可单独或与其他缔约国联合对船舶施用附加措施,以防

① 陈煜,王兴琦. 浅析国际船舶压载水和沉积物控制与管理公约[J]. 世界海运,2005(02):43-45.

止、减少和最终消除有害水生物和病原体通过船舶压载水和沉积物的迁移。在这些情况下，一个或几个缔约国应与邻近、可能受这种标准或要求影响的国家协商。除非在紧急或传染的情形下，缔约国应至少在计划实施附加措施日期的6个月前，将其实施建立附加措施的意图通知IMO。适当时，缔约国必须得到IMO的批准。

4. D部分

D部分为压载水管理标准，包括压载水置换标准、压载水性能标准、压载水系统的批准要求等。

（1）D-1 压载水置换标准

船舶进行压载水置换，置换量应达到其所载压载水量的95%。对于通过注入法置换压载水的船舶，若能排出压载舱容积3倍的水量，应被视为满足所述的标准。如果能证明满足了至少95%的置换量，排出少于3倍压载舱容积的水量也可以被接受。

（2）D-2 压载水性能标准

该条主要规定了指标微生物的排放浓度以及微生物的大小。[①]

（3）D-3 压载水管理系统的批准要求

规定压载水管理系统必须由主管机关根据IMO制定的导则进行批准。其中包括：

a 利用化学药品或生物杀灭剂的系统；

b 利用生物体或生物学的机制；

c 改变压载水的化学或物理特性等。

（4）D-4 原型压载水处理技术

该条主要对船舶参与测试和评估压载水处理技术项目进行了相关规定。

（5）D-5 审核标准

要求IMO审核压载水作业标准，对涉及安全、环境可接受性、实用性、成本效率、消除生物有效性方面等的许多标准加以考虑。

5. E部分

E部分为压载水管理的检验和发证要求。公约和附则规定，400 GT及以上的所有国际航行船舶，但不包括移动平台，浮动式储存装置（FSU），和浮动式生产、储存和卸载装置（FPSO）。都应进行初次检验、年度检验、期间检验和换证检验，并在检验完成并合格后签发或签署证书。

规定压载水管理证书，以颁证国的官方语言写成，但若所使用的语言不是英文、法文或西班牙文，则文本应包括其中一种语言的译文。

规定压载水管理计划和压载水记录簿，以船舶的工作语言填写。[②]

三、技术性导则

为使《压载水公约》能统一实施，IMO在其制定的一系列技术导则中提出具体要求。截至2008年10月召开的MEPC第58届会议，14个导则都已经完成，IMO还对其中2个进行了修改（见表4-7）。[③]

① 危敬添. 船舶压载水和沉积物控制和管理的有关规则和公约[J]. 世界海运，2007(04):46-47.

② 黄加亮，李品芳. IMO国际船舶压载水和沉积物控制与管理公约介绍[J]. 航海技术，2006,01:46-49.

③ 张硕慧，刘乒，张爽，等.〈船舶压载水及沉积物控制和管理国际公约〉履约面临的问题及对策[J]. 水运管理，2009,02:29-33,37.

表 4-7 技术性导则

	导则名称	通过文书	通过时间
G1	沉积物接收设施导则	MEPC. 152(55)决议	2006-10
G2	压载水取样导则	MEPC. 173(58)决议	2008-10
G3	压载水管理等效符合导则	MEPC. 123(53)决议	2005-07
G4	压载水管理和制定压载水管理计划导则	MEPC. 127(53)决议	2005-07
G5	压载水接收设施导则	MEPC. 153(55)决议	2006-10
G6	压载水更换导则	MEPC. 124(53)决议	2005-07
G7	《压载水公约》A-4 下的风险评估导则	MEPC. 162(56)决议	2007-07
G8	压载水管理系统认可导则	MEPC. 125(53)决议 MEPC. 174(58)决议	2005-07 2008-10
G9	使用活性物质的压载水管理系统批准的程序	MEPC. 126(53)决议 MEPC. 169(57)决议	2005-07 2008-04
G10	原型压载水处理技术项目批准和监督导则	MEPC. 140(54)决议	2006-03
G11	压载水置换设计和建造标准导则	MEPC. 149(55)决议	2006-10
G12	有利于船上沉积物控制的船舶设计和建造导则	MEPC. 150(55)决议	2006-10
G13	应急情况下压载水管理附加措施导则	MEPC. 161(56)决议	2007-07
G14	指定压载水更换区域导则	MEPC. 151(55)决议	2006-10

注:G8 导则于 MEPC 第 58 届会议上修订。
G9 导则于 MEPC 第 57 届会议上修订。

四、其他相关文书

1. GESAMP-BWWG① 的《信息收集和工作实施方法》(以下简称《方法》)。《方法》是 GESAMP-BWWG 根据 G9 程序制定的小组评估活性物质的工作文书。GESAMP-BWWG 小组成立后,在对使用活性物质压载水管理系统进行评估的同时,着手制定用于评估使用活性物质压载水管理系统的方法。《方法》是评估时使用的准则,在使用中不断被 GESAMP-BWWG 小组修改,2008 年 5 月该小组出版了最新的《方法》。

2.《南极海域压载水更换指南》。2007 年 7 月,《南极海域压载水更换指南》在 MEPC 第 56 届会议上以 MEPC. 163(56)决议获得通过。该决议作为公约生效前船舶在南极水域实施压载水更换作业的通用指南,要求船舶根据公约第 13. 3 条配有临时的南极压载水区域管理计划,记录压载水作业情况,重点考虑在环境寒冷的南极区域更换压载水的问题。此外,在南极水域不允许排放清洗压载舱的沉积物。

3.《压载水公约》下《港口国监督指南》。早在 2004 年 10 月,MEPC 第 52 届会议就提请船旗国履约分委会(FSI)制定《压载水公约》下有关港口国监督,特别是处理后的压载水取样方面的指南。2005 年 FSI 第 13 次会议开始在会议中设立制定《压载水公约》下《港口国监督指南》的议题,但在此次会议上没有提案。在 2006 年召开的 FSI 第 14 次会议上,秘书处的提

① IMO 秘书处与 GESAMP 秘书处共同成立的技术小组 GESAMP-BWWG(GESAMP-Ballast Water Working Group,简称 GESAMP-BWWG),即海洋污染科学专家组和压载水联合小组。

案[①]是从当时《压载水取样导则》[②]的草案中抽出涉及港口国监督的章节，该提案成为制定《压载水公约》下《港口国监督指南》的基础。在 2007 年 6 月召开的 FSI 第 15 次会议上，依然没有提案。而作为《压载水公约》下《港口国监督指南》基础的 G2 仍未出台，致使《港口国监督指南》的制定受到影响。

为促进该工作，FSI 第 15 次会议邀请巴黎备忘录将其第 40 次委员会批准的《港口国监督指南》提交到 2008 年召开的 FSI 第 16 次会议并作为该议题讨论的基础，并力促缔约国和观察员努力制定《压载水公约》下《港口国监督指南》，通过讨论，认为巴黎备忘录提交的《港口国监督指南》[③]可以作为制定该指南的基础。但一些代表团的观点是，港口国监督中 G2 起到重要作用，所以 G2 出台之前制定该指南的时机不成熟。在 G2 通过后，MEPC 请求 FSI 在《压载水公约》生效之前完成《压载水公约》下《港口国监督指南》的制定。[④]

练习题

1. 概述《国际防止船舶造成污染公约》从哪些方面规制了航运环保要求？
2. 概括拆船公约的先进理念，并分析我国加入该公约的利弊。
3. 例举国际海事组织建立的海洋生物保护制度。
4. 如何理解航运脱碳政策的实施离不开海事公约的支撑。

① IMO. FSI14/9. DEVELOPMENT OF GUIDELINES ON PORT STATE CONTROL UNDER THE 2004 BWM CONVENTION. 2006. 04

② IMO. BLG10/4/2. DEVELOPMENT OF GUIDELINES FOR UNIFORM IMPLEMENTATION OF THE 2004 BWM CONVENTION. 2006. 01

③ IMO. FSI16/8. DEVELOPMENT OF GUIDELINES ON PORT STATE CONTROL UNDER THE 2004 BWM CONVENTION. 2008. 03

④ 张硕慧，刘乒，张爽，等.〈船舶压载水及沉积物控制和管理国际公约〉履约面临的问题及对策[J]. 水运管理，2009，02：29-33，37.

第五章 责任与赔偿类公约

第一节 国际油污损害民事责任公约

一、产生背景

1967 年 3 月 18 日利比里亚籍油船"Torry Canyon"在英吉利海峡触礁,船体断裂,船上载有的 12 万吨原油约有一半泄漏入海,造成英国南部海岸、法国北部海岸和荷兰西部海岸大面积污染。为减少损害,英国政府派飞机将船舶残骸炸沉,并燃烧船上原油。这次事故造成的损失约 1 500 万美元。有关此次污染的赔偿诉讼在美国法院审理。根据 1951 年《美国责任限制法》,对船舶所有人责任限制实行船价制,而此案只有一条价值 50 美元的救生艇获救,因此按该法律规定损失难以得到充分赔偿。此案各方最后通过协商以 300 万美元赔偿总额签订和解协议,油污受害人仅得到 1/5 的损害赔偿。这一案件引发了两个问题:一是沿岸国是否有权对公海①上发生的油污事件进行干预;二是如何保障油污受害人得到较充分的赔偿。为此,政府间海事协商组织(IMCO)于 1967 年 5 月 5 日成立法律委员会,专门研究上述问题。IMCO 于 1969 年 11 月 29 日在布鲁塞尔召开的海上污染损害法律会议上,通过了两个国际公约:其一为《国际干预公海油污事故公约》,以解决上述第一个问题;其二为《国际油污损害民事责任公约》(International Convention on Civil Liability for Oil Pollution Damage,1969),简称《1969 年责任公约》。《1969 年责任公约》于 1975 年 6 月 19 日生效,因《1992 年责任公约》生效后,原《1969 年责任公约》的大多缔约国退出转而成为《1992 年负责公约》的缔约国,所以截至 2020 年 9 月 15 日只剩下缔约国 33 个,占世界总吨位的 2.88%。

1976 年 11 月 17~19 日,IMCO 在伦敦举行会议,通过了《1969 年责任公约》的 1976 年议定书。该议定书于 1981 年 4 月 8 日生效,目前共有 50 多个参加国。我国于 1986 年 9 月 29 日加入该议定书,该议定书于 1986 年 12 月 28 日对我国生效。截至 2020 年 9 月 15 日,共有 53 个缔约国加入该议定书,占世界商船总吨位的 62.98%。该议定书将计算赔偿单位的"金法郎"改为国际货币基金组织(IMF)所制定的特别提款权(SDR),并规定船舶所有人的油污损害赔偿责任限额为每吨 133 SDR,总额不超过 1 400 万 SDR。②

1984 年 4 月 30 日至 5 月 25 日,国际海事组织在伦敦召开关于海上某些物质运输损害赔

① 按《1958 年公海公约》的规定,一国领海(12 n mile)外缘线以外即为公海。
② 陈百贤. 论船舶污染损害赔偿[D]. 中国政法大学,2006.

偿责任的国际会议，通过了《1969 年责任公约》的 1984 年议定书，以扩大公约的适用范围，提高赔偿责任限额。经 1984 年议定书修正后的公约称为《1984 年国际油污损害民事责任公约》（简称《1984 年责任公约》）。该议定书规定 10 个国家（其中 6 个国家各拥有 100 万 GT 的油船）批准或加入后 12 个月才生效。该议定书至今未能生效。

由于 1984 年议定书生效条件较为严格，国际社会对此议定书的生效失去了信心，故要求通过了另一议定书，即《1969 年国际油污损害民事责任公约 1992 年议定书》（以下简称《1992 年责任公约》）。

《1992 年责任公约》的实质内容与 1984 年议定书相同，但放宽了生效条件，即 10 个国家（其中 4 个国家各拥有 100 万 GT 的油船）批准或加入后 12 个月生效。该公约于 1996 年 5 月 30 日生效，截至 2020 年 9 月 15 日，批准或加入该公约的国家已有 141 个，总吨位占世界商船船队的 97.55%。我国于 1999 年 1 月 5 日加入该公约，2000 年 1 月 5 日该公约对我国生效，《1969 年责任公约》同时对我国失效。①

二、主要内容

以下将《1969 年责任公约》与《1992 年责任公约》的主要内容进行对比介绍。

1. 适用的船舶

《1969 年责任公约》（第 1 条第 1 款）：适用于实际载运散装油类货物的任何类型的海运船舶和海上船艇。

《1992 年责任公约》（第 2 条第 1 款）：适用于为运输散装油类货物而建造或改建的任何类型的海船和海上航行器；但是，能够运输油类和其他货物的船舶，仅在其实际运输散装油类货物时，以及在此种运输之后的任何航行（已证明船上没有此种散装油类运输的残余物者除外）期间，才应视作适用的船舶。除此以外，其他船舶，如内河船、内湖船仍被排除在公约的适用范围之外。能够运输油类和其他货物的兼用船和多途船，如果没有实际运输散装油类货物或者在实际运输散装油类货物之后，已进行了原油洗舱等工作，完全清除了残油，由此种船舶燃油泄漏造成的损害仍然不适用《1969 年责任公约》或《1992 年责任公约》。

2. 适用的油类

《1969 年责任公约》（第 1 条第 5 款）："油类"指任何持久性油类，例如原油、燃料油、重柴油、润滑油以及鲸油，不论是作为货物装运于船上或是作为船舶的燃料。

《1992 年责任公约》（第 2 条第 2 款）：适用于任何持久性烃类矿物油。与《1969 年责任公约》相比，排除了鲸油。即如果适用《1969 年责任公约》，船舶所有人对鲸油造成的污染须按该公约负责，而在《1992 年责任公约》下，船舶所有人对鲸油造成的污染则无须按《1992 年责任公约》负责。

3. 连带责任规定

《1969 年责任公约》与《1992 年责任公约》，在连带责任条款的措辞上略有不同。

《1969 年责任公约》第 4 条规定："两艘或多艘船舶溢出或排放油类，造成损害，所有有关船舶的所有人，除可免责外，应对不能合理区分的损害负连带责任。"

《1992 年责任公约》第 5 条规定："在发生涉及两艘或多艘船舶的事故并造成油污损害时，

① 司玉琢. 海商法[M]. 北京：法律出版社，2012：353-354.

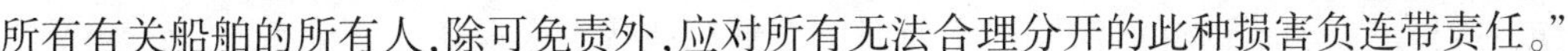

所有有关船舶的所有人,除可免责外,应对所有无法合理分开的此种损害负连带责任。”

因此,从实质上看,《1969 年责任公约》与《1992 年责任公约》规定的有关船舶所有人承担连带责任的根本条件并没有改变。

4. 船舶油污损害赔偿范围

《1969 年责任公约》第 2 条规定:“本公约适用于在缔约国领土(包括领海)发生的污染损害,以及为防止或者减轻这种损害而采取的预防措施。”根据第 1 条第 6 款规定的“污染损害”的定义①,该公约规定的油污损害赔偿范围包括以下三部分:(1)船舶溢出或者排放油类,造成污染而产生的灭失或者损害(不包括对该船本身的影响);(2)采取预防措施的费用;(3)由于采取预防措施而造成的进一步灭失或者损害。

《1992 年责任公约》第 2 条将赔偿范围从缔约国领土(包括领海)扩大到缔约国按照国际法设立的专属经济区内发生的污染损害和预防措施。与《1969 年责任公约》相比,《1992 年责任公约》第 1 条第 6 款对“污染损害”的定义稍有变化,明确规定对于环境损害的赔偿,应限于已实际采取或者将要采取的合理恢复措施的费用。另外,该公约第 1 条第 8 款扩大了“事故”的含义,规定“事故”为“造成损害或者可能引发这种损害的任何事件或一系列事件”。这一规定扩大了预防措施的外延,即如果存在船舶溢出或者排放油类而导致油污损害的严重而紧迫的威胁,即使尚未实际溢出或者排放油类并造成污染事故,为防止或者减轻此种油污损害的事故所采取的措施,也构成预防措施,其费用和因此造成的进一步损害,属于油污损害赔偿的范围。

5. 赔偿责任限制

(1)《1969 年责任公约》的限额(第 5 条):船舶所有人对油污损害的赔偿责任限额,按每一船舶吨位 2 000 金法郎计算,但总额不超过 1.2 亿金法郎。船舶吨位是指船舶净吨位加上为计算净吨而从总吨中扣除机舱所占的容积。对不能按标准丈量规则测定吨位的船舶,按船舶能载运油类的重量吨(长吨,2 240 磅)的 40%计算。

(2)《1992 年责任公约》的限额相比《1969 年责任公约》的限额提高了许多。《1992 年责任公约》第 6 条第 1 款规定,对任何一次事故,船舶所有人应有权将本公约对其规定的赔偿责任限制为下列数额:对于不超过 5 000 GT 的船舶,责任限额为 300 万 SDR(特别提款权);对于超过 5 000 GT 的船舶,除前项所述金额外,每一额外吨位另加 420 SDR;上述计算限额在任何情况下不应超过 5 970 万 SDR。

与《1969 年责任公约》相比,《1992 年责任公约》除了赔偿限额有大幅度提高外,其使用的船舶吨位,是按照《1969 年国际船舶吨位丈量公约》附件 1 的规则计算的总吨位;船舶总吨位的起点是 5 000 GT,这就是说,再小的船舶,其限额也是 300 万 SDR。

(3)建立责任限制基金。根据《1992 年责任公约》第 6 条第 3 款规定,船舶所有人欲享受责任限制的权利,首先必须在有管辖权的法院建立责任限制基金。而责任限制基金制度在《1969 年责任公约》中没有做出规定。

设立责任限制基金后,对基金提出污染损害赔偿请求的任何人,不得对责任人的任何财产行使任何权利;已设立责任限制基金的责任人的船舶或者其他财产因污染损害赔偿请求已经

① “污染损害”是指由于船舶溢出或排放油类(不论这种溢出或排放发生在何处),在运油船舶本身以外因污染而产生的灭失或损害,并包括采取预防措施的费用以及由于采取预防措施而造成的进一步损害。

被扣押，或者已经提交抵押物的，法院应当及时下令释放或者责令退还。

6. 责任限制权利的丧失

《1969 年责任公约》第 5 条第 2 款规定责任限制权利的丧失条件是，如果事件是由于船舶所有人的实际过失或私谋所造成，则无权援引公约规定的责任限制。《1992 年责任公约》第 6 条第 2 款改变了《1969 年责任公约》第 5 条第 2 款的规定，采用当前普遍采用的责任限制权利丧失的规定："如经证明，船舶污染损害是由于船舶所有人的故意或者明知可能造成此种损害而轻率地作为或不作为所造成，则船舶所有人无权根据本公约限制其赔偿责任。"[1]可见《1969 年责任公约》下责任限制的权利更容易丧失。

第二节　1992 年设立国际油污损害赔偿基金国际公约

一、产生背景

《1969 年责任公约》对船舶所有人实行严格责任制，责任限额比《1957 年海船所有人责任限制国际公约》的规定高出一倍，并规定强制保险制度。其结果是，一方面给船舶所有人增加了经济负担，另一方面在发生重大油污事故时，受害人仍不能得到充分的赔偿。为此，在 1969 年海上污染损害法律会议上，通过了《关于设立国际油污损害赔偿基金的决议》，决定采取国际基金性质的补充措施，以保证重大油污事故的受害人能得到充分的赔偿。

根据决议精神，原政府间海事协商组织于 1971 年 11 月 29 日至 12 月 18 日在布鲁塞尔召开关于设立国际油污损害赔偿基金会议，该会议通过了《1971 年设立国际油污损害赔偿基金国际公约》，简称《1971 年基金公约》，作为对《1969 年责任公约》的补充。该公约于 1978 年 10 月 16 日起生效。在《1969 年责任公约》的 79 个缔约国中，有 70 个国家参加了《1971 年基金公约》，我国没有参加该公约。[2] 该公约于 2002 年 5 月 24 日终止效力，并不再适用于该日期后发生的事故[3]。

1976 年 11 月 17 日至 19 日，IMCO 在伦敦召开会议修订 1971 年设立的国际油污赔偿基金国际公约计算单位，通过了《1971 年设立国际油污损害赔偿基金国际公约的 1976 年议定书》。由于《1971 年基金公约》从 2002 年 5 月 24 日起终止效力，该议定书亦被视为自同日起终止效力。[4]

1984 年，IMO 在通过《1969 年责任公约》1984 年议定书的同时，通过了《1984 年设立油污损害赔偿基金国际公约》的议定书，以下简称《1984 年基金公约议定书》。该议定书规定 8 个国家批准或加入且摊款石油总量达到 6 亿吨后 12 个月生效。

由于 1984 年议定书规定了较为严格的生效条件，国际社会对此议定书的生效失去信心，故要求通过另一议定书，以取而代之。为此，1992 年 11 月 27 日，国际海事组织在伦敦总部召开的会议上，在通过《1969 年国际油污损害民事责任公约》1992 年议定书的同时，通过了

① 司玉琢. 海商法[M]. 北京：法律出版社，2012：354-357.
② 司玉琢. 海商法[M]. 北京：法律出版社，2012：358.
③ 李桢. 中国海上维权法典—国际海事公约篇（第五卷）. 大连：大连海事大学出版社，2012.
④ 《1971 年基金公约》第 43 条第 1 款规定公约应自缔约国数量降至三个以下之日起停止生效。

《1971 年设立国际油污损害赔偿基金国际公约》1992 年议定书,也称《1992 年设立国际油污损害赔偿基金国际公约》(以下简称《1992 年基金公约》)。该公约规定了较宽松的生效条件,即 8 个国家批准或加入,摊款石油总量达到 4.5 亿吨后 12 个月公约生效,公约于 1996 年 5 月 30 日生效。截至 2020 年 9 月 15 日,批准或加入该公约的有 118 个国家,占世界总吨位的 94.62%。我国于 1999 年申请加入《1992 年责任公约》和《1992 年基金公约》(后者仅在香港地区适用),我国内地尚未加入任何基金公约。[①] 因为《1971 年基金公约》已经失效,故本节主要介绍《1992 年基金公约》。[②]

二、主要内容

1. 国际油污赔偿基金

(1)基金设立的目的与性质。基金设立的初始目的有两个:一是在《1969 年责任公约》不能提供保护的范围内,对油污受害人提供损害赔偿;二是对船舶所有人由于《1969 年责任公约》而承担的额外经济负担给予补偿。根据第一项目的,如果污染受害国或受害人不能够从溢油船舶所有人处得到赔偿,或者从该船舶所有人处得到的赔偿金不足以弥补所遭受的损害,基金有义务向其支付赔偿金。根据基金公约的第二项目的,基金有义务补偿船舶所有人或其保险人根据《1969 年油污损害民事责任公约》所承担责任的一部分。该部分为每吨 100 SDR 或总额 8 300 000 金法郎,以较低数额为准。[③] 但《1992 年基金公约》取消了第二项规定,即不要求补偿船舶所有人因《1969 年责任公约》而承担的额外责任。

(2)基金管理机构(以下简称"基金")在各缔约国应被视为法人,干事(director)是法定代表人,管理机构由大会、秘书处和执行委员会组成。基金管理机构可以作为诉讼当事一方,参加在缔约国法院提起的诉讼。《1992 年基金公约》取消了执行委员会的设置。

(3)基金的摊款。基金通过对海上石油运输最大的受益者——石油进口公司的摊款而设立。此外,各缔约国负有统计其国内缴纳摊款义务的公司及其实际收到摊款石油量的义务。

2. 基金对油污受害人的赔偿

对发生在同时是《1969 年责任公约》和本公约缔约国领土内的油污损害,包括为防止或减轻这种损害而采取预防措施的费用以及因此造成进一步损害,其受害人由于下列三种情况之一,可向基金提出赔偿请求:(1)船舶所有人根据《1969 年责任公约》的规定,对损害免予赔偿;(2)虽然船舶所有人根据《1969 年责任公约》对损害负有赔偿责任,但在财力上不能全部负担其赔偿责任,并且,按照《1969 年责任公约》提供的财务保证,亦不能或不足以满足损害赔偿的要求;(3)损害超过《1969 年责任公约》或其他有关国际公约规定的船舶所有人的赔偿责

---

① 国际上大多国家都是依据 CLC 1992 和 Fund 1992 计算油污损害赔偿的限额。CLC 1992 规定由船舶所有人及其保赔协会提供油污受害方第一层赔偿。Fund 1992 规定由油类货物收货方提供第二层赔偿。因此一些国家选择加入了 CLC 1992,但并不会轻易地选择加入 Fund 1992,因 Fund 1992 规定由当事收货人设立的基金负责赔偿。我国是石油进口大国,如果加入 Fund 1992,就会成为基金摊款最多的国家。因此我国内地并没加入 Fund 1992(目前仅对中国香港生效)。取而代之,我国内地在 2012 年出台了《船舶油污损害赔偿基金征收使用管理办法》,规定征收标准为每吨持久性油类物质人民币 0.3 元。目前,该基金总额应超过了 6.1 亿元人民币。而对于 2018 年发生的"桑吉"船事故油污损失,概略估计损失金额可达 10 亿美元,二者差距较大。油污赔偿包括清污费用、防止污染的费用、油污给第三方(如渔民)造成的人身伤害或财产损失。"桑吉"轮燃爆事故,其保赔险承保的油污责任限额为 10 亿美元。但根据 CLC 1992,"桑吉轮"的保赔险保险人的赔偿责任限额仅为 7 800 万美元。我国未加入 Fund 1992 和《2003 年国际油污损害赔偿补充基金公约》,因此无法获得额外赔偿。(资料来源:Mulrenan, Jim. (2018). "Leaking Sanchi is test of China's gamble on oil spill compensation". Trand Winds. http://www.tradewindsnews.com/insurance/1408720/leaking-sanchi-is-test-of-chinas-gamble-on oil-spill-compensation)

② 韩立新. 船舶污染损害赔偿法律制度研究[M]. 北京:法律出版社,2007:312.

③ 危敬添. 有关油污问题的四项公约[J]. 中国远洋航务,2009(08):71-74.

任限额。

在下列情况下，基金免除对油污受害人的赔偿责任：(1)如经证实，油污损害是由于战争、敌对行动、内战或武装暴动所造成，或从军舰中溢出或排放，或在事变期间，自一国家所有或经营并用于政府非商业服务的船舶溢出或排放的油类所造成；(2)油污损害的索赔人不能证明损害是涉及一艘或多艘船舶的油污事件所造成；(3)如证明油污损害全部或部分地系受害人有意造成损害的行为或不行为，或是该人的疏忽所造成，则基金可全部或部分地免除赔偿责任，但对船舶所有人主动采取预防措施的费用和造成的进一步损害的赔偿责任，不予免除。

但是，上述赔偿责任的免除，在任何情况下，都不得超出船舶所有人按照《1969 年责任公约》可免除赔偿责任的范围。

3. 基金对船舶所有人的补偿

船舶在同时是《1969 年责任公约》和本公约的缔约国内登记，当该船在《1969 年责任公约》缔约国领土内造成油污损害，并为防止或减轻这种损害而采取预防措施，根据《1969 年责任公约》承担赔偿责任时，其所有人及其保证人（即责任保险人或其他财务保证人）可以向基金提出补偿请求。

基金对船舶所有人及其责任保险人、财务保证人按照《1969 年责任公约》承担的赔偿责任总额的一部分予以补偿。如经证实，由于船舶所有人本人的过失导致船舶未遵守有关的国际公约，溢出或排放油类并造成油污损害，则基金可全部或部分免除对船舶所有人及其保证人的补偿责任。

4. 缔约国的监督与通知义务

各缔约国负有统计摊款油量、确定摊款义务人，并将有关资料（包括摊款义务人的姓名和通讯处、该摊款人上一日历年度收到摊款石油的有关数量）按照内部条例所规定的时间和方式通知基金的义务。缔约国违反该义务时有向基金赔偿因此造成损失的责任。大会应当根据干事长的建议决定该缔约国是否应当支付此赔偿。①

第三节　1976 年海事索赔责任限制公约及 1996 年议定书

一、产生背景

海事赔偿常常可能发生在不同国籍的当事人之间。国际航运界为统一有关海事赔偿责任限制法律制度的尝试可追溯到 1897 年，但直到 1924 年才产生了该领域的第一个国际公约，即《1924 年关于统一海运船舶所有人责任限制若干法律规定的国际公约》（以下简称《1924 年公约》）。

由于《1924 年公约》存在诸多不足，责任限制权利主体过于狭窄，选择制无法很好地实现责任限制的宗旨，尤其是包括英国、美国在内的众多海运大国皆未加入，导致国际上以其为基础进一步进行责任限制统一化的希望变得渺茫。第二次世界大战后，国际海事委员会（CMI）

① 参见《1992 年基金公约》第 15 条第 4 款。

致力于草拟新的国际公约,加上许多船务公司纷纷在其提单中制定"喜马拉雅条款"①,以便使船长、船员等船舶所有人的受雇人享受责任限制,"喜马拉雅条款"成了促成新国际公约产生的催化剂。

在这种背景下,国际海事委员会(Comité Maritime International,CMI)于1955年在马德里起草了一个新的公约草案,并于1957年10月在布鲁塞尔召开的第10届海洋法外交大会上获得了通过,即《1957年船舶所有人责任限制国际公约》(以下简称《1957年公约》)。《1957年公约》生效之后,由于在国际航运界出现了一系列新情况,公约在适用过程中逐渐不能适应实践需要。② 在这种背景下,国际海事组织经过充分的协商和讨论,制定了新的公约草案,并于1976年11月在伦敦召开的外交大会上获得了通过,即《1976年海事索赔责任限制公约》(以下简称《1976年公约》)。

《1957年公约》曾有五十多个缔约国,后由于《1976年公约》的出现,许多海运国家退出了该公约并成为《1976年公约》的缔约国。公约于1986年12月1日生效,截至2020年9月15日,共有51个国家参加成为缔约国,占世界总吨位的58.34%。其中,欧陆国家占12席,克罗地亚、格鲁吉亚两个国家也加入公约。参加公约的亚洲国家开始增多,除已经加入《1957年公约》的日本、土耳其、阿联酋外,也门是第一次参加海事赔偿责任限制公约。毫无疑问,无论在适用范围上还是在影响力上,《1976年公约》都已大大超越前两部公约,取得前所未有的成就。《1976年公约》于1997年7月1日对我国香港生效。

二、主要内容

与《1957年公约》采用"事故制度"及"金额制度"并采用"金法郎"作为计算单位不同,《1976年公约》采用"事故制度"及超额递减的"金额制度",并以"特别提款权"作为计算单位,以《1969年国际船舶吨位丈量公约》确定的总吨作为计算责任基金的吨位。此外,还对以下几个方面的问题做了明确的规定:

1. 适用的船舶

公约适用的船舶为"海船",而不适用于气垫船及用于勘探或开发海底自然资源或其底土的浮动平台。此外,还有两项特别规定:(1)对于内河船及300 GT以下的船舶,缔约国可在国内法中另行规定;(2)对于钻井船或用于从事钻井的船,如果缔约国已在国内法中规定了高于公约的责任限额或已加入有关这类船舶责任限制的国际公约,则本公约不适用于这类船舶。

2. 责任主体

公约规定的责任主体为船舶所有人、承租人、管理人、经营人、救助人和责任保险人。同时还规定,当诉讼是针对船舶本身或船舶所有人及救助人应对之负责的人提起时,责任主体也可援引限制责任的规定。但当上述责任主体在援引责任限制条款时,若在缔约国没有经常居住地或主要营业处所,或当事船未悬挂缔约国国旗,缔约国可完全或部分不适用本公约的有关规定。

3. 丧失限制责任的权利情形

公约规定,如经证明,损害是由于责任人的"故意或明知可能造成损失而轻率的行为或不

---

① "喜马拉雅条款"规定:承运人的免责和限制赔偿金额的权利同样适用于雇用人员和代理人。

② 胡正良. 海事法[M]. 北京:北京大学出版社,2012:613-615. 问题主要表现在:(1)救助方能否作为责任限制的权利主体;(2)船舶油污损害是否属于限制性海事请求;(3)责任限制权利容易丧失;(4)责任限额严重偏低且受汇率波动影响较大。

为”所致,则责任主体不得限制责任。

4. 限制性债权

除公约另有规定外,不论何种原因产生的责任,责任人对下列索赔均可限制赔偿责任:(1)发生在船上或与船舶营运或救助作业直接有关的人身伤亡以及财产灭失、损坏(包括对港口工程、港池、航道及助航设施的损坏)及其后续损失(Consequential Loss);(2)有关海运货物、旅客及其行李的延误造成的损失;(3)与船舶营运或救助作业直接有关的因侵害非合同权利造成的损失;(4)有关使沉船、残骸、搁浅或被弃船(包括船上的任何物品)得以起浮、清除、销毁或使之无害而产生的损失;(5)有关使船上货物得以清除、销毁或使之无害而产生的损失;(6)非责任人为避免或减少根据本公约可限制责任的人须负责的损失而采取的措施及因实施该措施造成的进一步损失。

5. 非限制性债权

公约规定,下列索赔不适用公约的规定:(1)救助报酬或共同海损分摊;(2)《1969 年油污损害民事责任公约》及其生效议定书规定的油污损害;(3)调整或禁止核损害责任限制的国际公约或国内立法规定的债权;(4)向核动力船舶所有人提出的核损害索赔;(5)根据调整船舶所有人或救助人与其受雇人之间合同的法律规定,船舶所有人或救助人不得限制责任或虽可限制但限额高于本公约规定的。

6. 责任限额及基金分配

(1)对于一般情况下发生的索赔,按船舶吨位分级计算。人身伤亡分五个等级,财产损害分四个等级。500 GT 以下(包括 500 GT)的船舶按 500 GT 计算。人身伤亡的赔偿以 333 000 SDR 为基数,财产损害的赔偿以 167 000 SDR 为基数。500 GT 以上的吨位按分级增加一定的数额,详见表 5-1。

表 5-1 责任限额

<table>
<tr><th>船舶吨位(总吨)</th><th>人身伤亡(SDR)</th><th>财产损害(SDR)</th></tr>
<tr><td>1~500</td><td>333 000</td><td>167 000</td></tr>
<tr><td colspan="3">每吨位增加额(SDR)</td></tr>
<tr><td>501~3 000</td><td>500</td><td rowspan="2">167</td></tr>
<tr><td>3 001~30 000</td><td>333</td></tr>
<tr><td>3 001~70 000</td><td>250</td><td>125</td></tr>
<tr><td>70 000 以上</td><td>167</td><td>83</td></tr>
</table>

(2)对于非船救助方及在被救船上进行救助作业的救助方造成的损害,公约规定,不按上述办法计算,一律按 1 500 GT 计算责任限额,即人身伤亡责任基金为 883 000 SDR,而财产损害责任基金为 334 000 SRD。

(3)对于旅客人身伤亡的索赔,公约规定,不按船舶吨位计算,而按船舶的载客定员乘以 46666 SDR 计算,最高额不得超过 25 000 000 SDR。

7. 责任基金的设立地点

公约规定,责任基金应在下列地点之一设立:(1)事故发生的港口,若在港外发生,则在第一到达港;(2)若系人身伤亡索赔,则在伤亡人员的离船港;(3)若系货物损害的索赔,则在卸货港;(4)实施扣押的国家。

三、修订情况

1996 年 4 月举行的 IMO 外交大会对《1976 年公约》议定书草案进行了研究讨论，并最终通过了《修订 1976 年海事赔偿责任限制公约的 1996 年议定书》。该议定书已于 2004 年 5 月 13 日生效，截至 2020 年 9 月 15 日，有 61 个缔约国，占世界总吨位的 69.45%。[①]

该议定书中大大提高了一次事故可获得的赔偿数额，具体限额如表 5-2 所示。[②]

表 5-2 责任限额

船舶吨位(总吨)	人身伤亡赔偿请求(SDR)	其他赔偿请求(SDR)
不超过 2 000	2 000 000	1 000 000
每吨位增加额(SDR)		
2 001～3 000	800	400
3001～70 000	600	300
70 000 以上	400	200

第四节 2001 年国际燃油污染损害民事责任公约

一、产生背景

1969 年责任公约和 1971 年基金公约，这两个公约在确定油污损害赔偿责任，保护受害人合法权益方面发挥了重大作用，但随着时间的推移也暴露出诸多问题，其中最主要的有：一是 1969 年责任公约规定的责任限额以及 1971 年基金公约规定的最高赔偿额明显过低；二是污染损害赔偿责任机制的适用范围过窄，两个公约仅适用于载有货油的油船所造成的污染损害，而与之并行的船舶载运有害有毒物质的污染损害赔偿没有与之相适应的国际性损害赔偿机制。此外，空载油船和其他船舶造成的油类污染损害，包括残货油和燃油污染，均被排除在这两个公约的适用范围之外。由于 1969 年责任公约和 1971 年基金公约仅适用于油船载运的散装货油或燃料舱里的燃油溢漏所造成的污染损害，对非油船船舶燃料舱里的燃油溢漏则不适用。然而，燃油污染损害却随着船舶的增多、增大而日益严重，已经占全球油污损害的 35%左右。[③]

非油船造成的燃油污染损害民事责任在国际立法领域尚属空白。大型商船装载的燃油为重型燃油(Heavy Fuel Oils)，具有持久性和高黏度的特性(Highly Persistent and Viscous)，一旦溢漏，受风流的影响可能扩大污染范围。燃油的物理特性决定了燃油比原油更难清除，清污成本更高，污染损害相对更为严重。实践证明，缺少燃油损害赔偿责任和补偿机制使当事方很难处理由非油船导致的燃油污染损害赔偿问题。

预见到船舶不断大型化的趋势及由此带来的非油船燃油污染风险的加大和可能带来的损

① 参见《CMI Yearbook 2007-2008》，第 464-465 页。
② 司玉琢. 海商法[M]. 北京：法律出版社，2012：390-394.
③ 徐国平. 船舶油污损害赔偿法律制度研究[M]. 北京：北京大学出版社，2006：10-11.

害赔偿难题，国际海事组织法律委员会（简称“法委会”）第73届会议决定将燃油公约的制定工作作为法委会今后会议的最优先议题。

从1996年10月第74届法委会始至2000年10月第82届法委会会议止，在连续4年的9届法委会，参与制定燃油公约的各国代表团主要围绕4个基本问题展开讨论：（1）制定燃油公约的文书形式；（2）燃油公约的适用；（3）燃油污染损害的归责问题；（4）强制保险的适用。随着讨论的进展，关于船舶强制保险要求的方案也随之确立，即：（1）小于一定吨位的小型船舶免于强制保险要求；（2）在公约中明确各国政府可授权相关机构签发“符合证明”证书；（3）在检查形式上可采用电子证书、电子数据交换等途径。

对于小型船舶予以强制保险豁免事宜，各国代表在经历了细致的法委会讨论后达成共识，将如何界定小型船舶的关键问题提交外交大会决定。为了能够获得界定小型船舶的科学依据，法委会秘书处根据第81届法委会授权，请求国际船级社协会（IACS）对船舶燃油携带量与船舶载重吨大小的关系进行了研究。劳氏船级社以及中国香港的研究均表明船舶总吨大小与携带燃油量并没有明显的正比关系，但采用船舶总吨作为确定船舶实施强制保险的阈值比使用船舶燃油舱柜的容积更便于操作，这一建议被大会采纳，在具体的强制保险吨位和公约生效条件上形成了2个一揽子方案，最终经过各代表团与法委会主席及秘书处磋商和斡旋，形成折中方案：（1）关于仅在领海内作业的船舶，公约允许各国在加入公约的同时，声明强制保险的规定不适用这类船舶；（2）强制保险的船舶吨位为1 000 GT及以上；（3）燃油公约应当至少在18个国家无保留地批准、接受、加入该公约1年后生效，其中5个国家应当各自拥有不少于100万GT的船舶总吨位。

经过前后6年的讨论后，在英国提交的燃油公约原始草案基础上，法委会出台了燃油公约草案。《2001年国际燃油污染损害民事责任公约》（简称《2001年燃油公约》）最终于2001年3月23日在IMO第22届外交大会上获得通过，并于2008年11月21日生效。截至2020年9月15日，该公约有99个缔约国，约占世界商船总吨位的95.06%。我国于2008年12月9日加入该公约，公约于2009年3月9日对我国生效。

二、主要内容

公约共有19条法律规定，其法律框架与《1969年责任公约》及其1992年议定书基本相同，并吸收了《1971年基金公约》及其1992年议定书，《1996年海上运输有毒有害物质责任与赔偿国际公约》以及《1999年扣船公约》的有关规定。

1. 适用的船舶

《燃油公约》从船舶种类与吨位两个层面设定了公约的适用对象。《燃油公约》定义的“船舶”是指任何类型的海船和海上船艇，但是不包括军舰、海军辅助船舶或由国家所有或营运并在当时仅用于政府非商业服务的其他船舶，除非缔约国决定该公约适用于这些船舶。[①] 在这种情况下，缔约国应将此适用范围和条件通知国际海事组织秘书长。

2. 适用的油类

燃油公约所指的“燃油”是指用于或拟用于操作或推进船舶的烃类矿物油，包括润滑油和此类油的任何残余物。《燃油公约》所定义的燃油不仅仅局限于作为船舶动力的燃料，还包括

① 参见《2001年燃油公约》第4条。

维持船舶所有机器正常运转,包括润滑油在内的一切烃类矿物油,即使上述烃类矿物油经过利用丧失使用价值后的废油和污水油也包括在内。燃油公约定义的烃类矿物油包括持久性烃类矿物油,也包括非持久性烃类矿物油。

值得注意的问题是,载有散装油类货物的船舶的燃油泄漏造成污染时,是适用《民事责任公约》还是《2001 年燃油公约》。根据《2001 年燃油公约》第 4 条第 1 款规定:“本公约不适用于油污民事责任公约规定的污染损害,不论该种损害根据该公约能否被赔偿。”因此,船舶上的燃油属于《民事责任公约》调整时,其所造成污染应优先适用《民事责任公约》而不是《2001 年燃油公约》;属于《民事责任公约》调整范围之外的“任何海船和任何类型的海上航行器”上的燃油造成污染时则应适用《2001 年燃油公约》。例如,载有灌装或筒装油类货物的船舶上的燃油或空载航行的船舶上的燃油造成的污染均应适用《2001 年燃油公约》。

3. 污染损害的定义

“污染损害”的含义包括两个方面:(1) 由于船舶泄漏或排放燃油,而在船舶之外造成的污染和损害,不论这种泄漏或排放发生于何处。对环境损害的赔偿,除这种损害所造成的利润损失外,应限于已实际采取或行将采取的合理复原措施的费用。(2)采取预防措施产生的费用和因采取预防措施而造成的进一步损失或损害。

4. 索赔诉讼管辖权

《燃油公约》中有关管辖权的规定使用了属地原则(地域管辖原则)。《燃油公约》规定,当某一事件在一个或若干个缔约国的领土(包括领海或专属经济区,如果缔约国尚未设立这种区域,则为该国根据国际法所确定的超出并毗连其领海的区域,且自该国测量其领海宽度的基线算起,外延不超过 200 n mile)造成了污染损害,或已在上述区域采取了防止或减轻污染损害的预防措施时,对船舶所有人、保险人或其他为船舶所有人的赔偿责任提供担保的人提起的索赔诉讼,仅可在上述任何缔约国的法院提起。① 在公海上发生的海上事故,当事国可依据《1969 年国际干预公海油污事故公约》(1975 年 5 月起生效)第 1 条的规定采取行动,即本公约各缔约国,在发生海上事故或在采取了与此事故有关的行为之后,如有理由预计到会造成较大有害后果,那就可在公海上采取必要的措施,以防止、减轻或消除由于油类对海洋的污染或污染威胁而对海岸或有关利益产生的严重而紧迫的危险。燃油公约规定油污损害发生地的法院和采取防止或减轻油污损害的预防措施所在地的法院对油污案件具有管辖权。公约还规定,每一缔约国都应保证其法院具有处理上述索赔诉讼的必要管辖权。

除了管辖权之外,燃油公约规定油污损害赔偿的诉讼时效为 3 年,从损害发生之日起算,但最长不超过引起损害的事故发生之日起 6 年。燃油公约还规定有管辖权法院的判决应受到燃油公约其他缔约国的承认及执行。

5. 直接诉讼

燃油公约赋予受害人直接起诉保险人的权利(直接诉讼),这是燃油公约设立的又一重要原则。该原则是在总结分析相关公约在实施中遇到的问题的基础上,为了有效地保护受害人的利益而设立的。燃油公约虽然规定油污受害人可以直接对承保船舶所有人、油污责任险的保险人或提供其他财务保证的人提出损害赔偿之诉讼请求,但被告人有权援引公约有关责任

① 参见《2001 年燃油公约》第 9 条。

限制的规定。[①] 燃油公约同时规定，在任何情况下，被告有权要求船舶所有人参加诉讼。

6. 船舶所有人责任

《燃油公约》第3条规定了船舶所有人责任，涉及船舶所有人的责任范围、连带责任、免责事项以及相互追偿权等。燃油公约将船舶登记所有人、光船租船人、船舶管理人、经营人等都作为船舶所有人对待，规定他们应对燃油污染损害索赔承担连带责任，但是船舶所有人之间可以相互追偿。当发生涉及两艘或两艘以上船舶的事故并造成污染损害时，所有有关的船舶所有人，除按公约第3条获得豁免者外，应对所有这类无法合理分开的损害负连带责任。

《燃油公约》引入了船舶所有人严格责任制度。在事故发生时，船舶所有人应对任何由于船上装载的或者来源于船舶的燃料油所造成的污染损害负责而不论其是否有过错。[②] 燃油公约列明的免责情况为：由于战争行为、敌对行为、内战或武装暴动或特殊的、不可避免的和不可抗拒性质的自然现象所引起的损害；完全是由于第三者有意造成损害的作为或不作为所引起的损害；完全是由于负责灯塔或其他助航设备的维修、保养的政府或其他主管当局在履行其职责时的疏忽或其他过失行为所造成的损害。船舶所有人如能证实损害系属于上述情况，即可对之不负责任。[③]

7. 除外条款

《燃油公约》第4条为“除外条款”的适用。为了不与CLC 1992公约的有关规定冲突，《燃油公约》不适用于CLC 1992公约所涵盖的油类污染，而不论这种污染在CLC 1992公约下能否得到赔偿；同时，《燃油公约》也不适用于军舰及其他政府公务船舶等。[④] 缔约国可以决定对其军舰或第4条第2款所规定的其他船舶适用本燃油公约，在此种情况下，缔约国应通知秘书长适用本公约的条款和条件。对于为一缔约国所有并用于商业目的的船舶，每一缔约国都应接受在《燃油公约》第9条所规定的管辖权范围内的诉讼，并放弃一切以主权国地位为根据的抗辩。

8. 责任限制

为了不与其他公约设定的责任限制机制相冲突，《燃油公约》并没有单独设立责任限制机制，而授权船舶所有人和保险人有权根据适用的国内法或公约限制赔偿责任。《燃油公约》还列举说明，船舶所有人和保险人可以根据对其适用的已经修订的《1976年责任限制公约》（LLMC 1996）的规定限制损害赔偿责任，前提条件是受理油污损害索赔诉讼案件的法院所在地国家为LLMC 1996的缔约国。

《燃油公约》授权缔约国可在批准、接受、认可或加入本公约时，或在此后任何时间，宣布第7条（强制保险和财务担保）的规定不适用于专门在缔约国领土（包括领海区域）内从事作业的船舶。[⑤] 即对于从事缔约国国内运输的1 000 GT及以上船舶，如果航线不超越领海范围，缔约国可选择不适用公约的强制保险和携带“符合证明”的规定。但国内航线运输的船舶航行的区域可能超越了领海区域，对这一问题，公约只规定在领海以内营运的国内船舶可免除强制保险和携带“符合证明”的要求，在实际操作中可能会出现不同的理解。

① 参见《2001年燃油公约》第7条第10款。
② 参见《2001年燃油公约》第3条第1款。
③ 参见《2001年燃油公约》第3条第3款。
④ 参见《2001年燃油公约》第4条。
⑤ 参见《2001年燃油公约》第7条第15款。

9. 强制保险或财务担保和保留(声明)条款

《燃油公约》规定 1 000 GT 及以上的船舶必须进行强制保险,并规定了保险或担保数额最高限制、“符合证明”证书的签发及相互承认、专门在缔约国领海以内区域营运的船舶强制保险例外等。① 即除非缔约国在加入公约时(或此后的任何时间),宣布专门在本国领海以内航行的船舶不适用强制保险,否则公约生效后 1 000 GT 及以上的所有海船均应备有符合公约规定的保险证明或财务担保。

10. 船旗国和港口国监督

《燃油公约》的第 7 条第 9 款规定,缔约国主管当局按照本公约相关条款签发的证书,应被其他缔约国所接受,并且即使是为尚未在缔约国登记的船舶所签发的证书,也应被其他缔约国视为与本国颁发或签发的证书具有同等效力。公约要求缔约国在任何时候不得允许悬挂其旗帜的船舶从事营运,除非根据本公约相应条款给予签发证书。

三、公约特点

《2001 年燃油公约》的起草很大程度上参考了《1992 年责任公约》和《HNS 公约》的规定,但《2001 年燃油公约》又不是上述公约的翻版,它有着许多新的内容和独具的特点:

(1)扩大了责任主体范围。《1992 年责任公约》和《HNS 公约》都将污染损害的责任主体限定为登记船舶所有人,而《2001 年燃油公约》将船舶所有人的定义扩大为:登记所有人、光船承租人、船舶管理人和经营人(《2001 年燃油公约》第 1 条第 3 款),并规定如果污染损害事故中有一个以上的责任主体,他们将承担连带责任(《2001 年燃油公约》第 3 条第 2 款)。这样规定的目的,在于最大限度地方便受害人的索赔,保护受害人的合法权益。

(2)《2001 年燃油公约》的责任限额。《2001 年燃油公约》第 6 条规定:“本公约不影响船舶所有人或提供保险或其他财务保证的人,根据适用的国内法或国际法律制度,如《1976 年海事赔偿责任限制公约》及其修正案,享受责任限制的权利。”燃油公约在起草过程中,各国在责任限额问题上有过一个默契,即燃油污染损害索赔应该包括在根据《1976 年海事赔偿责任限制公约》(简称《1976 年责任限制公约》)确立的责任限额之内。

(3)没有货主第二次分担赔偿机制作补充。《2001 年燃油公约》不同,燃油不是货物,是船舶所有人或承租人为船舶营运准备的燃料,难以要求货主分摊赔偿责任,无法设立类似于船舶油污或运输有毒有害物质的赔偿责任基金。

(4)没有固定的强制保险数额。《1992 年责任公约》与《HNS 公约》规定的强制保险金额都是与其特定的责任限制数额挂钩的,就特定的船舶而言,其投保的金额是固定的。而《2001 年燃油公约》没有自己的特定责任限额,其限额是适用有关国际公约或国内法,但在任何情况下,此限额都不超过《1976 年责任限制公约》及其议定书规定的限额。

(5)适用的船舶范围扩大到所有的船舶。由于各类船舶都需要燃油,因此公约适用范围自然扩大到所有的船舶。船舶适用范围的扩大,将加重船舶所有人的负担和政府管理部门履约管理的负担。②

---

① 参见《2001 年燃油公约》第 7 条。

② 司玉琢. 海商法[M]. 北京:法律出版社, 2012:370.

第五节 1996年国际海上运输有毒有害物质损害责任及赔偿公约及其2010年议定书

一、产生背景

第二次世界大战后，经由海上运输的石油、化学品等有毒有害物质数量和种类不断增多，这些有害有毒物质给海洋环境带来了新的损害和更大的影响。1967年3月发生的“Torry Canyon”油污事件使国际社会认识到油污对海洋环境的巨大破坏力，同时也意识到应建立一个公约体系对运输油类及其他有毒有害物质造成的污染损害进行赔偿，以确保因运输有毒有害物质产生的损害得到充分、迅速和有效的赔偿。

IMCO于1969年11月29日在布鲁塞尔召开的海上污染损害赔偿法律会议上，通过了《国际油污损害民事责任公约》，解决了散装货油的泄漏所导致污染损害赔偿问题，但仍未解决有毒有害物质泄漏所致污染损害赔偿问题，于是IMCO在70年代末开始着手制定有毒有害物质泄漏所致污染损害赔偿的国际公约。

1975年至1981年间IMCO针对制定新公约的必要性、新公约的适用范围等问题进行了多次讨论。[①][②] 1982年2月，IMO法律委员会第47届会议通过了HNS公约的草案文本；IMO于1984年召开外交大会，试图通过此项公约。但由于当时与会代表在公约是否应采用船舶所有人与托运人责任分担原则，是否应与《1976年责任限制公约》挂钩以及是否应适用于包装货物和空载油船的火灾、爆炸事故等一些问题上存在较大的分歧，未能达成共识而使公约搁浅。但与会代表仍然认为有必要制定这一公约，于是授权IMO法律委员会作为优先项目之一对公约草案进行重新研究和修改。[③] 1984年会议后，HNS公约草案完善工作进展缓慢。直到80年代后期，由于不断发生有毒有害物质污染的重大事故，以及《1989年公路、铁路及内陆航行船舶运输危险货物损害民事责任公约》的通过，欧洲国家强烈要求建立海上运输危险货物损害赔偿制度，为此IMO法律委员会重新启动了HNS公约的制定工作，并最终于1992年3月在伦敦召开的IMO法律委员会第66届会议上形成了新的HNS公约草案。新公约草案在结构上、内容上都有了较大程度的完善。

1996年4月15日至5月3日，IMO在伦敦组织召开了有关有毒有害物质的责任限制外交大会，来自73个国家的代表、联合国环境规划署的代表、IMO的联系会员的代表以及26个政府间和非政府间国际组织派出的观察员共计443名代表参加了会议。会议最终审议并通过了《1996年国际海上运输有毒有害物质损害责任及赔偿公约》（简称“HNS公约”）。该公约于1996年1月1日至1997年9月30日在伦敦开放并供签字，此后继续开放供加入。[④][⑤]

截至2020年9月15日，该公约共有14个缔约国，合计商船总吨位占世界商船总吨位的

① 司玉琢. 海商法[M]. 北京：法律出版社，2012：372-374.

② 任为民. 制订《国际海上运输危险和有毒物质损害责任和赔偿公约》（草案）的进展情况[J]. 中国海商法年刊，1992. 03：302.

③ 危敬添. HNS国际公约[J]. 中国海商法年刊，1996：327.

④ 朱颖. HNS公约研究[D]. 西南政法大学，2004.

⑤ 韩立新. 船舶污染损害赔偿法律制度研究[M]. 北京：法律出版社，2007：23.

14.99%,目前该公约尚未生效,我国未加入该公约。

二、主要内容

公约共由六章54条和两个附件构成。六章的内容分别是定义、责任、国际有毒有害物质基金的赔偿(HNS基金)、索赔和诉讼、过渡规定、最终条款。附件1为有毒有害物质损害责任保险或者其他财务保证证书;附件2为总账户年度摊款的计算规则。

(一)《HNS公约》的重要概念

1. 根据公约第1条第1款,“船舶”指任何种类的海船和海上航行器。但根据公约第5条第1、2款,缔约国可声明不适用下列船舶:不超过200 GT、只运载带包装的有毒有害物质和在该国港口或者设施之间从事航行的船舶;两个相邻国家商定第1条第1款涵盖的船舶在这些国家的港口或者设施间航行时,该公约也不适用。

2. 根据公约第1条第3款,“船舶所有人”是指登记为船舶所有人的人,如果没有这种登记,则是指拥有该船的人。但如果船舶为国家所有而由在该国登记为船舶经营人的公司所经营,船舶所有人即指这种公司,该公约船舶所有人的定义与CLC 1992相同。

3. 根据公约第1条第5款,有毒有害物质是通过各种IMO公约和规则中所列的物质名单来定义的。这些物质包括:油类;被定义为具有毒性和危险性的其他液体物质;液化气体;闪点不超过60℃的液体物质;以包装形式运输的危险、有毒和有害材料和物质;被定义为具有化学危险性的散装固体物质。公约还包括以前载运的有毒有害物质(以包装形式运输的除外)的残留物。[①]

另外,此公约只调整作为货物运输的有毒有害物质,而燃油舱中的烃类矿物油(燃油)不属《HNS公约》调整的对象,因此不能把燃油舱中的燃油纳入其中。

《HNS公约》将《1969年油污损害民事责任公约》和《设立国际油污损害赔偿基金公约》定义的污染损害排除在外,以避免与这两个公约发生重叠。但是《HNS公约》包括了运输油类时造成的其他损害(包括人身伤亡)以及火灾和/或爆炸造成的损害。

4. 根据公约第1条第6款,“有毒和有害物质损害”是指:a. 由有毒有害物质造成的、在运输这些物质的船舶上或者船舶外的人身伤亡;b. 由有毒有害物质造成的、在运输这些物质的船舶外的财产灭失或损害;c. 由有毒有害物质造成的环境污染所致的损失或损害,但对不包括环境损害所致的利润损失在内的环境污染损害的赔偿应限于实际采取或有待采取的合理恢复措施的费用;d. 预防措施的费用和预防措施造成的新的损失或损害。

(二)《HNS公约》的责任主体

公约第7条第1款明确规定,事故发生时的所有人应对船舶海上运输的任何有害有毒物质造成的损害负责(俗称“第一层保护机制”),但是如果事故系由具有同一起源的一系列事故构成的,则责任应由发生第一个此种事故时的所有人承担。公约第7条第2、3款规定的是船舶所有人的免责情形,有毒有害物质在海运过程中所造成的损害是由于战争行为、自然灾害、第三方发动的国际行动以及政府的错误行动造成的,船舶所有人可以免责。

(三)《HNS公约》的责任限制

公约也赋予责任人限制责任的权利,公约独立于《1976年责任限制公约》等公约设立了具

① 参见《2001年燃油公约》第1条第5款。

体的责任限额。

公约第 9 条第 1 款规定，船舶所有人应有权根据本公约将其对任何一次事故的责任限制为：总吨位不超过 2 000 的船舶，赔偿限额为 100 万 SDR；总吨位为 2 001～5 000 的船舶，每总吨增加 1 500 SDR，当总吨位为 5 000 时，最高限额为 8 200 万 SDR；总吨位为 50 001～100 000 的船舶，每总吨位增加 360 SDR；总吨位为 10 万以上的船舶（含 10 万），最高限额为 1 亿 SDR。

第 9 条第 10 款明确说明，船舶吨位应为按《1969 年国际船舶吨位丈量公约》附件 I 中所载吨位丈量规则计算的总吨位。

对于公约参加国来说，有权决定在其国内港口间仅以包装形式从事有毒有害物质运输，总吨位为 200 及以下的船舶不适用于本公约。公约同时允许两个相邻国家进一步协商对于两国港口间从事上述运输的 200 GT 以下的船舶享有相同的权利。

为了保证从事有毒有害物质运输的船舶所有人能够履行赔偿责任，公约强制其进行投保。船上须载有保险证书，在对该船做登记记录的主管机关处须保存该证书的副本。[①]

（四）《HNS 公约》的责任限制基金

关于船舶所有人责任限制基金设立，公约第 9 条第 3 款规定，船舶所有人为享有该公约规定的责任限制权利，应在具有管辖权的任一缔约国的法院或其他主管当局设立一个总额为其赔偿责任限额的基金。设立该基金的方式可以是交存该金额，也可以是提交根据基金设立的缔约国法律可予接受的、法院或其他主管当局认为足够的银行担保或其他担保。公约第 9 条第 11 款规定，船舶所有人的责任保险人或提供财务担保的其他人员应有权按本条设立基金，其条件和效力应与船舶所有人设立基金的条件和效力相同。即使根据第 2 款的规定船舶所有人无权享有责任限制亦可设立此种基金，但在此种情况下，基金的设立不应损害向船舶所有人提出索赔的任何人员的权利。

公约第 10 条规定了设立基金的效力，当船舶所有人在事故后按第 9 条设立了基金并有权对责任做出限制时：(a) 对事故损害有索赔权的任何人员无权因此种索赔向船舶所有人的任何其他财产行使任何权利；(b) 任何当事国的法院或其他主管当局应下令释放因该事故的损害索赔而被扣留的、属于所有人的任何船舶或财产，并应释放为避免此种扣留而提供的任何保证金或其他担保。前述规定应仅在索赔人具有向管理基金的法院提出索赔的权利并且该基金可向该索赔实际提供时适用。

公约第 11 条规定了基金分配原则，即死亡或人身伤害的索赔，除非其累计金额超过了船舶所有人责任限制总额[②]的三分之二，应优先于其他索赔。

单由船舶所有人一方赔偿，很难使运输有毒有害物质可能产生的损害得到足额赔偿（第一层最高限额为 1 亿 SDR），这时就需要使用 HNS 基金作为补充，即一旦损害赔偿达到了第一层限额时，其余的赔偿将从第二层基金中支付，直至总赔偿额达到 2.5 亿 SDR（包括第一层中支付的赔偿金）。

需使用第二层基金的情况如下：

(1) 船舶所有人对于产生的损失不负责任。例如：如果船舶所有人未被告知有关的运输是有毒有害物质运输，或者损害事故是由战争行为所致等，船舶所有人免于承担赔偿责任；

---

① 危敬添.〈HNS 公约〉及其 2010 年议定书[J].中国远洋航务，2010(06)：66-67.

② 按《HNS 公约》第 9 条 1 款确定。

(2)船舶所有人因财政原因不能完全履行依据公约应承担的义务,而且根据公约第Ⅱ章提供的现金担保不能涵盖或者不能使损害赔偿的请求得到满足的情况;

(3)损害已超出了第Ⅱ章规定的船舶所有人应负责任的情况。

第二层的摊款将向缔约国中在一个日历年内接收到一定数量以上有毒有害货物的人征收。该层包括一个总账户和油类、液化天然气(LNG)和液化石油气(LPG)三个分账户。这一层保护机制将有效地避免不同种类的HNS物质间摊款的相互冲突。各成员国应收集有关其领海内分摊基金货物交付情况的数据并递交给干事(即基金的法定代表),否则基金大会可以责令该国自行支付这一份摊额。

三、2010年议定书

HNS公约自1996年通过以来,迟迟不能生效。为了解决妨碍HNS公约生效的诸多问题〔主要是提交摊款货物的报告规定不合理、液化天然气(LNG)货物摊款人逃避摊款的问题、包装货物收货人难以确定等三个问题〕,IMO法律委员会第95届会议通过了1996年HNS公约的议定书草案。[①] 2010年4月30日,IMO组织召开了旨在修订1996年HNS公约的外交大会,通过了《1996年HNS公约2010年议定书》(以下简称"2010年议定书")。

该议定书于2010年11月1日至2011年10月31日在IMO总部开放供签字。截至2020年9月15日,批准该议定书的国家只有5个,占世界商船总吨位的3.54%,目前该议定书尚未生效。[②]

2010年议定书共由29条规定和1个附件组成,与1996年HNS公约相比,议定书的最终条款,即批准、接受、核准或加入的程序和生效条件、修正程序、退出等方面的规定与公约的最终条款基本相同,不同的是增加了有关明示接受后缔约国的权利和义务方面的规定。

2010年议定书第2条规定"议定书的缔约国须实施议定书的规定和经议定书修正的公约的规定"。同时2010年议定书第20条第8款明确规定对于已经加入1996年HNS公约的国家,自加入2010年议定书之日起,将自动退出原公约,因此2010年议定书又可称为"2010年HNS公约"。[③]

该议定书主要针对阻碍公约生效的三方面问题给出了解决方案[④]:

(一)针对不提交摊款货物报告问题的解决方案

由于在批准原公约时,只有少数国家遵守了报告摊款货物的公约义务,而大多数国家没有切实地履行该项义务,从而导致大量的摊款货物没有得到报告,对于如实报告的缔约国是不公平的。为解决这一问题,议定书从以下3个方面进行了改进。

首先,规定某一国家要想批准议定书,应当向IMO递交需摊款货物的报告,否则IMO将不允许其批准,此后须每年继续递交报告,直到议定书生效。[⑤] 如此一来,任何国家如果想批准公约,享受公约条款所带来的权利,就必须按照要求提交摊款货物的报告,否则将被排除在公约之外,无法享受任何公约权利。这就从源头上阻止了那些想享受公约权利而又试图逃避

① IMO批准HNS协定书草案以推动1996 HNS公约生效[J].中国海洋法学评论,2009(10):155.
② 李桢. HNS公约生效进程探析[J].中国海事,2014(08):35-37.
③ 参见2010年议定书第44bis条。
④ 于海宁.HNS公约下的海上运输有毒有害物质[D].中国政法大学,2010.
⑤ 参见2010年议定书第20条第6款。

公约义务的国家加入该公约。

其次，为已经批准公约的缔约国设定了严格的处罚措施，同样以 IMO 的权力保证实施。[①]如果缔约国在批准了公约以后没有履行每年提交报告的义务，在交存批准文书后、议定书生效前，IMO 将暂停该国的缔约国身份，作为对其违反公约行为的处罚。因此，议定书将不会对任何不提交报告的缔约国产生效力。根据原公约的规定，缔约国是否提交摊款货物报告与其缔约国身份无关，即没有规定任何对违反公约义务的处罚措施或退出公约的机制，这也是导致摊款货物报告大量缺失的主要原因。而根据 2010 年议定书，不提交报告将直接导致其无法取得缔约国身份，或者无法继续维持缔约国身份，这就会迫使一些国家为了继续享受公约权利而不得不履行该项义务，对缔约国的行为产生了有力的约束。

第三，在议定书对一缔约国生效以后，如果该国无缘无故拖延提交报告（人身伤害和死亡索赔除外），对该国的赔偿将会被暂时或永久拒付。这一规定进一步强化了公约对缔约国履行提交报告义务的约束力度。[②]

（二）针对液化天然气（LNG）货物摊款人逃避摊款的解决方案

由于公约规定 LNG 的摊款人不同于其他货物，有可能不是该货物的收货人而是出口商（货主），从而有可能不受缔约国的管辖，导致其不对液化天然气账户摊款。为解决这一问题，议定书规定了两种情况[③]：首先，此类问题应当按照公约正文第 1 条第 4 款对接收人的规定执行，即和其他货物一样，在每一年度中对液化天然气账户的摊款仍然由收货人支付。这就与公约的其他条款统一起来，并将享有所有权的出口商排除在摊款人之外，从而保证摊款的顺利支付。另一方面，议定书又规定，如果享有所有权的出口商与收货人达成协议，决定由该出口商对液化天然气账户进行摊款，并且缔约国已经接到该收货人的报告，指明该协议是存在的，在这种特殊情况下，可以允许该出口商负责摊款。这是因为双方已经达成关于摊款责任归属的约定，相当于该出口商自愿承担摊款责任，免除收货人的摊款义务。由于是出于自愿，所以其违反约定的可能性比较小。另外，该约定本身也对该出口商具有一定的约束力，违反约定可能要付出较大的代价，例如支付巨额的赔偿金或受到其他惩罚。考虑到较高的违约成本，其逃避摊款责任的可能性便进一步减小了。这也是在考虑商业原因后对液化天然气摊款做出的特别规定。这一规定不仅在最大限度上避免了对液化天然气账户摊款义务的逃避，而且给予了买卖双方较大的自由选择权，更有利于为各国所接受。

（三）针对包装货物收货人难以确定的解决方案

当 HNS 货物为包装货物时，真正的收货人难以确定，从而无法准确分辨该批货物的摊款人。为解决这一问题，议定书明确认定“包装货物”不属于“摊款货物”，从而免除了包装货物收货人对 HNS 基金摊款的责任，如此一来，便无须再确定包装货物的收货人，大大减少了公约的实施成本，有利于促成更多的国家加入公约。然而，仅仅免除包装货物收货人的摊款责任对于散装货的基金摊款人是不公平的，因为包装货物的事故也是在基金赔偿的范围之内的，而其收货人又不对此进行摊款，那么由包装有毒有害物质事故引发的经济风险将转移到散装货物的摊款人身上，散装货物摊款人的经济负担可能由此而加重。因此，为平衡各方利益，议定书

---

① 参见 2010 年议定书第 20 条第 7 款。
② 参见 2010 年议定书第 21bis 条。
③ 参见 2010 年议定书第 11 条。

增加了船舶所有人对包装货物事故的责任限额,即通过增加此类货物船舶所有人的责任,以减轻基金摊款人承担的责任[①]。议定书对包装有毒有害物质造成污染损害的赔偿责任限额在散装有毒有害物质污染损害赔偿限额的基础上提高了15%,即:总吨位不超过2 000的船舶,赔偿限额为1 150万SDR;总吨位为2 001~5 000的船舶,每总吨增加1 725 SDR,当总吨位为5 000时,最高限额为8 200万SDR;总吨位超过50 000的船舶,每总吨位增加414 SDR;累计最高限额为1.15亿SDR。

根据相关国际组织关于2002年之后的五年间所有该类事件责任的报告,所有包装有毒有害物质污染损害案件均在船方的责任限额内。[②] 这一做法不仅解决了包装货物难以确定收货人的问题,而且一定程度上避免了对散装货物摊款人造成的不公平,最大限度地满足了各方的需求。

第六节 责任赔偿公约之比较

CLC 1992、HNS 2010[③] 和Bunker 2001中所调整的船舶与油类(HNS 2010中称为"有毒有害物质")的范围各不相同,通过比较研究四部公约(CLC 1992、HNS 2010、Bunker 2001和LLMC 1996)的关系有助于深入理解各公约的适用对象和范围,同时为了配合建立国内船舶油污损害赔偿机制而进行的相关立法也需要与这些公约相协调,为将来我国加入HNS 2010公约打下基础,对这些公约的深入研究是完成这一系统工作的前提。

比较四部公约的异同,可从不同的角度进行分析。本节从比较四部公约中的基本要素入手,分析四部公约相互之间的关系。

一、船舶定义

CLC 1992中定义的"船舶"仅适用于实际运输散装油类的油船及能够运输散装油类的处于空载、压载航次状态下的油船。对于多用途船(如OBO[④]),在实际装有散装油类货物或其残余物时适用CLC 1992,而如果能证明船上没有散装油类的残余物,如已经进行了原油洗舱等工作完全清除了残油,则不适用CLC 1992。此外,CLC 1992也不适用于装运汽油或轻柴油等非持久性油类的油船。

HNS 2010中定义的"有毒有害物质"系作为货物装载在船上,但燃油舱中的燃油不属于货物,如果发生溢漏导致污染损害不能适用HNS 2010。因此,尽管HNS 2010和Bunker 2001公约适用的船舶范围在描述上大体相同并且也没有对船舶大小及种类加以特别限制,但从公约的总体内容上分析,Bunker 2001中的"船舶"的适用范围包含了HNS 2010定义的"船舶"的适用范围。也就是说,当非油船发生污染损害事故时,如果系作为燃油舱中的燃油溢漏导致的污染损害应适用Bunker 2001。三部公约中定义的"船舶"具体描述见表5-3。

---

① 参见2010年议定书第7条。

② 李桢,张仁平. HNS公约的修订及其影响[J]. 大连海事大学学报,2008(06):29-30.

③ 按1996年国际海上运输有毒有害物质损害责任与赔偿公约的2010年议定书第18条第2款的规定,经2010年议定书修正的1996年HNS公约第1条至第44条及附件Ⅰ和附件Ⅱ,与议定书第20条至第29条(最后条款)一道,称作《2010年国际海上运输有毒有害物质损害责任与赔偿公约》(《2010年有毒有害物质公约》)。

④ 石油/散货/矿砂型船舶。

表 5-3　三部公约中“船舶”定义比较

1	CLC 1992	“船舶”系指为运输散装油类货物而建造或改建的任何类型的海船和海上航行器；但是，能够运输油类和其他货物的船舶，仅在其实际运输散装油类货物时，以及在此种运输之后的任何航行（已证明船上没有此种散装油类运输的残余物者除外）期间，才应视作本公约所指的船舶
2	HNS 2010	船舶指任何种类的海船和海上航行器
3	Bunker 2001	船舶指任何类型的海船和海上船艇

二、船舶所有人定义

在 CLC 1992、HNS 2010、LLMC 1996 和 Bunker 2001 公约中，船舶所有人是民事损害赔偿责任的主体。CLC 1992、HNS 2010 责任主体仅限于船舶登记所有人，而 LLMC 1996 和 Bunker 2001 将责任主体的范围扩大至光船承租人、船舶经营人和管理人。虽然后两个公约并没有明确船舶经营人和管理人的定义，但自 1998 年开始强制实施 ISM 规则以来，国际航行船舶需取得由缔约国政府签发的证书，证书上清楚地载明了船舶经营人或管理人（如有），因此在实施 LLMC 1996 和 Bunker 2001 时关于这个问题不会产生争议。各公约中“船舶所有人”的定义如表 5-4 所示。

表 5-4　船舶所有人定义

1	CLC 1992	船舶所有人是指登记为船舶所有人的人，如果没有这种登记，则是指拥有该船的人。但如果船舶为国家所有而由在该国登记为船舶经营人的公司所经营，船舶所有人即指这种公司
2	HNS 2010	船舶所有人的定义与 CLC 1992 相同
3	LLMC 1996	船舶所有人指海船的所有人、承租人、管理人、经营人
4	Bunker 2001	船舶所有人包括船舶登记所有人、光船承租人、船舶经营人和管理人。船舶登记所有人指登记为船舶所有人的人。如果没有这种登记，则是指拥有该船的人。但如果船舶为国家所有而由在该国登记为船舶经营人的公司所经营，船舶所有人即指这种公司

三、油类、有毒和有害物质定义

CLC 1969 中“油类”是指任何持久性油类，例如原油、燃料油、重柴油、润滑油以及鲸油，不论是作为货物装运于船上，或作为这类船舶的燃料，[①]而汽油等轻质油类不适用该公约。而在 CLC 1992 中，“油类”定义中的“任何持久性油类”被改为“持久性烃类矿物质”。[②] 从 CLC 1992 中“油类”的定义可知，只有“持久性烃类矿物油”才适用 CLC 1992 公约。对于“持久性烃类矿物质（Persistent）”与“非持久性烃类矿物质（Non-persistent）”的解释，FUND 1971 的解释为：“持久性”通常是指那些油类，由于它们的化学成分很难在油污事件发生后于海洋环境中分解，因此极容易四处扩散并因此需要清理；而非持久性油类在事故发生后具有可迅速挥发并无须清除的特性。

① 参见 CLC 1969 第 1 条第 5 款。

② 实际上“持久性烃类矿物油”的定义是于《修正 CLC 1969 的 1984 年议定书》（简称 1984 议定书）中引入的，其主要目的在于使当时的“油类”的范围与 FUND 1971 中的油类范围保持一致，此外，“鲸油”也被从油类的范围中排除。由于设定的生效条件相对较严格，1984 年议定书迟迟达不到生效条件。而《修正 CLC 1969 的 1992 年议定书》主要降低了 1984 年议定书的生效条件，其他条款基本上照搬了 1984 议定书的有关条款。

同时,CLC 1992 中"油类"定义中包括的"燃料油"[①]也必须是"持久性"的。[②]

Bunker 2001 中定义的"燃油"既包括可以用来操纵和推进船舶的烃类矿物油,也包括这类油的任何残余物,也就是说包括了废油和污油水。

HNS 2010 定义的"有毒和有害物质"范围十分广泛,也包括了 MARPOL 73/78 附则Ⅰ的附录 1 所列的散装运输的油类物质,但 HNS 1996 第 4 条第 3 款的规定将 CLC 1992 适用的油类物质从 HNS 2010"有毒有害物质"的范围中排除。即 MARPOL 73/78 附则Ⅰ的附录 1 所列的散装运输的油类物质排除持久性烃类矿物油,剩下的油类当作为货物运输时由 HNS 2010 调整。另外,HNS 2010 只调整作为货物运输的有毒有害物质,而燃油舱中的烃类矿物油(燃油)不属 HNS 公约调整的对象,因此 HNS 2010 不能把燃油舱中的燃油纳入其调整范围中。

还需要注意的是,虽然 HNS 2010 不调整燃油舱中的燃油溢漏所导致的污染损害,而由 Bunker 2001 来调整,但并非所有的燃油污染损害都由 Bunker 2001 调整,只有 CLC 1992 不调整的才由其调整,即非油船的燃油造成的损害,由 Bunker 2001 调整。三部公约关于油类、有毒和有害物质的定义如表 5-5 所示。

表 5-5　油类定义比较表

1	CLC 1992	油类系指持久性烃类矿物油,如原油、燃料油、重柴油和润滑油,不论是在船上作为货物运输还是在此种船舶的燃料舱中
2	HNS 2010	"有毒和有害物质"系指下列各项中所述的、在船上作为货物运输的任何物质、材料和物品: (a)　在以下第(i)至(vii)目提及的在船上作为货物运输的任何物质、材料和物品: (i)　经修正的《经 1978 年议定书修订的 1973 年国际防止船舶造成污染公约》附则Ⅰ第 1 条定义的散装运输油类; (ii)　经修正的《经 1978 年议定书修订的 1973 年国际防止船舶造成污染公约》附则Ⅱ第 1.10 条定义的散装运输有毒液体物质以及按照附则Ⅱ第 6.3 条临时确定为 X、Y 或 Z 类的物质和混合物; (iii)　经修订的《国际散装运输危险化学品船舶建造和设备规则》第 17 章所列的散装运输危险液体物质,以及有关主管机关和港口当局按照该规则第 1.1.6 条规定的初步符合运输条件的危险品; (iv)　经修正的《国际海运危险货物规则》所涵盖的包装形式的危险和有害物质、材料和物品; (v)　经修正的《国际散装运输液化气体船舶建造和设备规则》第 19 章罗列的液化气体,以及有关主管机关和港口当局按照该规则第 1.1.6 条规定的初步符合运输条件的产品; (vi)　闪点不超过 60℃(闭杯试验测得)的散装运输液体物质; (vii)　经修正的《国际海运固体散装货物规则》涵盖的具有化学危险性的固体散装材料,且该类物质在包装运输时也受 1996 年实施的《国际海运危险货物规则》范围的约束。和 (b)　上航次运输上述(a)项第(i)至(iii)目和第(v)到(vii)目中所述散装物质的残余物
3	Bunker 2001	燃油指任何用来或者可以用来操纵和推进船舶的烃类矿物油,包括润滑油,以及这些油的残渣

① 参见 IOPC Fund Claims Manual. 6。

② 谢明. 船舶油污损害民事赔偿若干法律问题研究[D]. 大连海事大学硕士论文,2002:17.

四、损害定义

CLC 1992、Bunker 2001 和 HNS 2010 三部公约中涉及的污染所致损害大致分为 4 类：人身损害、财产损害、环境损害和预防措施造成的进一步损害或损失。

CLC 1969 规定的赔偿范围基本限定于直接损失，对于间接损失的赔偿则严格限定在“采取预防措施而造成的进一步灭失或损害”的范围内。① CLC 1992 在坚持 CLC 1969 对油污损害赔偿范围的基础上，进一步明确规定船舶油污所造成环境损害的具体项目包括“利润损失”和“实际采取或准备采取恢复措施而支付的合理费用”两项内容。此外，船舶溢出或排放油类前采取的预防措施费用和因此造成的进一步损害也属于污染损害的范畴。

CLC 1992 及 Bunker 2001 没有区分人身与财产损害，且只调整在船舶之外造成的损害。此外，在 Bunker 2001 制定阶段，一些国家提出“污染损害”应当采纳 HNS 2010 的定义，即损害不仅包括船舶溢出的燃油造成的污染损害，还应包括燃油爆炸或燃烧造成的损害；但多数国家认为，Bunker 2001 与 CLC 1992 更具有关联性，其“污染损害”的定义应当与 CLC 1992 的定义相一致，不应包括爆炸和燃烧造成的损失。法委会最终采纳了多数国家的意见，将爆炸和燃烧造成的损害排除在 Bunker 2001 定义的“污染损害”之外。

HNS 2010 调整的损害范围相对广一些，在船舶上只调整人身损害赔偿，而不调整财产损害；在船舶之外调整人身和财产及环境损害。按照通常的理解，该定义包括了由易燃易爆物质燃烧、爆炸所造成的灭失或损害。为了避免在公约适用方面的重叠，HNS 2010 中定义的“损害”不包括适用 CLC 1992 的污染损害。三部公约中“污染损害”的定义如表 5-6 所示。

表 5-6　污染损害定义比较

1	CLC 1969	“油污损害”是指由于船舶溢出或排放油类（不论发生在何处）后，因污染所造成的除运油船舶自身损失之外的灭失或损害包括预防措施的费用以及由于采取预防措施而造成的进一步灭失或损害。“预防措施”是指事件发生后为防止或减轻油污损害由任何人所采取的任何合理措施
	CLC 1992	“污染损害”系指（a）油类从船上溢出或排放引起的污染在该船之外造成的灭失或损害，不论此种溢出或排放发生于何处。但是，对环境损害（不包括此种损害的利润损失）的赔偿，应限于已实际采取或将要采取的合理恢复措施的费用。（b）预防措施的费用及预防措施造成的进一步灭失或损害
2	Bunker 2001	“油污损害”是指（a）由于船舶泄漏或排放油类而在船舶之外因污染而造成的损失和损害，不论这种泄漏或排放发生于何处，但是，对环境损害的赔偿，除这种损害所造成的利润损失外，应限于已实际采取或行将采取的合理复原措施的费用；（b）预防措施的费用和因预防措施而造成的进一步损失或损害
3	HNS 2010	“损害”系指（a）由有毒有害物质造成的，在运输这些物质的船舶上或船舶外的人身伤亡；（b）有毒有害物质造成的，在运输这些物质的船舶外的财产灭失或损害；（c）由有毒有害物质造成的环境污染所致的灭失或损害，但对不包括环境损害所致的利润损失在内的环境污染损害的赔偿应限于实际采取或有待采取的合理恢复措施的费用；（d）防止措施的费用和防止措施造成的新的损失或损害

① 按照 CLC 1969 定义的“油污损害”，污染造成的灭失和损害是指船舶溢出或排放的油类直接造成的财产损失或人身伤害；如果是船舶溢出的油类浮于海面并发生爆炸或火灾，因此造成的损失，不能依本公约得到赔偿。采取预防措施的费用是指油污事故发生后，为防止或减轻污染损害，而由任何人（包括船舶所有人、船员）采取的任何合理措施，如铺设围油栏，人工清除油污等。但预防措施必须是在油污事件发生后采取的才能得到赔偿。采取措施造成的进一步灭失和损害诸如向漂浮在海面的油污上喷洒消油剂，可能会造成海洋生物的损害，以及喷洒过程中对人员的伤害，均可得到赔偿。

五、适用的地域范围

CLC 1992、HNS 2010 和 Bunker 2001 三部公约的“适用范围”大致相同,如表 5-7 所示,对于所采取的预防措施,没有设定地点的限制。对于其他损害,集中于领土和专属经济区(如果缔约国尚未设立这种区域,则为该国根据国际法所确定的超出并毗连其领海的区域,且自该国测量其领海宽度的基线算起,外延不超过 200 n mile)。[①] 在适用地域范围方面,Bunker 2001 沿用了 CLC 1992 规定。

不属于公约适用范围的船舶、油类造成的或在公约适用的地理界限外发生的油污损害,其赔偿应适用其他国际公约或有关的国内立法的规定。

六、船舶所有人责任及归责原则

CLC 1992、HNS 2010 和 Bunker 2001 三部公约对船舶所有人责任都采取“严格责任”制,除非有法定情况,否则即使船舶所有人对损害没有过错,也要承担赔偿责任。CLC 1992 和 HNS 2010 中定义的船舶所有人是指登记为船舶所有人的人。两部公约均规定,船舶登记所有人应对其船舶所造成的污染承担严格责任并将责任追偿的途径限定在船舶登记所有人身上。在 Bunker 2001 的制定过程中,关于责任归属[②]问题意见不一。有意见认为应将责任归属到船舶所有人、经营人和光船承租人等一组人身上。美国根据其国内立法经验提出,由于船舶所有人、经营人和光船承租人都可能参与船舶经营,使其承担责任可提高他们对在经营中避免燃油溢漏问题的关注,促使他们对溢油事件采取迅速的行动。此外,还有意见认为,船舶登记所有人往往不参与现代的船舶经营管理,在这种情况下,由其承担严格责任是不公平的,与“谁污染,谁赔偿”的原则不符,应当由实际控制船舶的人承担燃油污染责任。考虑到燃油污染损害赔偿中没有由货主分摊的第二层补偿机制,为了扩大受害人索赔的渠道,Bunker 2001 将船舶登记所有人、光船承租人、船舶经营人和管理人等一组人定义为船舶所有人,并规定这些人对源于责任船舶的燃油造成的污染承担严格责任。

表 5-7 适用范围比较

1	CLC 1992	公约适用于(a)在下列区域内造成的污染损害:(1)缔约国的领土、包括领海,以及(2)缔约国根据国际法设立的专属经济区,或者如果缔约国尚未设立这种区域,则为该国根据国际法所确定的超出并毗连其领海的区域,且自该国测量其领海宽度的基线算起,外延不超过 200 n mile;(b)为预防或减轻这种损害而在无论何地所采取的预防措施
2	HNS 2010	(a)在当事国领土(包括领海)内造成的任何损害; (b)当事国根据国际法设立的专属经济区中造成的环境污染所导致的损害;或者,如果当事国尚未设立这种区域,则为该国根据国际法所确定的超出并毗连其领海的区域,且自该国测量其领海宽度的基线算起,外延不超过 200 n mile; (c)由一当事国内登记的船舶或者有权悬挂一当事国国旗的未登记船舶,运输的物质在任何国家的领土(包括领海)之外造成的非属环境污染损害的其他损害; (d)不论在何处采取的预防措施
3	Bunker 2001	与 CLC 1992 规定相同

① 如果缔约国尚未设立这种区域,则为该国根据国际法所确定的超出并毗连其领海的区域,且自该国测量其领海宽度的基线算起,外延不超过 200 n mile。

② 严格的责任归属(Channeling of Liability)是在严格责任的基础上发展的一种特殊法律制度。严格责任制度规定了责任的基础,责任归属规定了谁来而且只能由谁来承担公约规定的责任。

由上述分析可知，虽然三部公约中都规定了连带责任，但在 CLC 1992 和 HNS 2010 中船舶所有人的连带责任与 Bunker 2001 的连带责任不同。在前两部公约中，船舶所有人仅限于船舶登记所有人，因此船舶所有人承担连带责任是两艘船舶的登记所有人间互相承担连带责任。而在 Bunker 2001 中，负有责任的人可以是船舶登记所有人、光船承租人、船舶经营人和管理人等，因此承担连带责任的人可能是一艘船舶的上述人等。

在三部公约下，索赔和追偿途径如图 5-1(a)和图 5-1(b)所示。

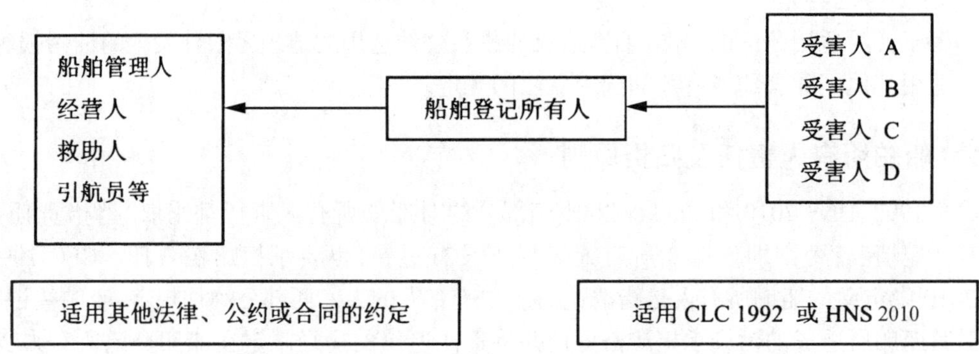

图 5-1(a) 适用 CLC 1992 或 HNS 2010 的索赔途径①

实际上，CLC 1992 和 HNS 2010 将污染损害赔偿责任的索赔途径限定为"背靠背"追偿方式，如图 5-1(a)所示。也就是说，受害人不能直接向除船舶登记所有人之外的其他人提出损害赔偿，即便是依据公约以外的其他法律也不允许。

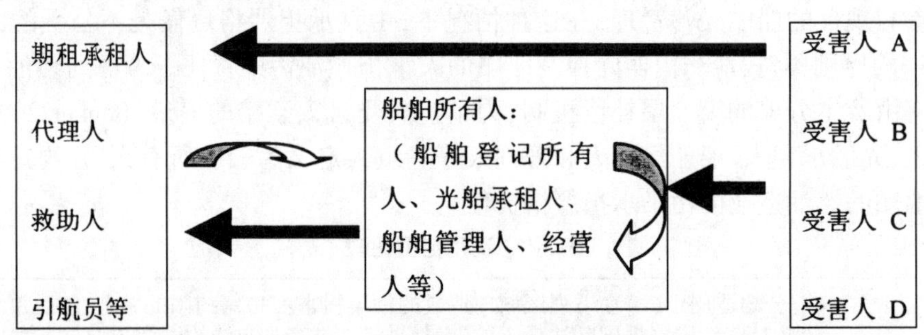

图 5-1(b) 适用 Bunker 2001 的索赔途径②

Bunker 2001 取消了免除有关责任人对受害人责任的规定。因此，受害人可以基于其他法律的规定向船舶所有人以外的其他人提出赔偿。当然，这些人可以依据有关法律向船舶所有人追偿，船舶所有人之间也可相互追偿。如图 5-1(b)所示，在燃油公约下，污染损害的直接索赔和追偿途径更加广泛，也相对复杂。

另外，三部公约所规定的免除赔偿责任的情况大致相同，但 HNS 2010 增加了船舶所有人免责的情况，见表 5-8。

① 傅国民，徐庆岳. 国际海事组织制定和通过《船舶燃料油污染损害民事责任国际公约》概要[J]. 中国远洋航务公告，2001(09)：48-52.

② 同①。

表 5-8 船舶所有人免责情况

1	CLC 1992	船舶所有人如证明损害系属于以下情况，便不得使其承担油污损害责任：(a)由于战争行为、敌对行为、内战、武装暴动，或特殊的、不可避免的和不可抗拒性质的自然现象所引起的损害；(b)完全是由于第三者有意造成损害的作为或不作为所引起的损害；(c)完全是由于负责灯塔或其他助航设施管理的政府或其他主管当局在履行其职责时的疏忽或其他过错行为所造成的损害
2	Bunker 2001	同上
3	HNS 2010	与 CLC 1992 相比 HNS 2010 规定的免责事项增加一项：托运人或任何其他人员没有提供所运物质的危害性和毒性的资料，而(i)造成完全或部分损害；(ii)或使船舶所有人无法按 HNS 1996 第 12 条取得保险

七、责任限制

CLC 1992、FUND 1992 和 HNS 2010 三部公约中都设定了责任限制制度。CLC 1992 公约 2000 年修正案提高了船舶所有人责任限额；FUND 1992 公约 2000 年修正案也提高了基金的赔偿责任限额。Bunker 2001 没有直接设定责任限制制度但允许船舶所有人、保险人和财务保证人适用国际或国内责任限制制度。然而，从 Bunker 2001 相关条文的文义上，可以理解为该公约暗示了缔约国在制定国内责任限制制度时应顾及经修改后的 LLMC 1976 中的相关规定并在任何情况下不得超过经修正的 LLMC 1976 所限定的数额。

现举例说明几部公约设定的油污损害赔偿责任限制的数量比较关系。[①] 图 5-2 中的数量单位为百万 SDR，其中左图 5-2(a)为某 30 000 GT 船舶的各类油污赔偿责任限制的比较关系，而右图 5-2(b)为某 150 000 GT 船舶的各类油污赔偿责任限制的比较关系。从图 5-2 中可以看出船舶吨位的大小主要影响油污损害赔偿机制的第一层的赔偿限额。

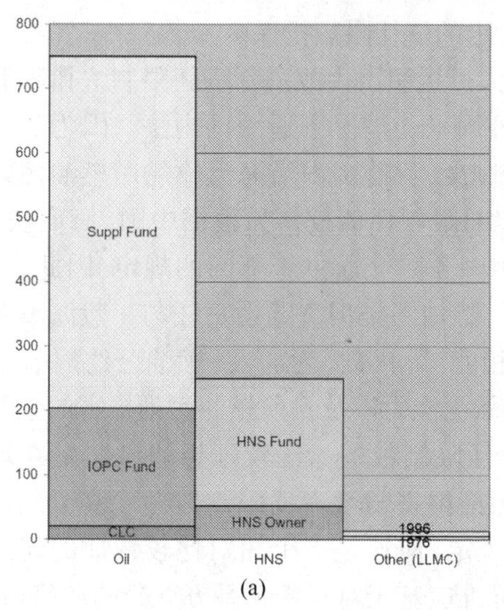

(a)

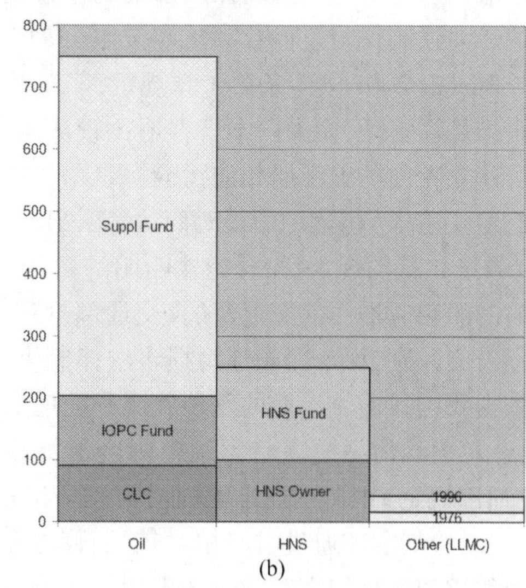

(b)

图 5-2 油污公约责任限制个例比较(单位为 million SDR)

表 5-9 将交通部 1994 年发布的《关于不满 300 GT 船舶及沿海运输、沿海作业船舶海事赔

① HNS 的责任限制示意图系依据散装有毒有害物质造成损害的赔偿限额绘制。

偿限额的规定》（以下称《交通部规定》）、《中华人民共和国海商法》（以下简称《海商法》）、LLMC 1996、Bunker 2001、HNS 2010、CLC 1992（2000 年修正案）、FUND 1992（2000 年修正案）、FUND 2003 设定的责任限额进行了进一步的比较。

从表中可以看出，对于 300 GT 以上的船舶，《交通部规定》设定的责任限额只为中国海商法（China Maritime Code，CMC）第十一章设定责任限额的一半。而对于 300~2 000 GT 的船舶，LLMC 1996 设定的责任限额为 100 万 SDR。以 2 000 GT 的船舶为例，CMC 设定的责任限额为 41.75 万 SDR，只有 LLMC 1996 设定的责任限额的一半不到。因此目前有效的 CMC 所设定责任限额与 LLMC 1996 相比，差距较大。

Bunker 2001 第 7 条第 1 款规定，缔约国在任何情况下不得要求船舶登记所有人投保超过经修正后的《1976 年海事赔偿责任限制公约》中所规定的数额。另外，从《燃油公约》第 7 条第 1 款的文义上，再结合当前在全球范围内实施的港口国安全监督制度，可认为《燃油公约》在提示国际航行的 1 000 GT 以上（不管是缔约国国籍还是非缔约国国籍）船舶的登记所有人投保的燃油强制保险数额应以 LLMC 1996 所规定的数额为准，而缔约国国内航行船舶的登记所有人可以国内的海事赔偿责任限制制度确定的数额为准，即 Bunker 2001 生效后，对挂靠本国港口或近岸设施的外国籍船舶，各缔约国对燃油强制保险的投保数额的要求须参照 LLMC 1996 设定的责任限额。因此，不论中国是否加入该公约，中国籍的国际航行船舶的强制燃油保险投保数额可能需要按照 LLMC 1996 设定的责任限额投保，以免航行到适用《燃油公约》的国家或地区，遭受燃油强制保险投保数额不足所带来的被滞留的风险。

如果中国将来加入 Bunker 2001 并行使了“保留”权，中国籍国内航行/作业的 1 000 GT 以上的船舶登记所有人投保的燃油强制保险数额可按照当时有效的国内海事赔偿责任限制制度确定，[①]而专门在我国领海以内航行/作业的船舶则无须投保燃油强制保险。海事管理机构对国内航行船舶的燃油强制保险证书的检查应以此为准，而对挂靠中国港口、近岸设施的外籍船舶的燃油强制保险投保数额也应按照 LLMC 1996 设定的责任限额投保。

Bunker 2001 第 7 条第 1 款规定，船舶登记所有人可援引国内或国际责任限制法律限制燃油污染赔偿责任，而国内学者普遍比较认同在无涉外因素的情况下适用国内法。因为我国还没有建立专门的关于船舶油污的海事赔偿责任限制制度，目前国内沿海运输船舶燃油污染损害的赔偿请求应属于中国《海商法》第 207 条所规定的限制性债权。另根据中国《海商法》第 210 条第 2 款的规定，沿海运输船舶的责任限额适用国务院交通主管部门的规定，因此，沿海运输的船舶应适用前文提及的《交通部规定》。这样，燃油污染损害赔偿责任与一般海事赔偿责任没有区别，而与船舶油污损害法律制度的特点相背。[②] 因此，为加入《燃油公约》做准备，应依据我国目前航运业的发展状况和船舶所有人的承受能力以及目前燃油污染损害的索赔水平，针对燃油污染损害赔偿调整国内的海事赔偿责任限制数额。比较理想的做法是在现有《交通部规定》中单独规定国内沿海航行船舶燃油污染损害赔偿责任限制数额。鉴于我国法律、法规的制定和通过时间相对较长，修改《交通部规定》应该是一个相对比较快捷的建立国内船舶燃油污染损害赔偿责任限制的途径，具体的标准应基于对利害关系方充分的调研而定。

---

① 我国目前还没有建立专门的关于船舶油污的海事赔偿责任限制制度。

② 王应富．沿海运输船舶油污法律制度研究［D］．大连海事大学，2002：29.

表 5-9 公约设定的最大赔偿限额

:	CMC	LLMC 1996	BUNKER 2001
	财产损失赔偿限额	财产损失赔偿限额	财产损失赔偿限额
	未设定	未设定	未设定
GT	每吨位增加 83 SDR	每吨位增加 200 SDR	公约指引船舶所有人可根据有效的国内法、国际公约限制燃油污染损害赔偿责任，公约举例提示了可根据适用的 LLMC 1996 限制船舶所有人和保险人的赔偿责任。
00	每吨位增加 125 SDR	每吨位增加 300 SDR	
0 GT	每吨位增加 167 SDR	每吨位增加 400 SDR	
GT	上限 41.75 万 SDR	100 万	
T	上限 25.05 万 SDR	100 万	
	16.7 万 SDR	100 万	
	适用交通部规定	缔约国可制订国内法设定责任限额	
行的	适用交通部规定	缔约国可制订国内法设定责任限额	

公约/规范性文件名称	HNS 2010	
适用范围	损害赔偿限额	
	散装货物	包装货物
	不超过 1 亿 SDR/HNS FUND 2.5 亿 SDR	不超过 1.15 亿 SDR/HNS FUND 2.5 亿 SDR
超过 50 001 GT	每吨位 360 SDR	每吨位 411 SDR
2 001～50 000 GT	每吨位 1 500 SDR	每吨位 1 725 SDR
不超过 2 000 GT	1 000 万 SDR	1 150 万 SDR

公约/规范性文件名称	CLC 2000	FUND 2000	FUNI
适用范围	财产损失赔偿限额	财产损失赔偿限额	财产损赔偿
140 001 GT 以上	8 977 万 SDR	2.03 亿 SDR	7.5 亿
5 001～140 000 GT	每吨位增加 631 SDR		
5 000 GT 以下	451 万 SDR		

在对大连市某专业清污公司进行调研的过程中，关于船舶燃油污染损害赔偿责任强制保险数额如何确定的问题，该公司负责人提供了比较有参考价值的信息。目前，国内清理油污的平均费用为每吨 3 万元人民币左右，油污现场距离海岸的远近、清污作业当时的海况是该数值的主要决定因素。依据目前的技术手段，发生油类泄漏后有关机构能够相对准确地估算出漏油的数量。如果国内船舶发生了油污损害事件，海事管理机构一般参照平均清污费和漏油量这两个数值和现场的情况确定要求肇事方提供担保的数额；如果国外船舶发生了油污事件，考虑到各种因素，海事管理机构一般按照每吨 1 万美元确定要求肇事方提供担保的数额。考虑到发生油污事件后，不单单产生清污费，还会产生因物价上涨等因素造成的损失，该负责人建议按照船舶所携带的燃油总量，以每吨 5 万元人民币确定强制投保数额。该公司的建议有一定的可行性，为有关机构制定国内船舶燃油污染损害赔偿责任限制提供了可参考的数据。

八、强制保险与财务保证

CLC 1992、HNS 2010 和 Bunker 2001 公约都设立了强制保险和财务保证制度，但适用的吨位阈值不同。HNS 2010 没有具体规定强制保险的吨位阈值，根据公约规定，只要载运 HNS（有毒有害物质），不论船舶吨位大小及载货量多少，都需要进行强制保险。在（1996 年）HNS 公约起草阶段，各国对强制保险的吨位阈值观点不一，其中韩国代表团的观点较具有说服力，韩国提案认为由于 HNS 货物的多样性及所带来的损害风险的复杂性加之该国没有公约要求的保险市场存在，建议对一定吨位以下的船舶免除强制保险的义务，该建议得到了中国代表团的支持。[①] 最终（1996 年）HNS 公约没有对强制保险规定起点吨位阈值，但赋予各国在批准、加入公约时，对于船舶吨位不超过 200 GT，且只从事国内港口之间包装形式运输 HNS 的船舶予以保留的权利，具体阈值规定见表 5-10。

表 5-10　强制保险与财务保证阈值比较

1	CLC 1992	在缔约国登记的载运 2 000 吨以上散装油类货物的船舶所有人，必须进行保险或取得其他财务保证
2	HNS 2010	在当事国中登记并实际运输有毒有害物质的船舶所有人，须按责任限额始终持有保险或其他经济担保，以担保本公约规定的损害责任
3	Bunker 2001	船舶登记所有人在一缔约国内登记拥有 1 000 GT 以上船舶的，必须进行保险或取得其他财务担保，以便按其适用的国内或国际责任限制法律承担其对油污损害所应负的责任，但是在任何情况下不得超过修改后的 LLMC 1996 中所规定的数额

九、保留条款

保留条款使各缔约国可以根据国内的情况，对小于一定吨位的船舶或专门在缔约国领海内航行的船舶另行规定。HNS 2010、LLMC 1996 和 Bunker 2001 中设有保留条款，而 CLC 1992 中没有保留条款，具体见表 5-11。

① 郭萍. HNS 公约及对我国海商立法的影响和建议[D]. 大连：大连海事大学，1998：15.

表 5-11 保留条款之比较

1	CLC 1992	无
2	HNS 2010	缔约国可以在批准、接受、认可或加入本公约时,或在此后任何时间,宣布本公约不适用于下列船舶: (a)不超过 200 GT; (b)仅运输包装形式的有毒有害物质; (c)当其从事该国港口或设施间航行时。 两缔约国可商定符合(a)和(b)项条件的航行于两国间港口/设施的船舶不适用该公约(第 5 条第 1 款)
3	LLMC 1996	缔约国可以通过国内法的具体规定,调整适用于下列船舶的责任限制制度:(a)按照该国法律,意欲在内河水域航行的船舶;(b)小于 300 GT 的船舶
4	Bunker 2001	缔约国可以在批准、接受、认可或加入本公约时,或在此后任何时间内,宣布本条(第 7 条"强制保险")的规定不适用专门在领土(包括领海)内从事作业的船舶

按照 HNS 2010 中"保留条款"(第 5 条)的规定,该公约本身不适用于第 5 条第 1 款所指的船舶。而 Bunker 2001 中的"保留条款"(第 7 条第 15 款)是与强制保险(第 7 条)挂钩的,即只有该公约的第 7 条(强制保险)的要求不适用于专门在缔约国的领土(包括领海)以内从事作业的船舶。在燃油公约的制订过程中,关于"保留"的问题,主流观点是各缔约国有权决定其专门从事国内运输的船舶无须加入强制保险或其他财务保证。但随之而来的是"国内运输"的含义问题,即是否把"国内运输"限制为航程起点和终点都在一国领土、领海内或将之扩及一国的专属经济区。许多群岛国家,如菲律宾、印度尼西亚等建议将之扩及专属经济区,因为在这些国家很多岛际航行就超出了"12 n mile"领海范围。另一方面,许多地中海国家,如塞浦路斯、马耳他、意大利等却要求把"国内运输"限制在领海范围内,因为这些国家的专属经济区相互重叠,邻国船舶造成的污染极易影响到本国海域。最终"国内运输"被限制在领海以内。

十、基金

CLC 1992 和 HNS 2010 设立了基金,不同的是 CLC 的基金由单独的 FUND 公约设立,而 HNS 2010 公约本身就设立了基金。Bunker 2001 未设立基金。表 5-12 所示为基金设立之比较。

表 5-12 基金设立之比较

1	CLC 1992/ FUND 1992	FUND 1992 设立基金的目的是使任何遭受油污损害的人,在由于公约列明的原因不能按照 CLC 的条款得到全部和足够赔偿时,能够从基金中受偿
2	HNS 2010	公约为有毒有害物质损害赔偿设立了基金,即"有毒有害物质基金"。设立基金的目的是当发生海上运输有毒有害物质损害索赔,不能适当地或者完全得到赔偿时,由基金予以补偿。基金在下列情况下发生作用:(1)根据公约规定,船舶所有人免除赔偿责任的情形;(2)船舶所有人应对损害赔偿承担责任,但其在财政上没有足够能力全额赔付并且提供的担保也不能满足损害赔偿请求时,或船舶所有人在财政上没有足够的偿付能力且提供的金融担保也不充分,而且遭受损失的人采取了任何合理措施仍无法获得补偿的情况下;(3)遭受的 HNS 损害超过了船舶所有人依本公约规定享有的责任限制的情形;(4)船舶所有人有意地为防止或减少损害的发生而产生的合理费用或合理的牺牲,可以从基金中受偿
3	Bunker 2001	没有设立基金

十一、公约的生效条件

CLC 1992、HNS 2010 和 Bunker 2001 三部公约的生效条件各有所不同。有学者认为 Bunker 2001 公约设定的生效条件相对高一些。就生效条件高低而言，单从作为生效条件之一的"加入国家的数量"上看可能有片面性，三部公约所涉及的方面有很大差别，各自设定的生效条件系在公约通过过程中经过细致的谈判确定下来的，因此各自有其合理性。表 5-13 所示为三部公约生效条件比较。

表 5-13　生效条件比较表

1	CLC 1992	包括 4 个各自拥有油船合计总吨位不少于 100 万 GT 的国家在内的 10 个国家交存批准、接受、核准或加入文书后 12 个月生效
2	HNS 2010	下列条件满足后的 18 个月生效： (1)12 个国家，包括各自拥有不少于 200 万 GT 位的 4 个国家表示同意受其约束； (2)秘书长已按照第 20 条第 4 款和第 6 款收到资料，表明这些缔约国中按照经 2010 年议定书修正的公约第 18 条第 1 款(a)和(c)项应支付摊款的人员在上一日历年度里中收到了总量至少为 4 000 万吨向总账户摊款的货物
3	Bunker 2001	18 个国家签字无保留地批准、接受或认可或者向秘书长交存批准、接受、认可或加入的文书之日起 1 年后生效，其中 5 个国家各自合计船舶总吨位不少于 100 万 GT

十二、民事损害赔偿机制

CLC 1992、FUND 1992、HNS 2010、Bunker 2001、LLMC 1996 等公约共同构筑了相对完整的国际油污损害民事赔偿机制。这个赔偿机制中包括管辖权、责任主体、归责原则、承担责任或免责条件、强制保险、责任限制、基金摊款及使用等问题。

图 5-3 说明了 CLC 1992、Fund 1992 及 Supplementary Fund Protocol 建立的油船污染损害三层赔偿机制。Supplementary Fund Protocol 于 2005 年 3 月起生效，在缔约国管辖范围内发生的油船污染损害，如果前两层提供的赔偿还不足以弥补污染损失，第三层基金会启动，保证受害人能够得到足额的赔偿。

HNS 2010 公约设定了两层赔偿机制，类似于处理油污责任的 CLC 公约和 FUND 公约建立的赔偿机制，即图 5-3 中的第一层和第二层。HNS 2010 的两层赔偿机制为：

(1)(第一层)公约规定船舶所有人负有严格责任并需对公约适用的所有船舶(缔约国声明保留的除外)进行强制保险；

(2)(第二层)公约建立有毒有害物质基金，由货主分摊责任。

HNS 2010 之所以将两层赔偿机制包括在一部公约中，主要是西方发达国家借鉴了油污损害赔偿机制运行的经验，担心如果单独建立第二层赔偿机制可能会迟迟达不到生效条件而使第二层机制无法发挥作用。同时也是为了避免一些国家只加入第一层赔偿机制，而不加入第二层赔偿机制。另外，这种赔偿机制也便于协调两层赔偿机制的赔偿限额。

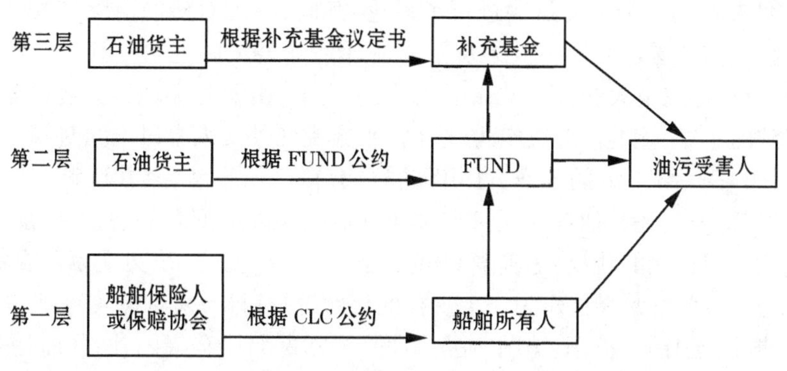

图 5-3 CLC/FUND 组成的三层油污损害赔偿机制①

Bunker 2001 本身性质决定了该公约只有一层赔偿机制，即公约规定船舶所有人对污染损害负严格责任，且 1 000 GT 以上船舶强制保险。

十三、直接诉讼

直接诉讼的引入方便受害方获得补偿，对油污损害的任何索赔，可向保险人直接提出。CLC 1992、HNS 2010 和 Bunker 2001 都设定了直接诉讼制度，HNS 2010 与 Bunker 2001 中有关直接诉讼的规定相同。

第七节 2007 年内罗毕国际船舶残骸清除公约

一、产生背景

当船舶残骸可能对航行安全和或环境保护构成危害，需要采取措施打捞清除这些残骸时，将引发两个主要的问题：一是有关打捞清除的费用由谁承担，以及如何保证打捞清除费用的实现；二是当这些残骸非位于一国管辖水域时，是否允许有关的沿岸国政府采取干预措施，打捞清除这些残骸。②

国际海事组织法律委员会对此问题的关注始于 20 世纪 70 年代该委员会的第 12 届大会，但当时工作进展十分缓慢。在 1996 年国际海事组织法律委员会第 73 届大会上，制定《公约》问题才作为一个专项议题列为大会讨论范围，但仅是作为次要议题加以讨论，未就残骸清除问题形成任何决议。从第 74 届大会开始，《公约》问题作为主要议题之一在大会上进行讨论，并在会后形成了一个非正式决定，由国际海事组织成立一个以挪威为牵头国的《公约》草案联络小组，在大会休会期间着重对残骸清除问题进行进一步研究。该小组也向各成员国下发问题单，广泛征求各国意见。在第 75 届大会上，《公约》草案问题继续作为主要议题讨论，联络小组做了关于残骸清除问题的专题报告，同时该委员会提出了一个《公约》草案文本，各国代表对草案的内容积极发表意见，并对其中的一些条款达成共识。在第 76 届至第 81 届大会上，

① 柴飞. 关于我国船舶油污损害赔偿机制主体框架的研究[D]. 上海海事大学，2005.
② 赵月林. 残骸强制打捞清除法律制度之研究[D]. 大连海事大学，2007.

《公约》草案继续被作为一个主要议题进行了讨论，其间，各国对残骸清除和相关问题的研究也随着该委员会工作的深入而进一步深入和全面，取得了较大的进展。但对于某些基本问题，如经济担保问题，还存在很大的分歧。在第82届大会上，由于对类似有关经济担保等基本问题不能达成一致的意见，该委员会决定将《公约》草案提交外交大会讨论的时间推迟到2004—2005年，同时中止了联络小组的工作，改由该委员会自己研究考虑，并邀请国际保赔协会集团、航运业界的保险公司和其他各方探讨有关残骸清除保险的问题。在第83届大会上，该委员会同意荷兰代表团提出的建议，由荷兰代表团牵头准备《公约》草案文书。在第84届至第92届大会上，《公约》草案始终被作为一个主要的议题进行讨论，来自澳大利亚、加拿大、丹麦、法国、德国、西班牙、土耳其、英国、美国、瓦努阿图、国际保赔协会集团、国际航运公会、世界自然保护联盟等代表团一直参与对《公约》草案文本的修改工作，并一直由荷兰代表团牵头对草案的文本进行修改。到2006年年底，《公约》草案在国际海事组织法律委员会层面上的讨论结束，《公约》草案于2007年5月14—18日被递交到肯尼亚内罗毕召开的外交大会讨论并获得通过。[①]

该公约在2008年11月18日前开放签署，并在之后开放批准、加入或接受。[②] 在2014年4月14日，丹麦向国际海事组织（IMO）表示认可了《内罗毕国际船舶残骸清除公约》，丹麦是第10个签署该公约的国家，这意味着该公约的生效条件被满足，因此，该公约于12个月后，即2015年4月14日正式生效。[③] 截至2025年7月26日，该公约共有71个缔约国，占世界商船总吨位的82.33%。[④]我国于2016年11月11日向IMO递交了加入书，该公约于2017年2月11日对我国生效，暂不适用于香港特别行政区和澳门特别行政区。[⑤]

《公约》目的在于明确沿岸国对专属经济区内残骸清除的权利和义务，以确保及时、有效地清除残骸并对清除费用做出补偿，填补国际法关于残骸清除制度的空白。[⑥]《公约》的制定、通过和生效，不仅有利于保证船舶的航行安全和保护海洋环境，同时从理论上讲，有利于彻底解决有关残骸清除费用无法实现的问题。[⑦]

《公约》主要有以下三方面的特点：一是《公约》具有广泛的覆盖性和适用性。首先，其调整的对象范围有所扩大。[⑧] 其次，《公约》的规定覆盖了处理残骸问题的方方面面，其不仅规定了清除残骸的程序，还包括对残骸的报告、定位和标志以及对其具有的危害进行评估的程序。最后，《公约》还包括一个可以自由选择的条款，该条款使缔约国可以选择性地将一些条款应用到本国领土上。二是《公约》在对残骸的报告、定位、标志和清除过程中运用风险管理的方法。[⑨] 三是《公约》通过公法和私法条款的结合，巧妙平衡缔约国和登记所有人之间各自的权

① 赵月林.〈2007年内罗毕国际船舶残骸清除公约〉之剖析[J].海大法律评论，2007：388-389.

② 罗晓斌.对〈内罗毕国际船舶残骸清除公约〉的再思考[J].中国海商法年刊，2011，22(1)：87.

③ 《内罗毕国际船舶残骸清除公约》2015年4月14日生效. http://www.issconline.com/article-33920.html. 2014-04-17.

④ IMO. GISIS：Status of Treaties. https://gisis.imo.org/Public/ST/Treaties.aspx.

⑤ 交通运输部.关于《2007年内罗毕国际船舶残骸清除公约》生效的公告.2016-12-30.

⑥ 危敬添.内罗毕国际船舶残骸清除公约简介[J].世界海运，2007(8)：50.

⑦ 赵月林.〈2007年内罗毕国际船舶残骸清除公约〉之剖析[J].海大法律评论，2007：389.

⑧ 《公约》中的残骸不仅指已沉入水中的船舶本身，还包括船上物品或从该船丢入海中并已搁浅、沉没或处于危险中的物品；同时，由于碰撞、搁浅或其他航行事故将要或者可合理预见成为残骸的船舶也被列入该范围。

⑨ 《公约》第2条"目的和一般原则"中指出：受影响国在对残骸采取措施时，所采取的措施应与受危害的程度相称。在确定残骸危害的性质和程序时，也用到风险评估的方法。

利和义务,因此《公约》既具有公法规范的性质,又具有私法规范的性质。[①]

二、主要内容

《公约》除导言外,共分为21条。包括定义、目的和一般原则、适用范围、一般义务、经济责任和保险规定、时效、条文的修改、最终条款等八部分。

《公约》在第1条"定义"中给出了"公约区域"(Convention Area)、"船舶"(Ship)、"海上事故"(Maritime Casualty)、"残骸"(Wreck)、"危害"(Hazard)、"相关利益方"(Related Interests)、"清除"(Removal)、"登记所有人"(Registered Owner)、"船舶经营人"(Operator of the Ship)、"受影响的国家"(Affected State)、"船舶登记国"(State of the ship's Registry)等共13个定义。《公约》第2条主要规定了制定《公约》的目的以及成员国在采取残骸清除行动时应当遵循的一般原则。《公约》第3、4条分别规定了适用的地理范围、船舶的范围以及适用例外。《公约》第5-11条规定了成员国应要求船长和船舶经营人履行报告残骸的义务,受影响国家确定危害、确定残骸位置、对残骸进行标记的义务,以及受残骸影响的国家、登记所有人在残骸清除方面的权利、义务和除外责任。《公约》第12条规定了有关强制责任保险或其他担保(Financial Security)证明的有关事项。《公约》第13条规定了索赔时效为自确定危害之日起3年,但从发生海上事故之日起最长不得超过6年。《公约》第14条规定了对《公约》条文进行修订的程序。《公约》第15~21条分别规定了争议的解决方法,与其他公约或国际协定的关系,《公约》有关签署、批准、接受、承认、加入以及《公约》生效、退出、存放、语言等程序性问题。[②]

《公约》在阐明相关定义和适用范围的基础上着重对残骸清除利益各方的权利和义务进行了详尽的说明。而在实际操作中对该《公约》的以下几部分要尤为注意:

1. 定义和范围

在定义方面,《公约》第一条规定"公约区域"系指一缔约国根据国际法设立的专属经济区,或者如果一缔约国尚未设立这种区域,则为该国在根据国际法所确定的领海之外并与其领海毗邻的、从测量其领海宽度的基线向外延伸不超过200 n mile的区域。"船舶"是指任何类型的海船包括水翼艇、气垫船、潜水器、浮动航行器和浮动平台,但从事海床矿产资源的勘探、开采和生产的固定平台除外。"海上事故"是指给船舶或其货物造成重大损失或重大损失紧迫威胁的船舶碰撞、搁浅或者其他航行事件或者在船上或船外发生的其他情况。"残骸"系指发生海上事故后:(1)一艘沉没或搁浅的船舶;或(2)沉没或搁浅船舶的任一部分,包括当时或曾经在该船上的任何物品;或(3)船舶在海上灭失的并在海上搁浅、沉没或漂浮的任何物品;或(4)即将或有合理预期将沉没或搁浅的一艘船舶,若尚未为救助该船或处于危险中的任何财产采取有效措施。此外,《公约》还对"危害""相关利益方""清除""登记所有人""船舶经营人""受残骸影响的国家""船舶登记国"等定义做出了具体规定。

从《公约》所适用的水域看,它将强制适用于"公约区域"。《公约》第3条还规定,一当事国可以向秘书长做出通知将《公约》扩大适用于其包括领海在内的领土内的残骸,但以不违反《公约》第4条第4款为限,并且该当事国可随时向秘书长提交撤销通知而撤销之。从《公约》所适用的船舶看,它包含所有300 GT及以上从事国际运输的船舶但排除适用于军舰以及从事

① 周浩.〈2007年内罗毕国际船舶残骸清除公约〉的通过对我国的影响及其实施对策[J].上海海事大学学报,2008(03):79-80.

② 赵月林.〈2007年内罗毕国际船舶残骸清除公约〉之剖析[J].海大法律评论,2007:390-391.

非商业服务的政府船舶，但缔约国可以将该草案的部分或者全部条款扩大适用到军舰以及从事非商业服务的政府船舶。

2. 残骸的报告、定位和标识

根据《公约》第5条规定，船舶经营人或船长应当及时向受残骸影响的国家报告残骸情况，《公约》列举了5项必须报告的数据，包括残骸的准确位置、残骸尺寸、类型和构造、残骸损坏的性质和状态、货物性质和数量、船上存油的数量和类型等。受残骸影响的相关国家在得到信息后，应当立即利用一切可用手段将上述信息紧急告诫船员和相关沿岸国。当其有理由相信残骸确实构成危害时，应采取一切有效的步骤确定残骸的准确位置，确保采取所有合理的措施对残骸进行标记标识，并通过航海出版物等途径将残骸的详细信息予以公布，相关费用将由船舶登记所有人承担。

3. 危害的确定

根据《公约》赋予受影响国家对残骸危害定义的权利，《公约》第6条详尽列出15项危害定级的衡量标准。可以预见在受影响国家承担这一职能的主要还是海事管理部门。

4. 残骸的清除

《公约》第9条规定，当确定残骸已构成危害时，受残骸影响的国家，应当立即通知船舶登记国和登记所有人，并与船舶登记国及其他国家协商有关清除残骸的对策。同时，登记所有人应立即提供强制保险证明或其他财务担保。受残骸影响的国家还应当根据危害的性质来设定清除残骸的最后期限，并予以书面通知相关责任人。其次是残骸清除的义务。该项义务首先在船舶登记所有人，其可以与救助人或者其他人签订合同来清除残骸。但是在清除前，受残骸影响的国家可以在充分考虑航行安全和环境保护方面的要求后设置必要、合理的残骸清除条件，并在清除工作开始后进行必要的检查和指导；同时，当船舶登记所有人未在规定的期限内清除残骸，或者当残骸非常危险需要立即清除时，受残骸影响的国家可以最可行、最快捷的方式直接实施残骸清除，相应的费用则由船舶登记所有人承担。

5. 残骸清除的经济责任

《公约》第10条第1款明确残骸定位、标志、清除的费用由船舶登记所有人承担，除非登记所有人能够证明导致残骸的海上事故是由于可以免责的事项引起的，包括(1)由战争、敌对行为、内战、暴动或异常的、不可避免且不可抗拒的自然现象所导致的；(2)完全是由第三方故意造成损害的作为或不作为所造成的；(3)完全是由负责灯塔或其他助航设备维护的政府或其他主管当局在行使其职能中的疏忽或其他过错行为所造成的。其中特别要引起航海保障部门关注的是《公约》的第10条所有人责任中的第1款免除责任中的第3项。[①]

6. 强制保险或财务担保证明

总体而言，《公约》在残骸清除方面做出的最大突破在于在平衡各方面利益基础上建立了残骸定位、标志和清除费用实现的经费保障机制。《公约》第12条第1款规定，吨位在300 GT及以上且悬挂一当事国国旗的船舶的登记所有人，须维持保险或其他财务担保，例如银行或类似机构的保证，以便承担《公约》规定的责任；担保数额等同于适用的国内或国际限制机制规定的责任限额，但无论如何不超过根据经修正的《1976年海事赔偿责任限制公约》第6(1)(b)

① 徐军.〈2007年内罗毕国际船舶残骸清除公约〉的介绍及对航海保障当局的影响[A]. 中国航海学会航标专业委员会沿海航标学组、无线电导航学组、内河航标学组年会暨学术交流会论文集[C]. 2009.

款所计算的数额①。该条第 2-14 款规定了关于证明按《公约》规定维持的保险或其他财务担保有效的证书签发方面的问题。

第八节 1974 年海上旅客及其行李运输雅典公约

一、产生背景

为统一各国有关海上旅客运输的法律,1957 年 10 月 10 日在比利时布鲁塞尔举行的第 10 届联合国海洋法会议上,通过了《1957 年统一海上旅客运输某些法律规则的国际公约》(简称《1957 年公约》)。此后,在此公约基础上,1961 年 4 月在布鲁塞尔举行的第 11 届海洋法会议上又通过了《1961 年统一海上旅客行李运输的国际公约》。由于《1961 年统一海上旅客运输某些规则的国际公约》规定的承运人对旅客人身伤亡赔偿责任限额过低等原因,该公约收效甚微。CMI、IMCO 努力尝试采用各国有关海上旅客运输的法律制度,但未见成效。在修改《1957 年公约》考虑客船的责任限制时,更认识到统一国际海上旅客运输法律制度的必要性和迫切性。为此,国际海事委员会于 1969 年又制定了一个公约草案,在此基础上,原政府间海事协商组织于 1974 年 12 月 2 日至 13 日在希腊雅典召开的海上旅客及其行李运输国际法律会议上通过了《1974 年海上旅客及其行李运输雅典公约》,简称《1974 年雅典公约》。该公约于 1987 年 4 月 28 日生效。我国于 1994 年 3 月 5 日召开的第八届全国人民代表大会常务委员会第六次会议通过了加入该公约的决定,截至 2020 年 9 月 15 日,批准或加入该公约的国家有 24 个,占世界总吨位的 33.60%。

二、主要内容

《1974 年雅典公约》共 28 条,其主要内容包括:定义,适用,承运人的责任,履行承运人,自身过失,人身伤亡的责任限额,行李灭失或损坏的责任限额,货币单位和折算,责任限额的补充规定,赔偿总额,责任限制权利的丧失,索赔的根据,行李灭失或损坏的通知,诉讼时效,管辖权等。

根据该公约,“承运人”系指由其或以其名义订立运输合同的人,不论该项运输实际由其履行或由实际承运人履行;“实际承运人”系指除承运人外,实际履行全部或部分运输的船舶所有人、承租人或经营人。

本公约适用于船舶悬挂本公约某一缔约国国旗或在其国内登记,或运输合同在本公约某一缔约国内订立,或按照运输合同起运地或目的地位于本公约某一当事国内的任何国际运输。

关于责任限制,公约规定:(1)旅客人身伤亡的赔偿限额为每人每次 70 万法郎;(2)旅客自带行李的损害赔偿每人每次不得超过 1.25 万法郎,每一车辆包括车中或车上的行李损失赔偿每次不得超过 5 万法郎,其他行李的损失赔偿限额为每位旅客每次运输 1.8 万法郎,此外承运人和旅客还可以商定免赔偿;(3)承运人和旅客可以书面形式达成高于公约第 7 条(人身伤

① 有关任何其他索赔:(i)吨位不超过 500 吨的船舶,为 167 000 计算单位;(ii)吨位超过 500 吨的船舶,除(i)外,应增加下列金额:自 501 吨至 30 000 吨,每吨为 167 计算单位;自 30 001 吨至 70 000 吨,每吨为 125 计算单位;超过 70 000 吨,每吨为 83 计算单位。

亡的责任限额）和第 8 条（行李灭失或损坏的责任限额）规定的责任限额；（4）喜马拉雅条款；[①]（5）如经证明，损失是由承运人或实际承运人或实际承运人的雇用人或代理人故意造成或明知可能造成此种损失却轻率地作为或不作为所致，则其无权享有责任限制。

三、修订情况

1. 1976 年议定书

1976 年 11 月 19 日，原政府间海事协商组织在伦敦召开的修订《1974 年海上旅客及其行李运输雅典公约》计算单位的会议上，通过了《1974 年海上旅客及其行李运输雅典公约的 1976 年议定书》，简称《1974 年雅典公约的 1976 年议定书》（PAL PROTOCOL 1976）。该议定书于 1989 年 4 月 30 日生效。我国于 1994 年 3 月 5 日召开的第八届全国人民代表大会常务委员会第六次会议通过了决定，同时加入《1974 年雅典公约》及其议定书的。截至 2020 年 9 月 15 日，批准或加入该议定书的国家有 16 个，占世界总吨位的 33.33%。

该议定书第Ⅱ条将《1974 年雅典公约》第 7 条和第 8 条关于承运人赔偿责任限制和免赔额规定中所使用的金法郎，修改为国际货币基金组织规定的特别提款权（Special Drawing Right, SDR），并按照 1 特别提款权等于 15 金法郎计算。因此，承运人对每名旅客的人身伤亡应承担的赔偿责任，为每次运输不超过 46 667 SDR，但各缔约国可在国内法中为其本国的承运人规定高于此数额的责任限额；承运人对旅客自带行李灭失或者损坏的赔偿责任限额为每一旅客每次运输 833 SDR；承运人对车内及车上所载行李的灭失或者损坏的赔偿责任限额为每一车辆每次运输 3 333 SDR；承运人对旅客其他行李灭失或者损坏的赔偿责任限额为每一旅客每次运输 1 200 SDR。承运人可就其赔偿责任与旅客约定的免赔额，修改为每一车辆的灭失或者损坏的免赔额不得超过 117 SDR，其他行李的灭失或者损坏的免赔额不超过每一旅客 13 SDR。

该议定书第Ⅱ条同时规定，非国际货币基金组织的成员国，且其法律不允许使用特别提款权的国家，可以声明在其领土内仍然适用《1974 年雅典公约》第 7 条和第 8 条规定的金法郎。

2. 1990 年议定书

国际海事组织在 1987 年 10 月 12 日至 16 日举行的第 58 届大会上，讨论对《1974 年雅典公约》进行进一步修订，以较大幅度地提高旅客人身伤亡的赔偿限额。经过两年 4 次会议的讨论，形成一个议定书草案，并在国际海事组织于 1990 年 3 月 26—30 日在伦敦召开的修订《1974 年海上旅客及其行李运输雅典公约》的外交大会上审议，并于 3 月 29 日通过了《修订 1974 年海上旅客及其行李运输雅典公约的 1990 年议定书》，简称《1974 年雅典公约的 1990 年议定书》（PAL PROTOCOL 1990）。该议定书的生效条件为 10 个国家批准，截至 2020 年 9 月 15 日，批准该议定书的国家只有 3 个，占世界总吨位的 0.16%，该议定书尚未生效。

3. 2002 年议定书

2002 年 11 月 1 日，国际海事组织在伦敦召开的修订《1974 年海上旅客及其行李运输雅典公约》的外交大会上，通过了《修订 1974 年海上旅客及其行李运输雅典公约的 2002 年议定书》，简称《1974 年雅典公约的 2002 年议定书》。经该议定书修订的公约文本为《2002 年海上

① 详见《1974 年雅典公约》第 11 条规定：“承运人的雇用人的抗辩和责任限额如就本公约规定的损失向承运人或实际承运人的雇用人或代理人提起诉讼，这些雇用人或代理人如证明他是在其职务范围内行事，便有权获得援用承运人或实际承运人依照本公约有权援用的抗辩和责任限额。”

旅客及其行李运输雅典公约》,该议定书的生效条件为10个国家批准。批准该议定书的国家如果是《1974年雅典公约》及其1976年议定书或1990年议定书的批准国,则应退出《1974年雅典公约》及其1976年议定书或1990年议定书。截至2020年9月15日,批准该议定书的国家达到31个,占世界总吨位的43.74%,该议定书于2014年4月23日生效。

议定书的核心是借鉴国家油污损害赔偿责任制度中严格责任的归责原则、强制责任保险机制,加重承运人的责任。主要内容如下:

(1)承运人赔偿责任的归责原则由过错责任原则修改为严格责任原则和过错责任原则并用。

(2)大幅度提高承运人对旅客人身伤亡、行李灭失或者损坏的赔偿责任限额。

(3)就承运人对旅客人身伤亡的赔偿责任实行强制保险或者财务保证;对责任保险人或者财务保证人的直接诉讼权利。①

此次修改主要是为提高赔偿限额提供一个保障机制,即在公约中引入强制保险和财务保证制度,并对承运人的责任基础做出相应的修订。

由此可见,目前国际社会对《雅典公约》的修改集中体现在大幅度地提高承运人对旅客人身伤亡的赔偿责任限额,充分有效地保护旅客的利益。这也将成为《1974年雅典公约》今后修改和努力的方向。②

第九节 1971年海上核材料运输民事责任公约

一、产生背景

随着核工业的发展、核设施的运行,核材料的跨国运输越来越频繁,因此造成的核损害事故往往都是跨越国界的,越来越多的国家认识到建立国际核责任机制的必要性。③ 20世纪60年代早期,国际社会建立了两个有关核损害民事责任的国际公约体系:一个是经济合作与发展组织(OECD)于1960年通过的《核能领域第三方责任公约》(简称《巴黎公约》),以及1963年通过的《核能领域第三方责任布鲁塞尔补充议定书》(简称《布鲁塞尔补充议定书》);另一个是国际原子能机构(IAEA)于1963年通过的《核损害民事责任维也纳公约》(简称《维也纳公约》)。④ 1960年《巴黎公约》是由(除奥地利和瑞士外)大多数西欧国家建立的一个地区性的核责任体系条约,而1963年《维也纳公约》则是一个广泛适用的全球性公约。⑤

1971年12月17日国际原子能机构、经济合作与发展组织以及国际海事组织在布鲁塞尔召开海上核材料运输国际法律会议,在此次会议上三个国际组织决定采取协作措施针对海上运输核物质造成的损害制定国际公约。本次会议通过了《1971年海上核材料运输民事责任公

① 司玉琢.海商法[M].北京:法律出版社,2012:229-233.

② 李志文.〈雅典公约〉的最新发展及对我国海上旅客运输承运人赔偿责任限制的影响[J].中国海商法年刊,2002:22-33.

③ 戴家琛.海上核损害赔偿责任制度研究[D].西南政法大学,2012.

④ 蔡先凤.核损害民事责任研究[D].武汉大学,2004.

⑤ Omer F Brown II, "Nuclear Liability: A Continuing Impediment to Nuclear Commerce", The Uranium Institute 24th Annual Symposium in Nuclear Damege, 8-10 September 1999:2.

约》，又称《1971 年布鲁塞尔公约》。该公约的目的是解决海事公约和其他公约在处理核损害及核事故责任上的冲突。[①]

该公约于 1975 年 7 月 15 日生效，截止到 2020 年 9 月 15 日，该公约有 17 个缔约国，合计商船总吨位占世界商船总吨位的 18.94%。

二、主要内容

《1971 年布鲁塞尔公约》由序言和正文 12 条构成，正文主要涉及责任条款、免责条款、批准、生效、加入、退出等内容。

该公约就海上核材料运输问题对《维也纳公约》和《巴黎公约》进行了补充。公约在序言中开宗明义地表达了缔约国的意见，即鉴于《维也纳公约》和《巴黎公约》的有关规定，在海上核材料运输过程中发生核事件所造成的损害，应当由核装置经营人负责。该公约仅具有补充作用，只要《1960 年巴黎公约》及其附加议定书，或者《1963 年维也纳公约》，或者国内准据法（Applicable National Law）适用于这类核材料造成的损害，且其规定有利于受害人，则排除《1971 年布鲁塞尔公约》的适用。公约第 1 条规定，根据其他国际公约或国内法，对核事故造成的损害可能负责的任何人可被免除责任，其条件是根据《巴黎公约》或《维也纳公约》规定，核装置经营人对此类损害负责。

公约第 2 条规定，以前海上运输领域的国际公约继续适用。如果经营人根据这些公约的规定享受免责，则在本公约下，经营人也应当免责。公约第 3 条规定，本公约中的任何条款不影响核动力船舶经营人由于该船的核燃料、放射性物质以及核废料引起的核事故而需承担的赔偿责任。

练习题

1. 简述建立船舶污染损害赔偿责任制度对航运业的必要性。
2. 简要分析《国际油污损害民事责任公约》下船舶油污损害的赔偿范围。
3. 概述《国际燃油污染损害民事责任公约》是如何保障船舶燃油泄漏受害方获得赔偿的。
4. 简析《国际海上运输有毒有害物质损害责任和赔偿公约》主要解决的问题。

① 交通运输部国际合作司. 国际海事组织概览[M]. 大连：大连海事大学出版社，2010.

第六章 其他类公约

第一节 1988年制止危及海上航行安全非法行为公约及其2005年议定书

一、产生背景

早在20世纪80年代,各种形式的恐怖主义行为就在世界范围内逐步升级,危及或夺去无辜性命,危及人的基本自由,严重损伤人的尊严,尤其是危及海上航行安全的非法行为,如海盗、武装抢劫船舶财产等,严重影响船舶经营并严重打击世界各国人民对海上航行安全的信心。

国际海事组织主持制定关于海上恐怖主义犯罪的国际公约源于一起劫持船舶的案件。1985年10月7日,在埃及亚历山大港附近海域,4名巴勒斯坦武装人员劫持了意大利豪华客轮"阿基莱·劳罗"号,劫持者将船上400余名乘客和船员扣为人质,要求释放被以色列关押的50多名巴勒斯坦战士。在要求未获得满足的情况下,劫持者开枪打死了一名美籍乘客。事件发生后,国际社会纷纷予以谴责。

1985年11月召开的IMO第14届大会讨论了当时海上非法行为所引发的问题,美国建议IMO制订防止海上非法行为的方案,该建议得到了大会的支持。大会还通过了第A.584(15)决议——关于防止危及船舶安全、船员、旅客安全的非法行为的措施,并指示海上安全委员会起草旨在保护船上旅客、船员人身安全的操作性技术方案。同年12月,联合国大会通过第40/61号决议,号召国际海事组织研究在船上发生的针对船舶的恐怖主义问题。

1986年MSC发布了MSC/circ.443号通函——制止危及船舶、船员、旅客安全的非法行为的措施,要求政府、港口当局、主管机关、船东、船长、船员采取措施制止危及船员与旅客的非法行为。该通函针对航程超过24小时的国际航行客船及其挂靠的港口制定了采取措施的导则。1986年11月澳大利亚、埃及及意大利联合提案建议IMO制定有关防止针对船舶安全的非法行为的强制性文书(即公约性文书)。[①]

根据联合国大会第40/61号决议和国际海事组织第A.584号决议,国际海事组织于1988年3月1日通过了《1988年制止危及海上航行安全非法行为公约》(简称1988年SUA公约)。

1988年SUA公约旨在制止海上恐怖活动,保证船舶安全,并加强与此有关的国际合作。

① 王赞.惩治恐怖主义犯罪立法研究[D].大连海事大学,2012.

该公约的生效条件是在15个国家签字并对批准、接受或核准无保留或已交存了有关批准、接受、核准或加入文书之后90天生效。该公约于1992年3月1日生效，对我国也在同日生效。

截至2020年9月15日，该公约共有166个缔约国，其合计拥有的商船总吨位占世界商船总吨位的95.11%。

二、主要内容

该公约由序言和22条正文组成，它详细规定了危及海上航行安全罪的认定、刑事管辖权、国际合作以及罪犯权利的保障等内容。该公约是第一部专门惩治危及海上航行安全犯罪的国际公约，首次将危及海上安全的非法行为确定为国际犯罪行为，并规定了所有缔约国对这一罪行的管辖原则。公约前言指出，危及海上航行安全的非法行为，既严重侵害人身和财产安全，严重影响海上航运业务的正常经营，又有损于世界人民对海上航行安全的信心，应引起整个国际社会的深切关注。因此，国际社会迫切需要开展合作，采取切实有效的措施，防范和惩治一切危及海上航行安全的行为。①

1. 适用范围

该公约适用的船舶是指任何种类的非永久性依附于海床的船舶，包括动力支撑船、潜水器或任何其他浮动船艇。该公约不适用于军舰、海军辅助船、用于海关或警察目的的船舶和其他政府船舶，以及已退出航线或闲置的船舶。

2. 危及海上航行安全罪的认定

该公约规定以下行为属于犯罪：个人非法并故意以武力或武力威胁或任何其他恐怖形式夺取或控制船舶；对船上人员使用暴力，而该行为有可能危及船舶的航行安全；毁坏船舶或对船舶或其货物造成损坏而有可能危及船舶航行安全；在船上置放某种破坏装置或物质；毁坏海上导航设施或严重干扰其运行；危及船舶安全的其他行为等。②

3. 刑事管辖权

对于罪行发生时的管辖权问题，该公约正文第6条对此进行了详细的规定，要求每一缔约国应针对以下情况采取必要的措施，包括：

（1）罪行发生时是针对悬挂其国旗的船舶或发生在该船上；

（2）罪行发生在其领土内，包括其领海；

（3）罪犯是其国民。

但如果罪行系由惯常居所在其国内的无国籍人所犯，或在案发过程中，其国民被扣押、威胁、伤害或杀害，或犯罪的意图是迫使该国从事或不从事某种行为，则该缔约国也对此种罪行享有管辖权。

另外，该公约不排除缔约国根据国内法行使刑事管辖权。

4. 国际合作

该公约规定，缔约国（船旗国）船舶的船长可以将其有正当理由相信已犯下公约所列罪行的任何人移交给任何缔约国（接收国）当局，还规定除非有理由认为该行为不是公约所规定的适宜移交的行为，接收国应接受移交，如拒绝接受移交，应说明拒绝的理由。

---

① 孙斌.危及海上安全罪的国际国内立法问题研究[D].大连海事大学，2007.10.

② 吴慧，商韬.海上反恐的国际法分析[J].国际关系学院学报，2012.01.

三、修订情况

公约生效后,经历了一次修订。“9·11”事件后,面对日益严峻的海上安全局势,2002 年 7 月美国向国际海事组织法律委员会第 85 届会议提交了 1988 年 SUA 公约议定书草案。经对草案的反复审议,国际海事组织于 2005 年 10 月召开了外交大会,审议并通过了 1988 年 SUA 公约 2005 年议定书(以下简称 SUA 公约 2005 年议定书)。①

该议定书的生效条件是,自 12 个国家对批准、接受或核准做出无保留签署或向秘书长交存有关批准、接受、核准或加入的文书之日 90 天后生效。此议定书于 2010 年 7 月 28 日生效,但我国未加入该公约。

截至 2020 年 9 月 15 日,该议定书共有 51 个缔约国,其合计拥有的商船总吨位占世界商船总吨位的 39.59%。

1988 年 SUA 公约要求各缔约国将公约中所列各项非法行为列入本国法律,使得这些非法行为可以受到相应的处罚或在必要的情况下罪犯可以被引渡到其他国家。除了一些小的措辞方面的调整,SUA 公约 2005 年议定书保留了 1988 年 SUA 公约的核心内容。②

SUA 公约 2005 年议定书旨在强化 SUA 公约,以应对因国际恐怖主义而增加的海上航行风险。其重要的修改之处包括:

1. 扩大了海上恐怖主义罪行的适用范围

1988 年 SUA 公约正文第 3 条所列非法行为包括暴力强占船舶、暴力攻击船上人员、在船上安装可能对其造成破坏或毁灭的装置等,属于直接危及海上航行安全的行为,但该条没有明确表明这些非法行为背后所可能隐藏的恐怖动机。③

SUA 公约 2005 议定书在原公约定义的犯罪范围基础上,扩大了非法行为所涵盖的范围④。2005 年 SUA 公约议定书增加了第 3 条,解释了公约中对人为的非法蓄意犯罪的判定。⑤

2. 扩大了登临权行使的范围

1988 年 SUA 公约正文第 8 条规定⑥了船长、船旗国和接受国将犯罪人移交给任何缔约国当局方面的责任,包括出示相关定罪证据。

SUA 公约 2005 议定书新的第 8 条规定了当一缔约国有理由怀疑悬挂另一缔约国国旗船舶或船上人员已经或将会涉及该公约规定的犯罪,要求登船时应遵守的登船程序。

SUA 公约 2005 议定书要求登船前应获得船旗国的授权及合作。船旗国可以通告授权请求国登船对船舶、船上货物及人员进行搜查,并对船上人员进行讯问以确定其是否已构成或将构成犯罪。如果该船旗国在 4 小时内未给任何答复,请求国可通过 IMO 秘书长授权对悬挂其船旗的船舶、船上货物及人员进行登船搜查。

第 8 条规定了当一成员国对船舶采取登船等措施时的安全保证,包括:不危及海上人员生命安全;保证船上所有人的人格尊严不受伤害及符合人权法的规定;考虑船只及货物的安全;尽力采取措施避免对船舶无故的扣留或延误。

---

① 危敬添.〈制止危及海上航行安全非法行为公约〉2005 年议定书简介[J].中国远洋航务,2007.01.

② 吴慧,商韬.海上反恐的国际法分析[J].国际关系学院学报,2012.01.

③ 常萌萌.海上恐怖主义和有关船舶海上登临权的国际法规的新发展.国际海事公约动态与研究,2006.01.

④ 见 SUA 公约 2005 年议定书新增了 3bis 条。

⑤ 黄娜编译.国际会议通过处理海上非法行为条约修正案.中国海事,2005.05.

⑥ Focus on IMO. A Summary of IMO Conventions 2009. http://wenku.baidu.com/view/c71e26c1aef8941ea76e0555.html

3. 增加了引渡程序的规定

SUA 公约 2005 议定书第 11 条规定了引渡程序，若引渡请求被认定是由于种族、宗教、民族、政治见解、性别等原因，或接受该引渡请求会对被引渡人员的人身造成侵害的，则公约的任何规定不应被视为承担此引渡或提供相互法律协助的责任。

公约的第 12 条要求缔约国之间在对犯罪提起刑事诉讼方面提供互相帮助。新增的第 12 条还包括了当个人在某一缔约国境内被扣留或服刑时，为了鉴别身份、提供证据或其他调查和诉讼协助而将其送往另一缔约国的条件。①

第二节 1988 年制止危及大陆架固定平台安全非法行为议定书及其 2005 年议定书

一、产生背景

自从 20 世纪 40 年代以来，美国等许多国家相继对大陆架自然资源提出权利主张，国际法上很快形成大陆架法律制度。勘探和开发大陆架资源和其他经济活动在世界范围内获得了迅猛发展，但用于这些活动的钻井平台以及人工岛屿、设施和结构遭到人为破坏的事件时有发生，不仅危及沿海国的经济利益与国家主权，而且也极大地妨害和干扰了人们在这些海域内的正常活动，给生命、财产安全也造成重大威胁和损失，极易造成海上活动的混乱与恐怖状态。因此，国际社会强烈呼吁将危害公海固定平台安全的罪行纳入国际犯罪的范畴，并动员世界各国就惩治这种罪行进行广泛的国际合作，以保护这些平台和设施正常服务于海上的各种活动。

1985 年 10 月 7 日“阿基莱·劳罗”号豪华客轮被劫持后，国际海事组织根据联合国大会第 40/61 号决议，迅速展开了对于制止危及海上航行安全非法行为问题的研究，并着手制定一项针对这一非法行为的国际公约。在审议公约草案的过程中，美国强烈主张这一公约也应适用于海上固定平台罪行的惩治，但遭到了荷兰、日本等国的反对，他们的理由是，海上固定平台不属于对公约适用的“船舶”的范畴。经过讨论，负责草拟公约草案的专门筹备委员会，决定采用制定议定书的方式，作为《1988 年制止危及海上航行安全非法行为公约》（1988 年 SUA 公约）的补充，只有参加该公约的国家才能参加此议定书②。1988 年 3 月 10 日，国际海事组织在罗马召开外交大会，在通过 1988 年 SUA 公约的同时，通过了《1988 年制止危及大陆架固定平台安全非法行为议定书》（以下简称“SUA 1988 议定书”）。

该议定书生效条件是在 3 个国家签字并对批准、接受或核准无保留或已交存了有关批准、接受、核准或加入文书之后 90 天生效。但本议定书不得在 1988 年 SUA 公约生效前生效。该议定书已经于 1992 年 3 月 1 日生效，对我国也在同日生效。截至 2020 年 9 月 15 日，该议定书共有 156 个缔约国，其合计拥有的商船总吨位占世界商船总吨位的 94.84%。

《SUA 1988 议定书》把危及大陆架固定平台安全的非法行为确定为应受惩罚的国际犯罪，并规定所有缔约国对这一罪行拥有普遍管辖权。这里所说的“固定平台”，是指“用于资源的

① 黄娜. 国际会议通过处理海上非法行为条约修正案[J]. 中国海事，2005. 05.

② 吴兆麟. 中国海上维权法典——国际海事公约篇[M]. 大连：大连海事大学出版社，2012. 12.

勘探或开发或用于其他经济目的的永久依附于海床的人工岛屿、设施或结构”。因此,用于大陆架资源勘探和开发的浮动钻井船及其他浮动设施和结构,均不在《SUA 1988 议定书》的适用范围之内。

1991 年 6 月 29 日,我国正式批准加入《1988 年 SUA 公约》和《SUA 1988 议定书》,根据这两个公约,我国承担了制止危及海上航行安全行为和危及大陆架固定平台安全行为的义务。[①] 中华人民共和国交通部在 1992 年 5 月 28 日发文《交通部关于〈制止危及海上航行安全非法行为公约〉和〈制止危及大陆架固定平台安全非法行为议定书〉生效的通知》,要求政府及相关机构遵照执行。[②]

二、主要内容

SUA 1988 议定书旨在制止海上恐怖活动,保证大陆架固定平台的安全,并加强与此有关的国际合作,其形式和内容与 1988 年 SUA 公约基本相同。该议定书共十条,分别对适用范围、犯罪行为界定、管辖权、生效方式等内容进行了相关规定。

SUA 1988 议定书吸收了 1988 年 SUA 公约的精神,为保护“用于资源的勘探或开发或用于其他经济目的的永久依附于海床的人工岛屿、设施或结构”的“固定平台”,将下列行为规定为犯罪:任何人如非法并故意以武力或武力威胁或任何其他恐吓形式夺取或控制固定平台;或对固定平台上的人员施用暴力,而该行为有可能危及固定平台的安全;或毁坏固定平台或对固定平台造成可能危及其安全的损坏;或以任何手段将可能毁坏固定平台或危及其安全的装置或物质放置于固定平台上;或因从事上述任何罪行或从事该类罪行未遂而伤害或杀害任何人;或唆使任何人从事任何该类罪行或是从事该类罪行者的同谋;或以从事上述任何罪行相威胁,旨在迫使某自然人或法人从事或不从事某种行为,而该威胁有可能危及该固定平台的安全。议定书旨在制止危及大陆架固定平台的非法行为。[③]

SUA 1988 议定书还援引了 1988 年 SUA 公约中的相关条款,规定 1988 年 SUA 公约中的第 5 和第 7 条及第 10 至第 16 条的规定在做必要的修改后同样适用于针对大陆架平台所犯的罪行。

第三节 1965 年便利国际海上运输公约

一、产生背景

航运业具有明显的国际性,船舶需要在具有不同法律制度的国家(港口)之间运营。不同国家之间关于海关、移民、卫检等进出口申报手续的规定不尽相同,船舶工作人员因此需要填写格式迥异、内容不同、繁简不一的申报表格。20 世纪早期,随着国际海上贸易的发展,船舶在进出口申报时需要填写的表格也越来越多,联合检查手续繁杂。到了 20 世纪 50 年代,各种表格的准备和交换工作给海上运输带来了极大不便,影响到了航运业的健康发展。人们认识

---

① 孙斌. 危机海上安全罪的国际国内立法问题研究[D]. 大连海事大学,2007. 09.

② 参见中华人民共和国交通部(交函外〔1992〕354 号)。

③ 吴慧,商韬. 海上反恐的国际法分析[J]. 国际关系学院学报,2012. 01.

到各种表格中关于船舶、货物、船舶备品及船上人员的基本信息等内容填报要求基本是一致的，于是就产生了统一申报表格格式、简化申报内容的愿望。

20世纪60年代，一些海运国家向IMCO建议制定国际标准，统一和协调船舶进出港申报表格、内容以及程序。1959年召开的IMCO首届大会审议了关于便利海上运输的相关事宜，并于1961年召开的第二届大会上，通过了A.29(Ⅱ)号决议，该决议建议IMCO协调制定便利海上运输公约。1963年IMCO的第三届大会通过了A.63(Ⅲ)号决议，该决议决定在1965年召开便利国际海上运输公约外交大会，以期通过便利国际海上运输公约草案。1965年4月9日在伦敦召开的外交大会上正式通过便利国际海上运输公约(FAL)。[①] 公约的主要目的是预防国际海上运输中出现一些不必要延误，促进政府之间的合作，确保在办理海关正式手续和其他程序方面的统一性。公约减少了政府当局规定的海关申报单的数量。

公约于1967年3月5日生效。此后于1973年对公约正文进行了修订，引入了默认接受程序；于1969年、1977年、1986年、1987年、1990年、1992年、1993年、1996年、1999年、2002年、2005年和2009年对公约附则进行了修订。我国于1995年1月16日加入公约，公约于1995年3月16日对我国生效。我国于1995年1月16日加入公约的同时，接受了1993年及以前几次通过的各项修正案，并将我国当时的做法与公约附则规定的标准和推荐做法的差异情况通报了国际海事组织秘书长。[②]

截至2020年9月15日，该公约共有124个缔约国，合计商船总吨位占世界商船总吨位的95.26%。

二、主要内容

公约由正文和附则两个部分组成。公约正文包含16个条款，附则分为7节。公约正文规定了公约的宗旨、适用范围、生效条件、修正程序、参加与退出手续、缔约国的权利义务等。

第一条规定，缔约国政府应保证采取一切适当措施，以便利和加快国际海上运输，防止对船舶及船上人员和财产造成不必要的延误。

第二条规定，公约的适用范围为缔约的沿海国和非沿海国的船舶，但不适用于军舰和游艇。

第三条规定，各缔约国政府合作以保证在便利和改进国际海上运输的一切事务的手续、文书要求和程序上尽可能达到最高限度，并将为适用国内特殊要求而在手续、文书要求和程序上采取必要的替换办法保持到最低限度。

第四条规定，各缔约国保证在涉及手续、文书要求和程序事务及其在国际海上运输的应用中相互合作或通过国际海事组织进行合作。

第五条明确了公约规定的缔约国义务为最低限度的义务，其规定不得妨碍缔约国为国际海上运输提供更加广泛的便利。公约或其附则不得解释为妨碍某一缔约国政府实施其认为必要的为维护公共道德、秩序和安全或为防止传入或传播影响公共卫生及动植物的疾病或虫害的临时措施。另外，公约未明确规定的事项仍按缔约国政府的法规执行。

第六条明确了附则中的“标准”和“推荐做法”的效力差别，即“标准”系指各缔约国政府

① 国际海事组织[EB/OL]. http://www.imo.org/About/Conventions/ListOfConventions/Pages/Convention-on-Facilitation-of-International-Maritime-Traffic-(FAL).aspx

② 危敬添.〈便利国际海上运输公约〉的历史及有关偷渡者的修正情况(上)[J].中国远洋航务,2006(07):56.

为便利国际海上运输,根据公约所采取的必须统一实行的措施,而"推荐做法"系指各缔约国政府为便利国际海上运输而实行的合乎需要的措施。换言之,标准是强制性措施,而推荐做法是非强制性的建议案。各缔约国应接受公约所定的"标准",并使本国的规定与之吻合。同时,各缔约国还应尽可能使本国的措施与"推荐做法"一致。①

第七条规定了公约附则的修正草案通过生效的程序和条件。

第八条规定,各缔约国在采用不同于公约中的标准和推荐做法时,有义务尽快通知国际海事组织秘书处。

第九条规定:公约修订和修正时,修订或修正案须经参加会议的缔约国的三分之二以上多数表决通过,接受一年之后,各项修订或修正对所有缔约国政府生效。但在其生效之前声明不接受此项修订或修正的缔约国政府除外。会议在通过时,可根据三分之二多数表决决定,某项修订或修正案生效后一年内被某缔约国声明拒绝接受,则一年期满时,该缔约国必须退出公约。

公约的其余条款规定了公约的加入、退出手续,公约文本文字要求等程序规则。

公约附则进一步明确了便利国际海上运输要求,由"标准"和"推荐做法"组成。附则共分为 7 节,内容涵盖了定义和一般规定;船舶抵达、停留和离开;人员抵离港口;偷渡者;货物和其他物品的抵达、停留和离开;公共卫生和检疫(包括动植物卫生措施);以及紧急援助、文书、国家便利运输委员会等各项规定。②

第四节 国际移动卫星组织公约

一、产生背景

世界上第一颗通信卫星"Telstar I"于 1962 年发射以后,国际海事组织(当时的政府间海事协商组织)认识到卫星通信对于改善海上遇险通信的巨大潜力。1966 年 2 月,海上安全委员会决定着手研究一套专门用于海事卫星通信系统的运行规则。③

1973 年,国际海事组织决定召开一次国际会议,以建立一个用卫星技术为海上提供全球移动卫星通信的系统,包括 SOLAS 公约及国际无线电规则规定的遇险和人命安全通信能力,以满足全球海上遇险和安全系统(GMDSS)的无线电通信需求。

经过一系列准备,国际海事组织于 1975 年召开了首次会议,并最终在 1976 年 9 月召开的第三次会议上,通过了《国际海事卫星组织公约》和《国际海事卫星组织业务协定》(简称"业务协定")。该公约于 1979 年 7 月 16 日正式生效,同年 10 月 24—26 日在伦敦召开了国际海事卫星组织第一届全体大会,宣告国际海事卫星组织(INMARSAT)成立。

国际海事卫星组织于 1981 年开始运转,总部设在伦敦。该组织设有大会、理事会和执行局。大会是最高权力机构,每两年召开一次,理事会每年召开会议不少于 3 次。

INMARSAT 的成立是海上通信发展过程中的里程碑,该组织的职能是:经营国际海事卫星

① 危敬添. 1965 年国际便利海上运输公约现状[J]. 航海科技动态,1996(07):20.
② 江苏海事局. 常用国际海事公约研究和应用[M]. 大连:大连海事大学出版社,2006:362.
③ 交通运输部国际合作司. 国际海事组织概览. 大连:大连海事大学出版社,2010.

系统；协调和处理各成员国的利益和矛盾；核算系统的财务和经费；统筹规划系统的发展。

《业务协定》细化了国际海事卫星组织的业务范畴及提供的服务，提供了该组织经营、运作的细则。公约的缔约国必须签署《业务协定》，或指定在其管辖下的有资格的公营或私营实体签署《业务协定》。

随着业务的开展，国际海事卫星组织已将其最初的宗旨扩展至提供航空和陆地移动卫星通信，包括用于空中交通管理和飞机操作控制（航空安全服务）的航空卫星通信，并提供无线电定位服务。为承认该组织在移动卫星服务市场中的市场地位和保持其商业竞争力，也为确保该组织提供 GMDSS 海事卫星遇险和安全通信服务的目的能够实现，1994 年该组织大会通过了 1994 年公约修正案，将原国际海事卫星组织更名为国际移动卫星组织（Inmarsat），授权 Inmarsat 以公司名义进行运作。

公约自生效以来，经历了 1985 年、1989 年、1994 年、1998 年、2006 年和 2008 年共六次修订，其中 1998 年的修订属于重大修订，该修正案对公约本身及业务协定都进行了修订。现行有效的公约是基于 1998 年修正案的而形成的综合文本。

截止到 2020 年 9 月 15 日，有 104 个成员国批准了《国际海事卫星组织公约》，占世界商船总吨位的 96.28%。中国于 1979 年 7 月 13 日签署了《国际海事卫星组织公约》及其《业务协定》，加入了国际海事卫星组织，在第一届第三次全体大会上当选为理事。

二、主要内容

公约由 22 条正文构成。第 1 条明确了相关定义；第 2 条决定成立国际移动卫星组织；第 3 条明确了本组织的主要宗旨；第 4 条明确了本组织的其他职能；第 5 条规定了 GMDSS 监督要求与实施细则；第 7 条规定了为使本组织履行船舶远程跟踪与识别系统（LRIT）协调人的职能，授权本组织与相关机构签订服务协议；第 8～11 条明确了权力机构的构成、职能及工作程序、执行机构、费用管理等。第 16 条规定本组织应与联合国及其处理和平利用外层空间和海洋问题的区域机构、各个专业机构以及其他国际组织，就共同关心的问题进行合作。本组织应特别考虑到国际海事组织的有关决议和建议。

公约还规定了生效、签字和批准及修订方面的要求，特别明确了国际海事组织秘书长为本公约的文书保存人。

第五节　国际 COSPAS-SARSAT 搜救卫星系统计划协定

一、产生背景

1967 年美国加州发生的一起坠机事故中，一名坠机者由于未被及时发现而饿死，该事件促使美国的联邦航空局在 1971 年要求航空飞机强制装载 121.5 MHz 的应急定位发射机（ELTs）。ELT 开始作为确定失事飞机位置的一种解决方案，但早期的 ELT 由于性能不够稳定以及安装不良，经常会产生误报警，而且有时无法发挥预期的报警和定位功能，这些缺陷对搜救资源造成了沉重的负担,甚至不能准确搜救①。为了解决早期 ELT 存在的诸多问题,特别是自动开关的启动机制问题,美国开始在飞机上安装第二代 ELT,第二代 ELT 的性能相较第一代有了极大提高,但 121.5 MHz 信号仍然会出现丢失现象,特别是使用航空器来监测和定位 ELT 信号存在很大的缺陷②。为了解决这些缺陷,1975—1979 年美国和加拿大开始研究使用低轨道地球卫星来监测 121.5 MHz 的信号,并用多普勒频移技术确定信号源位置;但试验后发现由于传输功率等问题,121.5 MHz 信号稳定性仍然不高。因此美国、加拿大和法国开始研究 121.5/243 MHz 搜救中继器系统(即 SARSAT 项目),研究后发现 406 MHz 的信号性能较 121.5 MHz 强,更适合作为传输频率;而此时苏联也在考虑应用 406 MHz 信号研究低功率应急示位标(EPIRB),以为遇险船舶定位(即 COSPAS 项目)。③ 1979 年,苏联、美国、加拿大和法国在列宁格勒签署了谅解备忘录(MOU),达成了共同建设全球性卫星搜救系统的协定,1980 年 COSPAS 项目和 SARSAT 项目正式合并为 COSPAS-SARSAT 项目。

1982 年 6 月 30 日,苏联发射了第一颗 COSPAS-SARSAT 低轨道卫星,当年 9 月 10 日一架飞机在加拿大坠落,并发出 121.5 MHz 的求救信号,该信号由卫星转接给了设立在渥太华的地面站,救援人员根据卫星信号成功对该次事故实施了救援。1984 年 12 月,卫星首次接收到 406 MHz 遇险示位标发来的信号,该信号也应用到救援过程中。到 1984 年中旬,COSPAS-SARSAT 系统已成功应用于 90 余起事故的救援工作当中,255 余人得到救援。由于该系统在实际救援当中的有效应用,许多国家计划应用该系统,并安装相应的地面接收装置。因此 COSPAS-SARSAT 系统的建立国和使用国迫切希望建立相应的秘书处来协调和维持该系统的正常工作,但如果不能设立长期制度安排上的原则,保证资金和系统的连续性,则秘书处无法建立;此外,卫星系统的提供者若不能确保此系统免费和持续可用,国际海事组织(IMO)也不能接受 406 MHz 系统作为未来全球海上遇险和安全系统(GMDSS)的一部分。因此需要一份正式的国际文书来定义系统的管理结构以及提供者、运营商和使用国的角色。通过考虑 COSPAS-SARSAT 组织的特殊要求和相关国际政策的限制,经过长达三年的协商谈判,加拿大、美国、法国和苏联于 1988 年 7 月 1 日签署了《国际 COSPAS-SARSAT 搜救卫星系统计划协定》(ICSPA),该协定为 COSPAS-SARSAT 系统建立了一个理事会和一个秘书处作为常设行政机构,采用条约约束来维护该系统的持续运作,并保证所有使用国可以在遇险情况下不加歧视地免费使用该系统。

《国际 COSPAS-SARSAT 搜救卫星系统计划协定》于 1988 年 7 月 1 日在巴黎通过,1988 年 8 月 30 日生效。截至 2016 年 3 月,该协定共有 4 个缔约国(加拿大、法国、俄罗斯、美国),26 个地面段提供者,12 个使用国。我国于 1997 年 3 月 28 日正式成为 COSPAS-SARSAT 系统的地面段提供者;1992 年 11 月成为 COSPAS-SARSAT 系统的使用国。该协定目前由 IMO 和 ICAO(国际民用航空组织)共同保存。

二、主要内容

该协定由 20 条正文条款构成,包括定义、目的、系统总述、合作机构、缔约国的责任、财务

① 例如 1972 年 10 月 16 日,一架载有美国众议院多数党领袖的飞机在飞往朱诺(阿拉斯加)的途中失事,美国海岸警卫队、海军和空军的飞机搜救 39 天未果。

② 即早期使用飞行器来监测和定位信号。

③ COSPAS-SARSAT Secretariat. 30th Anniversary Special Issue - COSPAS-SARSAT 1979-2009[R]. COSPAS-SARSAT Information Bulletin Issue 22. 2010.

问题、组织机构、理事会的组成和议事规则、理事会的职能、秘书处、地面段提供者、使用国、责任争议的解决、加入、退出、修正案、保存人等内容。

该协定首先规定了缔约国、系统、地面段提供者和使用者的定义，给出缔约国、地面段提供者和使用国的定义有利于明确不同国家的权利和义务。制定该协定的目的是保证 COSPAS-SARSAT 系统的长期运行，提供遇险报警和测位数据，支持搜救作业，协调各缔约国、地面段提供者和使用国等的关系。

缔约国是指该协定对其生效的国家，缔约国应为提供、管理和协调搜救卫星系统而开展的活动提供长期摊款，以维持本系统的空间段；每一缔约国摊款份额至少应为 COSPAS-SARSAT 系统空间段的一件基本设备；空间段创始缔约国的初次摊款份额如表 6-1 所示。各缔约国还应均摊经理事会同意的与组织、管理和协调有关的成本，且通过 COSPAS-SARSAT 系统空间段所接收和发射的遇险报警数据应免费向所有国家提供。

表 6-1　空间段创始缔约国的初次摊款份额

苏联	两个平台 两个接收处理机和存储器 两个转发器
美国	两个平台
法国	两个接收处理机和存储器
加拿大	两个转发器

地面段提供者为计划建立和使用地面段设备的任何国家，地面段提供者应将通过 COSPAS-SARSAT 系统空间段收到的遇险报警和测位信息传送给有关的搜救当局。任何国家均可通过接收 COSPAS-SARSAT 系统的报警和测位数据和布置无线电信标成为 COSPAS-SARSAT 系统的使用者。任何希望成为地面段提供者和使用者的国家应向文件保存人提交正式通知，表明愿意接受遵守相关的义务，保存人应通知各缔约国。

目前，COSPAS-SARSAT 系统使用低高度卫星可为全球包括极区在内的海上、陆上和空中提供遇险报警及定位服务，以使遇险者得到及时有效的救助。该协定要求 COSPAS-SARSAT 系统应包括空间段、地面段和无线电信号标。空间段应由至少四个兼容卫星组合体构成。地面段包括缔约国和其他国家建立的用于接收并处理卫星转发的信号以确定无线电信标位置的当地用户终端；缔约国和其他国家建立的用于接收当地用户终端的输出信号并把遇险报警和测位数据传送给有关当局的任务控制中心。无线电信标可在遇险中启动并可在 406 MHz 频率上发射无线电信号，其特性符合国际电信联盟的有关规定和 COSPAS-SARSAT 系统的规范。从 2009 年 2 月 1 日起，COSPAS-SARSAT 系统不再接收 121. 5/243 MHz 的求救信号，只接收 406 MHz 的应急示位标信号。

该协定设立的组织机构为理事会和秘书处。理事会应由每一缔约国出一名代表组成，代表可以有副代表和顾问陪同，理事会可在必要时随时召开会议，但每年不得少于一次。理事会具有监督协定的实施；为实施协定制订必要的技术、管理和运行计划等方面的职能。秘书处由理事会根据其批准程序任命的秘书长进行管理，是管理和协调 COSPAS-SARSAT 系统的常设管理机构，应协助理事会行使其职能。

关于责任条款，该协定规定缔约国之间不应因作为或不作为产生的伤害、损害或经济损失而互相索赔或提起诉讼；各缔约国对本系统的使用者或任何第三方不承担责任，特别是因使用

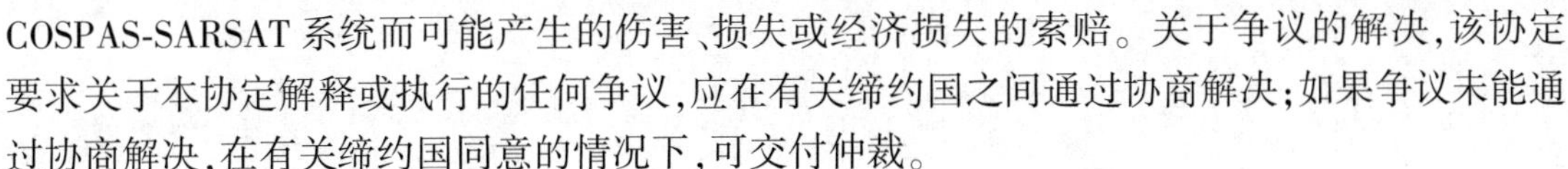

COSPAS-SARSAT 系统而可能产生的伤害、损失或经济损失的索赔。关于争议的解决，该协定要求关于本协定解释或执行的任何争议，应在有关缔约国之间通过协商解决；如果争议未能通过协商解决，在有关缔约国同意的情况下，可交付仲裁。

练习题

1. 简述《制止危及海上航行安全非法行为公约》通过哪些方式制止海上恐怖活动？

2. 简述《便利国际海上运输公约》如何为海上旅客及货物运输提供便利。

3. 试阐释本门课程对你后续课程或未来职业发展的影响。

4. 以 2020 年“若潮”号船触礁为例，分析国际海事公约在该事件应急处置中发挥的作用。

5. 简述《国际船舶和港口设施保安规则》（ISPS 规则）如何提升了航运业的整体保安水平。

附录1 英文缩写及含义

缩写	英文全称	中文
BVS	Voyage Optimization(Bon Voyage System) Software	航程优化(气象导航系统)软件
BWMS	Ballast Water Management System	船舶压载水管理系统
CCC	Sub-Committee on Carriage of Cargoes and Containers	货物和集装箱运输分委会
CMC	China Maritime Code	中国海商法
DFOC	Daily Fuel Oil Consumption	燃油日消耗量
ECDIS	Electronic Chart Display and Infoomation System	电子海图系统
ECOSOC	Economic and Social Council	联合国经济及社会理事会
EEDI	Energy Efficiency Design Index	船舶能效设计指数
EEOI	Energy Efficiency Operational Indicator	船舶能效营运指数
ETA	Estimated Time of Arrival	预计抵港时间
ETD	Estimated Time of Departure	预计离港时间
FAO	Food and Agriculture Organization of the United Nations	联合国粮食及农业组织
FPSO	Floating Production Storage and Offloading	浮动式生产及储存和卸货装置
FSU	Floating Storage Unit	浮动式储存装置
GBS	Goal-Based Standards	目标型船舶建造标准
GHG	Greenhouse Gases	温室气体
GMP	Garbage Management Plan	垃圾管理计划
GMDSS	Global Maritime Distress and Safety System	全球海上遇险与安全系统
GT	Gross Tonnage	总吨
HSC	High Speed Craft	高速船
HSSC	Harmonized System of Survey and Certification	检验与发证协调系统
HTW	Sub-Committee on Human Element Training and Watchkeeping	人的因素、培训和值班分委会
III	Sub-Committee on Implementation of IMO Instruments	IMO 文书实施分委会
ILC	International Labor Conference	国际劳工大会
ILO	International Labor Organization	国际劳工组织
IMCO	Intergovernmental Maritime Consultative Organization	政府间海事协商组织
IMDG	International Maritime Dangerous Goods Code	国际海运危险货物规则
IMF	International Monetary Fund	国际货币基金组织

续表

缩写	英文全称	中文
IMO	International Maritime Organization	国际海事组织
IMSBC	International Maritime Solid Bulk Cargoes(IMSBC) Code	国际海运固体散货规则
INMARSAT	International Maritime Satellite Organization	国际海事卫星组织
IP	Industrial Personnel	工业人员
ISM	International Safety Management Code	国际船舶安全管理规则
ISPS	International Ship and Port Facility Security Code	国际船舶和港口设施保安规则
ITU	International Telecommunication Union	国际电信联盟
KPI	Key Performance Indicator	关键业绩指标
LNG	Liquefied Natural Gas	液化天然气
LPG	Liquefied Petroleum Gas	液化石油气
LRIT	Long Range Identification and Tracking of Ships	船舶远程识别与跟踪系统
MASS	Maritime Autonomous Surface Ship	海上自主水面船舶
MEPC	Marine Environment Protection Committee	海上环境保护委员会
MOU	Memorandum of Understanding	谅解备忘录
MSC	Maritime Safety Committee	海上安全委员会
NCSR	Sub-Committee on Navigation Communication, Search and Rescue	航行通信和搜救分委会
OBO	Ore/Bulk/Oil Ship	矿散油船
PDCA	Plan-Do-Check-Act	戴明环
PMS	Planned Maintenance System	船舶维修保养计划
PPR	Sub-Committee on Pollution Prevention and Response	防污和应急分委会
PSC	Port State Control	港口国监督
RCC	Rescue Coordination Center	搜救协调中心
RPM	Revolutions Per Minute	每分钟转数
RSE	Regulatory Scoping Exercise	(MASS)监管范围界定
SA	Special Areas	特殊区域
SDC	Sub-Committee on Ship Design and Construction	船舶设计和建造分委会
SDR	Special Drawing Rights	特别提款权
SEA	Seafarer's Employment Agreement	海员就业协议
SEEMP	Ship Energy Efficiency Management Plan	船舶能效管理计划
SMS	Safety Management System	安全管理体系
SSE	Sub-Committee on Ship Safety and Equipment	船舶系统和设备分委会
TML	Transportable Moisture Limit	适运水分限
UNCLOS	United Nations Convention on the Law of the Sea	联合国海洋法公约
UNCTAD	United Nations Conference on Trade and Development	联合国贸易和发展会议
VECS	Vapour Emission Control Systems	蒸汽收集系统
VOCs	Volatile Organic Compounds	挥发性有机物
MARPOL 73/78	International Convention for the Prevention of Pollution from ships, 1973, as modified by the protocol of 1978	《经1978年议定书修订的1973年国际防止船舶造成污染公约》

附录2 国际海事组织制定或保存的国际公约和议定书

（截至2020年11月25日）

序号	公约和议定书（中文名称）	生效日期	缔约国数量	占世界商船总吨位（%）	中国参加日期	对中国生效日期	备注
1	国际海事组织公约	1958. 3. 17	174	97. 36	1973. 3. 1	1973. 3. 1	
2	1974年国际海上人命安全公约	1980. 5. 25	166	98. 98	1980. 1. 7	1980. 5. 25	1997年7月1日适用于中国香港;1999年12月20日适用于中国澳门
3	1974年国际海上人命安全公约1978年议定书	1981. 5. 1	121	97. 85	1982. 12. 17	1983. 3. 17	1997. 7. 1对中国香港生效;1999. 12. 20对中国澳门生效
4	1974年国际海上人命安全公约1988年议定书	2000. 2. 3	122	97. 86	1995. 2. 3	2000. 2. 3	2002. 10. 23对中国香港生效;2005. 6. 24对中国澳门生效
5	关于在西北欧和波罗的海指定港口间从事定班国际航行客滚船特殊稳性要求协定	1997. 4. 1	12	5. 11	—	—	
6	1966年国际载重线公约	1968. 7. 21	163	98. 97	1973. 10. 5	1974. 1. 5	1997. 7. 1对中国香港生效;2005. 7. 18对中国澳门生效
7	1966年国际载重线公约1988年议定书	2000. 2. 3	118	97. 90	1995. 2. 3	2000. 2. 3	2002. 10. 23对中国香港生效;2010. 10. 11对中国澳门生效
8	1969年国际船舶吨位丈量公约	1982. 7. 18	158	98. 87	1980. 4. 8	1982. 7. 18	1997. 7. 1对中国香港生效;2005. 7. 18对中国澳门生效
9	1972年国际海上避碰规则公约	1977. 7. 15	161	98. 97	1980. 1. 7	1980. 1. 7	1997. 7. 1对中国香港生效;1999. 12. 20对中国澳门生效
10	1972年国际集装箱安全公约	1977. 9. 6	84	66. 82	1980. 9. 23	1981. 9. 23	1997. 7. 1对中国香港生效;2005. 6. 24对中国澳门生效
11	2012年开普敦协定	—	14	5. 44	—	—	
12	1978年海员培训、发证和值班标准国际公约	1984. 4. 28	165	99. 03	1981. 6. 8	1984. 4. 28	1997. 7. 1对中国香港生效;2005. 7. 18对中国澳门生效
13	1995年渔船船员培训、发证和值班标准国际公约	2012. 9. 29	32	8. 43	—	—	
14	1979年国际海上搜寻救助公约	1985. 6. 22	113	80. 35	1985. 6. 24	1985. 7. 24	1997. 7. 1对中国香港生效;2005. 6. 24对中国澳门生效
15	1971年特种业务客船协定	1974. 1. 2	18	23. 99	—	1997. 7. 1	仅适用于中国香港
16	1973年特种业务客船舱室要求议定书	1977. 6. 2	17	23. 63	—	1997. 7. 1	仅适用于中国香港
17	国际移动卫星组织公约	1979. 7. 16	105	96. 28	1979. 7. 13	1979. 7. 16	1997. 7. 1对中国香港生效;2005. 6. 24对中国澳门生效
18	1976年国际海事卫星组织业务协定	1979. 7. 16	89	94. 65	—	—	
19	1965年国际便利海上运输公约	1967. 3. 5	124	95. 26	1995. 1. 16	1995. 3. 17	1997. 7. 1对中国香港生效;2005. 6. 24对中国澳门生效

续表

序号	公约和议定书（中文名称）	生效日期	缔约国数量	占世界商船总吨位（%）	中国参加日期	对中国生效日期	备注
20	经1978年议定书修订的1973年国际防止船舶污染公约	1983.10.2	159	98.95	1983.7.1	1983.10.2	1997.7.1对中国香港生效；1999.12.20对中国澳门生效
	附则Ⅰ（防止油类污染规则）	1983.10.2	159	98.95	1983.7.1	1983.10.2	
	附则Ⅱ（控制散装有毒液体物质污染规则）	1983.10.2	159	98.95	1983.7.1	1983.10.2	
	附则Ⅲ（防止海运包装有害物质污染规则）	1992.7.1	149	98.40	1994.9.13	1994.12.13	1997.7.1对中国香港生效；1999.12.20对中国澳门生效
	附则Ⅳ（防止船舶生活污水污染规则）	2003.9.27	145	96.33	2006.11.2	2007.2.2	2007.2.2对中国香港和澳门生效
	附则Ⅴ（防止船舶垃圾污染规则）	1988.12.31	154	98.56	1988.11.21	1989.2.21	1997.7.1对中国香港生效；1999.12.20对中国澳门生效
	附则Ⅵ（防止船舶造成大气污染规则）	2005.5.19	99	96.76	2006.5.23	2006.8.23	
21	1972年防止倾倒废料及其他物质污染海洋公约（伦敦倾废公约）	1975.8.30	87	60.03	1985.11.14	1985.12.14	1997.7.1对中国香港生效；中国澳门于1999.12.20退出
22	伦敦倾废公约1996年议定书	2006.3.24	53	40.56	2006.9.29	2006.10.29	适用于中国香港；不适用于中国澳门
23	1969年国际干预公海油污事故公约	1975.5.6	89	75.35	1990.2.23	1990.5.24	1997.7.1对中国香港生效；2005.6.24对中国澳门生效
24	1973年国际干预公海非油类物质污染议定书	1983.3.30	57	56.03	1990.2.23	1990.5.24	1997.7.1对中国香港生效；2005.6.24对中国澳门生效
25	1969年国际油污损害民事责任公约	1975.6.19	32	2.88	1980.1.30	1980.4.29	我国于2000.1.5退出
26	1969年国际油污损害民事责任公约1992年议定书	1996.5.30	141	97.55	1999.1.5	2000.1.5	2005.6.24对中国香港和澳门生效
27	1971年关于设立国际油污损害赔偿基金国际公约1992年议定书	1996.5.30	118	94.62	1999.1.5	2000.1.5	仅适用于中国香港
28	1971年关于设立国际油污损害赔偿基金国际公约2000年议定书	2001.6.27	—	—	—	—	仅适用于中国香港
29	1971年关于设立国际油污损害赔偿基金国际公约2003年议定书	2005.3.3	32	16.28	—	—	仅适用于中国香港
30	1971年海上运输核材料民事责任公约	1975.7.15	17	18.94	—	—	
31	1974年海上旅客及其行李运输雅典公约	1987.4.28	24	33.60	1994.6.1	1994.8.30	1997.7.1对中国香港生效；2005.6.24对中国澳门生效
32	1974年海上旅客及其行李运输雅典公约1976年议定书	1989.4.30	16	33.33	1994.6.1	1994.8.30	1997.7.1对中国香港生效；2005.6.24对中国澳门生效
33	1974年海运旅客及行李雅典公约1990年议定书	尚未生效	3	0.16	—	—	
34	1974年海运旅客及行李雅典公约2002年议定书	2014.4.23	31	43.74	—	—	
35	1976年海事索赔责任限制公约	1986.12.1	55	58.34	—	1997.7.1	仅适用于中国香港
36	1976年海事索赔责任限制公约1996年议定书	2004.5.13	61	69.45	2015.2.2	2015.5.3	仅适用于中国香港
37	1988年制止危及海上航行安全非法行为公约	1992.3.1	166	95.11	1991.8.20	1992.3.1	2006.2.20对中国香港生效 2020.4.20对中国澳门生效
38	1988年制止危及大陆架固定平台安全非法行为议定书	1992.3.1	156	94.84	1991.8.20	1992.3.1	2006.2.20对中国香港生效 2020.4.20对中国澳门生效
39	2005年制止危及海上航行安全非法行为公约	2010.7.28	51	39.59	—	—	
40	2005年制止危及海上航行安全非法行为公约议定书	2010.7.28	45	39.24	—	—	
41	1989年国际救助公约	1996.7.14	74	61.65	1994.3.30	1996.7.14	1997.7.1对中国香港生效
42	1990年国际油污防备、反应和合作公约	1995.5.13	113	77.63	1998.3.30	1998.6.30	2001.5.1对中国香港和澳门生效

续表

序号	公约和议定书（中文名称）	生效日期	缔约国数量	占世界商船总吨位（%）	中国参加日期	对中国生效日期	备注
43	国际海运有毒有害物质损害责任和赔偿公约 2010 年议定书	尚未生效	15	3. 54	—	—	
44	2000 年有毒有害物质污染事故防备、反应与合作议定书	2007. 6. 14	40	52. 67	2009. 11. 19	2010. 2. 19	适用于中国澳门；2012. 12. 6 对中国香港生效
45	2001 年国际船舶燃料油污染损害民事责任公约	2008. 11. 21	100	95. 06	2008. 12. 9	2009. 3. 9	2010. 1. 22 对中国香港生效；2009. 3. 9 对中国澳门生效
46	2001 年国际控制船舶有害防污底系统公约	2008. 9. 17	90	96. 13	2011. 3. 7	2011. 6. 7	2011. 6. 7 对中国澳门生效；2016. 2. 15 对中国香港生效
47	2004 年国际船舶压载水和沉积物控制与管理公约	2017. 9. 8	86	91. 12	2018. 10. 22	2019. 1. 22	2020. 8. 13 对中国香港生效
48	2007 年内罗毕国际船舶残骸清除公约	2015. 4. 14	71	82. 33	2016. 11. 11	2017. 2. 11	
49	2009 年中国香港国际安全与无害环境拆船公约	2025. 6. 26	24	57. 15	—	—	